中华文化与传播研究

第六辑

谢清果　钟海连　主编

"中央高校基本科研业务费专项资金资助"（Supported by the Fundamental Research Funds for the Central Universities）（项目编号：20720171005）

九 州 出 版 社
JIUZHOUPRESS

图书在版编目（CIP）数据

中华文化与传播研究. 第六辑 / 谢清果，钟海连主编. -- 北京：九州出版社，2019.8
ISBN 978-7-5108-8307-1

Ⅰ．①中… Ⅱ．①谢… ②钟… Ⅲ．①中华文化－文化传播－研究 Ⅳ．①G125

中国版本图书馆CIP数据核字(2019)第196045号

中华文化与传播研究·第六辑

作　　者	谢清果　钟海连　主编
出版发行	九州出版社
地　　址	北京市西城区阜外大街甲 35 号 (100037)
发行电话	(010)68992190/3/5/6
网　　址	www.jiuzhoupress.com
电子信箱	jiuzhou@jiuzhoupress.com
印　　刷	北京九州迅驰传媒文化有限公司
开　　本	720 毫米 ×1020 毫米　16 开
印　　张	27.5
字　　数	470 千字
版　　次	2019 年 9 月第 1 版
印　　次	2019 年 9 月第 1 次印刷
书　　号	ISBN 978-7-5108-8307-1
定　　价	68.00 元

《中华文化与传播研究》

主办单位：

    厦门大学传播研究所

    中盐金坛盐化有限责任公司

协办单位：

    华夏传播学会

    华夏文化促进会

    国际中华传播学会（美国）

    中国传媒大学媒体创意研究中心

    福建省传播学会

    福建省易学研究会

    厦门市易学研究会

    厦门大学国学研究院

    四川大学老子研究院

    厦门大学道学与传统文化研究中心

    厦门筼筜书院

    厦门伟纳机电技术有限公司

    两岸关系和平发展协同创新中心

    中国新闻史学会新闻传播思想史专业委员会

    中国新闻史学会台湾与东南亚华文新闻传播史研究委员会

张　昆（华中科技大学新闻与信息传播学院）

邵培仁（浙江大学传播研究所）

林升栋（厦门大学新闻传播学院）

罗　萍（厦门大学新闻传播学院）

岳　淼（厦门大学新闻传播学院）

居延安（美国康涅狄格州州立大学传播学系）

单　波（武汉大学新闻与传播学院）

（新加坡）卓南生（北京大学新闻学研究会）

宫承波（中国传媒大学电视与新闻学院）

赵月枝（加拿大西门菲莎大学传播学院）

赵振祥（厦门理工学院）

赵晶晶（浙江大学传媒与国际文化学院）

胡翼青（南京大学传播学院）

郝　雨（上海大学影视学院）

贾文山（中国人民大学新闻学院、查普曼大学）

郭肖华（厦门理工学院数字创意学院）

阎立峰（厦门大学新闻传播学院）

黄　旦（复旦大学新闻学院）

黄合水（厦门大学新闻传播学院）

黄鸣奋（厦门大学人文学院）

黄星民（厦门大学新闻传播学院）

曾　峰（华侨大学新闻传播学院）

程曼丽（北京大学新闻与传播学院）

董天策（重庆大学新闻学院）

谢宗贵（福建师范大学传播学院）

戴元光（上海政法学院文学院）

卷首语

2019 年对中国而言将是个值得永远纪念的年份，因为这一年不仅是中华人民共和国成立 70 周年、五四运动 100 周年的纪念日，而且是中国坚定以中华文明的和谐共生智慧来化解许多困难与挑战的关键一年。习近平主席在亚洲文明对话大会的演讲中，高度概括了中华文明的鲜明特征："亲仁善邻、协和万邦是中华文明一贯的处世之道，惠民利民、安民富民是中华文明鲜明的价值导向，革故鼎新、与时俱进是中华文明永恒的精神气质，道法自然、天人合一是中华文明内在的生存理念。"中国必将坚守这种文明自信，努力在人类文明交流互鉴的大潮中为人类命运共同体的建构提出中国方案，展现中国力量，分享中国智慧，感悟中国思考，让世界人民能够携手共创美好未来。

我们《中华文化与传播研究》始终与祖国同呼吸，共命运，心连心，始终不忘弘扬中华优秀传统文化，开创华夏传播研究新境界这一初心，发扬"华夏传播 文明传承 文化自觉 民族复兴"这一宗旨，坚持学术报国、学习强国、学问兴国的理念，把学问书写在中华民族伟大复兴的征程上，流淌入中国人民的心田里，更将中华文明的共生旨趣传播到全世界，让世界能够相亲相爱，亲如一家。

本辑我们将以"认知传播学探索"为主题，围绕中华文化传播研究的一系列现实问题进行理论思考，坚持中国问题意识，坚守中华文化立场，围绕传播学视域，开展各个专题研究。

一、传播学探讨的认知传播转向

认知传播学是中国传播学界近年来新兴的一个研究领域。林克勤教授梳理了认知传播学的发展历程，认为应当把它定位于近年来后现代人文思潮影响下兴起的一个传播学派或思潮。认知传播学也不是某种单一的理论，而是代表一种研究范式，包括理论、观点、方法、模型、思路等等，具体说来，就是人类的信息传播与意义共享是基于体验认知，即互动体验与认知加工是传播过程的核心要素，进而在这种体认传播观的指引下，着重研究人类社会传播活动中信息与意义的产生、加工和认知改造，心智与传播现象、要素的关系以及传播活动与人类认知行为密不可分的联系。这就是认知传播学的问题意识。从这个意义上讲，认知传播学是传播学的一次革命，这次革命的意义在于重新认识了人在传播过程中的主体性地位，注重具身的在场，即当下学界关注的"具身传播"问题。具身传播，说到底正是关注人的认知与互动体验，即基于体验哲学和身体哲学的传播学元问题的思考。从根本上讲，既然人类的传播活动应当是要朝有利于人的自由而全面发展的方向前进，那么，传播学研究就应当始终不忘初心，即传播研究的出发点是基于人的幸福与自由，归宿点也是为人的自由与全面发展创造有益的传播条件与环境提供学理阐述。传播学本质上也是人学，忽略了这一点，我们就会倾向物化，沦为物质主义的崇拜者而终沦为物的奴隶，而这自然是人类的悲剧。过往人类的种种悲剧，说到底都是源于人类为物欲所蒙蔽，做出了伤害自身进步的事情。因此，本辑特邀认知传播学的重要推动者——林克勤教授来主持专栏，以期引发传播学者的关注与讨论，促进中国传播学研究的认知转向与身体转向。

二、中华文化传播研究的在地经验取向

华夏传播研究会自 2018 年成立以来，积极推动举办卓有成效的专题工作坊，来引领华夏传播研究向纵深挺进。2019 年的首场工作坊于 4 月份在郑州大学新闻与传播学院举行。本次工作坊以"礼文化与华夏传播研究"为题，着重围绕礼文化传播这一问题展开研讨。会议期间，郑州大学张兵娟教授带领的中国礼文化传播研究团队顺势和有关与会嘉宾进行了专题访谈。考虑到中国礼文化传播研究具有显著的学术价值与社会价值，我们特邀张教授将访谈内容整理出来以便能够及时奉献给同行，以期推动中华礼乐传播研究更上一层楼，于是便有了本辑的"礼文化传播访谈录"专栏。

近年来我们也特别关注地域文化传播与民俗文化传播。我们认为随着传播学本土化研究的深入，基于本土经验与传播实践来探讨中国社会的传播问题，应当逐渐成为传播学者关注的重要议题。中国人历来有"一方水土养一方人"的观念，自然地，不同地域也形成了不同的文化样态，例如岭南文化、巴蜀文化、闽越文化，等等，相应地，也产生了富有地方特色的交往方式与交往观念。那些丰富多彩的地方文化与民俗活动，都是中国民间社会建构的内在方式，当然也是我们应当深入挖掘的传播现象。本辑我们邀请莆田学院的帅志强副教授组织"21 世纪海上丝绸之路的妈祖文化传播及资源开发"专

栏，试图推动以传播学视域研究不同地域民俗文化传播，最终为华夏传播学知识谱系的建构奠定基础。

中华文化传播的研究对象可以是历史问题，也可以是现实问题。本辑邀请扬州大学贾学鸿教授来组织"中华'和文化'传播研究"，不仅力求在学理上阐扬中华"和"文化的深刻内涵，而且也关注"和"文化的时代价值。本辑还邀请厦门大学嘉庚学院的王乃考副教授组织"当代文化生产实践研究"专栏，目的在于为中国当下的文创把脉，探讨文创产业发展过程中的薄弱环节，即文化生产问题，以期让文创产业与文化事业行稳致远。而谢清果教授主持的"新媒体时代的传统文化传播"，主要关注大学的传统文化教育问题，探讨大学在新媒体时代如何传承传统文化，同时也从大学生受众的视角来探讨一些具体课程的传统文化传播方式与效果问题。浙江大学宁波理工学院付永春主持的"华莱坞电影研究"，关注中国电影事业发展中的民族性问题，探讨电影所呈现的中国社会与文化现象。

三、贯通理论与实践的国学传播研究

关注中国社会现实，探讨中华文化与当代社会的融合发展问题，也是本辑的一大特色。本辑的固定专栏"贤文化与组织传播研究"，就是旨在打造中华文明企业的管理样板，即将中国优秀的圣贤文化经过创造性转化与创新性发展融入现代企业管理，努力探讨出圣贤文化在企业中的传承与传播的路径与模式，总结出中国人文管理的独特方式，努力使现代企业管理理念与传统理念的对话融合，立足本土管理实践，坚持中华文化立场、全球管理视野，打造出可与世界各国企业进行对话的富有中国组织传播智慧的企业文化理论体系，这也正是我们两家主办单位共建"华夏文明传播研究中心"的初衷。再者，固定特色专栏"盐文化传播研究"，着力于盐文化的传播学思考，将与盐相关的产盐器具、盐政、盐产品、盐商、盐的影视剧和纪录片等纳入社会传播研究中来，以盐为媒，观照社会生活，使学院的传播学走向实践的传播学，让传播学更加接地气。本期固定专栏"国学新知"，除继续关注国学的学理探讨，还特别关注生活国学的推广，目的在于为国学的当代实践提供启示。我们认为国学的活力与魅力在于生活化，以期古为今用，综合创新。

谢清果 钟海连

2019 年 6 月 9 日

目　录

十、国学新知（主持人：陆元祥）

一、认知传播学新探

主持人语：

认知传播学以新技术语境下传播学研究范式的学理革新与认知转向为己任，把唯物主义指向的体验观奉为人们认知世界、进行精神交往的前提，以人类心智对各种信息的个性化加工作为社会传播的必然先验，其理论核心其实上溯于雷科夫和约翰逊的体验哲学、梅洛·庞帝创始的存在主义现象学、卢卡奇隐现的马克思主义现象学以及对这几者都产生了深刻影响的马克思主义哲学思想，综合运用总体原则、批判视域、问题导向、主体拟构和诉诸自然的方法论去分析和探索人类精神交往的复杂现象和深层问题，以期实现对其多样性、变异性与规律性的了解与把握。

唐英、林克勤的《体验认知视域下时政报道的交互式传播研究——以〈重返这五年〉为例》以时政报道的交互式传播为关注对象，通过对 H5《重返这五年》新颖解读时政主题的分析，运用符号学、心理学、认知科学等多学科的话语范式，凸显了交互式传播以身体为媒介的实践体验、个性化的图示与意义构建，提出了时政报道的效果革新：重组内容，增添文本亲近性；场景拉伸，加强叙事真实度；情感共振，提升群体认同感。王瑶、晏青的《从文化到展演：中国节日在社交媒体的话语竞合——以爱情节日在微信传播为例》立足于微时代的个体仪式参与，通过参与式互动，以观察者的身份深入到用户"Y"的朋友圈中，剖析西方情人节、网络情人节、七夕情人节等三个节日当天的信息发布，运用巴赫金狂欢理论、柯林斯互动仪式理论等来分析多种话语在仪式中的耦合，突出了新媒介时代仪式的新特征，即节日主体的解构、形式的狂欢化和意义的颠覆性，并揭示了仪式消费的浪漫经济学本质。李姝的《认知传播与影像疗愈：私纪录片教学中的生命教育探索》从认知传播和影像疗愈的视域切入，通过跨学科的理论研究和教学实践相结合，力图对高校最近发生的一系列反社会行为进行深入分析，立足于数字媒体时代信息爆炸信仰危机的现实状况，探讨当下学术研究和学校育人的职责与担当，以进一步在高校教育中促进人格发展、改变自我认知、正视生命价值、重塑人文精神。

（四川外国语大学新闻传播学院教授　林克勤）

体验认知视域下时政报道的交互式传播研究

——以《重返这五年》为例

唐 英 林克勤 *

（四川外国语大学新闻传播学院，重庆，400031 ）

摘 要：时政报道的交互式传播具有体量轻巧、观点精确、再现场景等优势，弥补了传统非交互式传播内容体系庞杂、叙事框架倾斜、参与感较低等问题。因此，传统时政报道若要完善传播机制或增强传播效果，一要遵循化重为轻、化繁为简的原则，注重挖掘深层次的时政信息线索，将复杂的信息简约化处理，不断优化文本内容的叙事结构；二要遵循因事而化、因势而新的原则，重视媒介用户的主体性和能动性，打造多样化、趣味化、场景化的交互体验，以增强时政报道的可读性、可理解性和可接受性。

关键词：时政报道；交互传播；体验认知；身体图式

基金项目：2018 年度重庆市研究生科研创新项目（CYS18278）

在特定的社会环境中，时政报道的传播效果与民众的政治素养呈明显正相关，而政治素养关乎着社会群体如何实践政治行为和政治诉求，可以综合反映出社会群体的政治情感倾向、认知判断与态度评价。社会政治生活赋予时政报道不断向前、向优、向精发展的责任和义务，交互技术的发展则为时政报道做内容、做渠道、做产业提供强有力的技术支持。从体验认知思想出

* 唐英（1994—），女，四川资阳人，新闻与传播硕士，四川外国语大学教师发展中心科员，研究方向：新媒体研究。林克勤（1966—），男，重庆人，四川外国语大学新闻传播学院教授，文学博士，中国认知传播学会副会长，中西语言哲学研究会常务理事，中美后现代发展研究院特聘研究员，日本札幌大学客座教授，研究方向：认知传播学、文化话语研究。

发，交互传播的行为依靠传播者与媒介用户的"身体体验"，包括可见的现象身体——生理躯体以及可感知的客观身体——认知主体，两种身体在体验中相互协作以帮助个体产生新的认知。所以，传播者既要意识到媒介用户是认知活动的主体，也要分辨出不同环境背景对身体体验和认知过程产生的不同影响。

媒介用户的认知过程是长久的、持续的、不间断的，个体在不同的环境中不断地练习与调适，才能将外界信息真正转化成自我认知。由于媒介用户与传播者存在着媒介环境差异与认知水平差异，这就要求传播者考虑到媒介用户怎样利用交互传播技术？交互式的传播能产生何种认知？如何去引导媒介用户的认知往理想的方向发展？时政报道若要达到理想的传播效果，对民众的政治素养形成以及政治生活参与起到积极的引导作用，就需要将媒介用户、社会环境因素等变量纳入考察范围。

一、时政报道交互式传播的基础：以身体为媒介的实践体验

在社会化的传播形势下，时政报道的交互式传播发展是大势所趋，新兴的传播技术让媒介用户拥有更多的自主权。传播作为一种基本的人类社会实践，本不能脱离传播双方的身体而存在，但在媒介交互技术被广泛认可前，"身体之于传播，属于一种'缺席在场'"。[①] 换句话说，信息交流的双方，身体的形式和内涵都鲜少被关注。根据体验认知理论，一切认知都需经由身体体验感知积累，而时政报道交互传播存在的基础就是以身体为媒介的实践体验。梅洛·庞蒂的现象学身体观明确提出：身体既是一种被动的物理生理客体，同时也是一种主动的能动主体。[②] 实际上，身体与世界是感知与被感知的共存关系，用手触碰、用眼睛观察是个体认识世界最原初的方式，而长期的实践又使得个体形成一套独特的处世方法，不断地改造本身以适应复杂多变的环境。将媒介用户单视为被传播媒介形塑的客体，或是被传播者操纵的对象，这两种观点都是极其狭隘的。在时政新闻的交互式传播中，媒介用户本是具有自觉性、能动性的主体，应当被纳入传播的主体性范畴。从现象学的基础剖析媒介用户的身体内涵，包括以下三种：一、在物质范畴里，身体是

---

① 孙玮：《交流者的身体：传播与在场——意识主体、身体－主体、智能主体的演变》，《国际新闻界》2018 年第 2 期。

② 孟伟：《交互心灵的建构——现象学与认知科学研究》，北京：中国社会科学出版社，2009 年，第 87 页。

具象化的容器；二、在符号意义上，身体是象征式的标识；三、在社会关系中，身体是权利的主体。

第一，作为生理客体的身体，在认知发展的过程中起物质支撑的作用，是人类与外部世界沟通、保持社会性的桥梁。在物质范畴中，身体表现为具象化的容器，是存在于环境中的一个生命空间，是生命寓居的客体。身体用其独特的方式来把握世界，用身体姿势、脸部表情、声音语调等手段展示自我，直观地表现为个体的躯体动作。媒介用户阅读《重返这五年》时，自动触发相应的感官中枢和肢体动作，用手指滑动屏幕、用眼睛观看画面或用耳朵听取声音，通过触觉、视觉和听觉的联动作用，媒介用户才能接收并理解文本的内容，从整体上感知外界的事物。在媒介技术的支持下，媒介用户的身体形式正走向技术化、虚拟化、多元化，在不可见的网络社交空间里，现实的身体是可以被技术复制和再现的，摆脱了物理空间对媒介用户交流对话的限制。媒介化的身体承载着主体的观点与意识，技术让身体的在场与缺席变得不再重要，媒介用户与其他媒介用户、智能机器人之间也能实现在线交流。所以，仅将媒介用户的身体视为"禁锢自由灵魂的牢笼，是阻碍完美交流的肉身屏障"，实际上是否定了人类传播实践最基本的前提。

第二，符号意义上身体是象征式的标识，与现实的主体有着对应关系。人类形成认知的过程，无时无刻不在依靠符号传递意义，符号可协助个体与他者对话交流，引导社会群体形成和谐的社会组织关系。皮尔斯曾提出："我们所有的思想与知识都是通过符号而获得的。"[①] 传播作为符号化的行为，意义在符号传播的过程中生成，符号不单是表达意义的工具或载体，也是生成意义的前提条件，有符号才能进行意义的建构活动。媒介用户身体的符号化表达，可以理解身体与符号相互依存的关系。身体行为或者说身体姿态本身就是一种言说，将身体或身体姿势用某个可感知的符号替代，不仅是主体意识可视化的外在景观，同时也是一种随现实情况做出适当的调整的内在张力，影响着认知活动的范围和可理解的符号意义范畴。《重返这五年》肩负着传达政治信息的重要职能，在处理身体符号与传播意义的关系时，受到传播者的政治立场、政治观点和情感倾向的影响，例如通过动画模拟两个微笑的小孩相互伸手触碰对方的动态画面，展示"开放二孩政策"对普通家庭生活的影响。

[①] 查尔斯·桑德斯·皮尔斯，詹姆斯·雅各布·李斯卡：《皮尔斯：论符号》，赵星植译，成都：四川大学出版社，2014年，第49页。

　　第三，在社会关系中的身体是权利的主体。权利是无形的，需要借用有形载体来帮助主体实现其利益，身体便成为承载权利意识、实施权力力量的显性表达。权利化的身体表现为主体对权利力量的使用与操控，客观身体可以缺席，但是力量会延续下去。《重返这五年》的文本内容将现实权利做艺术化处理，媒介用户在无形中受制于他者的权利或者施展着制约他者的权利，例如"打虎拍蝇"还原薄熙来、徐才厚、周永康等贪腐官员被审判与服刑的场面，阅读文本内容就是媒介用户围观其权利力量施行的一种仪式，此时每个人都是权利的潜在执行者。画面使用铁窗做画面的前景，老虎苍蝇形象做背景，制作团队特意用视觉差营造出落马官员被关押的画面，丧失人身自由即权利被剥夺。在文本中没有直接塑造中央巡视工作领导小组、参与审判的检察官与法官等形象，而是间接展示出表面缺席实质在场的权利执行者——人民，利用身体的可替代性满足媒介用户行使权利的需求。《重返这五年》在解释权利与义务的关系时，做到了既合理展示主体权利的力量，又抛开了不必要的宣传教化。

　　从理论上分析媒介用户的身体内涵，目的是为探讨时政报道交互式传播存在的合理性，那么，在实践方面时政报道如何与媒介用户进行交互？由于数字媒介蓬勃发展，计算机的键盘、鼠标等外接操控设备已难以模拟人与人之间流畅的交互体验，手势交互逐渐成为媒介用户追求的自然交互形式，为媒介用户认识和阐释世界提供新的选择。智能化的计算机能识别出媒介用户的手势，检测用户的真实状态并分析其行为意图，实现以人为中心的智能交互行为，这一维度是交互被归纳为"人—机"交互。身体体验为时政报道的交互式传播奠定了基础，也重新定义了传播主体相互依存的密切关系，但媒介用户在接受信息的过程中就会预先做出评估，优先标记并筛选出对个人社会生活有价值的信息，由外而内地、潜移默化地影响对个体的认知结构，这一维度的交互被归纳为"人—自我"交互。在公共空间领域，利用网络媒介进行交互的双方，身体都以虚拟在线的状态与他者对话，可以帮助自我与他人打破实践与地域的现实进行协作，刺激公共领域拓宽范围以实现不同群体的利益目标，这一维度的交互被归纳为"人—他者"交互。具体分析如下：

　　人机交互的概念与计算机科学存在密切联系，指人与计算机进行交互并协作完成任务。[①] 例如，在智能手机、体感游戏机中内置传感器，即时地捕

---

① Bobrow D G, Kaplan R M, Kay M, et al: GUS, a frame-driven dialog system, *Artificial Intelligence*, vol. 8, no. 2(1977), pp.155-173.

捉媒介用户的身体动作，使得机器拥有"意识"去感应用户的运动轨迹，加强用户与机器之间的交互程度。这一维度的交互彰显了媒介用户的主体地位，即直观地表现为用户可以根据个人习惯和喜好操控媒介设备，利用手势放大或缩小页面、停留或翻页阅读、转发评论或点赞。媒介用户使用智能媒介与不同主体交互，可以减少社会多元主体间的矛盾和摩擦，协调社会组织间的复杂关系。《重返这五年》把五年的时间和空间压缩到一个界面上，传播者参照具体的现实社会环境，用虚拟技术来增强现实并回归现实，为媒介用户创造自主性对话沟通的环境，方便他们解读文本的意义。由于时政报道的交互传播是可感知、可构想的对话方式，媒介用户的身体自然地介入到文本的解读过程，所以"人—机"交互既是传播者对社会空间的再生产过程，建构新的交互认知空间与原有的社会空间重叠，也是媒介用户对社会空间的再理解过程，赋予交互主体、交互行为、交互结果全新的社会意义。①

人与自我的交互可视为内向传播，是主体形成认知、认识外部世界的基础，为媒介用户的认知行为提供合理性与连贯性的依据。时政报道的交互式传播不再仅仅关注引导媒介用户的精神和意志，反而更加重视身体的直接参与感，媒介用户在交互传播中可以更为自由地选择认知渠道，体现出个人认知或思维建构的倾向性与创造性。这种内在的自我交流，是认知主体将认知对象编码存储在身体中又提取的结果，这一维度的交互可以帮助媒介用户理解个体的存在。由于媒介用户的知识积累与认知提升，他们可以主动将外界环境、其他主体发送的信息进行分类，消化吸收其中有用的部分，摒弃无用的"杂音"。传播者利用增强现实的交互技术，为媒介用户营造出信息量相对较少的混合现实环境，让用户在现实—虚拟的环境里实现自我的学习和改造，身体体验在认知形成的过程和认知发挥效用的过程中发挥着重要影响。媒介用户在以自己为核心的传播圈层内占主导地位，通过身体交互获取其他传播主体传递的信息，将其内化加工为自身对现实环境的理解认知，同时自动将外部信息转化成记忆编码，所以当二孩政策的编码线索被《重返这五年》再次激活时，就重启了媒介用户新一轮的认知程序。

人与他者的交互是社会的基本活动，是人类社会化发展的必然结果。媒介用户和其他主体利用网络媒体技术进行交互活动，构建出反映社会现实关

---

① 艾莉莎：《物联网空间域的泛传播构型》，博士论文，北京邮电大学，2014年，第13页。

系的网络社会关系。① 某种意义上来说，网络社会中客观身体的缺场就使传播媒介自动承担起延伸身体形式的责任，在现实中媒介用户利用身体进行人际交流或群体传播，而网络媒介用户发生信息交互行为的前提，是通过媒介负载身体意义的方式帮助交互的双方确认彼此的存在。现实活动受限于活动的场地大小，若在广场举行大型演讲或者在体育场馆内开办演唱会，演出者说话的声音、身体的姿态，甚至是作为场地背景的电子屏幕信息，都只能在很有限的范围内传播，观众被选中发言交流的机率也很小。但数字技术让媒介用户可以选择实时交互或延时交互，身体的功能不受空间距离的限制，与他者交互的体验感也能在传播的过程中被适当增强。若演出者和观众利用网络媒介技术进行直播互动，媒介用户就同时占有信息资源和评论渠道，能与演出者、其他用户更加便利地沟通，虽然身体不能处于同一空间，但个体与他者的互动程度反而往更深的层次发展。

时政报道的交互式传播不仅改变了身体在传播中的地位，也使得文本的意义不再依赖传播者用口述的方式转达给媒介用户，媒介接替身体成为意义表达的桥梁。《重返这五年》所代表的交互传播方式已经代表时政报道可交互共享的意义：即为两会报道服务，为民众的政治生活提供实用的指引。在新的交互关系中，媒介用户主动争取机会发表自己的见解和评价，分解原本由传播者主导的传播关系。基于对媒介用户的身体内涵及身体体验分析，可以探讨媒介用户与他人互动的模式以及媒介用户自身的网络关系、行为偏好或情感意向等。在交互传播盛行的媒介环境中，身体这一交互界面出现在"人—机""人—自我""人—他者"三个维度中，当媒介用户表现出对现实环境或虚拟环境的不适应时，传播者应引导其重新认识交互真正的内涵，有效整合体验认知交互的优势和资源。

二、时政报道交互式传播的图式与意义构建：认知加工的符号凸显

意象图式是在视觉、动觉经验中反复出现的动态结构。② 意象图式的内涵包括人类在社会生活中反复出现的知识和经验，是基于体验的抽象认知结构，反映出人对事物基本关系的解释方法和认知技巧。体验认知理论认为意向图

① 龙增艳，陈志刚，徐成林：《基于用户交互的社交网络好友推荐算法》，《计算机工程》，2019 年第 3 期。

② Lakoff G:Women, Fire and Dangerous Things, *Mind & Language*, vol.4, no.1-2(2010), pp.130-137.

式是自动反应的，几乎不需要主体用意识去控制，这种作用机制可以使人不用实地测量积水的深度或体积，也能顺利跨越较窄的水沟。媒介用户能在传播的过程中意识到意象图式的作用，也就表明他们能理解身体体验是一种结构化的存在，运用到时政报道的交互式传播上，就要求传播者科学地组合的传播内容以契合媒介用户的基本认知模式，可以有效地增强媒介用户的身体体验并加速自我认知的进程。学者邱爱宁认为基本的意象图式包括容器图式、起点—路径—目标图式和部分—整体图式三种，而前景—背景图式只是被激活的附属图式。①《重返这五年》文本设计的抽象空间关系大量体现出后面三种意象图式，这正是传播者从现实空间关系提取出来的新思维，媒介用户结合基本的隐喻认知能力解读内容，能更加清晰地辨析传播文本与传播意义之间的内在联系。

首先，《重返这五年》利用线性序列图式为媒介用户创造出可操作的触觉空间，媒介用户可以根据事件发生的时间顺序理解内在的因果联系，也可以从结果反向推导至起因解释事件发展的根本动力，帮助媒介用户评估认知目标、环境以及自身的运动状态，及时调整自我的认知方向。于是，本文创新地采用双向线性序列图式替代起点—路径—目标图式。正向的线性序列影响着人对外界事物发展的一般认知：起点先于路径，路径先于目标，体现出时间的一维性和顺序性，事件的诱因最早出现，然后是事件发展的过程，最后才是事件的结果。而逆向的线性序列能让媒介用户从结果中反推出诱因，体现为结果先于发展路径和起点的认知顺序，是一种反向思辨的认知模式。这种可反向推导的图式不仅不会造成人的认知偏差，反而弥补了正向序列图式灵活性与变通性较差的缺陷。

线性序列图式被时间和空间规则所限制，能将物体的运动状态从无序的转变成有序的，运动方向也可以从直线的转变成曲线的。《重返这五年》用一条曲线串联过去五年间发生的十六起时政事件，传播者按照事件发生的时间顺序排列第一页至最后一页的内容，同时设置成媒介用户可操作的、可倒放的动画文本，用正反结合的线性序列图式作用于媒介用户的认知。内容的开始页与结束页都有相关的文字提示，利用这些已知的时间线索，媒介用户从前往后观看或者从后往前阅读，都能对文本所反映的现实事件形成认知—社会建设的成果得益于党的政策方针指导。线性序列图式的作用还在于为个体

---

① 邱爱宁：《认知意象图示及隐喻、转喻研究》，《科技创新导报》2012 年第 19 期。

打开新的感知空间，在现实环境中如果人想去看花，就需要不断地朝着花朵生长的位置挪动身体，人的感知空间也从身体之前站定的地方移动到花丛周围的空间里。《重返这五年》则利用曲折的线条代替时间与道路，媒介用户在翻页时能够明确地感知到自我正沿着线条延伸方向运动，间接地强化个体的身体体验。

其次，《重返这五年》利用前景—背景图式为媒介用户打造出多层次的视觉空间。因为人类自身存储信息的能力有限，为了生存不得不用特定的结构来过滤环境中多余的信息，凡是被人类感知到的信息都是在无意识间被筛选剩下的信息，反映出人类知觉层面上最根本的选择性，所以视觉感知系统可以自觉地将物体从环境背景中分离出来，没被突出的物体则构成了画面的背景。背景具有均衡画面构图、优化时空环境的作用，与前景画面的层级叠加能形成立体化的视觉空间，但背景不是一个限定区域，它在被凸显的物体背后无限延伸，媒介用户能意识到彼此的空间关系，再用语言符号表达出来。由于媒介用户与手机、平板等交互界面的相对位置决定了观看画面的视角是固定不变的，而且在现实中已经形成自前向后拍摄画面的认知，《重返这五年》将扁平化的符号做成立体化的动态画面，前景与背景也都沿着时差动画的运动方向时刻改变着相对位置，从而建构出立体的、多层次的视觉空间，引导媒介用户利用视觉差来选择眼睛的聚焦点。

前景—背景图式在《重返这五年》中通过错落有致的排列方式，巧妙地结合传播者的意图，调整媒介用户的注意力分配，使其在自然的交互体验中接受传播内容。当传播者把要凸显的意象放置在前景的位置，有利于减少媒介用户认知资源的消耗，就能自动吸引媒介用户的注意力，这是人体视觉感官的直觉性与普适性反应。利用前景—背景的编码特性设计文本的背景，媒介用户就能分散部分注意力去观察背景，间接地引导用户联系现实环境去理解文本，培养媒介用户在特定的情境中进行认知加工的能力。从视觉层面理解，《重返这五年》建立了以媒介用户为中心的参照系，在这种空间参照定位下画面可以分成大小不同的景别，从视觉上强化媒介用户体验的纵深感和空间感。

再者，《重返这五年》利用部分—整体图式为媒介用户形塑出全方位的知觉空间。部分—整体图式是一种关乎人类所见事物"是什么"的概念认知，对应着一个在外延和内涵上既有交集也有差异的平行图式对象。①日常生活所处的环境中都充满各种各样的物体，它们或远或近或相互毗邻交叉，人类的感知系统必须准确地判断出物体边界才能有效地认知新事物。这个过程在认知心理学中称为"知觉分离"，它指知觉系统能够分辨哪些信息应该属于一个整体，从而把这些信息组织成一个独立的客体。《重返这五年》的画面有明度、色相、纹理等元素差异，能描绘出物体边界、形状、轮廓等线索以供媒介用户感知和识别。例如传播者用金黄色的线条在白色背景中画出简单的轮廓，基于日常生活的经验，媒介用户可以直接识别出所对应的现实物体是"路灯"，而基于累积的隐喻认知经验，可以将此理解成"指引方向的明灯"。

如果是媒介用户比较熟悉的物体，非完整的画面轮廓也很容易被识别出来，但媒介用户对画面主体轮廓的识别受到其周边图形的影响，只有当它周边的图形表现出越低的完整性时，主体轮廓才会表现得越明显，所以在大面积留白的衬托下，《重返这五年》中人民大会堂的边界轮廓才能更加清晰。但主体的轮廓并不都是平面的，画面中"八项规定"的文件从空中飘落，白色纸张与阴影结合起来表示那些未显示出来的部分，将其建构成一张完整的、曲面的、自由坠落的纸张形象，此时主体的平面轮廓也能被感知成立体的外轮廓。《重返这五年》还利用多种设计原则，打造全方位知觉的空间引导媒介用户加强对相关事件的认知。利用接近性原则，将看起来关系较近的元素会组合在一起而形成新整体，如用军人想象、枪支设备、训练口号，形成军事演练的画面感；利用相似性原则，控制相似的元素成为一个整体，如科学家屠呦呦手中的青蒿、烧瓶与背景中的试管、显微镜，明度、方向、大小、形状相当，营造出实验室的空间整体，等等。

利用意象图式的作用机制，可以为时政报道的交互式传播建构最基本的价值指向。时政报道承担着重要的社会责任，既服务于社会整体的发展，也服务于普通民众的生活，所以共享信息、平等对话是满足他人的信息需求的首要出发点。共享是多个主体的行为，可以协调参加共享活动的多方成员的关系，为不同社会成员创造对话的机会。利用网络媒体技术共享信息的传播活动不是随机发生的，传播者会事先制定好传播策略，在特定的时间里采用合适的传播形式共享指定的内容。人民日报的公信力和网易新闻的创新力，

---

① 孟鸿伟，宋合义，董奇：《4—8岁儿童对部分—整体图形知觉发展的实验研究》，《心理学报》1982年第14期。

为《重返这五年》的传播者与媒介用户搭建了良好的信任基础，若能合理利用交互技术将真实的时政事件转换成媒介用户易于认知加工的符号，就有机会实现信息的共享。

但是现实环境也存在着某些主客观因素会对信息共享的效果造成直接影响。其中，主观因素来自共享的主体：由于主体的认知水平差异，不同的主体以不同的方式来理解同一种符号所表达的意义；或是共享的内容不适用，与其他主体需求相差甚远；或是共享的信息公开程度不够，不能发挥信息本应发挥的作用；或是共享的双方互相不够信任，也忽视了建立信任关系的需求。[①] 客观因素包括硬件设施故障、临时突发状况等等。媒介用户认识世界是主观的行为，当用户真正地阅读或者理解文本符号时，共享的内容才可能成为有效的信息，但如果时政报道坚持使用落后于时代发展的报道模式，传播者不能参照实际情况共享有价值的内容，对媒介用户来说这类信息达不到个人的使用期望，久而久之就可能选择其他的传播形式满足自我需求。

从双方的传播地位来看，传统时政报道的信息是由传播方流向受众方的，即受众鲜少有发表意见的渠道，而时政报道的交互式传播正好打破了不平等的传受关系，主动分散传播的话语权使受众成为媒介用户与传者平等对话，在双向的交流中重构文本、解读意义、实现目标。传播者在建构文本时融入了相应的文化背景、思想情感等主观因素，媒介在特定的环境中解读文本、体会作品隐含现实的意义、进行认知加工并用有意义的符号表达自我的意识，由于任何文本都具有显性意义与隐性意义，《重返这五年》尝试将媒介用户塑造成与传播者相同的第一视角叙事者，在观看内容时可以产生身临其境的体验，引导其在表现出个人化的理解风格时用不同的认知途径去理解文本的双层意义，使时政报道的交互式传播实现信息共享和平等对话的功能。由此可见，媒介用户不是纯粹的接受信息，时政报道的交互式传播为媒介用户搭建起平等对话的平台，可以降低认知转化过程出现理解偏差的几率。

当社会资源分配不均时，导致强势利益群体与弱势利益群体的分化，不同的群体使用媒介表达群体利益的权利也是失衡的，所以调适利益分歧、协调群体行动便成为时政报道交互式传播所建构的另一个重要价值指向。由于强势利益群体占据的经济文化资源是弱势利益群体可望而不可及的，且弱势

---

① Sonnenwald D H, Challenges in sharing information effectively:examples from command and control, *Information Research*, vol. 4, no. 2（2006），pp.11-14.

利益群体自身的表达能力和表达欲望普遍较低，少数的言论需求也会被大众媒体忽略掉，若要调适群体间的利益分歧，大众媒体就要坚持做表达多元利益的公开平台。例如人民日报作为国内最具权威性的媒体，以身作则发挥合理性分配话语资源的表率作用，时常在新闻报道中采访普通民众对某一事件的看法，从表达需求上照顾弱势群体并在传播内容中得以体现。

此外，弱势群体的认知水平大都"吃不透"政策文件，这就要求简化时政报道的传播的内容，尽量避免用晦涩难懂的词汇和结构复杂的语句，合理地调整文本的难易度。从媒介用户的反馈分析《重返这五年》能被大多数群体接受的原因，主要体现为三点：第一，内容精炼，观点明确，普通人也能轻松地理解文本的意义；第二，符号多样，语言口语化，对普通人的知识水平要求不高；第三，用社交媒介为传播载体，普通用户也能参与互动讨论。这种具有倾向性的交互传播方式在调整群体利益结构时作用明显，尽管政府会在冲突的双方中做出调节，但总避免不了保护一方利益而损害另一方利益的情况发生，特别是在社会改革的时期，交互式的传播能抚慰多数群体的不安情绪，规避更大的社会风险。

但只调适群体利益还不能解决根本性的问题，时政报道还要协调群体的整体性行动，降低群体性事件的发生概率。随着网络社会的发展和成熟，媒介用户在虚拟的网络空间中隐蔽真实身份，更容易忽视社会责任参与突发的网络群体性事件，传播者想要通过宣传来阻止网络集体行动是一项很难完成的挑战。面对风险主动预防，网络群体事件折射出的社会矛盾其实在现实生活中存在已久，时政报道要坚持创新服务的精神，不断调整传播姿态、报道形式和话语模式，满足普通群体广泛的权利诉求，培养普遍的社会价值观和社会公平感，才能有效地疏导网络集体行动。《重返这五年》正因实践这种可持续发展的理念，用平实的语言讲述百姓的故事，用情真义切的文字和生动鲜活的图像解释严肃的政治事件，彰显出时政报道对社会多元话语结构的尊重，特别是对普遍民众原生态话语的关注和呈现，这对调适群体利益、协调群体行动至关重要。

鼓励政治参与、实现政治信任也是时政报道交互式传播应该建构的价值指向。政治参与主要是指公民为达个人或群体的目的，以自愿参与或组织动员的形式，使用各种合法或非法的手段，试图支持或改变政府相关的行政事务或政府决策的行为。^① 媒介用户在社会生活中，通过媒介学习政治知识、参与政治活动、行使政治权利，例如利用"学习强国"APP 了解时政要闻，学习习近平总书记的重要讲话精神，在线参与选举投票，发起活动请愿等。在新媒体交互技术的支持下公众参与政治的方式和渠道更加多样，时政报道的交互式传播改革进一步推进了政治信息的传播关系和传播结构的变革，打破时空对民众和政府机构之间对话的限制，公众提出疑问后期待政府回应，政府发布文件后指导公众配合，公众与政府的良性互动可以提高公众参与政治管理的积极性。

实际上，时政报道的交互式传播还具有消除政治冷漠和激发民主意识的作用。首先，时政报道的内容对公众的政治生活有重要指导作用，及时获取新的政策信息和新的政治思想，调整自我的认知结构和行为方式，有助于提升个人精神文化和经济生活水平；其次，交互式的传播方式疏通了普通民众参政议政的渠道，能实现公众广泛化和普遍化的政治参与，保护弱势群体和边缘群体的参与政治管理的权利；再者，交互式的传播技术能增强公众的参与感和体验感，打造行使权利的在场感和真实感，强化了民众表达政治意见的意愿；最后，借助交互式的传播方式报道时政类信息，可以打开公众的"话匣子"诉说其利益诉求，或者对政府职能部门提出建议和批评。

经过长期的互动体验，时政报道就能帮助公众建立起政治信任感，实现公众对政府机构、职能部门、公职人员的政治信任。对普通公众而言，个人的认知水平在很大的程度上影响着政治信任的实现，越早培养公众对多元政治社会的认知，他们就越擅长使用开放的思维和个性化的态度去思考如何处理政治事务间的关系，做出合理的、智慧的、友好的行为反应，而且可以引导他们支持"推陈出新"的社会改革。而公众接触外界环境中的政治信息是培养其政治认知不可或缺的前提条件，所以时政报道的交互式传播能帮助公众快捷地实现政治参与，在有效的参与过程中积累政治信任的资本，帮助政府协调社会群体的组织关系，优化社会的发展结构。

三、时政报道交互式传播的效果革新

时政报道与媒介用户的政治生活息息相关：政治生活为时政报道提供新

---

① 王童辰，钟智锦：《政治新闻如何塑造参与行动：政治心理的视角》，《国际新闻界》2018 年第 10 期。

闻素材，而时政报道不仅是媒介用户了解政治信息的途径，还是其适应政治生活的必需品。在媒介技术发展和社会结构变革的双重影响下，时政报道数据化、可视化、交互化的发展趋势是不可逆的，这是技术发展作用于传播媒介的直接效果，也是媒介用户主体意识觉醒的必然结果。目前，交互式的时政报道多运用 H5 交互页面、VR 全景视频、AI 人工智等技术进行传播，眼动追踪、仿生隐形眼镜等尖端技术也慢慢渗透进传播领域。

从政治学意义上来看，媒介用户作为普通公民，其主体意识的觉醒就是个人拥有一定的政治力量，有能力和权利采取行动改变生存的现状。[①]主体意识觉醒后的媒介用户有能力分析政治现实，有权利发表政治观点，参与社会的民主管理，或者说，媒介用户能以"主人"的身份在政治生活中立足发展。媒介用户觉醒主体意识的觉醒需要一定的自我认知作为前提，因为只有意识到自我是有价值的社会公民、可以依法地行使权利去实现自我目标，媒介用户才能积极地正视自我的政治权利需求。主体性意识的觉醒是一个动态变化的过程，媒介用户经过长期的学习形成自我认知，由内而外地指导自我积极参与社会公共管理，为主体意识的觉醒奠定了社会基础。在参与社会公共管理后，外界环境的刺激又由外而内地深化媒介用户的认知能力，激活其主观能动性以寻求解决现实问题的方法。

不论是认知的形成阶段还是主体性意识觉醒的阶段，都需要利用信息来消除政治生活中存在的"随机不确定的东西"。当新的政治事件发生时，特别是关乎国计民生的重要事件，媒介用户出于个人或者群体利益的考量，对政治信息表现出一种强烈的渴望，若信息的需求被满足他们就会形成新的政治见解，用法定的公民身份和政治主体进行协商讨论。在某种程度上，主体意识觉醒的深度与广度，是由媒介用户的政治认知水平决定的，而政治认知水平又由时政信息的公开程度决定，媒介用户接收到大量而精确的时政信息，对新近发生的政治事件做出正确判断的几率也就愈大。时政报道作为传播时政信息的重要方式，与政策文件相比更加简洁易懂，与政治谈话相比更加方便快捷，所以被媒介用户广泛接受。但是传统时政报道沟通对话的效果不理想，当传播者传递信息的效率与媒介用户的需求程度不匹配时，媒介用户就会要求时政报道创新传播方式，以提升时政信息的有效性和针对性。

---

① 张伟伟、郭小安：《新媒体从业者的媒介赋权认知及其影响因素探究——一项针对成渝两地新媒体从业者的调查研究》，《现代传播》2017 年第 2 期。

从传播学的视角出发，技术赋能的本质是实现话语权的一种技术保障，媒介用户可以利用各种技术手段搜索自我需要的信息、发表意见和评价，这就意味着打破传播者的话语垄断权，普通用户的言语也有可能产生一定的影响。当媒介用户适应技术的赋能后，很有可能不再满足于缺乏交互性的传播形式，会对时政报道提出更高更明确的要求，即能帮助个人实现更多的目标或者获取更多的利益。对时政报道来说，数字化技术正好为时政报道的创新提供了技术支撑，成为非交互式传播转变为交互式传播的契机。例如，眼动追踪技术可以监测媒介用户的使用习惯，根据用户的偏好优化新闻网站的页面布局；VR 虚拟现实能生成三维的、立体化的、动态的仿真场景，帮助媒介用户体验沉浸式的交互传播方式；AI 人工智能能自动识别人类的语言和肢体动作，用人的思维与媒介用户交流对话。这些新技术运用在传播领域，可以实现传播形式的多样化，也能保障媒介用户自然地交互信息。

由于经济成本太高、人才储备不足等现实问题，要求所有的时政报道都运用上述数字媒体技术还不太现实，但是根据《重返这五年》的传播效果来看，H5 网页交互技术是一种值得推广的交互式传播手段。此外，从新浪微博、腾讯微信、抖音视频等热门社交平台的发展轨迹来看，可以自主发言的社交 APP 更容易被媒介用户所接受，普通人借此摆脱"失语者"的窘境，来缓解传播的层级关系不对称的矛盾。微博的使用权是平等开放的，任何用户都可以发起话题，特别是在现实中遭到不公平待遇的人会更加积极地利用微博维权，一旦舆论强大到某种程度，相关职能部门就会主动出面解决。媒介用户的生活空间不再局限于现实活动的物理范围，网络空间也成了生活的一部分。"可以发言"和"如何发言"都体现着媒介用户的需求，但技能赋能的影响是双面的，传播者要用不断学习的态度坚持创新发展，也要求媒介用户正确地利用技术为社会生活服务。网络平台为媒介用户打造发言的空间，实现媒介用户与传播者的交互对话，延伸至现实社会中还能化解双方的分歧。但网络社交平台的媒介环境复杂且结构不稳定，任何人的言语行为都有可能引起群体性的回应，随意发布虚假的言论会对社会秩序造成消极影响，所以要求媒介用户应该理智发言，全面树立文明的网络意识。

从信息消费的角度分析，信息消费是表现最活跃、增长最迅速、辐射最广泛的新兴消费领域，对拉动内需、振兴经济、升级产业结构都发挥着重要作用。①2018 年 8 月，工信部和发改委在《扩大和升级信息消费三年行动计划（2018—2020 年）》的通知中明确提出要组织消费者开展信息消费活动，通过举办政策解读会、互动体验营等形式为消费者赋能。解读时事热点、传达文件精神是时政报道的优势所在，结合 VR 虚拟现实、AI 人工智能等交互技术分析严肃的政治话题，更容易被信息消费者所理解并接受。从信息消费者的角度来看，细分消费行为的趋势已经十分明显，要求生产者不断创新信息产品，完善信息服务的产业体系，为消费者提供及时的、全面的、便捷的信息消费服务。从信息生产者的角度来看，想要在激烈的竞争中保持优势就需要对信息消费政策有充分的理解，以顺应社会的发展趋势。由于消费行为是一个不断寻求感官体验和心理享受的过程，从视觉上满足媒介用户的需求无疑是最直接的。② 利用可视化的 VR 交互技术，可以为消费者模拟建造一个消费文化产品的虚拟场景，引导消费者用身体去体验，充分调动消费者的感觉和知觉，增强文化产品的吸引力。信息消费者具有很强的用户黏性，信息产品如果具备有趣的传播内容和新颖的传播形式，同时又采取平民化的传播姿态进行传播，就能在短时间内吸引到大批的忠实追随者。

信息消费不单单局限于经济领域，还涉及文化、教育、医疗、体育等各个产业，在每个产业的发展中都表现出不同的特点，信息消费者的媒介接触习惯和信息消费习惯都变得更为复杂，这对信息生产者来说是个不小的挑战，于是时政报道顺势而为，从非交互式转变为交互式传播。借用时政报道的交互式传播，生产者可以快速适应公共政策的调整方向，还能了解消费者的个性化需求，帮助生产者提前感知风险，及时调整生产策略，以平衡生产总量和消费需求之间的比例关系，减少人力、物力、财力等资源的浪费。此外，时政报道在不同的社会群体中都有极高的普及率，依托时政报道的交互式传播技术还可以实现其他信息消费的功能，可以对信息技能薄弱的消费者群体进行简单的、有针对性的培训，普及基本的网络消费知识，也可以监管信息行业的发展状况，优化信息消费环境以维护信息消费市场正常的竞争秩序。

数字媒体技术给时政报道的交互式传播提供了技术保障，也为其发展注

---

① 工业和信息化部，国家发展和改革委员：《工业和信息化部国家发展和改革委员会关于印发〈扩大和升级信息消费三年行动计划（2018—2020 年）〉的通知》，2018 年 8 月 10 日，http://www.miit.gov.cn/n1146295/n1652858/n1652930/n3757022/c6309188/content.html，2019 年 2 月 27 日。

② 方楠：《VR 视频"沉浸式传播"的视觉体验与文化隐喻》，《传媒》2016 年第 10 期。

入了强劲的动力，使这种新鲜的传播方式具备重组内容、拉伸场景、共振情感等交互功能，不仅增添了文本的亲近性、加强了叙事的真实度，还提升了媒介用户群体的认同感。时政报道交互式传播的效果之所以能实现质的超越，正因为搭建了多层次交往、多主体互动的核心体系，媒介用户和传播者共享信息的积极性和主动性。

重组内容，增添文本亲近性是时政报道交互式传播延展的第一类效果。在开放的媒介生态中，实现时政报道的交互式传播发展有历史必然性，同时具有深刻的现实意义。时政报道的交互式传播建构起交往的公共空间，媒介用户可以行使曾被传播者垄断的话语权和解释权，而传播者也能清楚地了解媒介用户的需求和意图，二者从单向输送、强硬劝说的关系变成了双向互动、柔性认同的关系。传播者在分析文本的基础上巧妙地重组文本，根据文本直接或间接联系，可以改造文本的呈现形式以生成不同的意义，利用简洁的符号展示给媒介用户，拉进传播者、传播文本与媒介用户之间的距离，能降低用户获取信息的准入门槛，助其正确理解文本的意义。媒介用户阅读传播内容的过程，也就是主体和符号文本对话的过程，他们会有意识地选择价值最突出的那一部分，将其转换成自我的记忆和认知，这就导致传播者与媒介用户的协商过程会比较漫长。如何缩短这个过程呢？传播者可以通过重构新闻报道的叙事框架的方式，使政治内容成为一个非既定的文化资源，特别是将严肃的话题做隐形化处理，以协助媒介用户结合现实生活场景，用自我的认知结构解读文本意义。媒介用户创新性的解读，能为文本意义增添独特的个人色彩，从而增强媒介用户自身对传播文本的亲近感，这也是交互式传播的优势所在。

《重返这五年》摒弃了传统时政报道"广播"的模式，用不同形式的符号元素表达精挑细选的传播内容，为媒介用户打造出既有温度又有态度的交互式传播文本。时政报道的交互式传播擅长用平民化的叙事方式讲述庄重的政治故事，注重内容的细节描写和可视化表达，选择普通媒介用户都能接触到的媒介形式作为传播的载体。用交互的思维传播时政信息，有助于整合信息资源打破传播的壁垒，让渡给用户自由转发或者评论的权利，不仅提升了媒介用户的自我认知与他者超越时空的限制发生交互行为，还重构了媒介用户与时政报道之间的情感纽带。可以说，与传统的非交互时政报道相比，文本的亲近性增强是交互式传播的鲜明效果之一。

场景拉伸，加强叙事真实度是时政报道交互式传播延展的第二类效果。

时政报道的交互式传播在网络社会中延伸了现实社会的生活场景，特别是再现了一个完整的公共政治空间。敬海新提出，新媒体时代的公共政治空间并不单纯是一种外化存在的、与官方对立的批判力量，而应该是一种由官方和普通民众共同承担的、公开的，公众主动参与政治生活的中间舞台。[①] 新媒体技术保障媒介用户以实时在线的状态参与政治活动，网络化的政治活动表现出隐匿性、开放性、平等性和自由性等特点，在线的媒介用户普遍都能参与政治话题的讨论，或利用在线投票系统参加民主决策，又或者是从网络文本中学习政治理论，都突破了现实场景的范围限制，为政治生活提供便利的服务。

利用交互技术，时政报道还能重塑新闻事件发生的动态场景。例如在 VR 虚拟现实技术构建的仿真场景中，媒介用户穿戴可视化的设备后，就能在虚拟与现实结合的环境里运用身体的运动能力与感官能力，重新参与到事件的发展进程并促进新认知的产生。结合时政报道的叙事文本，这种体验式的场景就建构出一批能对应现实物体的替代符号，帮助媒介用户在自然流畅的互动体验中感受虚拟空间带来的"真实感"，拓宽媒介用户交互体验的深度与广度。另外，运用可视化与数据化的传播技术，同样能创新出一种叙事层面的真实感，传播者综合运用图表信息和图像视频，直观地为媒介用户展示最核心的内容。若配合恰当的文字说明，以动静结合的报道方式简化复杂的文本内容，就能使过去发生的时政事件再次重现在媒介用户眼前。依托交互式传播的技术优势，《重返这五年》在丰富时政报道的表现形式、扩展文本内容的叙事框架、提升媒介用户的体验满意度等方面作用显著。

情感共振，提升群体认同感是时政报道交互式传播延展的第三类效果。交互是一种思维的体现，通过调整传播者的传播姿态，利用情感共振的方式，提升媒介用户对时政报道的认同感。这意味着传播者要适当降低传统时政报道高大威严的传播形象，尽量采用浅显易懂的方式解读时政信息，让媒介用户能够轻松地理解文本。其实，交互式的传播就是要打造传播者与媒介用户"聊天"的平台，利用少量的话语线索引导媒介用户解开疑惑。《重返这五年》以"回忆"二字为主要的发展脉络，在与传播交互的过程中帮助媒介用户把零散的记忆串联起来，使原本模糊的记忆变得更加的立体鲜活。同时，利用

---

① 敬海新：《在理想和现实之间——当前我国公共领域理论基本问题研究》，《重庆社会科学》2007 年第 2 期。

富含情感的背景音乐和文字解说刺激媒介用户的情绪产生波动，再及时用文本内容安抚其情绪，起到满足其情感需求的作用，分步骤引导媒介用户的情感变化与传播文本保持一致，产生策略性的共振效果。

时政报道的交互式传播能提升群体的认同感，原因在于媒介用户在信息的交互式过程中获得了心理上的特殊归属感，传播者对媒介用户开放沟通的渠道也极大地增强了用户的存在感，而当媒介用户的意见或建议发挥作用时，成就感的获得就提高了用户参与交互的积极性。正确引导媒介用户的归属感、存在感和成就感，可以使其在群体活动中自动发挥协调群体行动的作用，减少群体的矛盾与摩擦。《重返这五年》的传播实践可以证实，传播者充分发挥交互式时政报道的互动功能，增强媒介用户的身体体验，就能够成为媒介用户获取关键信息的捷径，同时也提供了感染情绪的快捷方式。

四、结语

从传播者的角度出发，时政报道要在新的媒介环境中扩大公信力、传播力和影响力，传播者就需要做出一些改变。从媒介用户的角度来看，个体不是被动的信息接受者，由于主体意识的觉醒，对关乎个人或所在群体生活质量的时政信息表现出强烈的诉求，所以媒介用户需要被纳入传播的考量范围内。根据体验认知理论，媒介用户的身体在认知的过程中发挥着基础作用，他们能够积极主动地与外界交流，也能够用一套内化的规则去认识世界。因此，媒介用户认识世界最有效的办法就是通过身体去体验，用身体行动表达自己的需求，用身体的主观能动性完成自己的目标。传播者想要提升时政报道的传播效果，或从根本上解决传统时政报道面临的问题，就不能忽视媒介用户的主体性地位，遵循媒介用户的认知规律，从影响认知的基础开始慢慢地改变他们的行为方式，树立其对时政报道的认同感和信任感。根据交互理论，交互信息是稳定社会群体结构、维持社会关系和谐的重要手段，传播者与媒介用户间正因缺乏交互的意识，所以导致媒介用户有话难说、传播者有事难做的矛盾现状。利用时政报道的交互式传播，传播者开放与媒介用户的沟通渠道，用简洁易懂的内容与媒介用户对话交流，满足媒介用户对信息的普遍需求，真正做到有针对性、有计划性、有策略性的传播。

在新媒介技术环境下增强时政报道的传播效果，引导公众形成良好的政治素养与政治情感，需要传播者既创新内容又坚守原则。创新指可以运用数据可视化技术，发展时政报道交互传播的多样化形式，在传播过程中坚持重视媒介用户的主体性和能动性。因为交互式的传播具有体量轻巧、观点精确、再现场景等优势，弥补了非交互传播内容体系庞杂、叙事框架倾斜、参与感较低等问题。但是不论时政报道的传播形式如何变化，"内容为王"的理念是不变的，这才是支撑时政报道发挥其社会意义的关键因素。时政报道交互式传播的内容有着丰富的含义，包括文字、图片、声音、色彩等符号形式，结合不同的历史背景组织文本，就能充分发挥出符号潜在的解释力量，将"老剧本"演绎成"新故事"。媒介用户经由技术赋权、政治赋权和社会赋权，在信息的交互传播中崭露头角，传播者也在渐渐放低传播姿态，与媒介用户共享文化信息资源，二者建立起和谐稳定的传播关系有利于社会的稳定发展。

目前，时政报道还需进一步健全传播的效果评价考核机制，参考媒介用户对信息的接受度和满意度，进行数字化、开放化、科学化的评价，有针对性地丰富考核内容、创新评价标准、完善激励制度，激发传播者的工作积极性，服务并推动时政报道的交互式传播变革。因为时政报道对于个体的政治生活具有很强的指导意义，交互式传播的发展影响着传播者和媒介用户的个人发展，也影响着媒介结构、社会生活的长期发展。传播者应当承担起挖掘时政报道的内涵并传递社会意义的责任，而媒介用户作为积极表达自我的主体，应当配合传播者及时反馈有效信息，完善时政报道的传播机制，以帮助传播者调整传播策略。经过信息交互的良性循环，协调多种主体与多样需求之间的关系，为时政报道的发展提供新理路。

从文化到展演：中国节日在社交媒体的话语竞合

——以爱情节日在微信传播为例

王 瑶 晏 青*

（暨南大学新闻与传播学院，广东广州，510632）

摘 要：爱情掩盖了历史龃龉，也抚平了人性的诸多罅隙。七夕、西方情人节、网络情人节三个情人节日在传统与现代、全球与本土的多维变奏中调适及其文化转化。微信朋友圈的"情人节"表达反映了微时代的个体的仪式性参与。微信是一个"半开放"平台，非朋友圈用户不能够直接观察到其他用户的主页和内容，本研究使用参与式观察，以观察者的身份深入到用户"Y"的朋友圈中，积极参与点赞，评论等，观察西方情人节、网络情人节、七夕情人节等三个节日当天的信息发布，"窥探"三场仪式的"潮起潮落"。

关键词：情人节；微信朋友圈；仪式；浪漫经济

基金项目：本文系广州市哲学社会科学发展"十三五"规划项目"中华文化移动传播与文化创新研究"（2019GZGJ30）阶段性成果。

一、微信朋友圈：情爱符号的"增殖"

巴赫金提出了"狂欢化"理论。他认为，狂欢节是一种"狂欢广场式"的、自由自在、疯狂放纵的、处处充满着欢声笑语的生活。这种生活使每个人享受平等和自由，袒露内心感受，宣泄隐藏的情绪。当代社会越来越普遍的狂欢现象深刻影响着大众传媒与大众文化，"狂欢广场"也已经由实实在在

---

* 王瑶（1995—），女，山西忻州人，暨南大学新闻与传播学院硕士研究生，研究方向：传统文化传播研究。晏青（1984—），男，江西吉安人，暨南大学新闻与传播学院副教授，研究方向：传媒文化、娱乐传播研究。

的现场转换到了虚拟的电子空间。如果将微信朋友圈视作巴赫金狂欢理论中的"广场"，在情人节期间，可以自由地发表关于情人节的言论，无须屈服于所谓的社会主流观念，完全可以捍卫自己的立场，发表自己的言论和意见。

据观察，在 2 月 14 日，5 月 20 日，8 月 17 日（七夕节）这三天里（为确保观察对象的充分，零点前后半小时也归在当天的范畴内）用户"Y"微信朋友圈关于"情人节"话题相关的动态分别有 125 条、156 条、103 条（包括原创和转发，不含评论和点赞）。将观察到的每一则情人节动态视为一个分析单位，进行了编码。从时间动态可以知道，晚上 8 点到 24 点是情人节表达的高峰期。以网络情人节为例，这个时段情人节动态 65 条以上，满手机屏的爱之秀、爱之感以及爱之呢喃，这种刷屏式的情人节表达制造了一场节日狂欢。

（一）狂欢进行时

1. 序幕：时不待我

零点的钟声还未敲响，赵某已经迫不及待了。她在 8 月 16 日（农历七月初六）23 点 47 分发了这样一条状态："七夕朋友圈秀恩爱大赛开始！我来一个先发制人，完全不相信这是钢铁直男的礼物。狗子，你变了！"并配上礼物照片以及与男友的合照。她似乎真打响了"秀恩爱大赛"的第一枪。情人节零点开始，关于情人节的字眼陆续跳出。何某在 2 月 14 日发表了情人节的第一条动态：文字内容为"我的情人节"，配图为一张地图，且图中有两个头像位于两地。何某通过这条状态表达自己因和另一半身处两地，略显失落。5 月 20 日表白日零点整，林某发布了一张文字图片，图片的文字内容是"距离'朋友圈谁男朋友更有钱大赛'还有 1 天"，这一诙谐的表达获得 8 位共同好友的点赞，还有人打趣儿的评论"吃不到葡萄说葡萄酸"。观察发现，虽然有些人并没有直接发表关于情人节的动态，但是通过点赞和评论他人的动态也间接参与了情人节的表达。

2. 发展：蜂拥而至

情人节当天上午 7 点起，朋友圈中开始出现关于情人节的祝福、期待和感悟的内容。"情人节快乐"的文字配以"爱心"或"玫瑰花"的表情符号，是人们惯于的祝福形式。2 月 14 日上午 10 点，"段某"发了一张狗的图片，以此自嘲"单身狗"的身份。5 月 20 日上午，不少微商、代购、鲜花店店主和房产中介，他们主要以段子式的广告蹭节日热点，比如某微商"发红包，不如送她个包，因为你配包，我配你啊"；某代购的动态："520 店铺新品 0

元购活动了解一下：第一步挑好你想要的产品，第二步把我的名片推荐给你的男朋友，我脸皮厚，我来问他要钱"。七夕白天，不少人发表自己对于节日的看法，如："为什么国人那么热衷把任何节日都过成情人节呢，也许是因为我们从小到大的情感教育都太压抑了吧。""单身狗""狗粮"被单身人士用来自嘲，比如卢某："很多人问我，七夕还是一个人吗？难道我会变成一条狗。"

3. 高潮：热火朝天

晚上 7 点，情人节动态井喷式呈现，世间俗务忙完，开始在朋友圈分享情人节礼物和当天活动，分享另一半照片或两人合影，表白示爱以及吐槽段子。节日当天活动、约会。20 点到 24 点是情人节表达的高峰期。以 2 月 14 日西方情人节为例，包括胡某、王某在内的 11 人在朋友圈晒出了自己的情人节礼物，礼物包括鲜花、红包、巧克力，美容护肤品等；陈某、李某等 20 余人以吐槽、自嘲、戏谑的形式发表情人节相关的动态。5 月 20 日夜晚，朋友圈的情感表达愈加直白，其中有对恋人或另一半的表白，如 B 某"要携手一起爱下去，520 我的狗子 [爱心]"配图为情侣合照，也有对家人、朋友、老师、祖国的情感抒发，如王某的动态："520……爱你们，我最亲密的家人，最真挚的朋友……若没有你们我的生命将黯然失色……我珍爱你们。"由此可见，5·20 并不是只有情侣才可以过的节日，每个人都可以在这个节日抒发自己的感情。七夕当晚，人们争相秀恩爱，聊天截图，红包截图，礼物照片以及恩爱合影，甚至有人秀结婚，比如朱某发布了自己婚礼的电子请柬，杨某分享了自己被求婚成功的喜悦，马某则晒出自己婚礼的现场图，可见在七夕情人节结婚俨然成为一种新的纪念仪式。

4. 尾声：意犹未尽

在 5 月 20 日网络情人节落幕之时，袁某以"一半秀恩爱，一半秀伤感，中间还有几个坚强的微商"这样一条动态总结了当天的朋友圈。而苏某则在西方情人节的第二天零点以"跟闺蜜过的情人节，谢谢闺蜜给的过节费，噗哈哈哈哈哈，好吧，我现在受着百万击伤害"配以"数张百元人民币的照片"这样一则动态为自己的情人节画上了句号。值得一提的是，储某转发了一则来自央视新闻介绍七夕节传统文化的推文，文章指出，在中国古代，七夕的传统习俗与情侣约会之类的活动根本无关，传统七夕节并不是情人节。这是唯一一条与七夕传统习俗有关的动态，它在充斥着秀恩爱与戏谑段子的朋友圈动态中显得格格不入。

通过参与式观察发现，情人节动态不外乎表白示爱、情感抒怀、吐槽戏谑、意见观点；其形式包括语言文字、照片图片（含动态）、表情包符号、短视频、推文转发等；使用多模态语言，语言文字中常夹杂表情符号或配以照片图片，综合两种形式以上的动态最为常见。通过朋友圈动态，可以梳理或想象情侣们的甜蜜活动，这一天以约会聚餐、看电影、交换礼物、发红包来庆祝情人节。单身们虽因无情人节，他们发表祝福、吐槽、自嘲，却也热情地参加没有情人的情人节。

（二）狂欢参与者

1. 单身者与非单身者

在现实生活中，情人节似乎更多是情侣、夫妻等拥有另一半的人的专属节日，单身贵族们则被挡在节日的门外。但在微信朋友圈，无论是单身还是非单身，人们都可以分享自己的情人节动态，并且无人质疑，人人平等。正如巴赫金所言，在狂欢世界"主人与奴仆、中心与边缘等二元对立全部消失，狂欢的参与者不再只是高高在上的特权阶级"①。如果我们把非单身的情侣视为情人节的特权阶级，那么在微信朋友圈这个虚拟空间中，特权阶级俨然消失，单身者与非单身者之间的二元对立不复存在。朋友圈的情人节表达更多的是人们展示自己存在的一种"自由的形式"，非单身者分享自己的爱情，单身者亦可以分享自己节日生活和心情感悟。在三个情人节的朋友圈动态中，均有超过 30% 条相关动态由单身人士发布，且单身人士发布的动态数量与非单身人士的动态数量相差并不大。

在微信朋友圈这一空间，没有谁拥有过情人节的霸权，情侣可以秀恩爱，单身者可以吐槽狂欢，狂欢的参与者不受限制。朋友圈的情人节狂欢中，每个人都拥有了自己的情人节，每个人关于情人节的表达都受到尊重。

2. 发布者 / 应援者 / 浏览者

巴赫金认为，在狂欢中所有的人都是积极的参加者，所有的人都参与狂欢戏的演出，不分演员和观众，人们不是消极地看狂欢，而是按照狂欢式的规律在生活。朋友圈的情人节狂欢的参与者主要有三类：一是主动分享与情人节有关动态的发布者。人们一边过节，一边发相关的动态，这种现象一直持续到节日拉上帷幕，这说明在朋友圈发布情人节动态已经成为节日活动的一部分。二是对他人情人节动态进行点赞或评论的应援者。巴赫金指出观众

---

① 巴赫金：《拉伯雷研究》，石家庄：河北教育出版社，1998 年，第 11 页。

在整个狂欢节中与表演者一样，是作为独立自为的主体而不是被动消极的客体出现的。据统计，60% 以上的情人节动态包含共同好友的点赞和评论，人们通过点赞表示应援和支持，通过评论与发布者进行互动，这构成了情人节狂欢的一部分。三是利用自己碎片化时间刷自己朋友圈动态的浏览者。移动互联网突破了时间与空间的距离，在朋友圈这个超时空的世界中，人们发布即时性动态，向本人朋友圈内的所有人开放，使每一个浏览者都成为实时狂欢的参与者。

当人们在朋友圈发布情人节动态时，也在浏览他人的动态，因此，发布者也是浏览者。当人们对他人动态进行评论或点赞时，这种互动行为也构成了对情人节的表达，应援者也成为发布者。由此可见，发布者、应援者、浏览者都有意无意地参与了情人节的表达和狂欢。

（三）狂欢式表达的特征

1. 内容类型

为方便分析，将朋友圈内与情人节有关的动态分为：秀爱表白型、生活感悟型、节日祝福型、戏谑吐槽型、广告推销型五种类型。在朋友圈搜集的 276 条情人节动态依照"发布日期"（西方情人节 / 网络情人节 / 七夕情人节）、"发布者性别"（男士 / 女士）、"发布者年龄"（20 岁以下 /20—40 岁 /40 岁以上）、"发布者状态"（单身 / 非单身 / 不明）、"类型"（秀爱表白型 / 生活感悟型 / 节日祝福型 / 戏谑吐槽型 / 广告推销型）几个维度进行编码（信度为 0.985）。经过卡方检验得出，发布节日和动态类型之间并无关联，而动态发布者和动态类型之间具有相关性。

具体而言，情人节表达的主力军为 20 到 40 岁的女性，单身人士和非单身人士占比均匀。三个情人节的朋友圈动态内容并没有太大的差异，单身人士与非单身人士发布的朋友圈动态具有显著差异，戏谑吐槽型和秀爱表白型的动态最多，且约 70% 戏谑吐槽型动态由单身人士发布，87.5% 秀爱表白型动态由非单身人士发布。由此可以看出，单身与非单身人士在朋友圈对情人节的表达不同。

2. 狂欢语言

狂欢理论揭示，不拘形式的狂欢语言是制造狂欢气氛和狂欢感受的关键。现实生活中语言的系统性、结构性和规范性、文明用语等，被狂欢世界的游戏氛围消解、俯就、降格，变得粗鄙、插科打诨，甚至包括对神圣文字和箴言的模仿讥讽等等。在情人节期间，人们在朋友圈不拘形迹地进行交往，坦诚、直率、无拘无束地交流，通过自嘲、吐槽、反讽和戏谑，采用各种符号为"情人节"加冕又脱冕。这些语言充满了狂欢感受，如果你看不懂它们就难以加入这种狂欢仪式。

首先，情人节的表达形式极具狂欢性。在朋友圈，人们创造性地将文字、图片、照片、图形表情、视频、音乐、数字、标点符号以及其他类型的符号任意组合、随便链接和镶嵌，甚至错别字、病句都成为幽默和调侃的方式，如"跨越千里，说（爱心符号）你……有你心里踏实（爱心符号）mua！"，这里我们看到的"mua"并不是正统的语言表达，但它在网络语言中意味着亲吻的拟声词。此外，朋友圈内的表达像是一种对常规的叛逆：语言不讲究词性搭配和结构完整，如在句末加"喔、噢、噗"等娇弱嗲气的语气词语缀以表示自己的情感态度；图片照片不一定非要有象征意义，与文字表达无关甚至相悖的配图收获众多拥趸，比如文字是"我不需要过情人节"，配图却是一只流口水的狗。这种朋友圈狂欢的表达是每一个参与者的文本实践，亦是一种集体创作，人们通过对符号的运用和勾留，对多媒体文本进行组合拼贴，形成了一个狂欢式的语言系统。

其次，语言内容极具狂欢性。朋友圈动态中有许多插科打诨、自嘲、吐槽、戏谑式的表达，比如"520了希望你们都拥有爱情，而我拥有金钱"；"妈：你都30了还不着急找对象呢？我：总会有个人在等我。妈：阎王爷吧"。这种表达为朋友圈带来一种轻松诙谐的氛围。单身人士们以段子式的自嘲吐槽表达自己对情人节的"反抗"，如"七夕我要雇两小孩，遇到男的就喊爸，遇到女的就喊妈，拆散一对是一对"；"520别晒红包了，把男朋友发出来晒一晒，说不定有同款，也许还有爆款"。这种反讽式的狂欢语言是单身人士对朋友圈秀恩爱者的反抗，正如狂欢世界中"不流血的身体攻击与战斗"，段子式的表达为狂欢推波助澜，嬉笑成为人们互动的主题。当然也有人以直白、夸张、饱含情感，甚至娇嗔的语言表达对情人节的纪念，如"土豆可以变成土豆泥，苹果可以变成苹果泥，你知道我可以变成什么吗？什么？我爱你！"；"520我爱你梁先生，谢谢你把我宠成公主"。

总之，朋友圈的情人节动态充斥着矫情、刻薄、浮华，辞藻精美又粗疮，情感汹涌，咏叹不尽，充满夸张、无病呻吟、娇饰、喜剧式的打赌与发誓，江湖郎中式的吹嘘、炫耀，这正是巴赫金眼中的广场狂欢语言。这种狂欢式的表达是一种对语言规范的叛逆。当人们在朋友圈对情人节嬉笑怒骂、娱乐和嘲讽时，人们也在追求语言的自由，表达意义的自由，追求平等的互动和交流。

二、爱情仪式：观礼与朝拜

（一）"秀恩爱"：是纪念也是表演

正如歌词"隔着屏幕说着爱你浓浓暧昧，甜甜的像蜂蜜围绕在我心的周围"，人们在朋友圈用短短几十个汉字、几个表情符号、几张照片就能实现情感表达。情人节的"秀恩爱"更具仪式价值，仿佛不晒出来，就没有过节。情人节所有的仪式性元素都成为秀恩爱的素材，或者说被视为"他们很恩爱"的证据，如金额为 520，1314 的红包、鲜花、珠宝首饰等各种礼物、电影票等，含蓄或直白的语言等。

当用户在浏览朋友圈时，看到好友"秀恩爱"的文本时，其实他们看到的只是几幅照片、一段文字、一篇文章、一些对话或者一个视频。情人节期间，这些秀恩爱的文本何以成为一种节日仪式的呢？据观察，大部分秀恩爱的内容都是人们直接分享自己情人节发生的事情，如收到的礼物、和男友的约会以及对爱人的表白。换言之，这种"秀恩爱"忠于事实，是一种对节日的总结性表达，也是一种主动分享。但在发布过程中，人们会对"秀"的文本素材进行选择和加工，呈现出"合理美化"后的情人节。发布者认为自己是呈现和分享，而浏览者却认为这是一种刻意的"秀"或"演"。那么矛盾就产生了：秀恩爱到底是对情人节的"纪念"还是"表演"？如果用一种较温和的态度来中和个人或自己对秀恩爱的两极化看法，或许就可以解释这一矛盾——即秀恩爱呈现的其实是理想化的情人节。

戈夫曼将人际交往中人们有意无意地用某些技巧控制自己所给人印象的行为视为"表演"。在日常生活中有些人能意识到自己是在表演，有些人则没有意识到表演呈现了理想化的情境观念，个体在他人面前呈现自己时，他的表演往往会体现和例证社会公认的准则。① 情人节的准则就是以"约会、礼物、表白"来纪念爱情。然而理想化的情人节与现实中的情人节到底是否一致，旁人无从得知。但朋友圈中的情人节充斥着浪漫的玫瑰、充沛的情感和

---

① 戈夫曼：《日常生活中的自我呈现》，黄爱华，冯钢译译，杭州：浙江人民出版社，1989年，第34—35页。

动人的爱情，构成了一个理想的节日。在这里，观众几乎看不到爱情的瑕疵，只能看到数不尽的"恩爱"。"秀恩爱"在朋友圈中的集中表达使情人节越发具有超常态的、理想化的浪漫属性，看起来总有几分不真实，无怪乎人们会觉得秀恩爱是在表演。这种表演高于记录或纪念的功能建构正是秀恩爱的仪式化表现。

当越来越多的人加入到情人节"秀恩爱"大赛中时，"秀恩爱"便成为一种仪式表演。通过这种表演，日常生活被改变、被转换到了另一种关联中，象征意义被突出，并因此与日常生活的工具性行为构成对照。[①]仿佛礼物和红包真的能代表他爱你：仿佛越多人见证自己的情人节，你们爱情就越牢靠；仿佛只有晒出来，你才是真的幸福。仪式表演既不同于日常生活，要求有效(efficacy)，即仪式是求结果的、表演者投入程度可达"附体"状态，而且是需要观众相信的、不鼓励批评的、群体性完成品。[②]在秀恩爱的热潮下，似乎"不秀"就体现不出情人节的仪式感，而"秀"本身也成了仪式。

（二）从表达到互动：情人节互动仪式的建构

美国社会学家兰德尔·柯林斯提出了互动仪式理论，他认为"互动仪式"是互动者通过资本和感情交换而进行的日常程序化的活动，可以是正式的典礼，也可以是没有模式化程序的自然仪式。他从微观的角度分析仪式参与者之间的互动与情感交流，并指出互动仪式的关键在于"参与者情感与关注点的相互连带，产生了共同的情感／认知体验"[③]。互动仪式主要有四种组成要素：两个或以上的人身体共同在场、对局外人设定界限、参与者将注意力集中在共同对象或活动上以及分享共同的情绪或情感体验。

首先，朋友圈具备了互动仪式的四个要素：一是朋友圈为个体的众多好友提供了一个"虚拟身份共同在场"的空间即以微信账号替代了亲身在场，使人们实现随时随地进行信息共享；二"朋友圈"界定了一个范围，即对非微信好友的"局外人"的排除，使互动参与者获得稳定的成员身份；三是在朋友圈狂欢中人们的关注点集中在情人节这一话题上，且通过转发评论、点

---

① 鲍伊：《宗教人类学导论》，金泽等译，北京：中国人民大学出版社，2004年，第175—176页。

② Schechner,R.(1995).The Future of Ritual:R'riting on Culture and Performance.New York: Routledge, PP.120, 转引自薛艺兵：《对仪式现象的人类学解释》，《广西民族研究》2003年第2期。

③ 兰德尔·柯林斯：《互动仪式链》，林聚任等译，北京：商务印书馆，2009年，第42页。

赞使更多的人关注到这一话题；四是人们通过发布、浏览、关注、点赞、评论等一系列有节奏连带的行动，分享共同的情绪或情感体验，促成朋友圈的集体兴奋。

情人节一到，人们就在微信朋友圈即时发表自己的节日动态和情感观点，同时也可以看见其他好友的状态。在朋友圈狂欢中，单身人士通过吐槽戏谑达到对"单身的我"的自嘲、对"秀恩爱"行为的调侃；非单身人士通过秀爱表白，分享爱情的甜蜜，表达对爱人的情感和爱情的纪念。在信息的交流和互动中同一群体的情感态度逐渐趋向一致，朋友圈内愈来愈多的好友受"单身的无奈感"或"恋爱的幸福感"这种共通的情感号召加入狂欢中，通过点赞表示认同、支持、接受、分享，通过评论发表观点和看法。这种共通的情感成为人们参与情人节互动仪式的动力。

朋友圈狂欢的仪式互动产生如下几种结果：一是群体认同。这不仅体现在朋友圈好友刷屏式的情人节表达，还体现在单身群体与非单身群体各成一派各自表达，自发组成团体，不谋而合地进行吐槽或秀爱。二是个体的情感能量。朋友圈情人节的表达中蕴含着各式各样的情感，节日的祝福、爱情的期待、恋爱的幸福、单身的无奈、分享的快乐、礼物的感动，这些情感在互动中的体验是短暂的，但产出的情感能量却是长期的，并会成为个体下一次参与节日互动仪式的动力。三是群体符号。朋友圈的情人节表达中出现了代表社会关系的符号，比如"玫瑰""珠宝""护肤品"成为男士送给女士的情人节礼物，"球鞋""手表""数码产品"通常是女士送给男士的礼物，而"狗""单身狗"代表单身人士，"吃狗粮"则生动地反映出单身人士看到别人秀恩爱的心理状态。四是道德标准。这是基于狂欢中产生的符号而言的，"约会、互赠礼品、发红包"成为情侣过节必须做的事，当有人没有按照这一约定俗成的规则来做时就会受到谴责，比如有不少人在朋友圈内表达没有收到恋人节日礼物的不满。

朋友圈狂欢中产生的集体情感形成了节日文化、道德、价值标准的符号基础，而朋友圈中的个体又将互动仪式中产生的情感带入下次的互动中。互动仪式模型清晰地呈现了人们在朋友圈的情人节表达中，基于群体的聚集、情感的强化、外人的排除等要素产生了高强度的集体兴奋，并最终导致群体团结、个体情感能量、神圣物和道德标准等仪式结果，从这一层面上看朋友圈的情人节狂欢形成了一种互动仪式。

（三）仪式的新特征：解构、狂欢与颠覆

美国社会学家兰德尔·柯林斯认为：仪式是一种相互默许的情感转换机制，在相互的存在认知当中，完成对个人定义与社会成员相互团结形成群体成员的符号。[①] 传统情人节与当代情人节的共同仪式性特点便是通过互动实现关系的维护和情感的转换。但相对于传统情人节的仪式性特点，当代情人节的出现突破了节日固有的意义、单一的形式和有限的范围，与媒介传播相融合，延伸、演化出新的仪式新特征。

1. 节日主体的解构

传统意义上的情人节仪式主要集中在情侣或夫妻这类个体之间。在节日中，男女之间互赠礼物、贺卡、鲜花，表白示爱，在这一仪式的共享身份是固定且不变的，即仅局限于恋人双方之间。而在朋友圈的情人节仪式中，参与者不再只是拥有伴侣的人，任何人都可以以各种形式参与情人节，仪式互动不止存在于情侣两人之间，还存在于亲人、朋友甚至是陌生人之间，大家共处在相互关注的围城当中，通过对节日的表达、分享、展示和表演，达成人们之间的沟通、认同、践行"公意"以及仪式的共享。人们在朋友圈发布动态分享自己的情人节，又在刷新动态中见证朋友圈好友的情人节，节日情感引发共鸣，个体的仪式演变为群体的仪式，人们在互动中共享仪式。在这一过程中，仪式共享身份的地位平等，人人皆可发声，自由选择是否加入仪式。除此之外，仪式互动双方身份可随时互换，每个人都可以是分享者，每个人也都是接受者，仪式共享身份由个体扩大为群体。

2. 形式的狂欢化

传统情人节的仪式性活动主要指情侣之间的互赠礼物、互送贺卡、互相表白，仪式场景也主要存在于现实世界。在微信朋友圈的情人节表达中，情人节语境中的日常生活具有了仪式意义，而这种表达本身也成为节日的重要仪式性活动。你是否有"情人"，你在现实世界过不过情人节都不再重要，无论你在何时何地做何事，只要你在朋友圈发表了关于情人节的动态，仪式随即生成。这种仪式化的情人节使人们的情感互动更为频繁，价值认同更趋一致，社交关系更加强化。微信的情人节狂欢是对现实情人节的虚拟化再现，在仪式互动过程中，虽没有仪式参与者的身体在场，但人们在虚拟的仪式空间通过文字、图像、表情等符号进行表达沟通，互动是虚拟的但表达又是真

---

① 兰德尔·柯林斯：《互动仪式链》，林聚任等译，北京：商务印书馆，2009 年，第 44 页。

实的，因此这种线上情人节仪式具有虚拟和真实的双重特点。虚拟性也给情人节仪式带来简便性和娱乐化的特点。对于身处两地的情侣，即便不能参加线下的情人节，通过发红包、在朋友圈隔空表爱即可完成仪式，情人节仪式变得简便。此外，更多的人抱着娱乐的心态参与微信情人节狂欢，幽默段子、自我嘲讽、内涵点评为仪式互动带来了欢乐因子，节日的娱乐性得以彰显。

3. 意义的颠覆性

我们必须看到在这场"微"仪式中情人节意义的转变。曾几何时，情人节只是一个爱情的节日，"牛郎织女"的相聚、"瓦伦丁"的情诗以及风靡互联网的爱的表白，这些符号、表达、庆祝方式都围绕"爱情"展开，爱情成为节日唯一的意义。而在朋友圈中情人节的仪式意义被颠覆，这体现在仪式参与者表达的意识和目的的隐喻。在情人节狂欢中，人们通过微信朋友圈动态进行表情达意，除简短字符明晰表达互动者的主观意思外，很多其他的含义隐藏在表达中。比如，秀恩爱或自诩单身狗也是一种自我表达，人们主动将自己情感状态的公开。人们讲述自己的爱情经历，公开自己的情感状态，展示自己的情人节礼物，都是对自我体验的表达。受到西方文化的影响，现代人的个性意识和自我表达的需要不断增强，他们希望在仪式分享中表现自己，尤其是在网络这个开放的广阔空间里，在情人节仪式中自我表达有了新形式和新场域。当人人都在秀恩爱或秀单身或晒祝福时，盛大的仪式让身处其中的每一个人都感受到自己参与活动的正当性与满足感，无论是单身还是非单身，无论是分享者还是浏览者，人们都能在参与中找到自己的存在感。这表明，在情人节表达的仪式中，每个个体的自我受到重视，得到表达，人们通过参加狂欢，寻找自己对情人节的参与感，这是仪式的另一个重要意义。

三、从"微"爱到微仪式：浪漫经济的运作

"情人节"借微信朋友圈这一具有仪式性的平台完成了爱情意义的华丽转身，成了带有仪式新特征的全民"狂欢"，呈现出的浪漫爱情和消费仪式的双重景观。

（一）"罗曼蒂克"与浪漫经济学

在很长一段时间内，情人节还是相对没有太多底蕴的舶来品，甚至在中文语境中"情人"意味着"姘头、情妇、小三"。而浪漫的爱情也并不总受欢迎，浪漫之爱常常与"淫乱""放荡""不切实际""不靠谱"等词语挂钩，诸如"牛郎织女""梁山伯与祝英台""孔雀东南飞""杨贵妃与唐明皇"等浪漫的爱情故事也常常以悲剧收尾，仿佛浪漫爱情不是值得尊重的情感关系。直到20世纪20年代，西方情人节传入中国，年轻的革命者们开始宣扬"自由恋爱"，"恋爱"的内涵发生了剧烈变化。昔日浪漫的污名在情人节大众化的过程众消失殆尽，追求浪漫的爱情成为热潮，浪漫地度过情人节成为共识。礼物、玫瑰、巧克力、烛光晚餐、520的红包、情话等仪式符号为情人节增添了浪漫色彩，这种浪漫甚至延续到日常生活中，越来越多的人认为浪漫仪式是爱情必不可少的调和剂。

当情人节成为爱情仪式，情感表达成为这个仪式的核心。在今天，传统社会中受阶级、门第、家庭甚至性别限制而不能相爱的情侣不复存在，情人节给每个人一个情感表达的窗口，人们毫不掩饰地释放自己的情谊，情感的自由表达体现出自由恋爱的价值观。"七夕""520""214"都成为表达情感的节日，这也许是因为，在中国文化里，大声说出"我爱你"并不是一件小事，所以人们需要情人节这么个特殊的日子来表达爱意。在情人节的影响下，爱情中的情感表达受到人们重视，人们不再吝啬说爱。在情人节的这场爱情仪式中，人们在朋友圈用个性化的方式表达爱情、分享爱情、纪念爱情，体现了独具时代特色的情人节。而这些由前卫的年轻人所引导的情人节仪式也是星火燎原的中国式爱情的一个缩影，它在表现爱情的同时也进一步建构了当代人的爱情观，是一种颇具特色的社会进步。

（二）逃不走的仪式性消费

花蕾满枝的红玫瑰、包装精美的巧克力、熠熠生辉的金银首饰、高档餐馆里的烛光晚宴，都告诉我们何为"情感经济"（affective economic）。"在大众传播意义体系中，从规制和表征到控制和信息，情感已然成为观念生产、内容建构的重要维度，并在本土化和全球化的博弈中进行调适与再生产。"[①]大众文化挑逗的情感圈层辐射至社会诸领域，成为爱情观念生产、全球化流转的重要因素。根据某外卖软件发布的《浪漫经济大数据报告》显示，浪漫经济呈现大众化趋势，大众过节方式多元化，送鲜花、吃大餐、看电影、休闲娱乐是情人节主要的活动方式，今天的情人节庆祝俨然变成了一个令人炫

---

① 晏青：《论"后情感社会"真人秀节目的情感规则、偏误与调适》，《现代传播》2018年第11期。

目的消费仪式。

人们在朋友圈晒出的礼物不乏名贵奢侈品、高额红包。这些一度被"真爱"所不齿的物质符号以一种饱含情谊的高姿态出现在情人节仪式中，实则也体现了当代人并不避讳物质的爱情观。身处恋爱（或者是渴望进入爱情）之中的人们在情人节花费金钱与时间，选购能够让对方满意的情人节礼物，预订餐厅、KTV、酒店套间，精心规划夜晚浪漫的约会。然而，这一切都得靠"花钱"。在消费社会里，如何花钱、花多少钱，往往决定了一个人的品位，正如社会学家布尔迪尔深刻指出的那样。在这里，我们看到一个有意思的悖论：一方面，浪漫爱情的想象需要通过消费活动才能落实——鲜花、礼物、约会这些元素有哪样不用花费呢？另一方面，浪漫爱情的文化意识形态却赞颂一种"超乎一切"的爱情观——爱情是自由，爱情是不受任何束缚的，当然也包括金钱的束缚。在消费主义制造的文化奇观里，这对矛盾被消解了：在其中，你既能找到符合"自由浪漫爱情"的幻想元素（如好莱坞电影，如绚丽的时尚），又能毫不费力地建立起体现出消费能力的"品位"（如通过附着于商品之上的文化品位：衣着、饮食、生活方式等）。

"浪漫经济"的盛行体现了消费意义的转变，当消费承载了人们的情感，消费本身就成为情人节的仪式。在过去情人节的消费仅局限于情侣之间，在今天人们乐于分享自己的消费，晒礼物、晒照片、晒红包是秀恩爱的主要内容，当人人都在晒礼物时，这种消费文化得以进一步传播，仿佛没有鲜花，没有礼物，没有浪漫的约会，你的情人节将不是情人节。

面对今日的情人节，人们有着这样或者那样的期望与无奈。情人节的消费变得俗套、单一，每年都是一样的鲜花，一样的巧克力，这种现象一方面反映了当下情人节的消费仪式化，也反映消费主义文化逻辑的另一面——即现代个体不断地在日常生活中寻求"新鲜"与"奇异"的体验。可是令人无奈的是，在当代都市，任何"新奇趣"的体验都是无法离开消费独立存在的，人们追逐手机的最新款式、服装的最新式样、最新的电影、最潮的语言。这种"反仪式"的表现恰恰是作为"仪式"的一部分应运而生的。实际上，对"新奇趣"的追逐已经成了人们消费文化的重要组成部分。作为社会动物，违背"仪式原则"是社会成本极高的行为，比"没有情人的情人节"更为残酷的是"没有仪式性消费的情人节"。

安德森在阐述"想象的共同体"理论时指出：通过仪式性的媒介接收活动，人们可以获得共同的文化感受，以及对拥有相同体验的其他社会成员的感知。这构成了"想象的共同体"。[①] 微信"朋友圈"让大众能够自由进入情人节仪式空间地点，成为仪式的参与者，也让个体的情人节表达得到集中呈现，进而建构一种情人节"微"景观；同时，"朋友圈"让情人节的虚拟狂欢呈现出可见性与在场感，用户在互动的过程中能感受到人的认同与社交的快感，共享意义的同时实现了节日想象。人们在朋友圈的分享与浏览中以一种集体性或身份的认同性互相吸引到一起，就像在参加一场神圣的典礼。有研究诟病这种狂欢化无异于面对面一股脑儿的倾吐苦水、喋喋不休，属于社交媒体礼仪缺乏的表现。不过如果从弗洛伊德的力比多视角来看的话，会发现这一切又都变得稀松平常，因为情欲的满足与否都会引发这样的奇观，这也正是数字关系时代下的情感表征所在。

---

① 本尼迪克特·安德森：《想象的共同体——民族主义的起源与散布》，吴叡人译，上海：上海人民出版社，2003 年，第 71 页。

认知传播与影像疗愈：
私纪录片教学中的生命教育探索

李　姝*

（成都大学中国—东盟艺术学院，四川成都，610106）

摘　要： 2019 中国首部国民《心理健康蓝皮书》问世，报告中显示近半数的人群存在严重的心理问题。与此同时，近年来高校学子自杀、"弑亲"、"寝室投毒"、与父母决裂公布万言书等事件引起了公众的强烈关注，互联网上的热搜度居高不下。人们对这些极端的反社会行为和残缺的人格充满震惊、痛惜和疑惑。面对愈发增长的社会心理服务需求，面对功利主义、自私冷漠、悲观厌世、责任心丧失、亲密关系障碍等饱受负能量席卷的个体，面对数字媒体时代信息爆炸信仰危机的现状，促进人格发展、改变自我认知、正视生命价值、重塑人文精神，也许是当下学术研究和学校育人的职责与担当。本文拟从认知传播和影像疗愈的视域切入，通过跨学科理论研究与教学实践相融合，对生命教育崭新路径的提出贡献绵薄之力。

关键词： 认知传播；影像疗愈；私纪录片；生命教育

基金项目： 四川动漫游协同创新（影约）工作室阶段性成果

近年来，骇人听闻的"大学寝室投毒案""名校学子弑母案"或因毕业、失恋、招考等压力和亲人、导师断绝关系、激情杀人或自杀的案件数上升率惊人，虽然这些"弑亲案"或大学生犯罪多为偶发，在凶杀案中占比很低，但由此引发的社会关注和对教育话题的讨论却日趋激烈。人们不仅对这些年轻的高智商罪犯扼腕痛惜，更是对其生命轨迹充满了疑惑：究竟是什么样的

---

* 李姝（1984—），女，四川成都人，成都大学中国—东盟艺术学院影视与动画学院，副教授，硕士研究生。研究方向：广播电视文艺，纪录片创作，认知传播。

教育环境及成长因素导致了反人类、反社会或自缢的行为？面对触目惊心的案件，我们无法向犯罪心理学家那样研究其作案动机进而做出社会预警和科学引导，但在悲痛之余，我们依然可以站在理性的角度，从跨学科视野来看待问题。

按照墨菲定律的解释，任何小概率事件的发生都没有表面上那么简单。在极端事件的背后，往往还有更广泛的受众面临自我调节、教育孩子、人际交往、心里疾病防治、职业指导、婚姻①等心理问题。据 2019 年年初发布的《中国国民心理健康发展报告（2017—2018）》显示，近半数的社会人群存在严重的心理问题。面对愈发增长的社会心理服务需求，面对功利主义、自私冷漠、悲观厌世、责任心丧失、亲密关系障碍等饱受负能量席卷的个体，面对数字媒体时代知识爆炸、信仰缺失的现状，促进人格发展、改变自我认知、正视生命价值、重塑人文精神，也许是当下学术研究和学校育人的职责与担当。本文拟从认知传播的视域切入，分析当今的数字媒介对人格发展的影响。其次，笔者结合一线教学经验，从影像疗愈研究中探索如何通过艺术创作架设心灵沟通的桥梁，并试图通过艺术创作中的主客体转变与跨界对话唤醒认知与内省。最后，通过跨学科理论研究与教学实践相融合，对生命教育崭新路径的提出贡献绵薄之力。

一、研究基础：认知传播与人格发展

进入 21 世纪，随着媒介的更迭，尤其是互联网的出现，人类驶入信息高速公路，统治千年的文字印刷媒介在短短的几十年间被数字媒介革命性地、全方位地、颠覆性地改变了。以国内城镇为例，报刊亭销声匿迹、无线电广播沦为车载音响，电视成为老少的居家伴侣。更广泛的人群早已被网络视听新媒介俘获了身心。即便是在边远地区，国家精准扶贫政策的推行更加速了"村村通网络，户户用广电"。如今，第五代移动通信网络（5G）已悄然进入人们的生活，人们感叹"未来已来"，人工智能（AI）与"互联网＋"成为时代热词。而尼尔·波兹曼（Neil Postman）在 20 世纪 80 年代的代表作《娱乐至死》（*Amusing ourselves to death*）中照见的媒介生态和人的智性变化在三十多年后的今天也依然有其价值，虽然波兹曼批判的媒介载体是当时占主导地位的电视，但"我们将毁于我们所热爱的东西"。波兹曼曾解释，不愿意被

---

① 人民日报官方微博：《首部〈心理健康蓝皮书〉发布：大数据看你的心理健康吗》，https://m.weibo.cn/status/4343130247931888?sourceType=qq&from=1095095010&wm=9006_2001&featurecode=newtitle，2019 年 2 月 22 日。

人误解是在攻击电视，但他认为媒介即认识论。"400年来占据绝对统治地位的印刷术利大于弊。我们现代人对于智力的理解大多来自印刷文字，我们对教育、知识、真理和信息的看法也一样。随着印刷术退至我们文化的边缘以及电视占据了文化的中心，公众话语的严肃性、明确性和价值都出现了危险的退步。"①人们在享受技术进步带来的沟通与信息检索便利的同时，却也因为工具的反作用力，不知不觉中被反噬着人的思想与情感。

诚然，媒介并不是社会文化的全部，媒介环境也不是主导犯罪的元凶，但人格发展与成长环境的关系密不可分，媒体塑造了思维的图式和生活的幻想，媒体对人的身心动态影响巨大。当我们试图分析前文提出的极端犯罪个案与大众心理疾患时，诉诸信息传播过程中人脑和心智的规律研究可以打开一扇窗，让我们了解知觉与信息加工、言语表象与思维活动、记忆编码储存与提取以及观念的形成与行为变化。而这些都属于认知传播学研究的范畴。认知传播的基础来自认知科学、心理学、语言学、神经生物学等，它不仅仅是传播学界的新兴的跨学科研究方法或学术思潮，也是我们审视教育与人才培养的新途径。

当我们审视高校"学霸"的犯罪行为或残缺型人格时，不妨借用龙应台在2007年成功大学医学院毕业典礼上的讲演观点："大学没有教我们的两件事：第一，它教你如何与别人相处，没有教你如何与自己相处。第二，制度性教育教了你如何认识'实'，但没教你如何认识'空'。"②龙应台提到，合群是我们从小到大"德育"的核心。而独思与独处的时空，不在教学大纲的设计里。清华大学前校长梅贻琦曾在1941年就指出过当时大学课程设计的问题，因为课程太"满"，没有留给学生"独思"的时间。"仰观宇宙之大，俯察品物之盛，而自审其一人之生应有之地位，非有闲暇不为也。纵探历史之悠久，文教之累积，探索人我关系之复杂，社会问题之繁变，而思对此悠久与累积者宜如何承袭撷取而有所发明，对复杂繁变者宜如何应对而知所排解，非有闲暇不为也；人生莫非学问也，能自作观察、欣赏、沉思、体会者，斯得之。"③龙应台所说的"观察、欣赏、沉思、体会"正是目前我国高等教育中缺失的部分，然而却是完善的人格教育中不可或缺的过程。

① ［美］尼尔·波兹曼著，《娱乐至死》，章艳、吴燕莛译，桂林：广西师范大学出版社，2009年，第27页
② 中国新闻网：《龙应台：大学没有教的两件事》，http://www.chinanews.com/tw/news/2007/08-09/998822.shtml，2007年8月9日。
③ 同上。

认知心理学认为，反思与内省是人的高级思维活动，而现代大学的职责更多的是集体规训与知识传授。19 世纪英国著名教育家约翰·亨利·纽曼（John Henry Newman）的代表作《大学的理想》（*The Idea of University*）中曾阐述"大学是传授普遍（universal）知识的地方"。源自西方的高等教育及学科分类将人类全部的知识划分为宇宙、地球、人三大系统。通过数千年的积淀，我们对外部世界的把控早已让人荣登"万物之灵"，但对内部世界的探索，对人内心的揭示，对人认知行为的阐释，除了宗教神学赋予的关照，我们还有太多的谜团需要解答。我们的双眼习惯了向外看，是时候向内审视自我了。

二、跨界实践：艺术治疗视野下的影像疗愈

审视内心的黑洞，艺术是最好的探照灯。作为生活的隐喻、内心的镜子，艺术丰富了我们对世界的想象，最终填充着我们对内在的认知。许多伟大的艺术家终其一生的创作主题都是与"世界上的另一个我"对话。荣格（Jung）的"人格面具"（Persona）学说认为人格分圈层，个体应对外部世界时会因环境改变而带着多重"面具"，没有好坏对错，其带来的积极与消极影响并存。从文学开始，人性的崇高与幽微得到淋漓尽致的书写，世界七大艺术①以丰富的载体和形式共同表征着人类抽象的内心世界。宇宙无边无垠，人的内心也无限辽阔。古语道，人生不如意十之八九。面对常态的伤痛与苦难，艺术也许是人类救赎自身的最后一根稻草。法国作家阿兰·德波顿(Alain de Botton)的观点更是一针见血，其 2014 年的新作《艺术的慰藉》(*Art as Therapy*) 中谈道：只要对我们具有疗愈效果，就可以算是重要的艺术作品。普罗大众一般不太能分清创作主体、客体、内容、作品与形式载体，约定俗成的观念认为：不能用的（非商品）、功能不自由的东西就是艺术品。这种简单粗暴贴标签的方式显然无助于人们对艺术的认知，反而让艺术变得孤芳自赏，远离生活实际。同时，长久以来，艺术家在实践中的自我对话，认知过程即便通过文字记录、现场交流、视频互动也很难真正有效地、广泛地传播。许多临床心理医生和艺术理论研究者同时发现，"原生艺术家"②因其主客体身份的自由转换，即"具身认知"（Embodied cognition）中提及的生理体验

---

① 意大利电影理论家乔托·卡努杜（Ricciotto Canudo）在其 1911 年发表的《第七艺术宣言》(The Birth of the Sixth Art) 中提出电影与文学（诗）、建筑、音乐、绘画、雕塑、舞蹈并称世界七大艺术。

② 指被医学诊断患有不同类型心理或精神疾病的艺术家，他们往往不承认自己是艺术家，理由是没有接受过专业艺术训练。

"激活"心灵感受，从而使作品文本更具表现力和感染力，传播效果得到很大程度的拓展。

早在 20 世纪 30 年代，医生玛格丽特·南伯格（Margaret Naumburg）受到弗洛伊德（Freud）和荣格（Jung）两位精神分析学家的影响，将精神分析疗法延伸出艺术治疗的模式，鼓励病患借助艺术形式自发地进行无意识联想，通过移情，描绘生活疾苦、阐释梦中映像、纾解身障心结，最后透过艺术实现治疗中的顿悟（insight）。到了 20 世纪 50 年代，教师伊迪斯·克莱默（Edith Kramer）在对残障儿童的美术教育中发展出艺术治疗可用于不同团体的理念，强调艺术创作与艺术升化在心理治疗中的作用。西方的"艺术治疗"（Art Therapy）研究与实践已走过半个多世纪的历程。"艺术治疗让我们看到艺术本身的强大疗愈力量以及人们利用艺术媒介进行创造的潜能。从早期的以心理分析与技术为取向，关注一对一治疗中的视觉呈现，到吸纳音乐、舞蹈、戏剧等艺术形式激励受访者自我表达、自我知觉和团队互动，艺术治疗在当今已呈现多元化的哲学态度。"[①]

作为第七、第八大艺术的影视，因其在视听感官上对人体的无限延伸，作为大众媒介，在自诞生之日起，其技术与艺术的统一性迅速吸引文化消费并逐渐承担起放大版的"心理治疗室"作用。电影理论家吉尔·德勒兹（Gilles Deleuze）曾引用法国文化先锋阿尔托的话来阐述电影的思维性质，称电影"不是在讲故事，而是在展开一系列的精神状态"[②]。符号学家克里斯蒂安·麦茨（Christian Matz）创造性地把电影与心理治疗结合在一起进行研究，并提出电影就是与人的欲望打交道。电影因其调动情感与幻觉制造的视听机制，能够"将人们潜意识里的本能予以激活"[③]。我国已故电影教育家，中国第五代电影导演的老师周传基也曾多次在讲座中谈及电影的本质即"造梦，营造幻觉"。无独有偶，跨界才子高晓松在其个人脱口秀《晓说》中也提到，伟大的电影包含三重关系的描写：人与自然、人与社会、人与人的内心。越是高级的视听文本，越能逼真地描写内心的面相。人们在影像作品的观赏过程中达到"被催眠"或"似梦非梦"的幻觉状态，经历心理治疗层面的宣泄、投射、替换、升华，从而实现观影疗心。

---

① 李姝：《跨界对话与心灵表达：动画纪录片的艺术疗愈功能》，《中国电视》2017 年第 10 期。

② ［法］吉尔·德勒兹，《时间—影像》，长沙：湖南美术出版社，2004 年，第 275 页。

③ 徐光兴，《中外电影名作心理案例集》，上海：上海教育出版社，2006 年，第 2 页。

三、案例研究：基于生命教育探索的私纪录片教学

生命乃奇迹，无价且多彩。面对本文伊始提出的反社会行为或残缺型人格，面对广泛的心理问题及被关照的内在需求，以"全人教育为宗旨"的生命教育①（图一）也许是源头活水，以身、心、灵的方式引导学生"爱"和"尊重"，唤醒内驱力和向上能量。研究生命教育的台湾学者林治平认为，生命教育不是要求图一中的四个面向达到完美，而是要以此为原则，平衡发展，建立人生圆融美满。"生命教育是以生命为基点，借助生命资源，唤醒、培养人们生命意识与生命智慧，在保护生命不受伤害的同时，引导人们追求生命价值，活出生命意义的一种教育形态。"②很多发达国家和地区都已把生命教育列入国家教育的纲领性文件，并在学校、社区、家庭中得到有效实施。生命教育的理念与前文龙应台所提到的"空"识教育如出一辙。通过生命教育认识自我，处理人于他人、社会、自然、生命之间的关系，管理自己的情绪和行为，认知自我的生命价值，相信"真、善、美"不是高不可攀的境界。

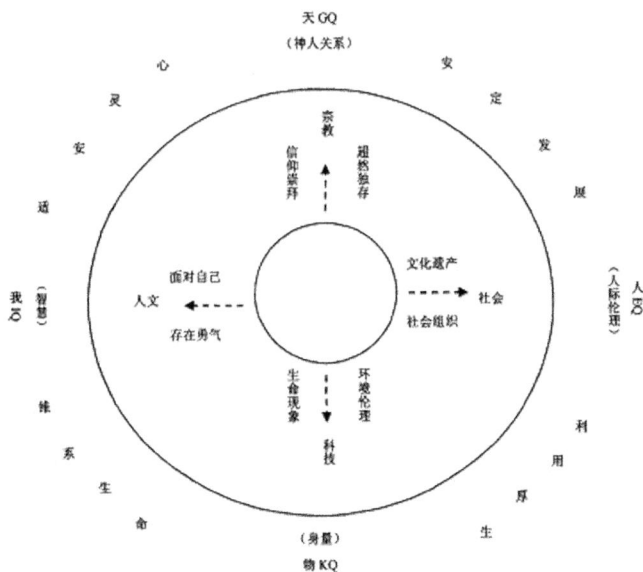

图一：全人教育概念图，活在关系中的人。资料来源：《找人——全人理念与生命教育》，林治平（2000）。宗教学术研讨会，台湾：中坜

---

① 刘乃华：《幼儿生命教育教程编制和实施的行动研究》，博士学位论文，华东师范大学，2017年，第18页。

② 土蕾等：《生命教育怎么教？100本图画书告诉你》，上海：华东师范大学出版社，2015年，第1页。

2018 年 12 月，教育部、中央宣传部联合印发《关于加强中小学影视教育的指导意见》，文件指出：力争用 3 到 5 年时间，全国中小学影视教育基本普及，形式多样、资源丰富、常态开展的中小学影视教育工作机制基本建立。"开展影视教育，尤为重要的是让中小学生能够在看电影、评电影、拍电影、演电影中收获体会和成长。"① 国家层面越来越重视影视教育、美育教育，已在中小学基础教育中鼓推看电影、评电影、拍电影。高校的专业影视教学更应与时俱进，紧扣时代脉搏、表现现实生活。在影视的诸多类型中，大到国家形象宣传、大国外交、民族记忆挖掘与历史文化传承，小到一棵树、一块砖、一片茶叶，再到街坊邻里百姓故事，纪录片是最不拒绝凡人小事的片种。人工智能（AI）时代，人学永远不会丧失光芒。而纪录片就是探究人的学问，关注人的内心，揭示人性，启迪思想，充满思辨精神。

作为一名高校工作者，身体力行在纪录片专业课教学中贯穿生命教育，既是历史的使命，也是个人的选择。自 20 世纪七八十年代以来，受到后现代思潮的影响，从文学、历史学、人类学、社会学直至艺术学，民间口述引发的对大历史中的个体扫描与记忆打捞逐渐成为人文哲社研究中田野调查的常用方法。尤其是近年来，"私纪录片（亦称第一人称纪录片）为我们勾勒了一幅独具魅力的人类精神世界画像。日本电影导演今村昌平在他的代表作《鳗鱼》（1997）中曾提出这样的观点："现代社会，人人都有心理暗疾。人们在飞速发展的工业化时代，面对勃然大物般的楼宇和机械，身处大兴土木沸腾不休的土地，在舟车劳顿疲于奔命的日常生活中，很容易被短平快的节奏捆绑，被乔装打扮后的快餐文化吞噬，被各种人类自身所创造的物质异化。虚拟的世界和现实的世界戾气横行，越来越多孤独灵魂成为行尸走肉。然而，在优秀的私纪录片中，我们不仅看到了个体经历，也看到了社会整体。这些家庭故事背后私密的情感和人际关系，帮助我们整合了各自的生命冲突与体验，同时获得了一种更高级的对人类群像的认知与人性反思，从而达到一种类似心理治疗效果的自我救赎。"② 创伤记忆与民族苦难的言说，以私纪录片为载体的个人化表达，对家族史、民族志以及公民意识的觉醒是绝佳的代言，也是官方正史中集体记忆与意识的生动补充。对于高校学生而言，重知识轻人文，重形式轻过程，重功利的成绩轻人生理想意义的追寻，通过私纪录片

---

① 搜狐网：《我国力争 3—5 年实现全国中小学影视教育基本普及》，http://www.sohu.com/a/284598104_161623，2018 年 12 月 26 日。

② 李姝：《私纪录片的影像疗愈功能探究》，《电影文学》2017 年 9 月。

的观影和创作，赋予其主观能动，实现主客体之间的连接，从认识自我开始认知这个世界。

教学过程分为两个步骤，观影（看）和摄制（参与或被看），这也是私纪录片改变认知的重要途径。在第一个教学环节中，以鉴赏世界各国的获奖私纪录片、国内的新纪录运动代表导演吴文光的"村民影像计划"系列作品、跨界导演邱炯炯的家庭影像三部曲、IDOCS 国际纪录片论坛上展映的佳作为主，鼓励学生自由、思想碰撞、探索未知的自我。第二个教学环节，将摄影机对准自己和亲密关系中的人，通过调研、采访和近距离接触，借助摄影机的力量，尝试改变外部世界与内部世界的关系。下图（图二）是教学实践中一届学生的问卷调查反馈，有效受访者共 108 人，男生 20 人，女生 88 人。

性别：[单选题]

选项	小计	比例
男	20	18.52%
女	88	81.48%
本题有效填写人次	108	

一、私纪录片先验知识

1. 你所关注的纪录片类型？[多选题]

选项	小计	比例
A. 环保公益类	36	33.33%
B. 人文历史类	61	56.48%
C. 自然探索类	49	45.37%
D. 人物传记类	83	76.85%
E. 竞赛选秀类	22	20.37%
F. 时事报道类	28	25.93%
G. 生活常识类	39	36.11%
H. 社会纪实类	63	58.33%
本题有效填写人次	108	

2. 拍摄前，你了解私纪录片这种形式吗？[单选题]

选项	小计	比例
A. 了解，接触过	29	26.85%
B. 听说过，但没接触过	67	62.04%

C. 完全不了解	12	11.11%
本题有效填写人次	108	

3. 拍摄之前是否看过私纪录片？（没有可不填写）[单选题]

选项	小计	比例
A. 是，例如	31	28.7%
B. 否	77	71.3%
本题有效填写人次	108	

4. 下面哪些影片属于私纪录片？[多选题]

选项	小计	比例
A. 林鑫《三里洞》	19	17.59%
B. 胡新宇《姐姐》	89	82.41%
C. 吴文光《我的村子2006》	29	26.85%
D. 邹雪萍《娘》	81	75%
E 王我《外面》	9	8.33%
F. 中村高宽《横滨玛丽》	12	11.11%
G 薛继军《圆明园》	8	7.41%
H 吴晓波《我的诗篇》	18	16.67%
I 杨天乙《老头》	51	47.22%
J 王芬《不快乐的不止一个》	14	12.96%
K 唐丹鸿《夜莺不是唯一的歌喉》	11	10.19%
本题有效填写人次	108	

5. 你曾经有过家庭录像的行为吗？[单选题]

选项	小计	比例
A. 有过	57	52.78%
B. 没有	51	47.22%
本题有效填写人次	108	

6. 你拍摄家庭录像的动机是什么？[单选题]

选项	小计	比例
A. 记录下难忘的一瞬间	77	71.3%
B. 增加家庭亲情的氛围	13	12.04%

C. 留住将要逝去的人或亲情	5	4.63%
D. 作为一种对亲人缅怀的方式	4	3.7%
E. 其他	9	8.33%
本题有效填写人次	108	

7. 通过观看私纪录的片子，你从中获得了什么样的体验？［多选题］

选项	小计	比例
A. 只是另一种拍摄形式的纪录片	26	24.07%
B. 对生活的进一步观察	89	82.41%
C. 改善与对象的关系	42	38.89%
D. 能有效地进行自我的重新认识及创伤疗愈	54	50%
本题有效填写人次	108	

8. 你对参与这种形式的拍摄有排斥心理吗？［单选题］

选项	小计	比例
A. 有，原因是：	26	24.07%
B. 没有	82	75.93%
本题有效填写人次	108	

9. 你认为私纪录片与常规形式纪录片最大的不同是什么？［单选题］

选项	小计	比例
A. 更能贴近生活	41	37.96%
B. 调节家庭关系	5	4.63%
C. 审视自我	31	28.7%
D. 更加正式，需要展出在大众面前	3	2.78%
E 需要搬演，并非完全真实	5	4.63%
F 主观色彩更加浓重	10	9.26%
G 所涉及范围较为狭窄，情感价值为重	11	10.19%
H 其他，请举例说明：	2	1.85%
本题有效填写人次	108	

10. 你觉得纪录片最重要的是什么？ [单选题]

选项	小计	比例	
A. 真实的反应与记录	61		56.48%
B. 引发人们的思考	39		36.11%
C. 知识文化的传播	0		0%
D. 找寻普世价值观	8		7.41%
本题有效填写人次	108		

二、前期调研

1. 你选择的对象是？ [单选题]

选项	小计	比例	
A. 自己	32		29.63%
B. 直系亲属（父母）	24		22.22%
C. 旁系亲属（祖父母或家族其他成员）	52		48.15%
本题有效填写人次	108		

2. 你对你的拍摄对象足够了解吗？ [单选题]

选项	小计	比例	
A. 非常了解	30		27.78%
B. 比较了解	72		66.67%
C. 不太了解	6		5.56%
本题有效填写人次	108		

3. 你选择这个对象的原因和目的？ [单选题]

选项	小计	比例	
A. 因为熟悉，觉得方便拍摄	53		49.07%
B. 不够了解，想挖掘这个人的内心	24		22.22%
C. 缓解某个方面的观念矛盾	21		19.44%
D. 其他	10		9.26%
本题有效填写人次	108		

4.你前期准备遇到哪些问题？[多选题]

选项	小计	比例
A.对象不配合（沟通、不愿面对镜头等）	23	21.3%
B.资料收集不充分	56	51.85%
C.设备和环境问题	82	75.93%
D.临时更换选题	20	18.52%
E 心情的反复问题、拍摄与实际的落差	66	61.11%
F 拖延症导致拍摄计划的延迟，素材不够	28	25.93%
G 如何拍摄与对拍摄方式的不解	40	37.04%
H 其他	6	5.56%
本题有效填写人次	108	

三、拍摄中期

1.对象（或自己）是否排斥镜头？[单选题]

选项	小计	比例
A.是	48	44.44%
B.否	60	55.56%
本题有效填写人次	108	

2.和对象沟通时（或剖析自己时），遇到过阻碍吗？[单选题]

选项	小计	比例
A.遇到过，请简要描述	47	43.52%
B.没有遇到过	61	56.48%
本题有效填写人次	108	

3.遭遇的问题的程度？[单选题]

选项	小计	比例
A.非常严重	3	2.78%
B.较为严重	11	10.19%
C.普遍性的程度	66	61.11%
D.少数性的程度	28	25.93%
E.毫无问题	0	0%
本题有效填写人次	108	

4. 是否很好地解决了？ [单选题]

选项	小计	比例
A 完美解决	3	2.78%
B 基本解决	64	59.26%
C 一般情况下的解决	37	34.26%
D 残余少数问题，在成品之前马虎解决	3	2.78%
E 问题一直留在最后还没有解决	1	0.93%
本题有效填写人次	108	

5. 拍摄过程存在搬演成分吗？ [单选题]

选项	小计	比例
A. 存在	30	27.78%
B. 不存在	52	48.15%
C 不记得，或许存在	26	24.07%
本题有效填写人次	108	

6. 拍摄过程中，会刻意避免那些尖锐的问题吗？（比如失败的婚姻、尴尬的过往）[单选题]

选项	小计	比例
A. 会	28	25.93%
B. 不会	42	38.89%
C. 看情况	38	35.19%
本题有效填写人次	108	

7. 拍摄过程中，你遇到过和前期想象不一致的时候吗？ [单选题]

选项	小计	比例
A. 有，具体情况请简要举例	60	55.56%
B. 没有	48	44.44%
本题有效填写人次	108	

8.你认为是拍摄者的观点重要还是被拍摄者的观点重要？［单选题］

选项	小计	比例	
A.拍摄者	24		22.22%
B.被拍摄者	84		77.78%
本题有效填写人次	108		

四、拍摄后期反思

1.此次拍摄达到了你的预期目的吗？［单选题］

选项	小计	比例	
A.实现或超过预期目的	6		5.56%
B.基本实现目标	68		62.96%
C.距离目标还有较大距离	33		30.56%
D.完全没有实现目标	1		0.93%
本题有效填写人次	108		

2.你是否对拍摄对象（或自己）有了新的认知？［单选题］

选项	小计	比例	
A.认同	37		34.26%
B.基本认同	53		49.07%
C部分认同	17		15.74%
D基本不认同	1		0.93%
E完全否定	0		0%
本题有效填写人次	108		

3.你是否与拍摄对象拉近了一定的距离？［单选题］

选项	小计	比例	
A.非常肯定	31		28.7%
B.基本肯定	63		58.33%
C.不太确定	14		12.96%
D.基本否定	0		0%
E.完全否定	0		0%
本题有效填写人次	108		

4. 你如何看待本次拍摄？［单选题］

选项	小计	比例	
A. 对自我有了新的认知	25		23.15%
B. 发现被摄者的另一面或者从未可知面	34		31.48%
C. 关联者关系的修复和变化	7		6.48%
D. 看待问题的多元化	13		12.04%
E. 实践影像的真实性体验	8		7.41%
F. 解决问题出发点的实质性切入	4		3.7%
G. 思维与行动的碰撞	14		12.96%
H. 论题选择的重要性	0		0%
I 其他	3		2.78%
本题有效填写人次	108		

5. 你认为拍摄私纪录片是为了获得自我认知还是对他人认知？［单选题］

选项	小计	比例	
A. 自我认知	64		59.26%
B. 对他人的认知	44		40.74%
本题有效填写人次	108		

6. 你在拍摄过程中摄影机是充当一个怎样的角色？［单选题］

选项	小计	比例	
A. 作为一个旁观者，不参与进去	47		43.52%
B. 作为影片的一员，主观参与进去	52		48.15%
C. 其他	9		8.33%
本题有效填写人次	108		

7. 如何看待摄影机的作用？［单选题］

选项	小计	比例	
A. 拍摄客观现实	41		37.96%
B. 搭建人际沟通平台	37		34.26%
C. 家庭地位、权力的延伸	2		1.85%
D. 审视自我、疗愈关系的媒介	28		25.93%
本题有效填写人次	108		

8.如何评价私纪录片的功用？［单选题］

选项	小计	比例	
A.纯粹的实验	3		2.78%
B.自我的反思	31		28.7%
C.个人视角对社会的思考	47		43.52%
D.他人视角对社会的思考	10		9.26%
E.疗愈功能	13		12.04%
F.其他	4		3.7%
本题有效填写人次	108		

9.拍摄之后是否对于私纪录片的概念理解产生变化？［单选题］

选项	小计	比例	
A.完全颠覆性的变化	2		1.85%
B.大部分变化	43		39.81%
C.不确定有无变化	27		25%
D.小部分变化	33		30.56%
E.几乎没有变化	2		1.85%
F 完全没有变化	1		0.93%
本题有效填写人次	108		

10. 今后是否愿意继续从事私纪录片创作和研究？［单选题］

选项	小计	比例	
A.十分愿意，态度坚定	6		5.56%
B,跃跃欲试，有这个意向	67		62.04%
C.左右迟疑，亟待考虑	30		27.78%
D.绝对不会，完全没兴趣	5		4.63%
本题有效填写人次	108		

图二："私纪录片"拍摄效果调查问卷

　　如上图（图二）所示，私纪录片拍摄效果问卷调查从私纪录片的先验知识储备、前期调研、拍摄中期、后期反思等四个阶段进行考察。从中，我们可以发现：1.绝大多数同学（超过99%，参见四–2）因为私纪录片创作对拍摄对象（或自己）的认知发生了改变。2.超过90%的同学认为拉近了与被摄对象之间的距离（参见四 –3）。3. 超过 65% 的同学认为拍摄机搭建了沟通的平台，实现了审视自我与创伤疗愈（参见四 –7）4. 超过 95% 的同学愿意继续尝试私纪录片创作与研究（参见四 –11）。在上述 108 位同学独立创作的 108 部私纪录片作品中，大多围绕个人、父（母）子、父（母）女、祖孙、夫妻关系的探讨，都是从"私人的"、第一人称角度进行探索。摄影机变成了"我世界"解码器：从"我看"到"我说"，从传统纪录片的"听你讲故事"变成了"我来讲述我都故事"。这种自主的表达和镜头前毫不避讳与被摄人物的互动对谈促进了自我反省，也帮助被摄者揭下人格面具；满足了观众窥探隐私的快感，也帮助当事人宣泄释放内心的苦痛，从而满足心灵的慰藉。

美国纪录片学者比尔·尼科尔斯（Bill Nichols）的纪录片类型学划分了六种纪录片形态，即诗意型（Poetic）、阐释型（Expository）、观察型（Observational）、参与型（Participatory）、自我反射型（Reflexive）以及表述行为型（Performative）。而私纪录片很好地融合这六种方式，常规纪录片全知全能的旁白替换成"我"的自述，"我"既是观影者、窥视者、受害者抑或自恋者，同时也是创作者、催眠者、讲演者和被治疗者。私纪录片的"私"既是主观的"我"的阐释内心，又是私密亲密关系中创伤与苦痛得以释放的关键。通过影片拍摄中主客体关系的自由穿梭，每一个"我"重新发现了未知的自我。在网络直播泛滥和手机游戏成瘾的当下，走在人生十字路口的高校青年学子，常常面对迷茫却难以自拔。通过纪录片拍摄来审视家庭关系，对社会的最小细胞单位进行重新认知，以小见大，也许能增进对生命的感悟和对人性的体察。作为人生高级阶段的学习之旅，大学教给了我们各种实用的技术和知识，却缺失了对生命教育的培养。希望跨学科的理论融合与媒介实践能够照亮深陷泥泞的灵魂，让爱与沟通化解疾苦、润泽心灵。

二、礼文化传播访谈录

主持人语：

2019 年 4 月 13 日，首届"礼文化与华夏传播研究"工作坊在郑州大学新闻与传播学院成功举办。本届工作坊邀请到各位专家学者二十余名，分为会议主题发言、华夏传播研究分享、青年学者礼文化研讨和博士生礼文化论坛四个部分。专家学者们从传播学本土化出发，围绕中国礼文化与华夏传播、礼乐文明在中国与世界的发展以及如何建构华夏传播理论、研究体系及学术路径等进行了多方面的卓有成效的交流。会议期间，我们就中国礼文化研究现状及问题对四位专家进行了访谈。

首先，浙江大学邵培仁教授在访谈中指出，传播学本土化研究应该"坚守中国文化自信心与学术主体意识，让中国传播学与世界对话、同全球文化接轨"。其次应该"建构中国礼文化传播的理论体系"，这是"一种既继承了中国礼文化优秀传统和优质基因、又融入当代礼仪和国际礼仪以及符合各种社会规范和时代潮流的新型礼文化体系"。同时他强调在建构中应该注意以下几个问题：一是以时间为经进行纵向的全面、深入、仔细的挖掘和整理；二是以空间为纬进行横向的跨文化、跨民族比较分析，总结它的优势、劣势和特色；三是应该从上到下或由下而上地进行竖向的分层研究和分析；四是应该注重多学科的交叉性的研究，当然最重要的是以"构建人类命运共同体、共同建设美好世界"为基本理念，以文化多元和文化平等为基本原则，研究如何通过与现代礼仪、国际礼仪和当代社会元素进而对接和整合，求同存异，并进行现代性、国际性话语转换。

紧接着我们对厦门大学教授、华夏传播研究会会长谢清果进行了访谈。谢教授就儒家与道家礼之间的异同、古代礼乐与现代礼仪之间的关系以及礼文化传播与华夏传播研究的内在关联等进行了详尽阐述。他尤其指出："中国礼文化不仅是五千年文明传承的基本模式，是中国人立身处事的基本原则与根据，自然也是传播的基本原则和精神，把握好中国礼文化传播的内容、原则与方法，是加强华夏传播研究的重要抓手。"因此他强调：一定要确立中华文化立场，根植于中国社会现实来探讨中国人的沟通观念与沟通实践，努力让传播学说中国话，即用中国话语建构中国理论，解释中国五千年文明延续的原理与机制，同时培养"全球传播视野"，在不断对话中，增强自身的理论自信与文化自信。

在传播学的西化的背景下，中国的传播学研究面临着同质化与主体性丧失的危机，而南京大学新闻与传播学院潘祥辉教授一直以来致力中国"传播考古学"研究，关注古代中国的传播媒介如青铜器以及日常生活中的传播现象如"对天发誓"、崇圣传统等。在访谈中，潘祥辉教授认为，所有有益于个人修养、公共道德以及公共交往的"礼文化"，都值得我们大力弘扬，同时他强调对中国礼文化的现代传承与认同而言，理解重于同情，文化性大于政治性。而在"失礼"现象频发的当下，应该注重从上面做起，因为"上行下效""崇德贵道"仍是我们应该遵循的。

中国礼文化既是中国的文化传统，也是我们生存的现实，礼从未远离我们，它是动态的、鲜活的，礼文化与城市品牌的有机结合对于华夏文明在现代社会的传播与传承正发挥着重要而又积极的作用。为此，我们对衢州市柯城区非遗保护中心余仁洪主任进行了访谈。余主任为我们详尽介绍了浙江省衢州市开展"南孔圣地 衢州有礼"城市品牌建设的初衷、内涵、举措以及传播方法，并且从城市发展、城市品牌建设等不同层面探讨了礼文化在现代生活中的积极作用。

四位专家的访谈高屋建瓴、精彩纷呈，相信他们的高论对促进中国礼文化的研究、传播及理论建构会起到更大的推动作用。

（郑州大学新闻与传播学院教授　张兵娟）

坚守中国文化自信心与学术主体意识，
建构中国礼文化传播的理论体系

——访浙江大学传媒与国际文化学院邵培仁教授

刘佳静[*]

（中国人民大学新闻学院，北京，100089）

摘　要： 传播学本土化是为了让它成为一门中国化的学问，让它成为中国大众的精神食粮，成为适应中国需要的社会科学，成为中国文化的有机组成部分，并最终让中国传播学与世界对话，同全球文化接轨。包括礼文化传播研究在内的传播学本土化的相关议题的提出，显示中国传播学者主体意识的觉醒和学术自信心。用"人类整体传播学"来统领本土化传播学，建构一种既继承了中国礼文化优秀传统和优质基因，又融入当代礼仪和国际礼仪以及符合各种社会规范的新型礼文化。

关键词： 传播学；华夏传播；礼文化，本土化

基金项目： 2016 年国家社科基金项目"中国礼文化传播与认同建构研究"（16BXW044）

　　2019 年 4 月 13 日，首届"礼文化与华夏传播研究"工作坊在郑州大学新闻与传播学院顺利举办。本届工作坊共分为会议主题发言、华夏传播研究分享、青年学者礼文化研讨和博士生礼文化论坛四个部分。专家学者们从传播学本土化出发，探讨中国文化、华夏传播、先哲智慧、礼乐文明及其与中

---
　　* 刘佳静（1991—），女，河南开封人，中国人民大学新闻学院博士研究生。研究方向：文化传播，视觉传播。

国、世界发展的时代关联，在学术争鸣过程中探索内在脉络，在扎根文化历史中推陈出新。

会议期间，我们针对中国传播学本土化发展路径与中国礼文化传播的理论建构，对浙江大学传播研究所所长邵培仁教授展开专访。

一、中国传播学本土化的发展路径

（一）问：您是国内传播学研究的开拓者，一直以来从事传播学理论的研究和建构。您最近几年转向了"传播学本土化"的研究，提出了很多具有创见性的思想和理论，例如华莱坞电影传播理论、华夏传播的十大观念等。您这种学术研究转向的契机是什么呢？

邵培仁教授答（以下简称"邵答"）：这种学术研究转向同中国改革开放的进程和传播学东渐的历程基本契合。这就要求传播学者的学术视野要有鸟瞰性和前瞻性，要与时俱进，敏锐敏捷，要能在不同的阶段根据国际学术的潮流和趋势、中国国情和现实需要，有针对性地及时提出不同的学术概念和研究主题。西方现代社会科学于五四运动时期首次进入中国，它事实上是一个"西学东渐，自觉自立"的过程，西方传播学进入中国也经历了这样一个过程。但是，西方传播学的引入并不意味着中国本土传播现象的缺失，先秦诸子的辩证传播思想以及华夏历代传播现象和传播问题的描述与研究，都标志着中国本土传播理念及传播思想的源远流长和繁荣兴旺。在"系统了解、分析研究、批判吸收、自主创造"的方针下，引进与本土化始终伴随着中国传播学的发展。

"华莱坞（Huallywood）"概念的提出，改变了"民国电影""中国电影"和"华语电影"的概念局限，让来自内地（大陆）、台湾、香港以及其他华人所在地的学者们能够坐到一起谈论电影，从而将"跨地互动"的概念引入到从资金、技术到文化、市场、电影研究等各个层面。

"好莱坞"是美国的，"莱坞"是世界的。我们把"好莱坞"当作一个专属名词，但将"莱坞"只视为一个普通的概念，一个既没有霸权意味也没有殖民色彩的概念。建构"华莱坞"，就是要努力将华莱坞电影建成具有强大传播力和影响力的世界电影，进而在全球推动营造一个多元化与多极化的、和谐与友好的电影传播新格局。如果说中国电影曾经在历史演进过程中经历过民国电影（中国电影1.0）、民族（国族）电影（中国电影2.0）和华语电影（中国电影3.0）三个研究阶段，那么从2013年开始（亦即十八大以来）正在进入中国电影4.0的时代，亦即华莱坞电影的新时代。与此相应，中国电影也在由一个"混杂的……分散的"（张英进教授语）甚至是"分裂的""多头的"研究对象，逐步地走向合作和融合，趋向整体互动和有机统一。因此，华莱坞理念的提出与丰富既是对传播学本土化的践行与探索，也是超越政治界限与意识形态差异，促进中华文化同全球文化文明交往、积极对话的重要路径。

"国际传播视野中的华莱坞电影""中国主张：传播理论本土化的径路""亚洲主张：国际传播研究的新视界"和"礼文化与华夏传播"等学术研讨会的举办及相关议题的持续、全面、深入研究，均显示中国传播学者主体意识的觉醒和学术自信心日益增强，而这也同中国作为整体力量的全面崛起和在国际事务中地位的提升等密切相关。中国改革开放历史进程中以及中国文化同世界文化交流、互动的每一个节点和脉动，都成为与时俱进的中国传播学包括华夏传播研究转向、发展、进步甚至跃升的契机和机遇。

（二）问：您为什么持续关注"传播学本土化"？应该怎么理解本土传播学与西方传播学的关系？

邵答：传播学本土化是为了让它成为一门中国化的学问，让它成为中国大众的精神食粮，成为适应中国需要的社会科学，成为中国文化的有机组成部分，并最终让中国传播学与世界对话、同全球文化接轨。传播学研究中的妄自菲薄、自惭形秽或妄自尊大、目空一切，都是不利于传播学世界对话和资源共享的。传播学本土化应该是一种对根的追寻，对干的审视，是对世界文化和传播思想的敬重，也是华人传播学者的一种文化自觉、文化自省和文化自信。当下，中国传播学界面临的首要问题，仍然是如何将西方传播理论及传播要素与中国的传统文化和社会现实相结合，如何在理清西方学术脉络、借鉴中外学术精华的基础上在中国进行传播学术寻根和传播理论创新。我曾经在《华人本土传播学研究的进路与策略》一文中指出要防止将传播学本土化做狭窄化理解，而应该宽泛一点。正是出于这种想法，我提出了传播学本土化的六种路径。认为本土传播学研究应该努力将本土化与多元化、全球化的矛盾关系置于一种互动互助、共进共演、和谐协调、恰到好处的张力状态，在时间经线上立足本土、古今联通，在空间纬度上扎根本土、中外沟联，历史、现实与未来贯穿，全球化、亚洲化与本土化兼顾，一方面要为全球化语境下的价值多元化和文化本土化提供理论的支持，为传播全球化与学术本土化的共进共演采取积极行动，另一方面要为本土文化与传统文明在解决各种全球性重大传播问题时及时提供对策和智慧，从而共同促进中国传播学与世界传播学的发展与繁荣。

二、从"中国传播学"到"人类整体传播学"

（一）问：从"传播理论本土化的中国主张"到"国际传播研究的亚洲主张"，再到"新世界主义传播研究"，您所提出来的这些理论和研究，它们之间的内在关联是什么呢？

邵答： 从"传播理论本土化的中国主张"到"国际传播研究的亚洲主张"，再到"新世界主义传播研究"，传播学本土化研究立足中国，从本土传播入手，逐渐扩大视野、走向亚洲、面向世界，探讨的核心问题是如何处理好本土性与全球性、民族性与世界性的关系和张力。在传播学本土化道路上，既要观照中国，又要关注亚洲；在传播学国际化进程中，既要考察世界之于中国与亚洲的意义，又要强调中国在亚洲及世界的地位和作用，避免本土传播学研究走进"病房"。

在传播学研究中，有一种"病症"，就是"西方中心主义"或"过度西方化"。换句话说，中国传播学研究对西方传播学有一定的依赖性，特别是一些从西方学成归来的专家学者，他们用的传播理论和方法是西方的，思维是西方的，表达也是西方的，甚至论著的参考文献都是西方的，有的论文中几十个注释看不到一个中文文献。我推崇传播学研究中的中国主张和亚洲主张，目的就是"治病"，防止"过度西方化"，但不是反对西方，对抗西方。我们不仅要尊重与理解不同文明之间的差异，而且要以由衷的喜悦的心情欣赏它们，学习它们，与它们交流，同它们共舞，从而才能最终赢得应有的地位、尊严和荣耀。

从媒介地理学的角度来讲，相对于世界，亚洲同中国一样也是本土，是比中国更大的本土，因而也存在传播学本土化问题。亚洲传播学本土化就是要将研究视野拉回亚洲，着重关注国际传播视域下亚洲声音的渐强与亚洲意识的重归，重视亚洲传播智慧与亚洲传播经验，既探讨亚洲古典传播理念的丰富价值，又研讨亚洲传播的情境、问题和发展趋势。这就是华夏传播和亚洲传播研究之间的内在关联和必须共同面对的问题。

但是，传播学中国化、传播学亚洲化与西方传播学并非完全对立，并非是要搞学术民族主义和另一个学术中心主义，而是要向世界强调自身的价值、权利和相互交流、对话、共享的重要性、必要性。换句话说，传播学本土化需要换位思考，需要回到中西方对话、交流的立场上来，需要有新世界主义的传播理念和视野。

我讲的新世界主义，是指习近平主席及其领导集体对世界和人类文明现状及其发展趋势所持有的创新性的系统性认识、论述、主张及其行动方案。新世界主义体现了一种内涵丰富、思想深邃、系统完整的新世界主义理论体系，是对当今世界局势和走向的深入洞察和准确把握的政治智慧。

新世界主义不是以民族主义、本土主义或孤立主义、利己主义为战略考量，而是以"构建人类命运共同体、共同建设美好世界"为核心理念，以"共商、共建、共享"的共赢主义为基本原则，超越零和博弈，顺应时代潮流，走和平与发展的道路。既反对"西方中心主义"，也不搞"中国中心主义"；既反对"美式全球化"，也不搞"中式全球化"；而是搞世界多极化、文化多样化和整体全球化，是用"人类整体传播学"来统领各种各样的本土化传播学。

（二）问：那么什么叫"整体全球化"和"人类整体传播学"呢？是基于什么原因提出来的呢？

邵答：过去世界各国特别是发展中国家曾经对"英式全球化"(Anglobalization)、"美式全球化"(Americanization) 保持警惕，持有质疑，甚至提出批判，表示反对，现在有学者提出"中式全球化"（Chiglobalization），出发点是好的，听起来振奋人心，仔细一想又是欠考虑的和有问题的。你怎么可能让世界各国特别是西方大国认可、赞同"中式全球化"呢？"中式全球化"还容易让人们想到"19 世纪是英国世纪""20 世纪是美国世纪""21 世纪是中国世纪"以及"美国中心主义"、"中国中心主义"等说法。接受或提出这些说法对中国显然是不利的，所谓"捧得越高摔得越重""出头椽子先烂"。近年来，西方一些国家本来就在不断地制造和宣扬"中国世纪"和"中国中心主义"，其意就在宣扬"中国威胁论"，围堵、制约和遏制中国发展，现在我们自己讲"中式全球化"，不是正好提供了某种口实吗？事实上，西方已有质疑和反对的声音了，有的甚至抨击"中式全球化"就是"中国共产党与非政府机构的政治协作的幻想"。

新世界主义致力于同国际接轨、与世界对话、同全球共命运，致力于与世界各国、各国际组织和区域组织互动互助、共进共演。新世界主义意味着包容性、发展性、层次性、策略性、弹性和张力，意味着需要用一种内外结合、上下互动、左右联通、多方呼应的统筹协调、包容互动、互利共赢的原则或理念处理和应对世界变化和时局挑战。

在新世界主义的理念下，一种更容易被世界各国和人民接受和认可的新全球化模式——"整体全球化"正呼之欲出。"整体全球化"就是以"构建人类命运共同体"为核心理念，以"共商、共建、共享"为基本原则，不论东西，无论南北，不分中外，古今联通，坚持走和平发展、共同繁荣之路，着力构建相互尊重、公平正义、合作共赢、整体互动的新型国际关系。在"共建人类命运共同体"和"整体全球化"的过程中，中国必须秉持共赢主义，采取"共商，共建，共享"的策略，这可能导致中国失去一些利益和中国性，但最终会得到更多的利益和中国性。这就像"宝塔糖策略"一样，如果让肚里有蛔虫的小朋友直接吃驱蛔蒿难度往往较大，但将驱蛔蒿与砂糖、香料、香草片和水混合做成宝塔糖，小朋友就喜欢吃了。表面上看，宝塔糖混合了其他成分，其实并未减少药量和药性，但却让小朋友乐于接受，从而解决了治疗蛔虫的问题。显然，"整体全球化"模式和"宝塔糖策略"无疑为解决国际关系中非此即彼、非黑即白以及对立性、单一性、矛盾性、偏执性等问题，提供了一种灵活的理性的综合的思维面向。

人类整体传播学是以"共同构建人类命运共同体"为核心出发点，以"整体全球化"为学术背景和研究指向，借鉴"整体互动"的传播模式，综合运用多学科知识和方法，以多角度、多层面的和宏观、中观、微观相结合以及古今中外相融通的分析视维，研究世界各民族的一切传播行为和传播过程发生、发展的规律以及信息与人、社会、世界的复杂互动关系的学问和科学，目的是共同建构一个和谐包容、开放合作、共进共演、共赢共享、多样共存、良性发展的新型传播世界。

三、建构中国礼文化传播的理论体系

（一）问：近年来，国内诸多学者致力于华夏传播学、传播学本土化的研究，您如何看待中国礼文化以及华夏传播与礼文化传播的关系呢？

邵答：的确，现在研究华夏传播学、本土传播学的学者越来越多了，出版和发表了许多专著和论文，国家社科基金、教育部社科基金和省市社科基金也都大力支持这类研究项目，包括支持礼文化传播项目。

五千年中华文化传统源远流长，从"孔孟之道""荀子之理"到"五讲四美"、"八荣八耻"以及现代礼仪，中国礼文化的形成脉络清晰、完整有序，不仅成为中华儿女品德言行的重要指导，而且使中国赢得了"礼仪之邦"的美称，有力推动中国文化走向世界。正如张兵娟教授所说："中国礼文化是中华传统文化的核心，也是中华文明的重要标志。在几千年的发展历程中，对增进中华民族凝聚力、促进文化认同、维护社会安定和谐、提升民众文化素质、塑造民族形象发挥了重要作用。"

中国礼文化博大精深，内容丰富多彩，关涉政治、经济、文化、生活等方方面面，贯穿人的一生。中国礼文化传播既是华夏文化传播的重要内容，也是中华文化复兴系统工程的一部分。中华文化之所以能在历史长河中世代传承、不断延续，成为世界四大文明中唯一不间断的文明，靠的就是富有生命力的、具有内在联系的遗传密码和核心元素，即文化基因。因此，华夏文化包括中国礼文化传播必须探寻和坚守其遗传基因或文化内核。那么什么是华夏文化的基因和内核？有人说，书法、国画、壁画、刺绣可以代言中国文化；有人说，指南针、火药、造纸术、印刷术可以代表中国文化。这不是基因和内核。

如果说自由、平等、博爱是法国文化的遗传基因，民主、自由是美国文化的基本元素，那么仁、义、礼、智、信或仁、智、勇、乐、雅也许是中国文化有别于全球文化的遗传因子。中华文化基因的建构与传承，可能需要在传统研究方法的基础上，采用数字化技术以及网络技术，并结合以文化组学(culturomics)为代表的前沿量化研究方法，在庞大的巨量的从古至今的数字化的历史典籍中心和全球文化数字中心进行抽取、提炼，这样才能为相关研究提供新的视角与路径。换言之，华夏文化的基因和内核应该是在中国五千年民族文化的土壤上生长出来的，在近现代文化研究的积累中提炼出来，并在与世界范围内的各种优秀文化的比较、交流、互动和对话的过程中寻找、探索差异和特色。只有具有强大基因的、自信的、开放性的文化主体，才是富有生机和活力的文化主体，也才有信心、有底气、有能力走出国门、走向世界，同全球文化进行平等、友好、公平的竞争。

如果中国礼文化传播研究也采用这种研究路径和方法，那么也找到礼文化其流传至今的核心密码和基因图谱。目前，完全可以根据共商共建共享的理念和原则，通过对大量文献、非物质文化遗产等原始素材进行全国性甚至全球性的数字化记录、扫描、整理和科学保真保存及全球联网，建构中华文明数据库和世界文明数据库，从而可以让学者通过科学方法在海量庞杂、无比丰富的信息中寻找、提取到各种文化包括华夏文化、中国礼文化的内在文化基因与传承规律，进而构建出一套具有指标价值的文化基因谱系，形成华夏文化基因构成理论。

核心价值观(core values)是中国文化基因的体现，是中国人判断社会事务时依据的是非标准和遵循的行为准则，也体现了丰富的中国礼文化精神。在中国共产党的历史上，十八大报告首次用24字简要概括了社会主义核心价值观的基本内容：富强、民主、文明、和谐，自由、平等、公正、法治，爱国、敬业、诚信、友善。

（二）问：过去人们对"礼"评价比较激进，形成了负面的刻板印象。当前在国家政策的推动下，您认为我们应该如何重新审视礼文化？是否有必要强化"礼"的学习和传播呢？

邵答： 的确，在历次文化运动和政治运动中，中国传统文化包括礼文化均受到不同程度的冲击和破坏，如今社会对此仍有不同的看法也是正常的。《荀子·修身》云："人无礼则不生，事无礼则不立，国家无礼则不宁。"审视中国礼文化应该客观、理性，用发展的变化的眼光来看，中国传统礼文化中糟粕的东西要废除，扭曲人性、践踏人权的内容要抛弃，烦琐的内容要简化，只有优秀的适应当代社会需要的礼仪才能保留和传承。不必强制人们学习和传播传统礼文化，而只能通过增强礼文化的吸引力让人们自觉自愿地学习和传播；也不要试图全面复兴传统礼文化，特别是那些烦琐的落后的传统礼文化更不应该复兴，更不能因为要复兴和提倡传统礼文化而反对当代礼仪和国际礼仪。在这里应该探寻和找到第三条道路或第三种选择，即建构一种既继承了中国礼文化优秀传统和优质基因的、又融入当代礼仪和国际礼仪以及符合各种社会规范和时代潮流的新型礼文化。

（三）问：您认为，我们应该如何建构礼文化传播的理论体系？礼文化传播在未来的学术研究中应该如何进行？

邵答： 就像上面所言，我们研究中国礼文化必须将最核心的东西找出来，然后依据最核心的内容锁定研究对象，确定研究范围，构建研究框架和理论体系，这四点对于完成项目研究是非常重要的，否则是很难完成的。其中特别要注意的是，中国礼文化研究对象要集中，研究范围要适当，不能太小也不能太大，太小了说不清楚，太大了又难以驾驭。

中国礼文化犹如埋在千米地下的宝藏，未来的礼文化研究它需要做到如下几点：1.必须以时间为经进行纵向的全面、深入、仔细的挖掘和整理，弄清它的来龙去脉、发展现状和未来趋势；2.必须以空间为纬进行横向的跨文化、跨民族比较分析，总结它的优势、劣势和特色；3.还必须从上到下或由下而上地进行竖向的分层研究和分析，探讨中国礼文化在不同社会阶层特别是贫富阶层的不同讲究和不同烦琐度；4.未来的礼文化研究还应该是多学科的交叉性的研究，比如历史学、社会学、政治学、民俗学、传播地理学等都可从不同窗口进入礼文化研究的范围。5.同时，此项研究还要以"构建人类命运共同体、共同建设美好世界"为基本理念，以文化多元和文化平等为基本原则，研究如何通过与现代礼仪、国际礼仪和当代社会元素进而对接和整合，求同存异，寻找跨国、跨民族礼文化的最大的通约性和共通性，并进行现代性、国际性话语转换，从而将整合后的中国礼文化传播转化为国际性的现代性的表达方式和传播手段，向全世界传播。

2019 年是 5G 商用元年，也是"智能 +"时代的新纪元。华夏文化传播应该抓住机遇，趁势而上，打造新支柱，壮大新动力，积极探索和构建从"媒体 +"向"互联网 +"和"智能 +"跃升的立体传播新格局，为华夏文化的全球传播"铺路""加油"和"赋能"。一方面让华夏文化随着中国人员、产品、资金、信息、基建的大规模流动进行全面的立体的"顺势传播"，另一方面通过"互联网 +"和"智能 +"自主传播平台或借助国际化的渠道进行"智能传播"，从而使得华夏文化在浸润式的传播中成为世界文化多样化的重要一极。

扎根华夏传播土壤　构建礼文化现代认同

——访南京大学新闻传播学院潘祥辉教授

王　闯*

（郑州大学新闻与传播学院，河南郑州，450001）

摘　要：在传播学的西化的背景下，中国的传播学研究面临着同质化与主体性丧失的危机。学者们缺乏问题意识，既对中国本土的东西习焉不察，又亦步亦趋地跟随西方的理论，使中国的传播学研究成为一种检验西方理论的注脚。潘祥辉教授以"传播考古学"为研究路径，关注古代中国的传播媒介以及日常生活中的传播现象。在访谈中，潘祥辉教授扎根中国文化土壤，回顾自身学术脉络，并认为对中国礼文化的现代传承与认同而言，理解重于同情，文化性大于政治性。在"失礼"现象频发的当下，"己所不欲，勿施于人"仍是我们最大的精神财富。

关键词：传播考古学；华夏传播；礼文化；文化认同

基金项目：2016年国家社科基金项目"中国礼文化传播与认同建构研究"（16BXW044）

2019年4月13日，首届"礼文化与华夏传播研究"工作坊在郑州大学新闻与传播学院顺利举办。本届工作坊共分为会议主题发言、华夏传播研究分享、青年学者礼文化研讨和博士生礼文化论坛四个部分。专家学者们从传播学本土化出发，探讨中国文化、华夏传播、先哲智慧、礼乐文明及其与中国、世界发展的时代关联，在学术争鸣过程中探索内在脉络，在扎根文化历

---

* 王闯（1994—），男，河南郑州人，郑州大学新闻与传播学院2016级传播学硕士研究生。研究方向：传播理论，文化传播等。

史中推陈出新。

会议期间，我们针对中国传播学本土化发展路径与中国礼文化传播的理论建构，对南京大学新闻传播学院潘祥辉教授展开专访。

一、作为华夏传播研究路径的"传播考古学"

您很早就关注政治传播、媒介制度或者传播失灵的问题，最近几年做了很多华夏本土传播方面的学术研究，是什么成了您这种学术转变的契机？或者说您这些研究是否存在着内在关联？

潘祥辉：我原来是学中文的，进入新闻传播学领域的时间不算太早，到博士阶段转到这个专业。我的博士论文是做"历史制度主义视野下的中国媒介制度变迁研究"，这本身就是一个跨学科的研究了，所以我的研究一开始就是跨学科的。我是最早将"历史制度主义"理论引入到新闻传播学的研究领域来的。这个研究是从长时段研究中国媒介制度的演化规律及其影响因素，我发现对媒介制度变迁影响最重要的因素就是政治。所以我后来就对政治传播学比较感兴趣，而且我发现要解释中国的媒介制度的变化，必须有国际视野，因为苏联对中国媒介制度的设计影响实在太大了，所以我后来又去研究苏联的政治与传媒体制，就是在这个研究中我提出了"传播失灵理论"。

我做的所有的政治传播研究，都带有浓厚的历史学的视角。所以我从当代政治传播研究转到历史政治传播学研究，也就是华夏传播研究，也是水到渠成的事情。我在博士论文当中有一章就是写"历史传统对媒介制度的影响"。不理解历史传统，其实也无法理解中国的政治传播与媒介制度变迁的内在逻辑。再加上我原来就是中文系出身，硕士学的是古代汉语，转到古代传播史，尤其是先秦传播史的研究，我觉得很顺手。而且我后来发现，我的这个学科背景是别人少有的，大概新闻传播学界也找不出几个学古代汉语出身的人。我原来考博士的时候觉得自己不懂新闻传播学是个劣势，后来发现，自己原来的专业背景，反而是个优势。所以我就结合自己的优势，提出了"传播考古学"的研究路径，希望能在前人的基础上，进一步推进和发展华夏传播研究。在这个领域耕耘，我还是有点不亦乐乎的。

二、关注日常生活中的传播现象

您在个人介绍里都会强调自己目前正在关注"日常生活"中的传播现象，这具体包括哪些方面？您采用什么方法开展这些研究？

潘祥辉：关注日常生活中的传播现象即关注我们在日常生活中的沟通与互动行为，或者将我们日常生活中的信息传播行为纳入到传播学的视野中来考察。比如我对婚恋问题的关注就是一例。我写过一篇《人类择偶行为的传播学阐释》，传播很广，发表在《现代传播》2015年第3期上，我指出人类择偶行为高度依赖于信息互动。由于发明了语言和文化，人类择偶中的信息传播远较动物世界复杂。现代婚姻市场中的信息浑浊与传播失灵的普遍存在使当代人的择偶面临巨大的传播迷局。我从传播学的角度分析了生活中的骗婚行为，并将择偶现象转换成一个传播学的问题，就是一种"日常生活中的传播研究"。

我还写过一篇文章叫《"马云爸爸"：数字时代的英雄崇拜与粉丝加冕》，解释我们网络用语中的"马云爸爸"是如何出现的，为什么"爸爸"这一称谓会泛化开来，这也是一个日常生活中的传播现象。此外，我还在关注中国人打招呼的行为，比如我们总是问候对方"吃了吗？"，但这种人际沟通中的打招呼方式具有独特的文化属性，也是可以纳入我们的传播学研究当中来的。在研究方法上，我主要还是采用一种结合历史文献的阐释方法。当然，我也用到了调查和访谈。比如《"马云爸爸"》一文我们就做了很多访谈。研究日常生活中的人际互动，其实有很多方法，既可以借助于观察法，也可以借助访谈法来进行研究。

三、窥探历史局部 构建传播体系

您的研究对象都是十分具体的：对天发誓、青铜时代、秦晋之好等等，这些研究对象背后是否存在某些历史关联？或者说您是如何将它们统合在一起，形成一个研究体系的？

潘祥辉："对天发誓""青铜时代""秦晋之好"，这些都是中国历史上非常古老的媒介或传播现象。如果细心一点，就会发现，我这些研究从时间点上而言，都集中于先秦时期。我确实比较关注先秦传播史，因为先秦是中国文化的发端期，不了解先秦，我们很难弄通整个中国文化发展的脉络。而且，先秦时代因为缺少我们今天所讲的大众传媒，所以它必然会有一些"替代品"来替代今天我们的大众传播的功能。"誓言"、青铜器、女性等媒介其实就起着这样的功能。这些东西，在我们今天其政治沟通功能很弱甚至没有传播功能，但在先秦，却是非常重要的沟通媒介或传播方式。所以我们需要研究，去发掘，还原其在特定历史文化语境下的信息传播功能。这样才能更好地理解先秦社会的运转。在先秦社会，这些传播方式与媒介本来就是一个体系，我们研究也需要把它当作一个体系来做。但是因为有些信息传播方式，前人已经有了很深入的研究，或者已经成为常识，我只能做一些别人还没有做的，或者做得不够充分的题目。事实上，有关先秦和中国古代传播的知识累积非常之多，有些虽然不在传播学，但在历史学或其他学科中都有涉及。

我们这代做传播史的学者要创新的话，似乎只能做一些"拾遗补缺"的工作。所以光从论文来看，我好像做得很具体，一个东西和另一个东西完全独立。实际上我的研究不是孤立的，它们是相关的，发表出来的只是我一部分的研究。我自己还是有体系性的观察，也有体系性的思考。这种体系性的研究和建构是我今后要做的主要工作。

四、对礼文化的理解比同情更重要

本次"礼文化与华夏传播研究"工作坊，非常荣幸可以邀请到您。您如何看待中国礼文化？

潘祥辉：中国礼文化源远流长，华夏文明号称礼仪之邦。这本来是一种丰厚的文化遗产。但由于历史和政治的原因，中国文化在近代以来遭受了沉重的打击，从新文化运动到"文化大革命"，礼文化被当作旧的东西、封建的东西，被一次又一次地批判。比起孔子春秋时代所讲的"礼崩乐坏"，我们当代更是如此。我们得承认，传统礼文化当中确实有些东西已经过时了，但并不意味着它一无是处。泼脏水把孩子一起泼掉，这就是我们曾经干过的事情，这非常激进。实际上批判是非常容易的，谁都可以来批一批礼文化，给它签上一个"封建落后"的标签，但批完之后呢？是否我们能开出一种新道德？事实证明，并没有。所以说客观地认识中国传统的礼文化是非常重要的。我们的研究，也是这样。不能走极端。近年来传统文化有复兴的迹象，这是一个好事情。对于我们研究者而言，我觉得保持客观非常重要。钱穆先生讲要对中国文化有同情的理解，这种态度我非常赞同。理解有时候比同情更重要，简单地批判或"复古"都不可取。

您认为中国礼文化传播研究中，应该关注哪些内容？

潘祥辉：礼文化的范围非常大，从治国理政，到衣食住行，都有"礼"的规范。所以研究的范围非常广泛。实际上，历史学，包括政治史、教育史、制度史、文化史都对礼文化做过很多很具体的研究，可以说，每一个门类都有人研究。就传播学而言，我们当然应当关注那些与信息传播或人际沟通有关的"礼文化"，这样才会有学科的视角。当然，关注礼的传播的媒介和载体，比如玉器和青铜就是礼的重要载体，那么对于玉器和青铜器的研究，也是可以纳入我们的礼文化研究范畴的。如果是聚焦于古代礼文化的当代传承，我认为所有有益于个人修养、公共道德以及公共交往的"礼文化"，都值得我们今天大力弘扬。但到底该弘扬什么，怎么弘扬，都是值得研究的课题。

五、礼文化包含着儒释道的融合互动

中国礼文化属于传统中国的主流文化精神，在礼文化之外，也存在着道文化、佛文化等，您如何看待礼文化与其他文化之间的关系？

潘祥辉：礼文化主要是一个儒家文化的范畴，所以确实是中国文化的主流。道家文化、佛家文化尽管与儒家文化有很大的差异，但随着历史的发展，其实"三教"是慢慢融合的。所以有些"礼"，比如说"孝"，这本来是儒家最为强调的。但道教，你比如说南朝上清道的主要传承者陶弘景，就非常强调"孝"在道教中的地位，他说一个人如果不孝，不管你怎么修炼，是很难长寿或成仙的。陶弘景还信奉佛教，在他身上最能看出"三教合一"的色彩，中国文化的"融合"特征得到了鲜明体现。反过来，儒家文化，包括礼文化也从道教和佛教中吸取有益的元素。所以说，三种文化不是截然分明的。而是你中有我、我中有你的关系。从研究而言，研究中国礼文化确实也应当关注到儒家文化以外的其他宗教思想。对道教、佛教中的礼也应当有所关注，并对他们之间的联系、区别以及融合状况做出描述，这是很有价值的研究课题。

六、"失礼"是社会文明缺失的信号

生活中很多"失礼"现象，比如高铁占座、疫苗造假，再到早前的老人摔倒扶不扶问题，您如何看待这些"失礼"现象？

潘祥辉：这种"失礼"的情形确实值得我们关注。我想它是一个信号，就是我们今天的社会文明或者说"礼"还是非常缺失的，我们的社会道德还存在很多问题。这些问题不是一两个典型的问题，它其实带有普遍性，只不过大多数没有那么极端罢了。为了一己之利，很多人不择手段，这种做法在中国太普遍了。我们通常谴责个人的道德素质，但这种谴责显得很无力，因为它根本就不只是一个个体道德的问题，更多是社会问题的折射。它也很难通过说教或者说所谓的"道德教育"来解决。而是要从"社会文明"与"政治文明"的高度来解决问题，这才是根本。我们今天讲的"政治文明"建设，或者"社会文明建设"，其实就是要解决"礼"的原则如何在政治领域和社会公共领域中得到实

践。实际上，古代儒家也给我们的提出了一些原则性的"礼"的法则：比如说要"敬民"，"以民为本"等，孟子讲"民贵君轻"，这些都是"礼"，但问题是如何落实，如何让"民"贵过"君"？而不是表面上说说而已，这是需要我们关注的。我觉得只有在政治社会等公共领域建立起一个"礼治"社会，我说的这个礼治社会是儒家的仁政之礼而不是法家的专制之礼，在私人领域才有可能使礼得到贯彻。道理很简单，"上梁不正则下梁歪"，这也适合于描述礼的传播。老百姓很会模仿，而且一点不傻，你不能指望把百姓教成"君子"，而自己做的却是"小人"的事情。中国社会今天的"失礼"现象，很大程度上公共领域的礼治没有建立起来的缘故。"上行下效"，建立政治与社会文明，我主张从上层做起。

七、礼文化的现代传承要避免政治化倾向

您如何看待当前的国学热、文化复兴潮流？在此热潮中，礼文化应该如何定位，或者融入现代中国？

潘祥辉：关于"国学热"和"文化复兴"这个问题有很多人都谈过。我个人认为，从文化本身的角度来看，这当然是好事情。但要避免一个倾向，就是过于"政治化"。礼文化为什么在近代受到控诉与批判，一个很大的原因就是"礼"是为政治服务的。那么革命的时候，为了和旧的政治体制切割，礼文化也被一起打倒。我们要吸取这个教训，文化是文化，政治是政治。当然，"国学热"还有一个过于商业化的问题，使得"礼文化"成为一种商业包装，这也是一种不良倾向。就礼文化的如何融入现代社会而言，我认为也需要与时俱进。"取其精华，弃其糟粕"，将中国传统文化中"精华"的一面发扬光大，而那些不合时宜的东西，就让他成为历史。在对待礼的问题上，我们千万不要搞一刀切，搞强制推广，我提倡我们要尊重个体的选择，这符合礼的精神。"己所不欲，勿施于人"，这才是孔夫子留给我们的最大的精神财富。

在古今中外的视域中审思中国礼文化传播问题

——访厦门大学新闻传播学院谢清果教授

李 阳*

（郑州大学新闻与传播学院，河南郑州，450001）

摘 要：礼文化作为华夏文明的重要组成部分，从传播学视角研究礼文化对于促进华夏传播具有重要意义。本文通过对谢清果教授的专访，简明回答了在礼文化研究的具体层面上的一些问题，如礼文化与儒家和道家的关系、礼与乐的关系、礼文化在跨文化传播中的作用、礼文化的传承与发展以及礼文化传播理论的建构等，这些问题的探讨为礼文化与华夏传播研究的深化提供了清晰的思路。在全球化的今天，礼文化的传播研究不仅关乎华夏文明的传播与发展，而且对于构建人类命运共同体具有重要参考价值，需要传播学者有放眼世界的眼光，在中西比较语境中彰显中国礼文化特质，进而建构起适合当代人生活的礼文化体系。

关键词：中国礼文化；华夏传播研究；传播学本土化；文化传承与发展；跨文化传播

基金项目：2016 年国家社科基金项目"中华礼文化传播与认同研究"（16BXW044）

嘉宾：谢清果（厦门大学新闻传播学院教授、博导，华夏传播研究会会长）
访谈人：李阳（郑州大学新闻与传播学院 2018 级传播学专业硕士生）

---

* 李阳（1994—），男，河南安阳人，郑州大学新闻与传播学院 2018 级传播学硕士研究生。研究方向：传播理论、文化传播。

李阳（以下简称"李"）：尊敬的谢教授，您好！非常感谢您来参加此次"礼文化与华夏传播研究"工作坊，同时也非常感谢您百忙之中接受我们的采访。

谢清果（以下简称"谢"）：非常乐意接受你的访谈，愿意为张教授课题研究贡献我的微薄之力。我们开始吧。

一、礼文化与道家文化是对立的吗？

李：您是国内传播学研究的引领者，一直以来从事传播学理论的研究和建构，提出了很多具有创见性的思想和理论。现在您在研究老子文化，儒家学说和道家学说有一定交集部分，历史上也有孔子问礼于老子的记载，您认为礼文化与道家文化是对立的吗？它们之间有哪些互补性？

谢：如果把五千年未曾中断的中华文明比作一片海滩，那我只是海滩中一角——华夏传播研究领域——一个捡贝壳的小孩。沙滩上各种各样的贝壳让我流连忘返。华夏传播研究是余也鲁、徐佳士、郑学檬、黄星民、陈国明、邵培仁、吴予敏等一批海内外前辈学者开疆拓土而成的有特色的研究领域。在我看来，该领域是以儒道互补为核心的中华文化传统作为主要研究对象，以诠释中华文明何以延续五千年的传播原理与方法为手段，来建构出一套中华文明传播智慧的观念、理论和实践体系，最终呈现为能够与传播学欧洲学派、美洲学派相媲美的"中华学派"。

儒道两家学说如同太极中的阴阳，是互补共荣的关系，共同缔造了中华民族"极高明，道中庸"的和合智慧。这种不走极端、不唱高调的生存智慧和交往智慧保证了中华文明能够绵续不绝。儒家两家你中有我，我中有你，不可分离。正如你所说的两家有"一定交集"，而这个交集一定程度上讲也是你提到的"礼文化"。在我看来，儒道两家在礼文化方面不是对立的关系，而是互补的关系，只有充分把握儒道两家礼文化思想，才能深刻全面地理解中华礼文化，道理很简单。儒家主要从正面强调了礼对社会秩序的规定性，遵礼是社会差序格序形成与稳定发展的基本法则，破坏了礼，社会就会陷于混乱之中。而道家则主要从反面指出礼的局限性。早在春秋末期，老子就有"夫礼者，忠信之薄而乱之首"的观点。当时礼崩乐坏的社会现实，告诉人们礼的规范并不可靠，礼可能有沦为工具，成为尔虞我诈的武器。当然，礼也是不可废的。老子也有"战胜，以丧礼处之"之说。总之，礼的运作背后要有"道"的规约，否则，就会失道而后德，失德而后礼。因此，礼的作用应当放在国家的顶层设计来思考，使之成为社会运作系统的一个重要部分，而不是全部。可以将礼与德、法相结合，即一端与法融通，以法来规约礼的实施；另一端与德相融合，强调人的自身品德修养，以体现礼之"义"。

因此，儒道两家的礼文化不是对立，而是互补的。况且，道家源于史官，而史官又是精通礼文化的。当然儒家源于司徒之官，其学派的功能是"助人君顺阴阳明教化"，精通礼仪是其特色。或许正因为礼文化是儒家的看家本领，儒家发展了一套繁文缛节，既维护了社会秩序，有时又束缚了社会的创造力与流动性。而道家以社会冷静的旁观者姿态，能够弥补儒家之弊。儒家的自强不息的阳刚之美与道家厚德载物的阴柔之美，交相辉映，共同构成中华礼文化最深层的思想品质。

二、儒家的"约我以礼"与道家的"内观以道"一致吗？

李：道家有内向传播自我观探析的倾向，儒家也强调慎独，不逾矩的自我约束之礼与道家内心观道？他们所指是否一致？

谢：这问题问得好。道家有内向传播的自我观，儒家慎独的内向传播观，那两者有什么区别呢？道家之所以为道家，乃在于其以道为上，以道为尊，而且这个道主要指的是天道，客观自然之道。儒家之所以为儒家，乃在于其以仁为上，德高为尊，而且儒家的道主要指的是人道，人伦礼教之道。正因为基于这样的根本取向的差异，儒道在内向传播观上是有着显著差异的。在我已有的研究成果中曾以《作为儒家内向传播观念的"慎独"》（《暨南学报》2016年第10期）和《新子学之"新"：重建传统心性之学——以道家"见独"观念为例》（《人文杂志》2017年第5期）为题分别集中诠释了儒家的"慎独"与道家的"见独"两种不同的内向传播观。其共同点都在于贯彻中华文化的"内求诸己"的思想倾向，不同点在于儒家强调追问的是自我内在的德性，以维护自己本性的善良；而道家注重的回归的是自我内在的本真，以防止有为污染了自己纯真自然的心性。因此，相比较而言儒家的"慎独"，倾向注重人在独处时候依然能做到如人前一样，不欺暗室；而道家的"见独"，倾向通过人欲的消融，而使自我处于与道合具的状态，即做回自我，而不以社会的价值干扰了天真的性情，也就是说"见独"即"现独"，现出心中的太阳（即大放光芒的"道"），道家认为有了"道"，就能"虚静生白，吉祥止止"，即内心祥和安宁，大放光明，明白四达。

如果就儒道内向传播与礼的关系而言，如你提问中所言儒道的"慎独"在精神实质上讲究的是约之以礼，即以礼的规范要求来修身，非礼勿言，非礼勿听，非礼勿视，非礼勿动，人将社会的规范内化为自己的精神追求，从而自觉自愿地控制自己的视听言动，以求做到谦谦君子，文质彬彬，诗书礼乐无所不通，甚至随心所欲不愈矩的圣人境界。而道家的内向传播则注意的是自然，不讲究将人文的"有为"即仁义礼智信"五伦"作为价值标准，使人不得开心颜。这当然不是说道家不要礼，只是道家的"礼""道"在人间的落实是短暂的，不具有永恒的价值。当道与礼有矛盾的时候，舍礼而就道。礼毕竟是有形的，工具性的，而道是无形的，终极价值性的。礼，对于社会人而言，还是要遵守的，但不应让礼成为进道的障碍。当然，对道的敬畏本身何尝不是一种本质上的"礼"，换言之，只有礼敬大道，道就能御礼而使礼成为进道之阶。从这个意义上讲，礼是儒道两家可以对话的共同点，只是各自独色而已。

三、古代礼乐与现代礼仪相互矛盾吗？

李： 现代礼仪趋于简单化，古代意义上的乐也发生很大变化，您如何认识现代社会的礼乐？

谢： 中国古代有"五礼"之说，即祭祀之礼为吉礼，冠婚之礼为嘉礼，宾客之礼为宾礼，军旅之礼为军礼，丧葬之礼为凶礼。概而言之，可分为政治礼仪与生活礼仪两大类。而实际生活中则更为复杂，以至于人不堪其烦。墨子于是从儒家出走，自创门派，并撰写了"非乐""节用""节葬"等篇批评儒家礼仪之烦琐。《礼记·中庸》也有言："礼仪三百，威仪三千。"然而，礼仪趋于简单化是大势所趋。因为《说文》有言："礼者，履也。"礼是一种生活实践，也就是说应当要服务于生活，让生活更有质量，更加快乐。而过多礼节则反而会伤害礼的本义。"乐"的情况也类似。不过，古今礼乐的不同在于古代的礼乐更注重的是敬天保民的神圣感与政治权威的仪式感；而当代的礼乐则更侧重娱乐休闲。然而，我们常说中华文明是礼乐文明，在当代如何继承发扬礼乐文明是中国社会现代化进程中的重大问题。完全抛弃传统礼乐文明，中华文明有失根的危险；而简单地复归传统礼乐文明显然也不合时宜。总体而言，礼乐文明的精神内核是应当继续发扬，即对社会秩序的敬畏，对礼法的敬畏。在尊重人格平等与民主自由的基础上，应当保留对长幼尊卑的传统差序格局的必要尊重，如尊老爱幼，守望相助，民为邦本，爱民如子等合理的内核不应简单否定。当然，礼乐文明的形式则可以日新月异，可以吸收外来，不忘本来，开创未来，不断丰富发展中华礼乐文明。从这个意义上讲，礼乐文明在当代也就需要返本开新。

四、礼文化传播与华夏传播研究的内在关联何在?

李: 近年来,国内诸多学者致力于华夏传播学、传播学本土化的研究,您如何看待中国礼文化以及华夏传播与礼文化传播的关系呢?

谢: 2016年5月17日,习近平在哲学社会科学工作座谈会上发表了重要讲话。讲话中,习近平为我国哲学社会科学界指明了努力方向:"要按照立足中国、借鉴国外,挖掘历史、把握当代,关怀人类、面向未来的思路,着力构建中国特色哲学社会科学,在指导思想、学科体系、学术体系、话语体系等方面充分体现中国特色、中国风格、中国气派。"我的理解是哲学社会科学各个学科都应当注意学术主体性,都要从中国社会实际出发,而不要从理论,尤其是从西方理论,出发,要立足中国国情,解决中国问题,才能进行理论创新与实践创新,全面建立中国特色的哲学社会科学体系。传播学自然也不例外。传播学界近年来逐渐意识到传播学科的产生本身是冷战的产物,是带有强烈的意识形态属性。中国与西方的传播学在社会制度与文化背景方面有着根本性的差异,不能简单照搬西方理论,一定要确立中华文化立场,根植于中国社会现实来探讨中国人的沟通观念与沟通实践,努力让传播学说中国话,即用中国话语建构中国理论,解释中国五千年文明延续的原理与机制,当然也可以借鉴与西方传播学的合理部分,即培养"全球传播视野",在不断对话中,增强自身的理论自信与文化自信。

华夏传播学的建构正是传播学本土化建设的一个重要方向,它是根植于中国的文化传统,探索五千年来中国人一脉相承的交往方式与交往观念,努力用中国话语表达中国传播实践,建构中国传播理论。礼文化作为中国优秀传统文化的核心组成部分,自然也是华夏传播学着力研究的重要内容。郑州大学的张兵娟教授近年来提出的"中国礼文化传播"的研究可谓独具匠心,很有研究特色。中国礼文化不仅是五千年文明传承的基本模式,是中国人立身处事的基本原则与根据,自然也是传播的基本原则和精神,把握好中国礼文化传播的内容、原则与方法,是加强华夏传播研究的重要抓手。厦门大学的黄星民教授早在20世纪就关注"礼乐传播"问题,探讨礼乐传播的模式,并视礼乐传播为中国古代的大众传播形态,其见解独到深刻。厦门大学的华夏传播研究团队也将继续在"礼乐传播"方面用力,力争打造出反映中国文明传播理论的独特样态之一——礼乐传播论。

五、如何评价清朝的中西礼仪之争？

李：清朝时期一度有过两次比较大的华夏文明礼仪之争，您是怎样看待这种华夏文化对外交流现象的？

谢：中西礼仪之争是中西两种文明的一次正面冲突，在人类文明史上都产生了深远影响。当代，我们有必要通过反思历史上的礼仪之争，为人类文明妥当地交流互鉴提供历史教训。这两次礼仪之争，一次是从明末开始来华的西方传教士，到了清初，其内部不同教派对于中国教民能不能祭祖拜孔产生了巨大分歧，最终引发清廷驱逐传教士的事情发生，中西文明交流不欢而散；一次是乾隆五十八年（公元 1793 年）英国的马戛尔尼使团为了打开中国市场而访华，双方围绕觐见礼仪展开互不相让的冲突。当时的清朝没有意识到西方工业革命带来的巨大变化，对使团带来的各种先进器物，不屑一顾，依然保持一副"天朝上国"的威严。而当时已经超越了中国的英国使团通过亲身接触改变了他们以往一直对中国的美好想象，为后来的鸦片战争埋下了祸端。客观地讲，这两次礼仪之争未能使中国抓住了解西方文明的机遇，以开放包容的心态接纳西方文明，从而使自己丧失了主动融入世界文明的大变革潮流，以实现近代社会转型的机会。

虽然从表面上看，这两次礼仪之争是因为礼仪不同、互不相让而导致的冲突，但究其实质，在全球化的早期，不同的文明该如何相处，中西都没有经验，都需要摸索着前进。历史告诉我们，每一种文明都有惰性，或者严重些讲，都有自杀的方式。中国如此，西方亦如此。清朝政府当时的文明优势感与欧洲后来的文明优越感似乎有点神似。欧洲文明优越感一定程度上是导致人类历史上最大悲剧——第一、二次世界大战爆发的文化因素。而清朝自我感觉良好也付出了沉重的代价。那么人类文明当如何交往呢，对此，习近平同志在亚洲文明对话大会上的讲话中给出了答案：文明"如果长期自我封闭，必将走向衰落。交流互鉴是文明发展的本质要求。只有同其他文明交流互鉴、取长补短，才能保持旺盛生命活力。文明交流互鉴应该是对等的、平等的，应该是多元的、多向的，而不应该是强制的、强迫的，不应该是单一的、单向的。我们应该以海纳百川的宽广胸怀打破文化交往的壁垒，以兼收并蓄的态度汲取其他文明的养分，促进亚洲文明在交流互鉴中共同前进"。他还强调，只有与时俱进，不断创新，才能增强文明发展动力。因此，我们应该认识到不同的文明有不同的生活方式，形成了不同的礼仪文化。不同文明交流互鉴时，应当彼此尊重各式的生活习惯，不强人所难，注重各美其美，美美与共。此外，当然也应当注意入乡随俗，克己复礼。将礼视作一种生活方式，一种人与人相处的方式，相互理解，相互包容，求同存异，同时也努力形成一些共同价值和共通的礼仪，从而在"和而不同"与"不同而和"之间保持必要的张力。

六、如何重估中国礼文化？

李：过去人们对"礼"评价比较激进，形成了负面的刻板印象。当前在国家政策的推动下，您认为我们应该如何重新审视礼文化？如何看待对于礼制发展史上曾出现极端化的情况？比如牌坊。

谢：过去，尤其是五四运动时期和中华人民共和国成立后至改革开放前的那段时期，当时人们急于实现现代化，错误地认为中华传统文化，包括礼文化是封建的，落后的，甚至提出"礼教吃人"的看法，都应当抛弃，扫入历史垃圾堆。当然，当时也有一批文化保守主义者一直坚守中华文化，认为中华文化的仁义礼智信等方面具有普世价值，能够克服西方资本扩张带来的邪恶。

现在的中国日益找回了文化自信，正努力复兴中华优秀传统文化，并认为中华优秀传统文化是中国特色社会主义文化的重要来源，是我们最深沉、最持久的精神家园。在这样的时代背景下，礼文化自然容易得到更为客观公正的对待。当前的中国无论是城市，还是乡村，各种传统礼俗正在复兴。相信只要坚持创造性转化与创新性发展的理念来继承与发扬包括礼文化在内的中国优秀传统文化，过去对礼文化等极端化的做法，都会得以修正，都能够辩证发展地看待，比如您提到的牌坊。牌坊在历史上曾经起过正面积极的作用，这个作用就是表彰先进，树立榜样，用现在的话语讲，就是弘扬社会主旋律。只不过，当时的主旋律是礼义廉耻。当代的主旋律是社会主义核心价值观。因此，牌坊一方面作为历史遗存，值得我们珍惜；另一方面，我们也可以继续发扬牌坊的教化功能，使历史文化遗产富有时代新意。

七、礼制在古代公共传播中的功能何在？

李：礼制是礼文化的重要组成部分，您认为礼制比如祭祀仪式、礼器等在古代公共传播中的功能和作用何在？

谢：礼制是礼文化的制度化表达。礼文化包括礼物、礼制与礼义三个层面。礼物是体现礼文化的一些物件，包括祭礼中的礼器，也包括迎来送往中的礼物。而礼义则是礼的精神层面，即礼通天地的精神追求。祭祀之礼仪传达的正是天人合一的理念，实现天地人三才相合的一种仪式，为凝聚共识、建设文化共同体的一种基本手段。你把祭祀称为古代公共传播活动是有见地的。祭祀等各类仪式可以说是一种加强族群凝聚力的核心方式，在当时还缺乏现在大众传播工具的时代，仪式何尝不是古代的大众传播手段。因为通过这种礼仪的定期、多层次地举行，就如同电视、广播等大众媒介的一次次播报，也一样发挥传递信息、协调社会、共享意义、共同娱乐等功能和作用。

当代的中国，国家通过清明、端午等节日放假，也通过祭孔、祭炎黄等形式来表达对先祖的敬意，也让民众都能够参与到各类礼仪中去，共同感受中华优秀传统文化，共同体验作为中国人的荣光。

八、礼仪之邦的名号与国家交往的关系如何？

李：中国号称礼仪之邦，您认为礼仪在古代国家交往中有哪些独特之处？您认为在当今社会，是否有必要强化"礼"的学习和传播呢？

谢：中国号称礼仪之邦，其内含就是礼仪已然生活化了，如同当今社会信息化和媒介化一样，礼仪就像社交媒体的使用一样，处处时时都在展现着，这也是我们认为礼乐传播是一种大众传播形态的理由所在。至于礼仪在古代国家交往中有哪些独特之处？我们可以从历史上著名的夹谷会盟上充分明了礼仪在国家交往中是一种政治传播手段。或者说，礼仪在国家交往中具有通约性，是各个国家应当共同遵守的，自然也是道义所在。鲁定公十年（公元前500年），定公和齐景公相会于夹谷（今山东莱芜东南），孔子以傧相身份与鲁定公一同赴会。会上，孔子以娴熟的礼仪三次击退齐人的阴谋。其一，齐人欲以兵劫鲁公，孔子斥责这种行径说："于神为不祥，于德为愆义，于人为失礼，君必不然。"迫使齐景公不得不中止企图；其二，在即将举行盟誓时，齐国故意加上一条有损国格的苛刻条件，即一旦齐国军队出境作战，鲁国如果不派三百辆兵车跟随齐国，就要按此盟誓惩罚。孔子随机应变，对等地提出，如果齐国不归还占据鲁国汶水北岸的土地，却要让鲁国供给齐国的所需，这也要按盟约惩罚。事后齐国果然归还了一些土地。其三，会盟后，齐景公要设享礼来款待鲁定公，这其实一定程度上是在羞辱鲁定公，因为享礼是犒劳参会下人的礼仪，而不适于庆贺会盟成功的礼仪。精通礼仪的孔子，就当即指出，像牺尊和象尊这样高贵的礼乐器具是不出国门的，而且钟磬不能野外合奏，现在设享礼而全部具备牺象钟磬，这是抛弃了礼仪。但是如果这些东西不备齐，那就像用秕稗来款待，是国君的耻辱。而抛弃礼仪则名声不好，因为礼仪是用来光大名声的，马虎不得。于是，最后果然就不设享礼。于是对鲁国而言，以礼仪维护了国家尊严，也使两国盟誓和好圆满成功。足见，礼仪是当时国家交往共同的行为规范，而遵礼而行又是国家德性名声的表征。这就如同当下国家元首正式访问他国时，他国需要鸣礼炮、检阅三军仪仗队一样。

儒家曾表达过"人而无礼，不知其可"的思想，就是强调礼是人生活的基本规范，人一日都不可以离开礼的。虽然时代已经到了社会主义新时代，但是礼依然是人之所以为人的根本标志，人的尊严体现在能够知书达礼，以礼明进退，来规范自己的日常言行举止，如此，社会才会有序运作。所以，我认为在当代更应当加强礼文化的学习与传播。只不过，礼的内容与形式应当与时俱进罢了。

九、礼文化传播研究当如何更加深入开展？

李： 您认为，礼文化传播在未来的学术研究中的发展方向是什么？我们该如何建构礼文化传播的理论体系？

谢： 这个问题太宏大了，不是一句两句可以说得清楚的，这应该正是张兵娟教授需要积极研究的问题吧。不过，你既然提过，我尝试谈谈我一些不成熟的看法。"礼文化传播"在未来的学术研究中应朝什么方向发展呢？我认为，自然首先要识礼，懂礼，行礼。也就是说，首先要准确地明白我们的先人形成了哪些礼仪，这些礼仪背后的精神内涵是什么，礼文化经历了哪些变迁，又对当时社会产生了怎样的影响，也就是说从传播学的角度看，礼仪是如何发挥作为大众传播媒介的功能，即如何让社会、个人与文化在礼仪中实现融合发展的问题，明白了这些，我们就能够指导当下的社会当如何扬弃我们的礼文化，建构出适合当代人生活的礼文化体系，从而以继承和发展的方式让礼仪重新融入我们的日常生活，以提升我们的生活品质，也就是说，礼文化传播当注重礼文化的创造性转化与创新性发展的问题。让古老的礼文化重焕光芒，让古老的中华文明再度成为人类文明的重要典范。

而就如何建构礼文化传播的理论体系而言，我个人认为，"礼"确实从场域的角度加以研究，即礼并不是单独存在的，它是融入社会生活的方方面面，可以将礼作为媒介域来展开研究，这一点张兵娟教授已经有所提及。要建构体系，自然是要从礼文化自身的体系来自然地延伸。首先是礼俗，礼文化的社会生活基础，婚丧嫁娶等具体的礼俗可以形成一些有通约性的风俗习惯，这一点可以效法朱熹曾经改革礼仪而成《朱子家礼》，后来就成为社会普遍公认和遵循的新时代礼俗，甚至影响到东南亚一代。当代，应当有新时代的礼俗，这一点需要国家与地方政府大力推动。其次，是礼制，要形成一些国家层面的各类祭祀大典，如祭炎黄，祭南京大屠杀死难者等，以实现上行下效，在制度层面形成一些社会必须效法的礼仪制度，从而既继承文明，又开拓进取。最后，是加强对礼学的研究，包括中国礼学对儒教文化圈的影响，当然也包括，在当代进一步向全世界传播中国的礼学，从而让礼学成为一门世界显学。其意义在于为人类命运共同体提供行为规范层面的中国方案。

十、礼文化在国学热中能扮演什么角色？

李：您如何看待当前的国学热、文化复兴潮流？在大力弘扬传统文化的当下，以"礼"作为切入点，如何使得传统文化能够适应现代社会？

谢：国学热与文化复兴潮流诚然是时下热门的话题。一种潮流与时尚的形成都有其深刻的时代背景，当下的这一次国学热，将来核心是世界竞争已然进入了文化竞争时期，文化软实力成为一个国家实力中的关键因素，文化贸易成为衡量一个国家文化软实力的重要指标。美国的好莱坞大片与韩剧都成为他们国家文化软实力的标志。那么我们中国总不能让宫廷剧、抗战神剧充斥我们的影视节目，我们应当有《国家宝藏》《大国重器》《经典咏流传》《中国诗词大会》等让中华优秀传统文化活起来、让文化走进百姓的心坎的影视作品，这才是中国真正的软实力体现。

传统文化自然是要适应现代社会，才能行稳致远，只有能够时代化的、大众化的传统文化才能更好地服务于百姓生活。也就是说，让百姓深爱我们的文化，我们的传统文化才真正成为文化传统，才能活出我们文化的精气神。就"礼"这种文化形态而言，还得要从长计议，要从娃娃做起，形成一整套对不同年龄层的人都有指导意义的礼仪。当然，不能仅仅是《三字经》等蒙学经典的诵读，而是通过一些小故事，让孩子明白如何做人才是正当的，也是值得提倡的，树立知书达礼是做人的尊严的意识。当然，领导干部和家长更要做表率，各行各业都形成各自简单易行的礼仪规范，并努力使大家乐于效法，实践，我们礼仪之邦的美名才能再度高高扬起。

十一、礼文化传播在中西文明交往中的作用是什么？

李：在中西方文明冲突的背景中，您认为礼文化传播在国际话语中能起到什么作用？

谢： 当今的世界虽然充满着许多不确定、不稳定的因素，然而和平与发展依然是这个世界的主题。换言之，在全球化与逆全球化矛盾斗争不断加剧的今天，究竟是西方的文明冲突论能够解释这个世界的问题，能够为世界的和平发展提供方案，还是中国的文明共生论能够为人类文明交往提供中国方案，引起我们的深思。东西方的文明诚然是有差异的，"物之齐，物之情也"，文明亦如是。文明不强求一致，也不能强求一致。因为文明都应当是平等的，相互尊重的，交流互鉴的。文明并不必然是冲突的，因为人心知定，知安。每一种文明都不是完美无缺的，文明只有在交流互鉴中才能不断进步。西方文明的外显与东方文明的内敛，形成显明的反差。东西互补共进，是人类文明的大势所趋。

中国礼文化传播在当代的世界显得尤为重要。因为中国礼文化的精神在于"礼之用，和为贵"。礼的社会运用，讲究的是和谐共生。文明有相互竞争的方面，但文明更有合作的方面。礼文化也是，礼从根本上是为了让人更有尊严地生活，因此都是生活所必需的。只不过，在不同的地域，礼的表现形态不一。在国际话语体系的竞争中，礼文化的有礼有利有节的精神，本身是世界和平安宁当由世界人民共商共建共享的共生精神来共同维护的，因此高举礼文化传播的旗帜，是中国以文明的姿态走近世界舞台中央应有的做法。也只有如此，中国才能成为可沟通的，古老而文明的中国。当然，从根本上，也是中国最深厚的文化资源，通过这种礼文化的传播，让世界了解中国，理解中国，进而走近中国，携手共创人类命运共同体。

十二、开展礼文化传播研究当如何深入推进？

李： 您认为目前的课题研究存在哪些问题？还有哪些地方需要去改进的？

谢： 当前的课题研究，还可以更系统、更深入地研究。更系统指的是要对礼文化有充分全面的把握，对礼文化的历史损益有清晰的把握，对礼文化的精神实质有全面系统的理解与展现。所谓更深入指的是，要在中西比较的语境中，彰显中国礼文化的特质，不能仅仅局限于牌坊、孔庙、汉服等这些具象的礼，更关键的是要探讨出一套如何让知礼、懂礼、用礼成为一种高尚的社会行为，成为社会乃至国家共通的行为规范的设计，使礼文化精神深入国人的骨髓，成为人们自觉的生活方式，这才是我们学术研究的终极追求。当然，这很难，也不是一个课题所能完成的，只不过，我们共同以"虽不能至，心想往之"的求索精神，共同以学术报国，让我们和我们的学生能够率先履践中国礼文化，从我做起，中国礼文化传播必将成为中国社会的时尚，到那时也一定是中华民族伟大复兴真正实现的重要标志。让我们共同努力，为这一天的早日到来而共同奋斗吧。

　　李：我们的访谈到此结束，再次感谢您接受我们的采访，祝您身体健康、万事如意！

　　谢：也祝你们的课题顺利结项，申报新的后续课题。

在礼文化视角中探索城市品牌建设与传播新路径

——访衢州市柯城区非遗保护中心余仁洪主任

李 萌*

（郑州大学新闻与传播学院，河南郑州，450001）

摘 要： 礼文化是中国文化中极为重要的组成部分，在西方文化不断冲击我国传统文化的境况下，礼文化与城市品牌的有机结合对于华夏文明在现代社会的传播与传承有着重要积极作用。在本访谈中，余仁洪主任着眼于礼文化不仅阐述了衢州"南孔圣地 衢州有礼"城市品牌的建设初衷、内涵、举措以及传播途径，并且从城市发展、城市品牌建设等不同层面探讨了礼文化在现代生活中的积极作用。衢州立足本地礼文化为今后城市利用传统文化资源推动经济发展提供了新思路。在当今国家综合实力最核心的还是文化软实力的大环境下，仍需不断深入研究与传播中国礼文化，使传统文化深深植入中国人的当代生活中。

关键词： 礼文化；城市品牌建设；文化传承

基金项目： 2016年国家社科基金项目"中国礼文化传播与认同建构研究（16BXW044）"

2019年4月13日，首届"礼文化与华夏传播研究"工作坊在郑州大学新闻与传播学院顺利举办。本届工作坊共分为会议主题发言、华夏传播研究分享、青年学者礼文化研讨和博士生礼文化论坛四个部分。专家学者们从传播学本土化出发，探讨中国文化、华夏传播、先哲智慧、礼乐文明及其与中国、世界发展的时代关联，在学术争鸣过程中探索内在脉络，在扎根文化历

---

* 李萌（1991—），女，河南郑州人，郑州大学新闻与传播学院2017级艺术学硕士研究生。研究方向：文化传播、广播电视艺术学。

史中推陈出新。

会议期间，我们在礼文化视角中针对城市品牌建设与传播的新路径对衢州市柯城区非遗保护中心余仁洪主任展开专访。

一、从"南孔圣地"到"衢州有礼"的城市品牌内涵建构

（一）问：您一直致力于衢州"南孔圣地 衢州有礼"的城市品牌传播与推广，请您简单介绍下衢州以及谈谈衢州建设"南孔圣地 衢州有礼"城市品牌的初衷。

余仁洪答（以下简称"余答"）：浙江省衢州市是一座底蕴深厚、文脉绵长的历史之城。衢州地处浙江省西部、浙江母亲河钱塘江的源头，至今已有6000多年的文明史和1800多年建城史，是国家历史文化名城，至今保留着较为完好的古代城池。衢州是圣人孔子后裔的世居地、伟人毛泽东的祖居地和中国围棋文化的发源地。衢州历史上儒风浩荡、人才辈出，从唐至清，共有文武状元8人、进士1096人。衢州是儒学文化的江南中心。公元1129年初（宋建炎三年），孔子第48世嫡孙、衍圣公孔端友奉诏南迁，率族人随宋高宗南下，被宋高宗赐家衢州，史称"大宗南渡"。800多年来，孔氏南宗族人或著书立说，或传道授业，南孔文化逐步形成、发展和兴盛。作为南孔文化的发源地，衢州孔氏南宗家庙是全国仅有的两座孔氏家庙之一，"南孔文化"逐渐成为衢州最具识别度的标志。弥足珍贵的历史遗产和薪火相传的历史文脉，让衢州这座城市别具韵味。2005年9月，时任浙江省委书记习近平同志第5次到衢州考察时做出重要指示："衢州历史悠久，是南孔圣地，孔子文化值得很好挖掘、大力弘扬，这一'子'要重重地落下去。"

图 1 "南孔圣地 衢州有礼"宣传图

城市品牌是一座城市的专属名片，承载了城市精神和价值理念，展现的是薪火相传的历史文化基因和城市独有的个性资源。衢州市委、市政府提出"南孔圣地、衢州有礼"八个字，高度浓缩了衢州这座城市独特的文化元素和气质。"南孔圣地、衢州有礼"城市品牌，将衢州最具特色、最富代表性的文化元素深度融合，将衢州的历史、现在和未来有机结合，打造"一座最有礼的城市"这一鲜明亮丽的文化符号，向全国乃至全世界展示"衢州印象"。

（二）问："南孔圣地"彰显了衢州独特的历史文脉与文化地位。衢州自南宋以来一直是江南儒学文化重镇，您认为儒家文化对衢州现代城市建设产生了怎样的影响？

余答：浙江衢州素有"东南阙里、南孔圣地"美誉，是孔氏南宗文化的重要发源地，在浙江的历史文脉中具有独特优势。拥有珍贵历史文化遗产，要如何珍惜、发扬光大？

历年来，衢州市一直致力于复兴历史文脉，传承优秀传统文化，让儒学真谛在现代实现有效转化。栉风沐雨700多年后，"仁爱、民本、诚信、正义、和合、大同"的习习儒风，润物无声地吹拂在衢州百姓心头，涌现出众多的最美衢州人。中国社会科学院哲学研究所曾组成国情考察组，深入衢州调研。他们认为：衢州"最美人物"群体的出现，源自衢州的人文土壤、历史积淀和社会环境的孕育，源自衢州市委、市政府对道德建设的常抓不懈，源自全体衢州人对社会主义核心价值观的自觉践行。

儒学是衢州文化核心竞争力，我们不仅要以文化人，更要以物载文，在"创造性发展，创新性转化"中永续儒学经典。作为浙江省唯一的国家级文化产业试验园区，衢州儒学文化产业园以孔氏南宗家庙等老城区的儒学文化资源为核心区，创新性地将整座城市打造为文化产业大平台。

儒学是当代衢州城市发展的文化之道，衢州市一直致力于文化与城市的融合发展。儒家倡导"天人合一"，改变着城市的战略发展理念，衢州人将其转化为"绿水青山就是金山银山"的生动彰显。

（三）问："衢州有礼"是衢州城市品牌的核心，请您谈谈其中的"礼"指哪几礼，以及"衢州有礼"的内涵

余答："衢州有礼"，是衢州独特的城市精神和价值主张。"礼"是儒家思想的核心内容，也是中华文化的重要特色。礼者，人道之极也。在南孔文化、千年儒风的沐浴下，衢州民风淳朴、社会和谐。"衢州有礼"弥漫在空气中，浸透在灵魂里，体现在细微处。将"南孔圣地"作为城市标识，既是对南孔文化这

一衢州精神之"根"和文化之"魂"的继承和发扬，也是贯彻落实总书记关于"让南孔文化重重落地"重要指示精神，增强传统文化自信的具体行动。

衢州的礼是自然之礼。在儒家思想影响下，衢州人民历来崇尚人与自然的和谐相处，具有尊重天地自然的优良传统。遵循自然规律，保护自然生态，走绿色发展之路，是全市上下的共识，这些都是对自然有礼。

衢州的礼是人文之礼。纯朴、包容、好客、友善、感恩、尊重，是衢州民风最具识别性的标志，得到了国内外广泛认同。"有礼文化"规范着衢州人的行为准则，演变为品行合一的衢州民风民俗，构成了历代传承而相沿不辍的文化传统。

衢州的礼是治理之礼。衢州市党委政府坚持把"衢州有礼"与优化营商环境和基层治理有机结合：衢州是浙江"最多跑一次"改革的先行示范市，已经列入了全国十二个营商环境评价试点市之一；衢州也是全国首批"雪亮工程"建设示范城市，基层智慧治理走在全国前列。我们的目标，就是通过3—5年时间，打造中国营商环境最优城市和基层治理最优城市。

图 2　衢州九华立春祭

二、"礼文化"城市品牌建设、传播的路径建构

（一）问：城市品牌是一座城市独特的符号与气质，更是一座城市的软实力。请问当前建设"南孔圣地 衢州有礼"城市品牌采取了哪些具体举措？

余答："南孔圣地、衢州有礼"城市品牌的三大符号，征集"三大符号"，历时3个月，成功开展向全球征集"南孔圣地、衢州有礼"城市品牌标识、吉祥物、卡通形象征集评选，活动共收到有效应征作品600余件，经征求意见、社会投票、专家评审等环节，评选出城市品牌标识入围作品9件、吉祥物入围作品10件。最后由市委常委会研究确定"南孔圣地、衢州有礼"城市品牌标识为作揖礼、吉祥物为快乐小鹿，卡通形象为南孔爷爷，并在市政府新闻发布厅举办新闻发布会对社会公布。

1.城市品牌标识——作揖礼。衢州城市品牌标识作揖礼以衢州地图、孔子行礼图为核心创意元素，将"南孔圣地、衢州有礼"城市品牌主题巧妙融合。衢州地图衍化为拱手礼的手势，以最直观的手礼形象，代言"礼"文化的博大内涵；以最直观的地图载体，将衢州两区一市三县融为一体。结合黄绿蓝的渐变色系，以表现纯净阳光、绿水青山、多彩田野的"活力新衢州、美丽大花园"意境，体现全市人民以礼为魂、同心同德、齐心协力共建新时代大衢州的精神内涵。

2.城市吉祥物——快乐小鹿。自古以来，鹿是祥瑞的象征。鹿所代表的品德，与孔子所推崇的儒家思想"仁、义、礼、智、信、温、良、恭、俭、让"传统优秀品德一致。快乐小鹿穿着中国传统服饰，代表中国传统儒家文化；紫色服装，象征"紫气东来"的高贵色彩。快乐小鹿充满青春活力，朝气蓬勃，体现衢州人民美好幸福的生活状态，展示"活力新衢州、美丽大花园"发展愿景。

3.城市卡通形象——南孔爷爷。"南孔爷爷"是结合现代设计理念推出的Q版卡通孔子，于2016年面世，现已成为衢州南孔文化的形象代言，得到社会广泛认可。"南孔爷爷"的发髻为书画卷轴，代表他的儒学思想博大精深；浓眉遮眼的形象，在众多卡通形象中独树一帜，代表具有渊博的知识、积极入世的精神；心形的胡子造型，则代表只要有心向学，都可入学受教的思想。颜色采用灰色系和黄色系，寓意辉煌。

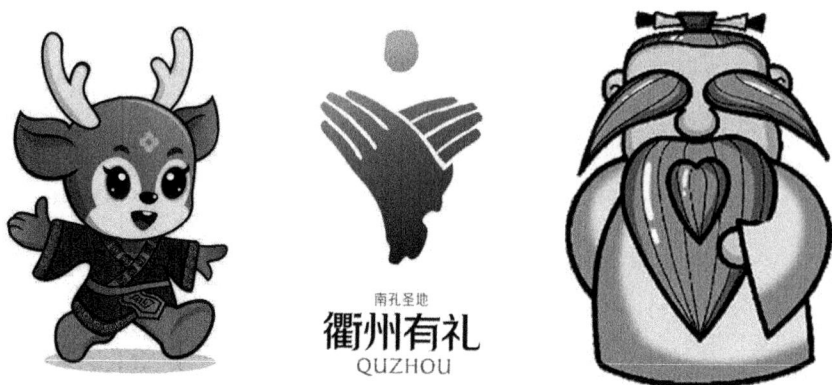

图3　快乐小鹿、作揖礼、南孔爷爷

"南孔圣地、衢州有礼"城市品牌的传播路径：近年来，为打响"南孔圣地、衢州有礼"城市品牌，衢州成立了城市品牌建设专班，出台各项决策部署，强化顶层设计，狠抓工作落实，全面引爆"南孔圣地、衢州有礼"城市品牌。

1. 凝聚社会共识。深入挖掘"南孔圣地、衢州有礼"城市品牌的文化内涵，凝练南孔文化倡导的崇学尚礼、义利并举、知行合一、经世致用的思想，认真梳理"衢州有礼"的"对自然有礼、对社会有礼、对历史有礼、对未来有礼"的深刻内涵。积极组织市内各类媒体开展"衢州有礼"大家谈活动，集中一段时间发动全社会开展"衢州有礼"头脑风暴，共收集整理各类意见建议1900多条。全市干部群众对"南孔圣地、衢州有礼"城市品牌的知晓率和认可度分别高达96.1%和92.6%，城市品牌打造在全社会形成广泛共识，化为共同行动。

2. 开展活动推广。做好城市品牌宣传推广的顶层设计和项目策划，并确定了"南孔圣地、衢州有礼"城市品牌宣传推广十大计划。开展"南孔圣地、衢州有礼"主题歌征集、"衢州有礼、万人书礼"、"衢州有礼 从我做起"作揖礼推介会、"快和我跳有礼舞"抖音挑战赛、"我为衢州有礼代言"、名人名家点赞"衢州有礼"、"衢州有礼市民公约"视频征集等线上＋线下宣传推广活动，高密度、多频次、全方位宣传推广城市品牌。截至目前，共面向全国征集城市歌曲300余首，收集各类短视频作品超1100个，网络浏览量达1400余万次。

3. 做好媒体宣传。整合各类媒体资源集中宣传报道城市品牌打造工作，在市级新闻媒体上开辟专版专栏，刊发各类报道400余篇；开设《今日直击》《聚焦时刻》等舆论监督栏目；推出"衢州有礼"微信公众号，开设"有礼红黑榜""有礼评论"等栏目，在全社会引起共鸣，效果明显。积极对接新华社、中央电视台、浙江日报、浙江卫视等上级主流媒体，推出了一批重点城市品牌宣传报道，浙江日报先后刊发徐文光书记署名文章《让"衢州有礼"成为响亮的城市品牌》、专版《南孔圣地、衢州有礼，衢州举全市之力打造"一座最有礼的城市"》等。在中央电视台1套和新闻频道《朝闻天下》《共同关注》节目投放城市品牌宣传广告。

4. 开展对外推介。借助文化交流、经贸展销、招商投资、旅游推介等活动开展城市品牌推介。冠名两列"南孔圣地、衢州有礼"号高铁列车，沿途停靠北京、上海、天津、杭州、南京、宁波、苏州等100个国内大中城市，并举行高铁列车首发仪式，"南孔圣地、衢州有礼"号高铁列车成为运行在京沪杭、浙赣皖、宁杭甬线上的靓丽风景。先后在北京、上海、武汉、深圳、成都等中心城市举办城市品牌发布会，会同旅委，派出小分队，在长沙、岳阳、济南、济宁等地举办城市品牌暨旅游推介会，策划实施了衢籍著名影星周迅音频祝贺，著名演员刘劲、央视主持人刘栋栋现场点赞"衢州有礼"，万名武汉大学生免费游衢州、武汉高铁专列游衢州、深衢两地投资项目签约等亮点活动，汤飞帆市长发布衢州城市品牌，活动被新华社、人民日报、中央电视台、中新社、光明网、新浪网、腾讯网、浙江日报等80余家主流媒体宣传报道。抓住全省"山海协作"工程推进会、"一带一路"（中国·衢州）国际经贸合作活动、首届衢州人发展大会等重要会议、重要活动契机，推介宣传城市品牌。其中，长三角城市经济协调会第十八次市长联席会议在衢州召开期间，先后推出12项"衢州有礼"元素宣传，引起长三角30个与会城市领导的高度共鸣，30个城市领导在会上共同发出共同倡议，"衢州有礼"升华为长三角地区30个重要城市的共同行动；2018新时代文化旅游发展大会在衢州举行，徐文光书记做《南孔圣地、衢州有礼，打造一座最有礼的城市》主题演讲，介绍了"南孔圣地、衢州有礼"城市品牌的规划和演进情况。通过"线上＋线下""市内＋市外"等系列活动的举办，"南孔圣地、衢州有礼"城市品牌迅速在国内全面打响。

5、展示品牌形象。在办公系统、城市环境、交通系统、文化产品等多领域、全方位展示"南孔圣地、衢州有礼"城市品牌，加大展示的密度和频率，让城市品牌处处可见。完成市行政中心大楼城市品牌标识展示的布置，包括门厅防撞条、辅厅背景、食堂环境等细节都做了精心设计。以公园、广场、街道、商场、市场等人流密集区域为重点，统一设置"南孔圣地、衢州有礼"城市品牌标识、吉祥物和卡通形象10万余处，全方位展示城市品牌。开展城市品牌标识"随邮行"活动，安排重点快递企业对运往重点城市的包裹粘贴城市品牌标识即时贴，累计发往全国各地包裹 4 万余件。制作以城市品牌元素展示为主要内容的移动电源、玩偶、茶杯抱枕等伴手礼，宣传推广城市品牌。选取市区内 10 条主要路线 56 辆公交车，投放 2000 余辆城市品牌公共自行车，通过公交车外车身喷涂、车内拉手、车内挡板、语音报站等形式展示城市品牌，全市出租车 LED 顶灯全面投放城市品牌宣传。全市"衢州有礼"彩铃用户突破 10 万，实现机关单位全覆盖。

图 4 "南孔圣地 衢州有礼"号高铁

（二）问：城市品牌打造是一个长期的、系统的综合工程，请谈谈您在推广城市品牌上的经验，以及在推广城市品牌时应注意哪些问题？

余答：第一，应该充分挖掘城市的人文禀赋，结合新时代社会发展的需要和民众的需求，提炼其核心价值；

第二，推广城市品牌要和社会主义核心价值观、创建全国文明城市相结合，全方位、多角度加以推广；

第三，城市品牌建设是个长期的过程，切莫追求短期效益，必须认准目标，持之以恒地不断完善，不断推进。

三、礼文化在中国社会生活中的价值建构

（一）问：礼文化作为儒家文化的核心，您认为礼文化在城市建设、发展中能起到怎样的作用？

余答：中华民族素有以"礼仪之邦"闻名于世，中国人善礼、崇礼、尊礼。

早在先秦时期,《管子·牧民》提出:四维不张,国乃灭亡,所谓四维,就是指礼义廉耻,礼在首位;《论语·季氏》载:"不学礼,无以立";《论语·学而》又载:"礼之用,和为贵;先王之道斯为美;小大由之,有所不行;知和而和,不以礼节之,亦不可行也"。古时宗族家谱中的家规、家训把礼文化编入其中,作为引导、教化族人的主要内容和手段。崇尚礼文化,是中华民族的优良传统,也是现代社会公民必备的基本素质和精神追求,也是一座城市的人文禀赋,必将对城市建设起着积极的作用。

(二)问:现代城市生活节奏日渐加快,部分民众礼文化意识淡薄。您认为除建设城市品牌外,还有哪些方式可以使礼文化融入市民的日常生活?

余答:一是"礼"在传承。礼文化是一座城市的独特记印,也是凝聚人心、增强自信的源泉。在当今互联网时代发展的新阶段,礼文化正在成为地区经济发展的产业支撑,成为促进经济社会发展的催化剂,更是建设"活力新衢州 美丽大花园"的核心要素。"南孔圣地·衢州有礼"之城市品牌,不仅深刻揭示了衢州文化之根与文化之魂,同时也得到了市内外的广泛好评。因此,弘扬"南孔圣地·衢州有礼"的城市品牌,推动"南孔文化重重落地",这不仅是全面落实习近平总书记指示精神的具体行动,也是我市加快绿色发展、转型升级和城市赋能的重大举措。因此必须系统地挖掘、整理传统礼文化,去其糟粕存其精华,删其烦琐留其简洁,在传承的基础上扬弃创新,使之既流淌着中国民族的文脉血液,又能为新时代的"衢州有礼"所用,与社会主义核心价值观,创建全国文明城市有机地完美融合。

二是"礼"在仪式。衢州首个人类非遗二十四节气(立春祭)、万田女儿节、航埠畲族三月三等,一年一度,延续传统礼文化,留住了乡愁,当然也是"衢州有礼"有效的传播。所谓"体育靠比赛,卫生靠检查,科技靠普及,教育靠考试,文化靠活动",每个行当都有自己的套路。因此,"衢州有礼"的落地要通过最美衢州人的评选、优秀传统文化进校园、农村文化礼堂、乡村民俗文化等载体和活动,让礼文化成为广大群众的行为习惯,从这些人人关心、人人参与的民俗活动做起,潜移默化,因势利导,才能达到提升道德修养、培养乡风文明、传承优秀传统文化的目的。

三是"礼"在富民。"衢州有礼"城市文化品牌的打造,最终要落在满足衢州人民美好生活需要,做好富民的文章。打造"衢州有礼"城市文化品牌,要做好文化产业、旅游、互联网三融合,大力发展、扶植"衢州有礼"文化创意产业,把"南孔圣地 衢州有礼"作为旅游宣传口号借势造势和运用互联网宣传,做到线下要有内容，网上要有窗口，掌上要有表达，把衢州"礼文化+"的产业做大做强，发展一个礼文化产业，带动一方经济，富裕一方百姓，成为衢州新的经济增长点。

图5 余仁洪主任展示揖手礼

（三）问：衢州拥有众多非物质文化遗产，您认为礼文化与非物质文化遗产如何有机结合以推动城市发展？

余答：第一，衢州市非物质文化遗产项目里面有丰富的礼文化内容，必须加以挖掘、整理、传承。

第二，礼文化的落地要通过最美衢州人的评选、优秀传统文化进校园、农村文化礼堂、乡村民俗文化等载体和活动，让礼文化成为广大群众的行为习惯，真正让每位市民都成为礼文化的践行者、传播者。

第三，在非物质文化遗产的传承保护过程中，在衢州有礼的建设中，要充分发挥文旅融合发展的路径，让自然之礼、人文之礼、治理之礼融入整体城市建设体系之中。

三、新媒体时代的传统文化传播

主持人语：

中华五千年文明是我们中华民族最大的优势与资源，通过各种方式让这种优势与资源能够代代相传，从而使文化资源充分系统地转化为文化资本，为中华民族的伟大复兴提供最深沉的精神动力与思想源泉。

高校无疑是传承与发展中华优秀传统文化的主要阵地，大学生是中华优秀传统文化的继承者与创新者。青年强，则国强。只有大学生能够深情地热爱传统文化，履践传统文化精神与智慧，中华民族就能高昂地屹立于世界民族之林。习近平总书记曾指出："要讲清楚中华优秀传统文化的历史渊源、发展脉络、基本走向，讲清楚中华文化的独特创造、价值理念、鲜明特色，增强文化自信和价值观自信。要认真汲取中华优秀传统文化的思想精华和道德精髓，大力弘扬以爱国主义为核心的民族精神和以改革创新为核心的时代精神，深入挖掘和阐发中华优秀传统文化讲仁爱、重民本、守诚信、崇正义、尚和合、求大同的时代价值，使中华优秀传统文化成为涵养社会主义核心价值观的重要源泉。"从这个高度看，高校理应充分发挥传承发扬中华文明的主阵地，理应努力引导大学生读经典，育美德，做新人，让每个在大学生都成为中华优秀传统文化的传承人。

正是基于这个考虑，本栏目主持人 2018 年主持了厦门大学教改项目"新媒体时代高校传承中华优秀传统文化的路径与效果评价研究"（编号：JG20180116），带领研究团队，做访谈，开通识课程，发问卷调查，经过一个学期的认真筹备，现将阶段性成果奉献给大家，希望对包括厦门大学在内的全国高校深入开展传统文化教育提供参考。本课题不仅以厦门大学为重心进行个案研究，同时也联合国内同仁开展联合研究，以期能够更为深入，更为全面地探讨深化传统文化的路径和提升传播效果。敬请批评指正！

（厦门大学新闻传播学院教授、博导 谢清果）

新媒体时代高校传承中华优秀传统文化效果评估和优化研究调查报告

谢清果　　徐　莹[*]

（厦门大学新闻传播学院，福建厦门，361005）

内容提要：本研究通过对厦门大学和全国大学开展问卷调查的方式，从而了解大学传统文化教育的现状与问题，把握大学生对传统文化的基本了解与态度，进而为高校改进传统文化教育提供基于调查数据的建议。

关键词：新媒体；高校；大学生；传统文化；调查

基金项目：厦门大学教改项目"新媒体时代高校传承中华优秀传统文化效果评估和优化研究"（JG20180116）

一、调查背景

习近平总书记曾指出："一个国家、一个民族的强盛，总是以文化兴盛为支撑的，中华民族伟大复兴需要以中华文化发展繁荣为条件。"而对于中华优秀传统文化的传承和发扬则需要"加大正面宣传力度，通过学校教育、理论研究、历史研究、影视作品、文学作品等多种方式"多管齐下，最终促成优秀传统文化成为涵养社会主义核心价值观的重要源泉，让优秀传统文化成为民族和国家发展的重要支撑。而其中学校教育占据着极为重要的一个环节，且是关系着优秀传统文化后继之力的重要一环。为贯彻落实党的十八届三中全会关于完善中华优秀传统文化教育的精神，落实立德树人根本任务，进一步加强新形势下中华优秀传统文化教育，2014 年教育部制定了《完善中华优

---

　　* 谢清果（1975—），男，福建莆田人，厦门大学新闻传播学院教授、博士生导师，厦门大学传播研究所所长。研究方向：华夏传播研究。徐莹（1987—），女，江苏如皋人，青海畜牧兽医职业技术学院助理讲师、硕士研究生。研究方向：企业文化、企业形象。

秀传统文化教育指导纲要》。教育部在纲要中强调了加强中华优秀传统文化教育的重要性和紧迫性，认为中华传统文化教育是深化中国特色社会主义教育和中国梦宣传教育的重要组成部分，是构建中华优秀传统文化传承体系，推动文化传承创新的重要途径，是培育和践行社会主义核心价值观、落实立德树人根本任务的重要基础，对于培养学生良好思想品德和行为习惯、培育和弘扬爱国主义精神、增强文化自觉自信等方面发挥了积极作用。且在当前新媒体高速发展的环境之下，如何更新传统优秀文化教育工作观念、如何对人才教育模式及课堂教学方式进行调整和创新、如何以符合互联网一代大学生接受习惯的传播形式设置教育方式，都是还没有成熟的道路可循的，是需要不断摸索和探讨的过程。

大学生作为一个国家和民族发展的中坚力量，在文化的传承中发挥着举足轻重的作用。大学生应该自觉地承担起为民族和国家发展作贡献的历史使命，为实现中华民族伟大复兴中国梦贡献自己的力量。在新媒体时代引导大学生传承中华传统文化过程中，可以不断推动传统文化的创新性发展和创造性转化，实现中华传统文化的蓬勃发展。鉴于此，在以上时代大背景之下，各高校都有意识地在本校的教育过程中融入中华优秀传统文化。但是，效果如何却不尽相同。而本调查的主要目的，正是在调查高校传统文化教育的效果之上，找出高校优秀传统文化教育的可优化策略，为新媒体时代高校优秀传统文化教育的路径和方法改革，提供可参考依据和可借鉴经验。

二、调查目标

任何调查都需要有明确的调查目标，只有提前设置清晰的调查目标，才可以在调查方法选择、调查内容确定和调查对象筛选等过程中，不偏离调查轨道，得到精确的调查资料，从而可以根据精确调查资料做出精准的分析。而本研究的调查目标则可以归纳为以下几点：

1. 调查各高校学生对于本校传统文化氛围浓厚于否的直观感觉，从而了解目前各高校中华优秀传统文化教育推进工作，是否做到位，是否还需要进一步深化推进工作；

2. 调查高校学生对于中华优秀传统文化是否有学习的兴趣和期望，调查学生对传统文化在其学习及今后工作中是否存在积极意义的感知情况。兴趣是最好的老师、功能性是学习的动力点，掌握学生对传统文化的兴趣度和认可度，可以为后期传统文化教育改革工作提供最基础的发力点；

3.调查各高校目前传统文化教育相关工作的途径和方法有哪些，学生更喜欢哪些传统文化教育方式和途径。并进一步细化了解学生所认知的传统文化类型和在新媒体时代可能更喜欢的接触传统文化的媒介和呈现形式；

4.调查学生对高校中华传统文化相关课程开设的建议和意见，了解学生更喜欢什么类型的传统文化课程，而在对课程的关注的时候，更倾向于喜欢关注课程的教师、课程内容还是授课方式或考核方式。为高校的中华优秀传统文化课程的开设从内容选择到课堂呈现提供设置依据，通过课程优化提升教学质量，培养出具备适合新时代要求核心价值观的高素质人才。

5.此次高校优秀传统文化教育效果调查，需进一步根据调查数据进行效果的详细评估，力求为后期形成一套可以测量的量化参考指标的评价体系提供一些帮助。

三、基于调查资料的高校传统文化教育效果评估

此次调查采取问卷调查方式，问卷内容设置则完全根据调查目标进行设计。此次调查共收回问卷565份，有效问卷565份，问卷有效率达到100%，调查效果非常理想。在对问卷数据进行分析的基础之上，对高校传统文化教育效果进行了最直观的呈现：

（一）高校传统文化教育工作有一定积淀效果

1.高校传统文化氛围初显成效

由图3-1可以非常直观地看出，高校学生对于本校传统文化的氛围感知，其中感觉较浓厚和非常浓厚的占32.4%，认为氛围一般的占50.8%，而认为不太多和基本没有的则仅占16.8%。由此，可以稍感欣慰的是，总体来说，高校传统文化氛围的打造还是初显成效的，但亦需要看到高校传统文化氛围还是不够浓厚的，离饱满的高校传统文化氛围还有一段很长的路要走。

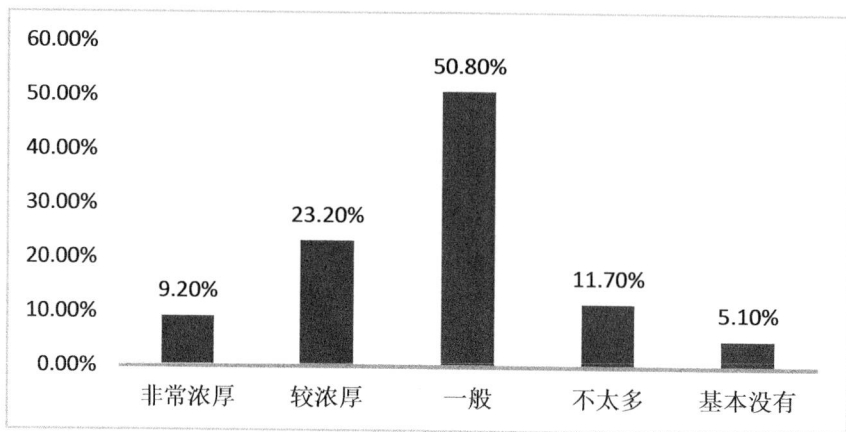

图 3-1. 高校传统文化氛围感知

2. 高校学生对传统文化兴趣浓厚

在图 3-2 中我们可以非常清晰地看到，高校学生对传统文化比较感兴趣和非常感兴趣两个占比合计达 74.9%，而不太感兴趣和不感兴趣的仅占 2.3%。由此，我们可以看到，广大高校学生从内心深处对传统文化还是有着流于血脉的亲切感和归属感的。因此，在高校开展传统文化教育改革工作，不是有没有必要的问题，而是需要考虑如何做的问题。

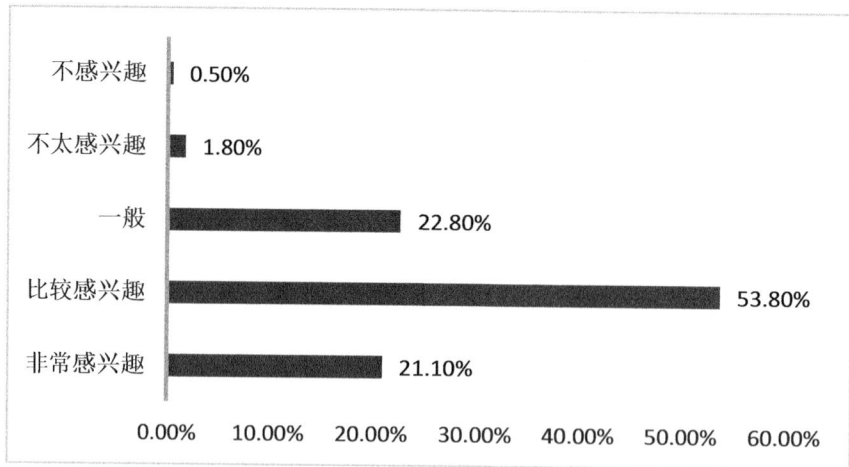

图 3-2. 高校学生对传统文化感兴趣程度

（二）高校传统文化教育改革迫在眉睫

1. 高校学生对传统文化了解度亟待提高

高校学生对传统文化了解程度的高低，可以直观反映出当前的高校传统文化教育的水平问题。再进一步分析，我们可以这么理解，正是因为高校学生目前对于传统文化缺乏了解，才需要我们更进一步在高校教育中大力关注传统文化教育创新改革工作。而由图 3-3 我们可以看到，认为自己对传统文化非常了解和比较了解的仅占 3.6%，绝大部分学生对传统文化还是处于需要进一步提高了解的水平，这即为高校加强传统文化教育工作提供了必要性要求。

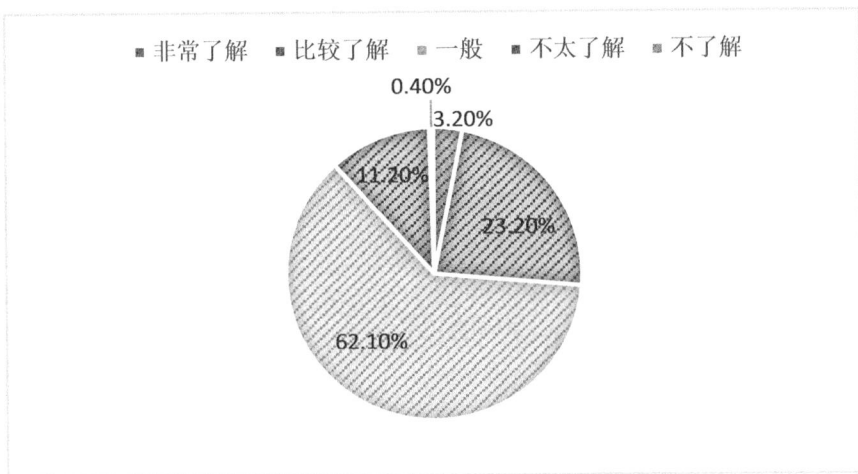

图 3-3. 高校学生对传统文化了解程度

2. 高校传统文化教育途径需有侧重加强

调查结果显示（见图 3-4），高校学生接触和了解传统文化的主要途径是影视作品（85.5%）、书籍和报刊（71.5%）、网络新媒体（70.6%）、父母长辈（63.4%），而学校课程和学校社团活动却仅分别占 55.8% 和 38.2%。可见，学校在高校传统文化教育中，除了需要侧重加强课程改革设置和学校社团活动丰富，还需要进一步探索如何结合网络新媒体、影视作品、书籍及报刊等途径，进一步提升学习的兴趣和教师教学的魅力以及学校整体优秀传统文化教育水平。

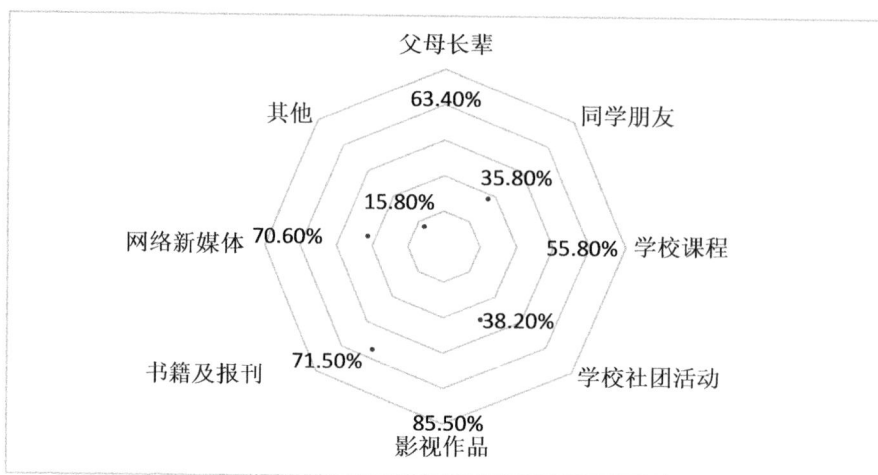

图 3-4. 高校学生了解传统文化的途径倾向

3. 高校学生对本校传统文化教育整体感知度低

调查结果显示（见图 3-5），高校学生对本校传统文化教育的直观感受是不容乐观的，认为"学校做得很好，起到了良好的教育和宣传作用"的仅占 20.7%，而认为"学校做得一般，起到一定作用，但效果不是很好"的占了 52.7%，而认为"学校做得不好，在传统教育上没有起到应有作用"的达到了 18.8%。

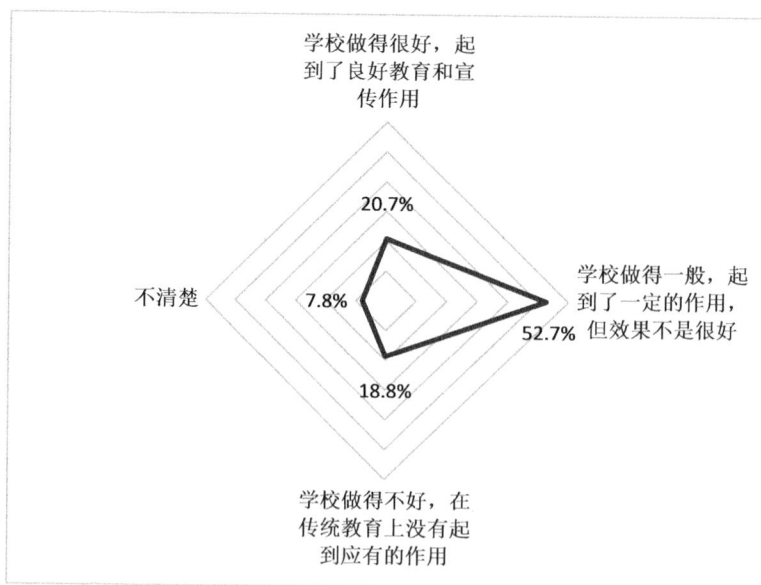

图 3-5. 高校学生对学校传统文化教育感知情况

四、高校传统文化教育改革建议

上文我们就调查数据分析出,目前高校传统文化教育还是有一定基础积淀的,但是效果还是不够理想。从高校学生对传统文化的了解度、其接触传统文化途径以及其对学校传统文化教育的感知度,都处于一个较为不理想的情况,因此,高校传统文化教育亟待进一步改革。那么,高校传统文化教育改革从何入手、如何入手?本调查根据调查数据可以总结出在高校传统文化教育改革中需要关注的点,需要特别注重的部分,并总结如下:

（一）高校传统文化教育改革内容分析
1.传统文化需加强课程设置

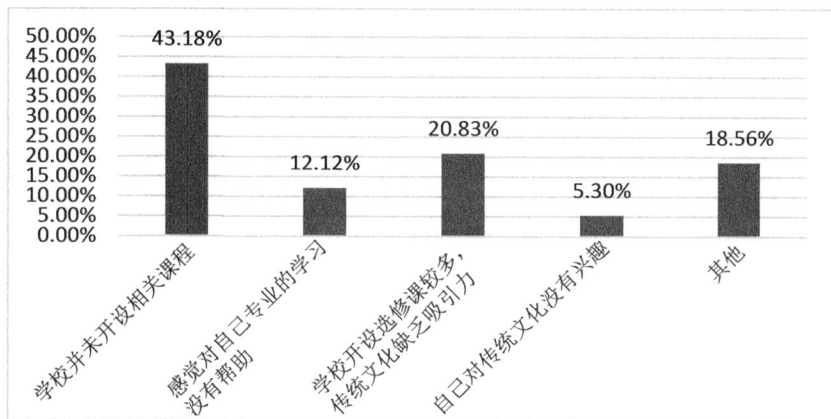

图4-1.高校学生未选修传统文化课程原因

从图4-1,我们可以发现,高校学生在高校中之所以未曾选修传统文化课程,有43.18%的学生给出原因是学校并未开设传统文化相关课程。而20.83%的学生则是因为学校开设的选修课较多,传统文化课程缺乏吸引力。而12.12%的学生则认为传统文化课程对自己所学专业没有帮助。鉴于此,在高校传统文化教育改革工作中,需要首先从以下几点入手:①最基本的一点,学校需要有针对性开设传统文化相关课程,给学生学习和接触传统文化最直接的途径;②开设课程需要注重课程的吸引力,注重探寻学生对传统文化课程最感兴趣的课堂组合要素,如教师、课程内容和课堂呈现形式等;③开设课程在内容设置上还需要考虑在最基本品德、理念、价值观上的培养中,如何将传统文化与实用性理论相结合,让学生在专业知识学习和职业规划中,感受到传统文化的有效性。

2. 传统文化课程设置要素分析

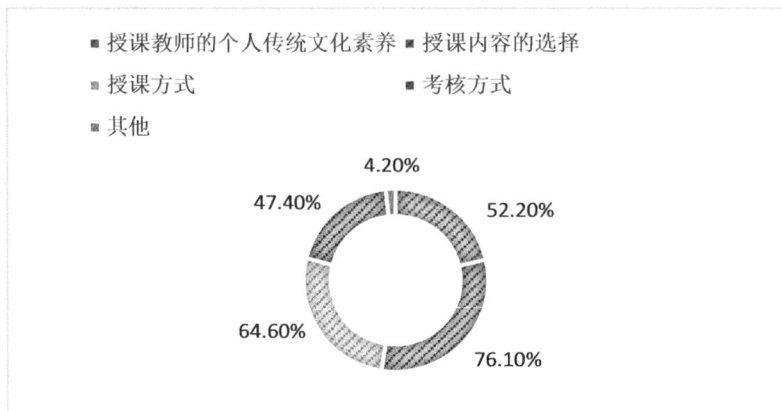

图例：
- 授课教师的个人传统文化素养
- 授课内容的选择
- 授课方式
- 考核方式
- 其他

4.20%
47.40%　52.20%
64.60%　76.10%

图 4-2.高校学生对传统文化课程要素关注点

上文已经提到，高校传统文化教育课程设置非常有必要，且也找出了需要改进的内容。而从图 4-2，我们可以更进一步掌握高校传统文化课程组合要素的学生兴趣点。高校在传统文化课程设置过程中，最重要的是选择学生感兴趣的课程内容，这也是学生最感兴趣的点，占到了 76.1% 的兴趣比例；而其次，就是教师要掌握授课方式，注重新媒体应用和授课的互动性等，此部分兴趣比例占据了 64.6%；还有 52.2% 的学生对授课教师个人的传统文化素养非常感兴趣，教师个人的传统文化素养积淀是对学生的一大吸引力；且课堂考核方式也是需要考虑的内容，传统文化课程如何考核，脱离死板的背诵默写形式，找出文化素养测评方式，也是教育改革课程亟待改进之处。

3. 传统文化教育内容需特别关注国学经典

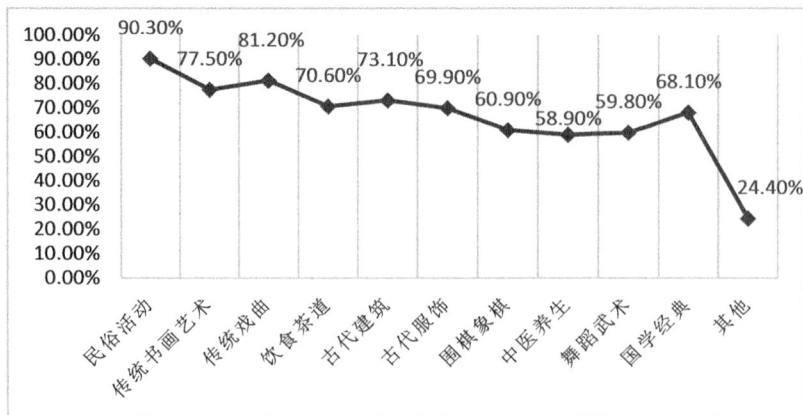

数据点：
- 民俗活动 90.30%
- 传统书画艺术 77.50%
- 传统戏曲 81.20%
- 饮食茶道 70.60%
- 古代建筑 73.10%
- 古代服饰 69.90%
- 围棋象棋 60.90%
- 中医养生 58.90%
- 舞蹈武术 59.80%
- 国学经典 68.10%
- 其他 24.40%

图 4-3.高校学生对传统文化认知情况

在对高校学生所认知的传统文化进行调查时发现（如图4–3），在列举的一系列传统文化相关选项中，被认知为传统文化频率最高的是"民俗活动"，被选择百分比达90.3%，仅次于后的则是"传统戏曲""传统书画艺术""古代建筑""饮食茶道"等，而承载着中华优秀传统文化的"国学经典"却仅排在第6位。这是我们值得思考的点，亦是需要我们在高校传统文化教育课程改革中需要着重注意的点。在高校传统文化课堂中应该侧重加强对国学经典的解读和传播，在国学经典的解读过程中，可以将中华传统文化精髓精确阐释并有效传承；同时，我们也需要有意识地将中医养生、武术舞蹈等中华优秀传承在学校教育中融合进去。力求全方位、多维度、多层次宣传中华优秀传统文化。

（二）高校传统文化教育改革形式分析

1. 高校传统文化教育形式须有侧重性

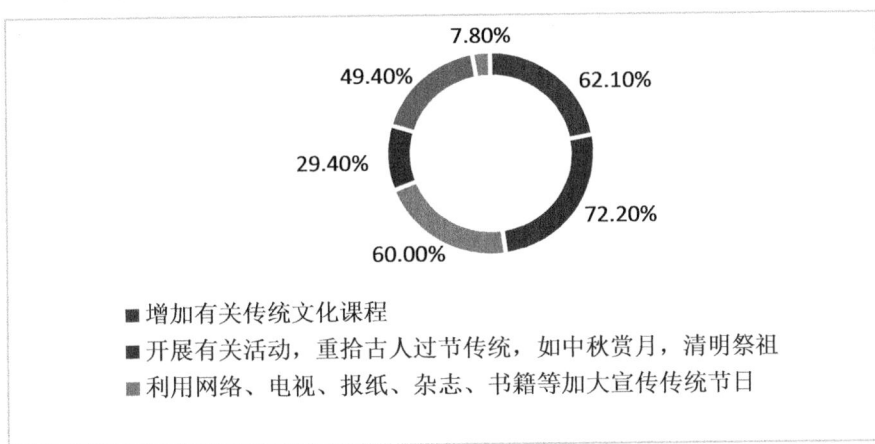

图 4–4. 高校学生对传统文化更易接受方式

高校教育一直强调符合学生的接受兴趣，因此，需要了解学生喜欢学校以什么途径传播优秀传统文化。在调查中发现（如图4–4），高校学生最期待的教育形式是开展传统节日活动（72.2%），紧接着就是开设传统文化课程（62.1%），再来则是利用网络、电视等媒介加大宣传传统节日（60%）等。因此，高校传统文化教育途径可以优先从这种关注排行去进行改进和优化，更容易被学生喜欢和接受。

2. 传统文化教育方式需与新媒体结合

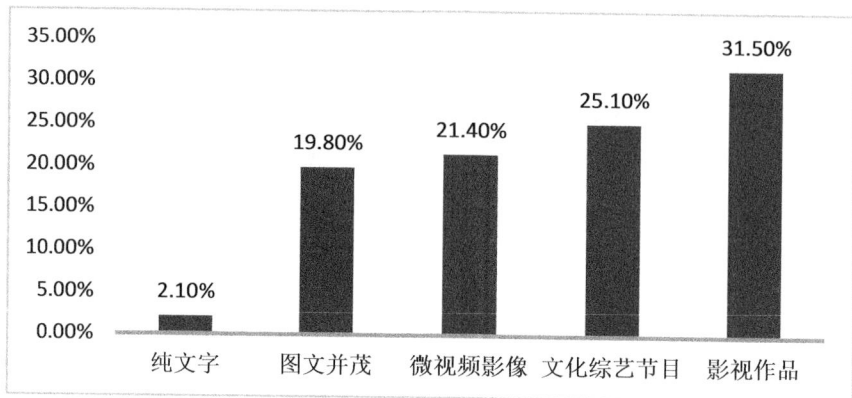

图 4-5. 高校学生对传统文化呈现形式的偏好

此次调查中有意识地对现代高校学生对中华传统文化的呈现形式偏好做了调查，结果显示如图 4-5，学生对于传统文化呈现形式的偏好还是倾向于视频影像，占到了 78%，而图文并茂占 19.8%，纯文字则只剩 2.1%。可见，传统文化的呈现形式不能再仅靠对书本的单纯阐释，传统的课堂已经无法满足新媒体时代大学生的学习偏好。因此，在高校传统文化教育改革工作中需要有意识丰富课堂形式，开设与新媒体结合的传统文化课程，如慕课、翻转课堂等形式；而学校传统文化活动的开展，也可以有意识地从活动开展的准备、宣传、开展、传播等阶段均结合新媒体形式，以视频形式呈现解读和传播，效果应该会事半功倍。

（三）高校传统文化教育改革细化分析

1. 不同年级的传统文化氛围感知存在显著差异

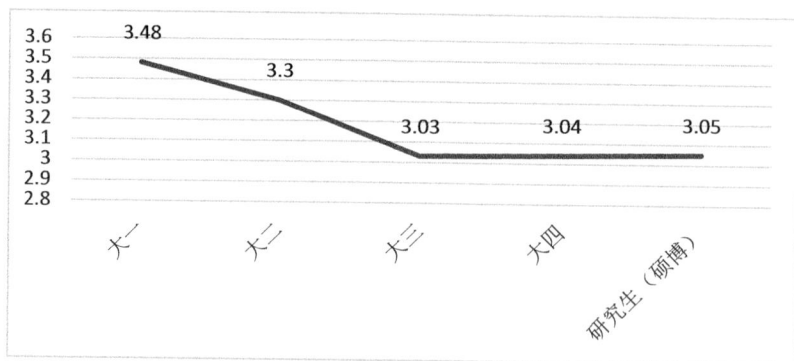

图 4-6. 高校不同年级学生对传统文化整体感知度

在图 4-5 中，我们可以发现这样一种趋势，对学校传统文化氛围的感知中，从大一到研究生整体似乎呈现一种下降趋势，尤其是在大二以后，出现了一个大滑坡。大一还处于 3.48，到了大三一下子下降到 3.03，之后大四和研究生（硕博）阶段有一点点小回升到 3.04、3.05，但是上升度特别低。

为了进一步确认各年级学生之间的差异性，笔者在 SPSS 中以"年级"为因子，以"传统文化氛围感知"为因变量，以 95% 置信区间进行单因素方差分析。输出表 4-1、4-2。

表 4-1. 单因素方差分析

传统文化氛围感知

	平方和	df	均方	F	显著性
组间	19.852	4	4.963	5.798	.000
组内	479.340	560	.856		
总计	499.193	564			

在莱文方差齐性检验中，$F=3.011$，$p=0.144>0.05$，可知方差是齐性的。因此，可继续进一步进行单因素方差分析。由表 4-1 的单因素分析表中，可以看到 $F=5.798$，显著性水平 $p=0.000<0.05$，故可以证明年级对于传统文化氛围感知度有着明显的影响。在此基础上，再进一步对各变量进行两两对比，进一步找出各变量之间的差异性。

表 4-1. 单因素方差分析

传统文化氛围感知

	大一	大二	大三	大四	研究生（硕博）
大一	1	.135	.000	.000	.001
大二		1	.21	.41	.063
大三			1	.957	.907
大四				1	.947
研究生（硕博）					1

由表 4-2 可以看到，根据 P 值 <0.05 存在显著性差异来看，大一学生和大三、大四以及研究生都存在显著性差异；而大二学生则和大三、大四学生存在显著性差异，其与研究生的 0.063 的 P 值大于 0.05 却小于 0.1，在理论上也是存在差异性的。而其他年级学生之间就不存在显著性差异。

结合图 4-3，我们可以得到这样的结论：大一、大二学生和大三、大四和研究生，在此低年级和高年级之间是存在显著性差异的。且这种显著性差异正显示了当前高校需要多注意的问题，即新生在入学后前两年其对学校传统文化的氛围感知是较理想的（3.48），但是随后从大三开始，这种感知一下子下降到了 3.03，且随后一直保持这种低感知状态直至研究生。而在访谈过程中，我们发现一个规律，即低年级的学生对传统文化的关注更多的是关注表面形式呈现。低年级学生学校传统文化氛围的感知，更多是关注学校是否有开设传统文化相关课程，或是是否有传统文化相关的诗社或汉服社等等。而高年级学生，尤其是研究生，其对学校传统文化氛围的感知，则更多的是关注学校开设的传统文化课程、活动、社团等是否可以很好地呈现传统文化内涵，并可以将传统文化与现代性结合起来。可见，高校传统文化的教育任重而道远，不仅仅是追求形式上的展示，更多的需要深入地挖掘传统文化的精髓，并努力推动传统文化精髓的时代性和在地性发展。时代性即是指，传统文化的教育需要与当下的社会、经济、政治等环境相适应，从而进一步迸发出灿烂的生命力；而在地性则是指传统文化的教育需要具备多面向性，使得每个学生在学习、工作和生活中都可以从传统文化中找到适合自己需求的部分。因此，高校传统文化教育工作不能只是停留在形式展示，需要深入挖掘传统文化教育的内容选择、呈现形式、外延拓展等方面的可优化点。

2. 来自不同区域的学生对传统文化了解度感知存在显著差异

从图 4-7 我们可以非常清晰看到，来自不同区域的学生，其对传统文化的了解程度是不一样的。来自乡村的学生比来自城市的学生对传统文化了解程度的自我感知高。虽然二者对于传统文化了解自我感知都不高，但是，乡村高于城市的情况，也是我们需要注意的点。

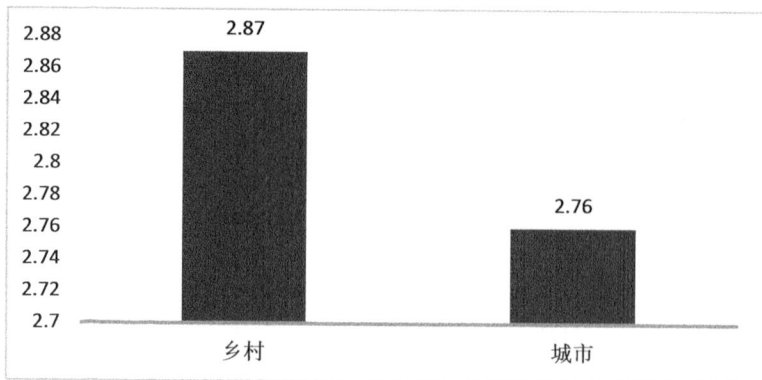

图 4-7. 来自不同区域学生传统文化了解度感知

为进一步验证乡村和农村学生在传统文化了解度自我感知中是否存在显著性的差异，本人在 SPSS 中以"家乡"为分组变量，以"传统文化了解度"为检验变量，以 90% 的置信区间进行独立样本 t 检验，输出如下表 4–3 和表 4–4。

表 4–3 组统计——独立样本 t 检验

	性别	N	均值	标准差	均值的标准误
了解程度	乡村	341	2.87	.655	.35
	城市	224	2.76	.699	.047

由表 4-3 可知，乡村和城市的样本平均值分别为 2.87 和 2.76，标准差分别为 0.655 和 0.699，标准误分别为 0.035 和 0.047。

表 4–4 不同区域学生传统文化了解度独立样本 t 检验结果

		莱文方差等同性检验		平等值等同性 t 检验					差值 90%置信区间	
		F	显著性	T	df	显著性（双尾）	平均差异	标准误差	下限	上限
了解度	假定等方差	4.247	.040	1.835	563	.067	.106	.058	.011	.201
	不假定等方差			1.810	455.00	.071	.106	.059	.010	.203

再看表 4-4，首先看莱文方差同行检验结果，其中 F=4.247，显著性概率 P=0.04<0.10，因此两组方差差异存在显著，可以认为两组方差是不相等的。则在检验结构中采用"不假定等方差"一行的数据作为本题的检验结果。而根据"假定方差不相等"一行的数据可知，t 值为 1.81，自由度 df=455.005，t 检验的显著概率 p=0.071<0.1，因此，可以得出乡村和城市生源地学生对于传统文化了解度具有显著性差异。

由此，我们可以非常明确得到这样的结果，即来自乡村的学生比来自城市的学生的传统文化了解度更高。这个结果给我们敲响了这样一种警钟，即更容易接触西方文化的城市学生对于传统文化的理解是低于相对文化环境封闭的乡村学生的。由此可见，随着城市化进程的不断推进，中西文化对于话语权的争夺必定会越来越激烈，而作为培养高素质人才的主要阵地高校，正是中西方文化必争之地。而目前高校各专业的知识框架和理论基础，基本都是沿用和借鉴着西方模式。这已经无形中让学生有一种感觉，似乎离开了西方知识都不知道如何学习和写作了，感觉学习西方知识文化要远远重要于学习传统文化知识。这一点是我们需要警惕的，亦是需要改善的，高校需要将传统文化的重要性通过政策规定、氛围推进和课程设置，深深融入高校学生的价值观中去。只有学生从思想深处意识到学习传统文化的重要性，发自内心地生出学习传统文化的兴趣，才可以将我们的传统文化不断深化和推广，为民族腾飞奠定坚定的文化自信。

3. 高校传统文化课程呈现负向刺激

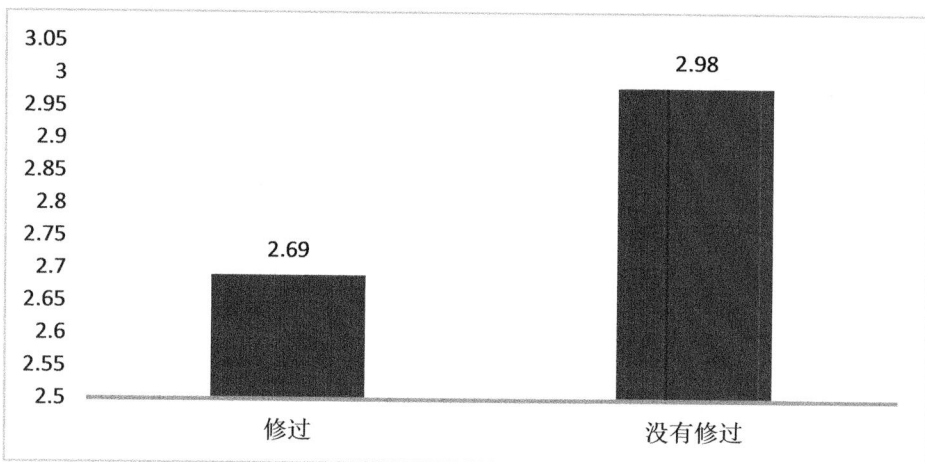

图 4—8. 选修与未选修过高校传统文化课程学生对传统文化了解度感知

由图 4-8 可知，在学校修过和未曾修过传统文化课程的学生，在被问及自身对传统文化是否了解时，却出现了这样一个有趣的现象。即没有修过传统文化课程的学生自我感觉了解度均值达到 2.98，而选修过传统文化课程的学生其对传统文化了解度的自我感知均值在 2.69。即选修过传统文化课程的学生反而没有未选修过传统文化课程的学生感觉了解传统文化。

为进一步验证修过和未修过传统文化课程的学生，在对传统文化了解度自我感知中是否存在显著性的差异，本人在 SPSS 中以"是否修过"为分组变量，以"对传统文化了解度"为检验变量，以 95% 的置信区间进行独立样本 t 检验，输出如下表 4-5 和表 4-6。

表 4-5. 组统计——独立样本 t 检验

	修课情况	N	均值	标准差	均值标准误差
了解度	修过	301	2.69	.699	.040
	未修过	264	2.9	.610	.038

由表 4-5 可知，修过和未修过传统文化课程的样本平均值分别为 2.69 和 2.98，标准差分别为 0.699 和 0.61，标准误分别为 0.04 和 0.038。

表 4-6 男女学生总态度独立样本 t 检验结果

		莱文方差等同性检验		平等值等同性 t 检验					差值 95% 置信区间	
		F	显著性	T	df	显著性（双尾）	平均差异	标准误差	下限	上限
了解度	假定等方	34.035	.00	-5.211	56	.000	-.290	.056	-.399	-.180
	不假定等方差			-5.257	562.98	.000	-.290	.055	-.398	-.181

再看表 4-6，首先看莱文方差同行检验结构，其中 F=34.035，显著性概率 P=0.000<0.05，因此两组方差差异显著，可以认为两组方差是不相等的。则在检验结构中采用"不假定等方差"一行的数据作为本次的检验结构。而根据"不假定方差相等"一行的数据可知，t 值为 -5.257，自由度 df=562.986，t 检验的显著概率 p=0.000<0.05，因此，可以得出修过和未修过传统文化的学生，对于传统文化的了解度感知具有显著性差异。

鉴于此，我们可以这样分析：第一，因为选修过传统文化课程，所以对传统文化更了解，知道自己未接触和了解的传统文化还有很多，因此产生自己不太了解传统文化的感知。但是，鉴于此，就说明学校的传统文化课程还是不够完善，还是不能满足大学生的整体需要，传统文化课程体系还需要进一步完善；第二，则是选修过传统文化课程的学生感觉并未学到什么内容，对传统文化更感困惑，甚至对传统文化产生抵触心理，感觉自己并不了解传统文化。鉴于此，传统文化课程体系更需要进一步改善和完善。

在此部分总结的四个问题：学生对传统文化了解度均值较低；学生接触传统文化途径感知高校占比较低；学生对本校传统文化教育评价不高和高校

传统文化课程效果不理想。我们可以非常清晰地意识到，高校传统文化教育亟待改革。从课程设置、学校活动、社团活动，甚至校风校纪的每一个细节中，都需要进一步融入优秀传统文化继承的思考。

五、总结

在此次调查中，根据预设的调查目标收集的数据，得出新媒体时代高校传承中华优秀传统文化的效果以及一些优化建议和需要进一步探索的问题：

首先，在高校传统文化教育效果中，本调查非常明确地显示出，通过高校传统文化教育，高校学生对传统文化还是拥有着较浓的兴趣，且虽然高校传统文化还没有呈现出非常浓厚的氛围，但学生对学校传统文化的氛围还是存在较乐观的感知的。

其次，我们也意识到，虽然高校传统文化教育取得了一定的效果，但是离高校传统文化教育的目标还有着一段很长的路要走。目前，高校传统文化教育工作还存在很多问题，比如高校学生对传统文化了解度不高、高校传统文化教育途径还不够丰富、高校学生对本校传统文化教育工作评价较低等问题。鉴于此，才需要我们进一步对新媒体时代的高校传统文化教育工作进行优化研究。

因此，找出问题解决问题正是此次调查工作的目标所在。在此次调查中我们找到高校传统文化教育工作需要改进的内容所在：①高校传统文化教育改革的内容，需要从课程设置、课程设置要素组合和课程内容选择等方面入手；②高校传统文化教育改革形式则需要从教育形式（如课程设置、传统文化活动开展、校风建设、教育讲座设置等）多方面考虑设置。而各种途径设置，则需要考虑新媒体时代，如何运用新媒体媒介与传统文化教育相结合；③高校传统文化教育也需要从细节处入手，找出高校传统文化教育在细致处存在的显著性差异。如高年级学生比低年级学生对高校传统文化氛围感知更低；来自乡村的学生则比来自城市的学生对传统文化了解度自我感知更高；而修过传统文化课程的学生对传统文化了解的自我感知度却比未修过的要低。高校传统文化教育改革工作需要从这些地方入手。在进一步细化掌握此问题存在原因的基础上，进一步针对不同的学生群体设置满足其不同需求的传统文化教育内容。

总体来说，通过此次调查，我们发现了传统文化教育工作的进行是取得了一定的效果的。但是，需要更加清晰地认识到，传统文化教育工作的完善和推广工作还有一段很长的路要走。本调查也找出了高校传统文化教育工作需要进一步改善的点以及需要进一步深入研究的方向点。希望本研究可以为传统文化教育改革工作提供一定的经验加成，也希望此调查可以为高校传统文化教育改革工作的进一步研究提供一点方向指引。

新媒体时代高校传统文化教育路径探讨

——以厦门大学为例

林 凯[*]

（厦门大学新闻传播学院，福建厦门，361005）

摘 要： 笔者以"高校完善中华传统文化教育的实践和经验调查"和"关于大学生新媒体时代传统文化接受情况"为主题对厦门大学进行问卷调查和深度访谈，在此基础上分析厦门大学传统文化教育存在的问题，即学生对学校传统文化教育的感知度低，并分析其原因。基于此，文章提出了相应的传统文化教育路径，其关键在于加大学生的自身实践和增强课下的现实体验，当然也包括运用新媒体技术进行教学模式创新。

关键词： 新媒体；传统文化教育；厦门大学

基金项目： 2018年度厦门大学教学改革研究项目"新媒体时代高校传承中华优秀传统文化的路径与效果评价研究"（编号：JG20180116）。

2017年10月18日，习近平总书记在中国共产党第十九次全国代表大会上做了《决胜全面建成小康社会 夺取新时代中国特色社会主义伟大胜利》的报告，其中提道："文化是一个国家、一个民族的灵魂。文化兴国运兴，文化强民族强。没有高度的文化自信，没有文化的繁荣兴盛，就没有中华民族伟大复兴。要坚持中国特色社会主义文化发展道路，激发全民族文化创新创造

---

　　* 林凯（1986—），男，福建漳州人，厦门大学新闻传播学院2017级博士研究生，研究方向：华夏情感传播。

活力，建设社会主义文化强国。"①习近平总书记高瞻远瞩，提出文化兴国战略，文化的传承创新不仅与国家发展而且还与每个人的生活密切相关。在当前新媒体时代弘扬中华传统文化，深化传统文化教育，关系国家和民族的命运，也关系每个社会民众的未来。高校作为家庭和社会之间的承接场域，是家庭传习与社会实践衔接的一个重要教育节点，是将传统文化内涵转化为人生修养和内在品性的重要阶段。因此推进高校传统文化教育具有重要的意义。此外，国家做出重大战略部署，在高校建设世界一流大学和一流学科，提升国家教育水平和综合实力，提升国际竞争力，助推"两个一百年"和中华民族伟大复兴中国梦的实现。笔者以为，"双一流"高校建设中一个重要的内涵就是培养和提高大学生传统文化的涵养，塑造大学生良好的品格，这也是推进社会主义文化建设、落实社会主义核心价值观的重要基础，是传承中华传统文化的重要举措。

从外部环境来看，新媒体时代的到来给社会带来巨大的变革，深刻影响了当前高校传统文化教育实践活动。当前，各高校都有针对性地进行传统文化教育，弘扬中华传统文化。但是，效果却不尽相同。本文从厦门大学的问卷调查和深度访谈出发，调查厦门大学传统文化教育的基本情况，找出高校传统文化教育的可优化策略，为新媒体时代高校传统文化教育的路径和方法改革，提供可参考的经验。

一、传统文化教育现状

笔者针对厦门大学在校生做了题为"高校完善中华传统文化教育的实践调查"的问卷调查，采用网络问卷的形式，其中有效问卷为119份。同时，笔者以"关于大学生新媒体时代传统文化接受情况的深度访谈提纲"为题对厦门大学学生进行访问、调查，以上调查对象以本科生为主，硕士博士研究生为辅。

从调查问卷的一些数据来看，反映出一些问题。第一，学生对传统文化感兴趣方面：非常感兴趣和比较感兴趣占比80.67%，而且有84.04%的学生表示非常希望和比较希望了解中华传统文化；同时学生认为，高校有必要进行传统文化教育的比例为84.88%，学生希望学校"增加有关传统文化课程"

---

① 习近平：《决胜全面建成小康社会 夺取新时代中国特色社会主义伟大胜利——在中国共产党第十九次全国代表大会上的报告》，2017年10月27日，http://www.gov.cn/zhuanti/2017-10/27/content_5234876.htm，2019年4月16日。

占比 66.39%。但是，我们发现，有 90.75% 的学生对传统文化是处于"比较了解和一般了解"的状态。从这些数据来看，学生对了解传统文化还是感兴趣的，而且也希望学校进行传统文化教育，但是学生对传统文化的认知还是比较低的。也就是说学生能够举例说出传统文化的一些类型，如国画、民俗活动等，但对其中的内涵是缺乏了解的。此外，学生对厦门大学传统文化教育现状的看法也值得关注，56.3% 的学生认为，学校在传统文化教育方面"学校做得一般，起到了一定的作用，但效果不是很好"。由此看来，学校的传统教育并没有发挥积极的效果，让学生感受到浓郁的传统文化教育氛围。

第二，从调查问卷中，我们也了解到了学生接触传统文化的方式。比如，学生选择"开展有关活动，重拾古人过节传统，如中秋赏月，清明祭祖"的方式占比 84.03%，认为这些活动能够让自己更好地了解和接受传统文化。而认为通过"利用网络、电视、报纸、杂志、书籍等加大宣传"来了解传统文化的学生占比为 57.14%，比如学生大部分表示看过《中国诗词大会》和《国家宝藏》等。同时学生也会关注微信公众号和微博或相关 APP，表示会选择关注的占比约 73.95%。相比较来看，学生更加喜欢传统的节日及其相关活动。此外，从传统文化教学方式来看，学生希望互动性、轻松的教学方式占比 70.59%。实际上，这种倾向是与学生偏向喜好传统节日活动是相契合的。

第三，在问卷中，我们设置了"如果未曾选修传统文化相关的课程，您觉得是什么原因？"这个题目，从回答的情况来看，认为"学校开设选修课较多，传统文化缺乏吸引力"这个回答比例最高，占比 42.86%。实际上，这也暴露了学校进行传统文化教育的方式上缺少创新。

从上面反映的问题来看，概括来说，学生有兴趣了解传统文化，而且偏向于轻松的教学和接受方式，新媒体在传播或教育上发挥的作用要弱于节日活动。此外，厦门大学传统文化教育方式对学生的吸引力较低。

在调查问卷的基础上，笔者同时进行了深度访谈。其中也反映出一些问题：第一，在接触传统文化的渠道上，学生认为传统电视节目如《中国诗词大会》《国家宝藏》等比较熟悉，也比较喜欢这种方式。相较而言，在新媒体方面，更多的是关注娱乐类的 APP 而较少去关注传统文化类的。第二，在新媒体时代，学生也会选择关注一些 APP，比如喜马拉雅等，但是更多的是用来专业学习，如果跟学习不相关的内容则少用或不用这类 APP。在访谈中有学生表示会通过这类 APP 欣赏相声、书画欣赏等节目。第三，学生认为家庭的言传身教对其个人影响很大。这也就引起我们的反思，也就是说，一些具体的行为的引导要比单纯的宣传教育来得更有效。第四，学生对传统文化有一定的兴趣和热情，但是如果不是文史哲专业的学生，则可能会因为专业学习压力太大，没有时间去关注自己感兴趣的传统文化。第五，学生并没有明显感受到厦门大学传统文化教育课程的影响力，或者从传统文化教育课程上没有更多的获得感。

整体上看，厦门大学学生对传统文化都是比较感兴趣的，而且都有一定的了解，也希望学校进行传统文化教育。但是学生对学校开设传统文化教育的感知度并不高。这里的感知度笔者将其界定为学生对高校进行传统文化教育的认识程度以及效果的评价。也就是说它包含：一个是学校具体开设课程或举办的活动，学生能够知晓以及感受到其中的氛围；二是学校在开设传统文化教育后学生对效果的反应。虽然厦门大学开设了校级层面的通识选修课程，但通过笔者观察（可以做进一步的调查），学生课堂反响一般。笔者以为，导致学生对传统文化教育感知度低的原因是多方面的，需要全面的认识和探究。

二、厦门大学学生对传统文化教育感知度低的原因分析

诚然，高校利用新媒体进行传统文化教育确实能够更便捷更有效地传播传统文化，但我们认为，新媒体对高校传统文化教育来说是一把"双刃剑"，能够产生或积极或消极的影响。大学生个性张扬，社会责任感较弱，但是又具有很强的学习能力、表达能力和多元的人生追求，能够快速掌握现代化信息，新媒体则为他们提供了广阔的空间，但同时也容易产生不利的影响，让学生迷失在虚拟空间，或者在新媒体所产生的多元社会价值体系中缺少对传统文化的认同。[①]

笔者以为新媒体时代考察和分析高校传统文化教育应该关注的是：一方面，从人（学生、教师）方面去考察。也就是说，在新媒体时代中考察人们认识、接受事物的方式及其观念。另一方面，是从媒体技术方面来看，考察新媒体技术对信息传播方式的影响以及如何更好地传递文化内涵。也就是说，应该把握人和信息（以及传递信息的载体）之间的关系，才能更好地探究新媒体时代高校传统文化教育的困境。总的来说，现代传统文化教育所遭遇的

---

① 李淑惠：《新媒体时代大学生传统文化教育的现状及对策》，《重庆科技学院学报》（社会科学版）2017 年第 5 期。

困境，在笔者看来，就是因为现代社会个体以他者的视角看待传统文化。也就是说，现代社会个体总是以二元对立的观点看待传统文化，将传统文化划分为"旧"的文化，而现代文化则为"新"的文化，总是以过时的、批判的眼光看待传统文化。换句话说，现代社会没能真正认识到传统文化蕴含的思想及其价值，没有将传统文化融入个体生活中。当然，除此之外，外在技术的发展也会对传统文化教育产生一定的影响。具体来说，厦门大学学生对学校传统文化教育感知度较低的原因有以下几点。

（一）学生自身对传统文化的认识比较狭隘

学生的狭隘认识源于国家社会的发展背景，也就是说，随着国家对人才需求提高以及对人才培养的重视，高校不断扩大招生，并且为了提高大学毕业生的就业率和专业技能水平，高校逐渐倾向于知识技能教育而放松人文素质教育。因为，专业技术能够带来直接的经济和社会效益，而传统文化的学习则不能在短时间内产生效益。[①] 这种功利性思想，导致学生只看到实利、实惠的物化利益与自身需求满足的一面，却忽视了中华优秀传统文化在精神层面对大学生世界观、人生观与价值观涵育作用的功效与作用。[②]

我们知道，传统文化过程对于人的影响是缓慢与潜移默化的，它不能快速产生效益和影响。通过深度访谈，我们了解到，本科生的学习压力很大，尤其注重对于自身专业知识能力的提升，而传统文化选修课程对于他们来说更多的出于学校要求的学分选修。而研究生则面临毕业压力。在这里，学生更多地考虑自己的专业学习，考虑毕业后的就业，由此体现出明显的学习和职业价值观上的功利性倾向。[③] 在这种功利性倾向影响下，学生便会以所学知识是否有用作为指导自己行动的重要动机。[④] 这也就会影响学生对传统教育的狭隘认知，没有认识到传统文化中思想的指导性作用，导致他们认为这些教育不重要，降低了感知度。

---

① 李文凤：《大学生传统文化教育现状及对策研究》，硕士学位论文，山东师范大学，2016 年，第 21—22 页。

② 吴映筱，刘芹：《大学生对中华优秀传统文化的认同误区及提升策略》，《宿州教育学院学报》2019 年第 1 期。

③ 梁娅华，代丽健：《当代大学生价值观的功利主义倾向及其引导》，《重庆邮电大学学报》（社会科学版）2009 年第 3 期。

④ 翟红蕾，刘子健，熊凤，余奕：《媒介变革背景下高校大学生传统文化教育模式改良性调整的设想》，《传播与版权》2016 年第 4 期。

（二）传统的课堂授课模式

学校对传统文化教育的认识还是停留在课堂教学中，没以实践的、场景化（课下的现实体验）的形式展现出来，而过多地依赖媒体或者简单的课堂教学。这是教学方式的问题，当然这也是高校传统文化教育普遍存在的问题，这导致学生没办法深切体会传统文化的内涵，或者以更直观的方式了解传统文化。当然，这种不足在新媒体时代能够得到一定的解决，比如新媒体技术能够以立体的方式演绎传统文化，譬如故宫博物院通过 AI 技术让文物自己"说话"，不过显然高校还没有实现这样的教育方式的创新。虽然形式上可以借助技术得到创新，让人们看到更多形式的创新，但是还是不能把传统文化的精髓思想展示出来，让人们能够从中得到领悟。因此，实际上，传统文化教育还是需要通过线下活动，以身体参与和亲身体验来领会和展现。

（三）新媒体技术对学生的消极影响

从新媒体技术的影响来看，新媒体在传播传统文化上确实发挥便利的作用。但是随着越来越多 APP 开发运用，学生都沉浸在信息海洋之中，而且新媒体中的诸多娱乐 APP，如抖音、火山小视频或者网络游戏等，学生都沉迷于这些娱乐平台。所以在这种环境中，学生对传统文化的关注便降低了，正如学生在深度访谈中所表示的那样，这些传统文化是"久远的和枯燥的"（学生访谈语录）。这是新媒体技术对学生学习生活的影响。同样的，学校在新媒体上也没有进行教学创新。我们常见的就是新媒体技术运用就是中国大学慕课，也就是通过手机等方式能够方便地收听收看这些课程，但是，其授课方式还是传统的讲授模式。这也就使得学生在新媒体信息海洋中很难去发现和关注传统教育课程。

三、新媒体时代高校传统文化教育路径探索

2018 年 8 月 21 日至 22 日，在全国宣传思想工作会议上，习近平总书记发表重要讲话，提道："中华优秀传统文化是中华民族的文化根脉，其蕴含的思想观念、人文精神、道德规范，不仅是我们中国人思想和精神的内核，对解决人类问题也有重要价值。要把优秀传统文化的精神标识提炼出来、展示出来，把优秀传统文化中具有当代价值、世界意义的文化精髓提炼出来、展

示出来。"① 高校作为教育的主要场域，如何在新媒体语境下将传统文化更有效地传递给学生，有力地传播传统文化，提高人们的文化素养，展现中国人的思想和精神风貌是当前高校教育所应思考的一个课题。本文结合厦门大学的传统文化教育现状，从学生对传统文化教育的感知出发探索高校传统文化教育的路径。笔者以为，在新媒体时代中，高校传统文化教育路径探索不应该只关注新媒体的作用，而且也应该关注其他元素，诸如人的亲身参与和体验，家庭的传习以及社会的实践的联动作用等。

（一）加大学生具身实践

《周易》贲卦中的象传提道："刚柔交错，天文也；文明以止，人文也。观乎天文，以察时变；观乎人文，以化成天下。"② 人类的文明能够教育、感化天下人。这里的"化"更多的是一种感化，一种来自日常生活行为示范所带来的潜移默化的影响。"文化不是'死'的，不是停留在书页中的知识，而是一种活的精神；文化的传承并不是靠记忆、背诵来延续的，而是通过行动、习惯传递的。因此，文化育人的正确方式不是记忆、背诵，也不仅仅是理解，更重要的是理解之后要落实到行动中去，形成身体力行的习惯，也就是要成为'百姓日用'的文化。如此，优秀的文化精神才能真正传承下去，才能真正达成育人的目的。"③

《淮南子·氾论训》曰："故圣人以身体之。"④ 而《中庸》提道："好学近乎知，力行近乎仁，知耻近乎勇。"⑤ 身体乃一种人最直接地把握的对象，是一种最为亲切体己的东西，是一种亲身亲在。⑥ 通过身体的直接参与实践，让学生对传统文化能够有直观的体验和感受。笔者以为，中国传统文化是偏向时间的文化，是通过对礼的遵循、身体的践行以及在特定场所（如宗庙）等场域举办的仪式等进行传承，是一种能够跨越长时间段的文化传递。通过这种具体人的活动推进文化代代相传，实际上这也体现了中国人的"知行合一"

---

① 新华社：《习近平出席全国宣传思想工作会议并发表重要讲话》，2018 年 8 月 22 日，（2018-08-22），http://www.gov.cn/xinwen/2018-08/22/content_5315723.htm.2019 年 4 月 16 日。

② 黄寿祺，张善文：《周易译注》（新修订本），上海：上海古籍出版社，2018 年，第 289 页。

③ 刘正正：《论学校传统文化教育的困境及超越》，《中国德育》2019 年第 2 期。

④ 张双棣：《淮南子校释》，北京：北京大学出版社，1997 年，第 1368 页。

⑤ 朱熹：《四书章句集注》，北京：中华书局，2011 年，第 30 页。

⑥ 张再林：《作为身体哲学的中国古代哲学》，北京：中国社会科学出版社，2008 年，第 4 页。

的思想观念。由此看来，中国传统文化的教育和传播过程中应该凸显人的地位和作用，也就是应该更加注重人具身实践的感化作用，提升他们的对传统文化教育的感知度。对此，笔者认为，应该让学生亲身参与传统文化的教育活动，这方面可以通过课堂教学与校园文化活动的结合，将校园文化活动作为课堂的一种延伸，在具身实践中体会传统文化的内涵和学校教育氛围和方式。

2014 年教育部发文，为大力加强中华优秀传统文化教育，深入推进高校校园文化建设，经研究，决定在全国高校开展"礼敬中华优秀传统文化"系列活动。[①] 实际上课堂的传统文化教育可以和校园文化建设有机融合起来。对此，学校可以统筹协调校园文化活动与传统文化教育课堂教学有效对接，譬如，学校可以考虑从传统文化课堂的教学内容出发，有针对性地举办诸如传统文化礼仪活动如朗诵、汉字书写等比赛活动，并且让课堂学生积极参与，以此作为一种考核方式。此外，利用传统节日，如春节、元宵节、清明、中秋等传统节日，通过课堂教学安排一定的活动，让学生通过阅读文献，设计一定的节目，让学生参与体验这些活动，让学生充分了解传统文化的内涵，发挥民族传统节日的思想熏陶和文化教育功能。[②] 厦门大学 2019 年首次举办的元宵灯会是一个很好的案例，它如果能够与课堂教学相结合则更能发挥其教育功能，让学生通过文化环境的熏陶，潜移默化地感知与理解中华民族精神的实质，进而深化品德自觉。[③] 根据笔者了解，厦门大学曾经举办过传统文化知识竞赛，但是后来中断了。目前厦门大学嘉庚学院的管理学院仍有举办中华传统文化知识竞赛。笔者以为，这种形式的竞赛应该保持下来，能够在一定程度上提升学生对传统文化的感知，也让学生感知厦门大学的传统文化教育氛围。

（二）增强课后的现实体验

笔者以为，可以将传统文化教学移出课堂走进博物馆等特定的空间。如果涉及一些传统文化课程跟实物有密切联系的，比如古文字课，古文物等都可以将传统的上课方式放置在博物馆等地方，可以增强学生的视觉感受，也对传统文化有具体的感知。中华传统文化作为中国特色社会主义文化的根源，

① 教育部：《教育部办公厅关于开展"礼敬中华优秀传统文化"系列活动的通知》，2014 年 5 月 4 日，http://old.moe.gov.cn//publicfiles/business/htmlfiles/moe/s3008/201405/xxgk_169204.html，2019 年 4 月 16 日。
② 张书光：《高职院校传统文化教育现状及对策》，《开封教育学院学报》2019 年第 1 期。
③ 任翔：《中国传统文化教育的目标与内容初探》，《中国教育学刊》2019 年第 1 期。

不仅体现于思想知识层面，也反映在实物技艺层面，是新时代全方位发展的重要动力。[①]博物馆等特定的空间不仅能够展示特定的实物，让学生能够领悟传统中国古人的智慧，而且在具身参与的过程中能够将课堂所学知识与实物进行对接思考，加深学生的理解和印象。

总的来看，通过具身实践和现实的体验能够让学生更有效地理解传统文化的内涵，树立正确的人生观和价值观，不断祛除功利心态。在具体的操作中，可以适当要求学生在每学期学分选修过程中选择一门传统文化课程，这个课程可以是学生感兴趣的。一方面能够让他们在紧张的专业课程学习之余接受传统文化教育，另一方面也可以满足他们学分的要求。笔者以为，这种方式更多的是能够给学生的学习生活起到一定的调适作用，让学生感受学校对传统文化教育的重视，形成良好的传统文化教育和学习的氛围。

（三）利用新媒体创新教学模式

新媒体时代的到来为高校课堂教学创新提供了技术上的支持，从学校教学管理、课程教学设计、具体教学方式等提供了新的空间。具体来说可以有以下几个方面：

1. 利用新媒体将传统文化做图片化与碎片化处理

当前大学生沉迷在新媒体所提供的网络游戏或娱乐节目中，对于传统的教学方式则产生了抵抗，或者说对"枯燥的"的传统文化失去兴趣。而新媒体所带来的图形化与碎片化则为教育模式提供了创新的方向：即对传统文化做图形化与碎片化的处理，在这个方面，已经有些成功的案例，如台湾漫画家蔡志忠的《老子说》、台湾佛教动画片《佛陀的一生》等，由此来增强教育内容本身的吸引力。[②]当然还有很多新技术比如 H5 等技术也能对内容进行创新。除此之外，可以通过终端 APP 等平台进行推广和传播，这可以在较大程度上提起学生的兴趣。

2. 对慕课、微课的形式进行创新

慕课和微课是利用互联网和手机平台等对传统文化课程进行网上传播的形式。这类形式的授课方式确实为观看课程提供了极大便利。但是笔者以为，其中的授课方式还是比较传统，可以进一步创新：譬如引入对话、答疑等互

---

① 高文苗：《新时代中华优秀传统文化教育价值探析》，《长春师范大学学报》2019 年第 1 期。

② 翟红蕾，刘子健，熊风，余奕：《媒介变革背景下高校大学生传统文化教育模式改良性调整的设想》，《传播与版权》2016 年第 4 期。

动的形式，让学生也参与到慕课或者说网上课程教学中，通过直播平台等方式进行传播和互动。此外，学校每年定期开展传统文化知识竞赛，可以模仿《中国诗词大会》等形式，将娱乐性和传统文化教育结合起来，并通过新媒体比如直播平台等方式进行传播与互动，有效地调动学生参与热情。这些部分可以与校园文化活动相结合，通过新媒体技术将之转移到课堂上。

3.探索家庭传习、学校教育和社会实践三位一体的有效联动的方式

家庭传习、学校教育以及社会实践是一个完整循环的过程。笔者以为可以通过新媒体技术将家庭的家风的传习、学校的文化教育以及社会实践案例等结合起来，将三者放置在同一平台上相互呼应，如让学生参与对家风的阐述、对社会案例的分析，在课堂教学和相应的微信直播平台进行分享。加深同学的认知和情感上的共鸣，从而深刻地了解传统文化的精髓。这里应该强调的是学校的传统教育应该起到牵引的作用，也就是说，在学校传统教育下通过新媒体在家庭进行传播，同时将家庭的教育、传统文化的传承等记录在新媒体上，与学校传统教育进行融合传播；此外，应该在学校传统文化教育以及家庭传习带动下引导自身的社会行为，做一个具有良好中华优秀品德的当代大学生。学校可以开发这样一个三位一体的平台来考核学生的行为表现。

四、总结

在新媒体深刻影响高校教育实践活动的背景下，如何让传统文化教育能够在此背景下有效进行传承是一个值得探索的课题。笔者以为，高校传统文化教育有效推行路径应该是充分考虑新媒体对当前高校教育的影响，尤其是对学生的影响，而路径的探索应该注重学生的具身实践和课后的现实体验的作用和效果，而不仅仅是借助新媒介进行内容上的传播。这些路径推进的目标不仅是让学生了解传统文化，更重要的是让传统文化中的思想精髓内化和形成学生的人生观和价值观。厦门大学传统教育活动中所反映出的学生对传统文化教育感知度低的问题，也正是需要从人的角度而不仅仅是技术的角度去化解。当然，高校传统文化教育的目标更应与新时代中国特色社会主义的建设和社会主义核心价值观的践行相结合，在新媒体发展中探寻传统文化教育的创新性和多样化的形式与路径。[①] 从微观到宏观的传统教育目标的实现也是双一流高校建设的题中之意。

---

① 吴映筱，刘芹：《大学生对中华优秀传统文化的认同误区及提升策略》，《宿州教育学院学报》2019年第1期。

新媒体时代中华优秀传统文化传承视野下课程教学模式改革研究

——以"文化产业概论"为例

田素美 *

（贵州师范大学国际旅游文化学院，贵州贵阳，550000）

摘　要： 传承中华优秀传统文化，是时代赋予国人的历史责任和使命。高校是传统文化传承的中坚力量，是文化诠释、转化、创新的重要发源地。新媒体时代，面对文化产业化发展趋势，高校传统文化教育呈现前景乐观与问题丛生并存的局面。以大学生受众主体视角展开的问卷调查和深入访谈显示：大学生对传统文化认知有待提升，认知偏差和文化变异并存；高校传统文化教育方法和手段单一，教学效果不佳；民族地区传统文化传播存在严重的不均衡现象，少数民族文化传播独占鳌头；学分成为制约学生学习传统文化积极性的关键性要素等。新媒体时代，增强高校大学生的民族文化自觉自信，探寻高校传承传统文化多元化有效化的路径，改革高校传统的课程教学模式，深化课程改革，势在必行。本文以"文化产业概论"课程改革为例展开探讨。

关键词： 新媒体；优秀传统文化；课程改革；文化产业

基金项目： 2018 年度厦门大学教学改革研究项目"新媒体时代高校传承中华优秀传统文化的路径与效果评价研究"（编号：JG20180116）；2017 年贵州师范大学国际旅游文化学院个人教学内容和课程体系改革项目"新媒体环境下'文化产业概论'课程教学模式改革研究"

---

　　* 田素美（1981—），女，山东曹县人，贵州师范大学国际旅游文化学院副教授，厦门大学新闻传播博士研究生，主要研究方向为：华夏传播、民族文化传播、文化产业管理等。

2014年教育部制定了《完善中华优秀传统文化教育指导纲要》，强调加强中华优秀传统文化教育的重要性和紧迫性，认为中华传统文化教育是深化中国特色社会主义教育和中国梦宣传教育的重要组成部分，是构建中华优秀传统文化传承体系，推动文化传承创新的重要途径，是培育和践行社会主义核心价值观、落实立德树人根本任务的重要基础，在培养学生良好思想品德和行为习惯、培育和弘扬爱国主义精神、增强文化自觉自信等方面发挥了积极作用。2017年中共中央办公厅、国务院办公厅印发了《关于实施中华优秀传统文化传承发展工程的意见》，意见指出，文化是民族的血脉，是人民的精神家园。文化自信是更基本、更深层、更持久的力量。

2013年12月30日，习近平在中央政治局第十二次集体学习时强调："对中国人民和中华民族的优秀文化和光荣历史，要加大正面宣传力度，通过学校教育、理论研究、历史研究、影视作品、文学作品等多种方式，加强爱国主义、集体主义、社会主义教育，引导我国人民树立和坚持正确的历史观、民族观、国家观、文化观，增强做中国人的骨气和底气。"[①]

以上表明中华优秀传统文化对整个民族、国家和个人的发展都具有重要的支撑作用，传承中华优秀传统文化是国人义不容辞的责任。学校教育是传承中华优秀传统文化的主要途径，而高校是传统文化传承的中流砥柱和中坚力量，是传统文化的时代诠释、时代转化和时代创新的重要机构，大学生更是文化传承的生力军，是传统文化时代传承的引领者。"授课"是高校传承传统文化的主要途径，课程是高校文化传承的重要媒介和载体。因此了解目前高校传统文化的传承现状，把握传统文化与专业课程融合的情况，才能更好更全面细致地了解传统文化传承过程中存在的问题、应采取的方法途径等，也才能更好地传承中华优秀传统文化。这也正是本文所涉及相关课题研究的出发点和最终目的。本课题组以问卷调查和深入访谈的方式在对全国高校传播中华传统文化的现状和贵州地方高校传承中华传统文化现状调研的基础上，立足于高校毕业生服务地方经济发展人才培养目标，以文化产业管理专业的专业课程"文化产业概论"课程改革为例，探讨新媒体时代高校传承中华优秀传统文化的有效方法及路径。

---

① 叶南客：《社会主义核心价值观研究丛书·文明篇》，南京：江苏人民出版，2015年，第67页。

一、高校传承传统文化的现状呈现

为了全面准确地把握高校传承中华传统文化的现状，寻求文化传承的有效途径和最佳效果，课题组以问卷调查和深入访谈的方式对全国高校大学生（以本科学生为主）展开了调查。先后制定调查问卷两份（全国高校调查问卷和贵州地方高校调查问卷），全国高校发放并回收调查问卷565份，有效率100%，贵州省高校调查问卷283份，有效回收率100%，深入访谈高校大学生18人。现就大学生受众视角下高校传承传统文化的现状、存在的问题展开分析，探求解决问题的途径和对策。

调查结果显示：高校传统文化传承已经形成了一定的氛围，但力度有待提升。大学生对传统文化兴趣浓厚，价值判断明晰，但是对传统文化内涵了解不够，且学习和传播传统文化的主动性和积极性不足。影视成为高校学生乐于获取传统文化的主要途径，传统文化存在变异现象。高校传承传统文化的手段相对单一，效果不理想，新媒体时代课程改革势在必行。具体表现如下。

（一）高校开设相关专门的传统文化课程，文化氛围略显，力度仍需提高

在对全国高校大学生传统文化的氛围感知的调查结果显示，感觉较浓厚和非常浓厚的占32.4%，认为氛围一般的占50.8%，而认为氛围不太多和基本没有的则仅占16.8%。同一问题，在对贵州地方高校的调查结果显示无明显差别。感觉浓厚和非常浓厚的占31.4%，氛围一般的占50.8%，认为氛围不太多的占11.7%，认为基本感受不到氛围的占5.1%。由此可见，高校已经开始重视传统文化教育，氛围略显，但是力度不够，急需要提高。见（图1）。

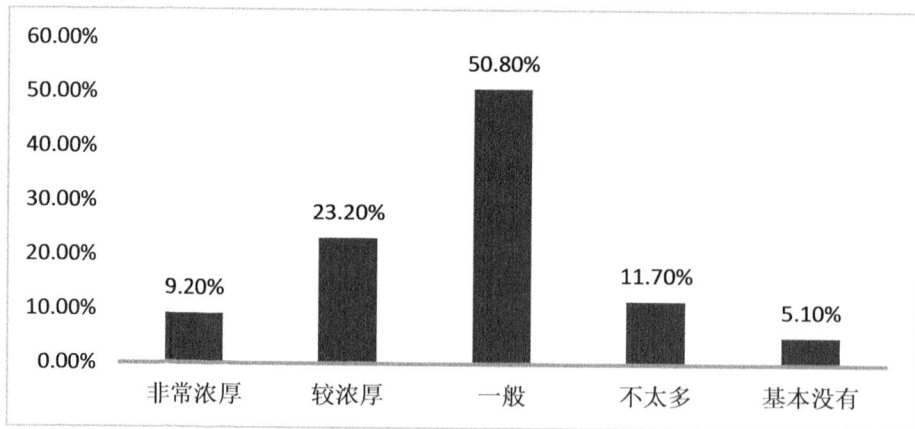

图 1. 高校传统文化氛围感知

（二）大学生传承传统文化兴趣浓厚，价值认知清晰，但学习和传播的主动性和积极性不足

在"对传统文化是否感兴趣"的调查中可以发现大学生对传统文化表现出浓烈的兴趣。（图2）"比较感兴趣和非常感兴趣"两个合占比达74.9%，而不太感兴趣和不感兴趣的仅占2.3%。贵州地方样本对传统文化"不太感兴趣和不感兴趣"的仅仅占1.06%。在对"传统文化价值"的调查中，发现多数大学生都清晰地感知到传统文化对工作、生活、学习等各方面都起到了很大指引作用，无明显的地域差异。贵州高校调查样本中，89.40%的同学认为"传统文化中有很多为人处世的道理，可以指导人际交往""传统文化里有很多基本的哲理，有助于学习其他知识"，仅有2.83%的同学认为"传统文化刻板守旧，不适合现代社会"。在对"高校开设传统文化的课程的必要性"的调查中，88.92%的同学认为高校开设传统文化课程"有必要或者非常有必要"。（图3）按照预期，大学生学习和传播传统文化的积极性和主动性应该很高，但是结果却出人预料。在调查高校大学生"是否到图书馆借阅传统文化书籍"时，73.5%的人表示"一般不借阅或者很少借阅"，仅有10.6%的同学会"经常借阅传统文化书籍"。在"是否选修过传统文化课程"的调查中，56.18%的学生没有选修过传统文化课程。深入访谈了解到，大学生是否会选修传统文化课程有两个重要的制约因素，一是否对传统文化感兴趣，二课程学分是否符合学生的学分要求，以及拿到学分的难易程度。两个原因中，学分成为制约学习统文化课程的最重要的因素。由此可见，大学生学习和传播传统文化的主动性有待提高，这需要引起高校的高度重视，高校传统文化教育现实呼唤课程改革。见（图4）。

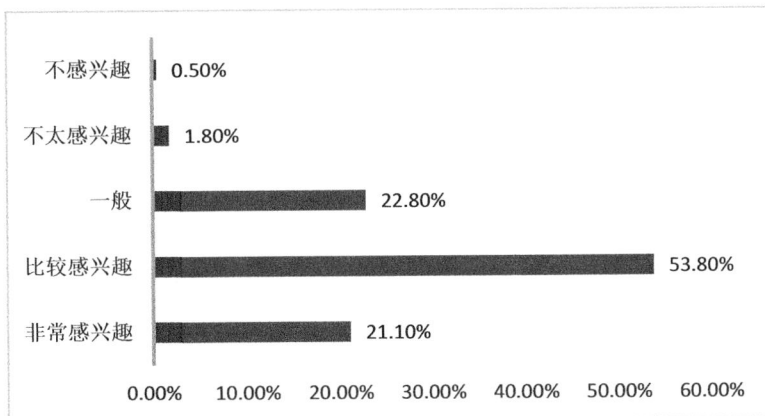

图2.高校大学生对传统文化感兴趣程度

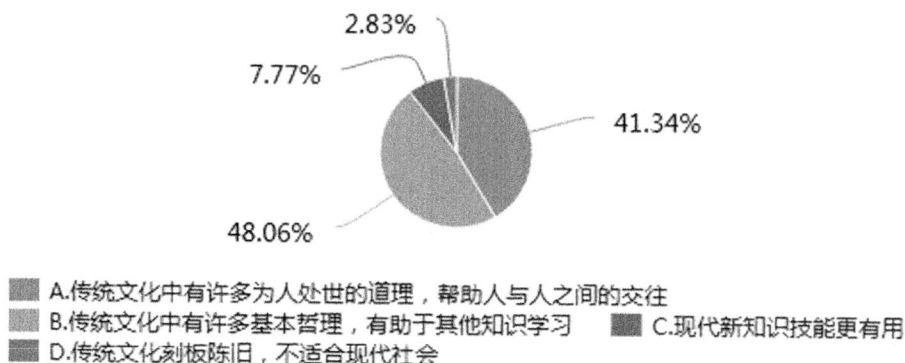

- ■ A.传统文化中有许多为人处世的道理，帮助人与人之间的交往
- ■ B.传统文化中有许多基本哲理，有助于其他知识学习　■ C.现代新知识技能更有用
- ■ D.传统文化刻板陈旧，不适合现代社会

图 3.贵州高校传统文化价值认知

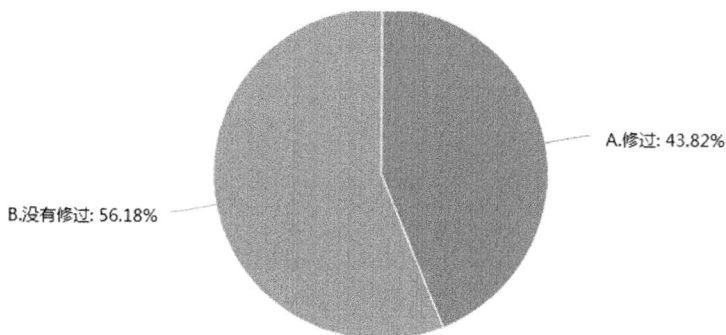

图 4.高校大学生是否选修传承文化课程

（三）大学生接触和了解传统文化的媒介和途径多样化，多媒体和影视文化产品成为主要的媒介和途径，高校传统文化教育手段单一，学生认可度低

在对传统文化的接受途径调查时，发现大学生了解和接触传统文化的媒介和途径呈现多样化的发展趋势。包括影视作品（85.5%）、书籍和报纸杂志（71.5%）、网络新媒体（70.6%）、父母长辈（63.4%），而学校课程和学校社团活动却仅分别占 55.8% 和 38.2%。在对"学校对传统文化教育的认知态度"调查时发现，学生对本校的传统文化的教育认可度偏低。52.7% 的人认为学校做得一般，效果不好，18.8% 的人认为做得不好，没有起到传统文化应有的作用。由此可见，高校传统文化教育中，除了需要加强课程改革、丰富社团活动，还需要进一步探索如何结合网络新媒体、影视作品、书籍及报纸杂

志，探寻文化的产业化途径，调动学生学习传统文化的积极性，达到最佳的传播效果。见（图5）、（图6）。

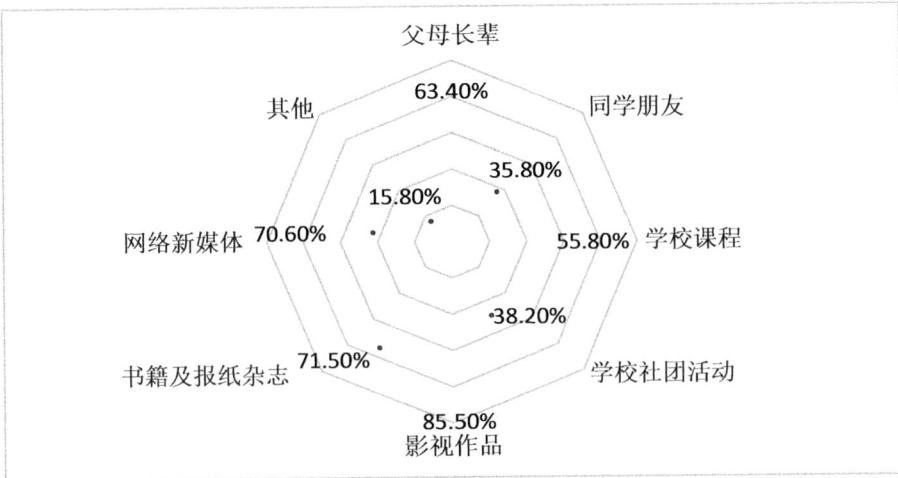

图5.接触和了解传统文化的途径

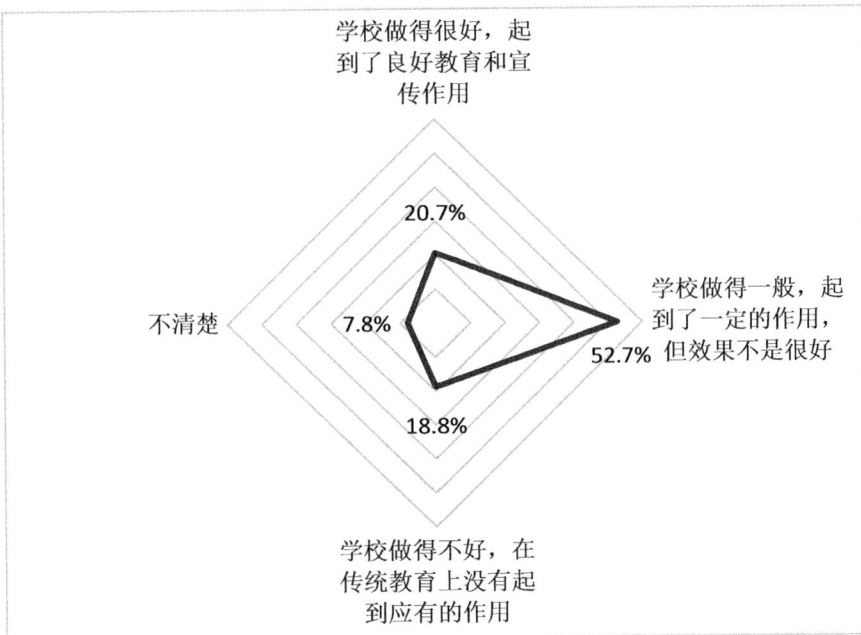

图6.传统文化教育认可度

（四）大学生对传统文化内涵普遍认知不足，贵州高校学生少数民族文化认知程度极高，但重"形"轻"质"现象严重

在对大学生进行"传统文化的了解度"调查时，学生对传统文化的了解度非常低，对传统文化非常了解和比较了解的学生仅占 0.4% 和 3.2%，其余都对传统文化不甚了解，处于懵懂状态。笔者对贵州高校传统文化认知的调查中发现，少数民族文化认知度高，占 98.94%，具有鲜明的地域文化特色，其他文化类型认知度偏低。在进一步对少数民族文化内涵的认知调查中发现，学生对少数民族文化的认识仅仅停留在外表形式上，处于看热闹的阶段，对文化内涵认知度极低，看不出文化的"门道"来。由此可见，高校传统文化教育课程改革要加重对传统文化内涵的诠释比重，注重文化的解读。

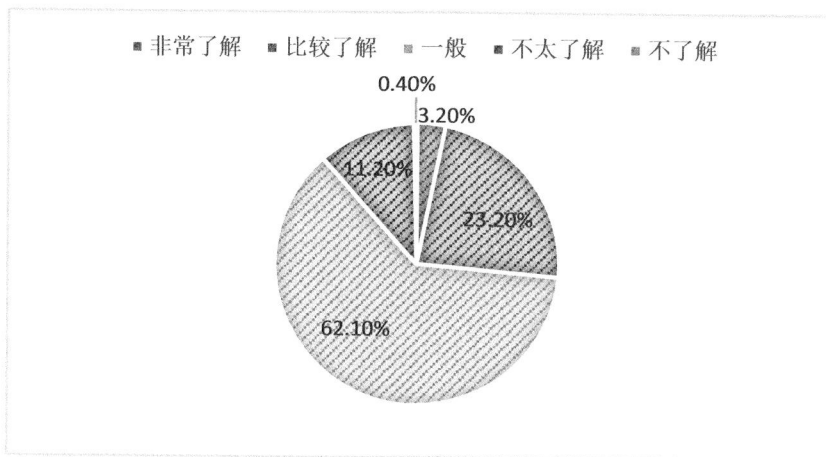

图 7. 传统文化了解度

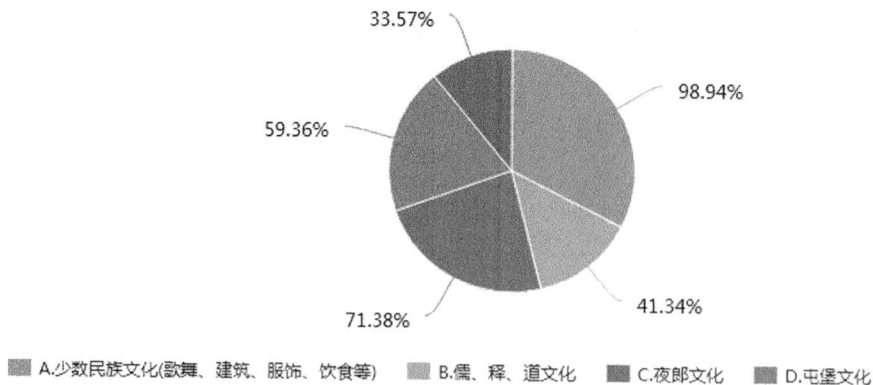

图 8. 贵州高校传统文化认知度

二、高校传统文化教育的问题及解析

通过以上高校传统文化教育现状的呈现，我们可以很清晰地归纳总结出高校传统文化教育存在的问题并尝试分析其成因。

（一）高校大学生对传统文化认识不足，"认知偏差"与"文化变异"并存。

课题组通过问卷调查和深入访谈发现，大部分大学生虽然对传统文化非常感兴趣并且认识到高校开设传统文化相关课程对自身学习、工作、人生都具有很重要的价值和意义，但是他们对传统文化却并不甚了解，提到传统文化，部分学生首先想到的就是"四书五经"，甚至"三纲五常"，还有很大一部分学生喜欢民族文化的民俗呈现形式，但是其认知也仅仅是停留在对文化形式的欣赏层面，对文化内涵没有正确清晰的认识。以贵州调查为例，在贵州 283 份调查样本里，汉族学生占 53.71%，其余为少数民族学生。提到贵州传统文化，98.94% 同学指向了少数民族文化，并认为少数民族文化的表现形式就是歌舞表演和服饰、建筑。但是在对于少数民族文化的文化内涵调查的时候，却出现了出人预料的结果。46.64% 的人看不懂少数民族的歌舞表演，停留在看热闹的阶段。在基本能看懂的人群里，还有近二分之一的人停留在感受阶段，说不清楚文化的内涵。在对少数民族旅游文化创意产品的文化符号的调查中发现，能够完全看懂的仅占 6.36%。由此可见学生对少数民族文化的认知大多停留在"形"的阶段，难以进入"质"的领域，对符号认知仅仅知道"能指"，对"所指"不甚明了。同时，调查中还发现另一个重要的问题，由于大学接触传统文化的主要途径来源于"影视作品"（85.50%）、"书籍报刊"（71.50%）、"网络新媒体"（70.60%）、"父母长辈"（63.40%，以生活传统礼仪知识为主）、"学校课程"（55.80%）几个重要的途径。（见图 9）由于影视是当代最活跃的文化产业之一，其自身的商品属性决定了其创作过程对文化的创造、改变甚至歪曲以迎合市场和受众的现代化娱乐需求，实现自身利润。网络新媒体，特别是自传媒自身存在乱象丛生、监管困难的现象。访谈中获知，由于语言、兴趣等一些原因，学生很少有到图书馆借阅正统经典子集或者史料，多是借阅一些历史故事或者宫廷小说等休闲类书籍获取了传统文化知识。由此造成传统文化传播中"文化变异"现象严重。这就需要高校新媒体时代强化课程改革，为传统文化"正本清源"。习近平总书记曾指出："要讲清楚中华优秀传统文化的历史渊源、发展脉络、基本走向，讲

清楚中华文化的独特创造、价值理念、鲜明特色，增强文化自信和价值观自信。要认真汲取中华优秀传统文化的思想精华和道德精髓，大力弘扬以爱国主义为核心的民族精神和以改革创新为核心的时代精神，深入挖掘和阐发中华优秀传统文化讲仁爱、重民本、守诚信、崇正义、尚和合、求大同的时代价值，使中华优秀传统文化成为涵养社会主义核心价值观的重要源泉。"① 因此高校传统文化教育应加强对中华传统文化历史渊源、发展脉络、价值理念等文化内涵的诠释工作，客观全面深刻地展现中华传统文化的"根"与"魂"，增强当代大学生的文化自信，担当文化传承的历史使命。

（二）贵州传统文化传播存在严重的不均衡现象，少数民族文化（简称民族文化）独占鳌头，其他文化类型急需传播、挖掘和时代性转化

贵州素有"千岛文化"之美称，传统文化丰富多彩，"民族文化""夜郎文化""红色文化""儒、释、道文化""屯堡文化""巫文化""傩文化"等文化类型并存。"多彩贵州"不仅是贵州省多样文化的高度概括，更是贵州省的重要发展战略。调查可知，学生民族文化的感知度极高，其他文化类型感知度偏低。甚至呈现民族文化独占鳌头的局面。究其原因，笔者认为主要有以下几个方面。一、贵州地处我国西南少数民族聚集和杂居区，少数民族众多，因此民族文化凸显，氛围浓厚。虽然近年来民族文化变异，汉化现象严重，但是接受调查学生中有将近一半学生属于少数民族，对本民族文化敏感，乃人之常情。二、近年来，贵州省推出"山地公园省，多彩贵州风"的文化战略品牌，积极开发民族文化，大力发展民族旅游业。2009 年 8 月 31日，文化部、国家旅游局联合出台《关于促进文化与旅游结合发展的指导意见》，意见指出"文化是旅游的灵魂，旅游是文化的重要载体。加强文化和旅游的深度结合，有助于推进文化体制改革，加快文化产业发展，促进旅游产业转型升级，满足人民群众的消费需求；有助于推动中华文化遗产的传承保护，扩大中华文化的影响，提升国家软实力，促进社会和谐发展。"② "以旅游彰显文化，以文化促进旅游"，贵州人文旅游主打民族旅游，旅游经济的飞速发展极大提高了民族文化的知名度，笔者认为这是最主要的原因 。三、民族

① 中国精神文明建设年鉴编辑委员会：《中国精神文明建设年鉴·2015》，北京：学习出版社，2016 年，第 625 页。
② 张宏梅、赵忠仲：《文化旅游产业概论》，北京：中国科学技术出版社，2015 年，第 34 页。

文化成为高校学生社团活动、节日庆典等各种场合的重要构成要素，在学生的日常观察、体验、改造创新中实现并延展了自身价值，给大学生留下了深刻的印象。因此贵州高校传统文化教育中应加大民族文化之外的其他传统文化类型的力度。认真诠释各态传统文化的丰富内涵，让"多彩贵州"名副其实，共同服务于"讲好贵州故事"，塑造良好贵州形象的文化战略。

（三）学校传统文化教育方法和手段单一，教学效果不理想。

调查显示，大学生对目前高校传统文化的教育方式并不满意。他们认为传统文化教育多局限于线下选修课程，一般采用传统课堂知识讲授形式，老师讲，学生听，知识显得刻板枯燥，上课受到严格的时空限制，且课堂互动差，很难调动学生学习传统文化的积极性。对学生进行"乐于接受教学方法和模式"的调查时，发现学生期望的教学模式是多媒体环境下图文并茂的、不受时空限制的、积极参与互动式的教学方法和途径（见图9）。因此，新媒体时代，改革传统的课程教学模式，强化实践教学，如制作慕课，强化线上教学，成立"中华文化学社""中华优秀传统文化剧社"，举办"中华优秀文化知识大赛"等活动，利用出版、影视、微博、公众号、抖音等新传媒手段，全方位立体化重构中华优秀传统文化的"大课堂"。

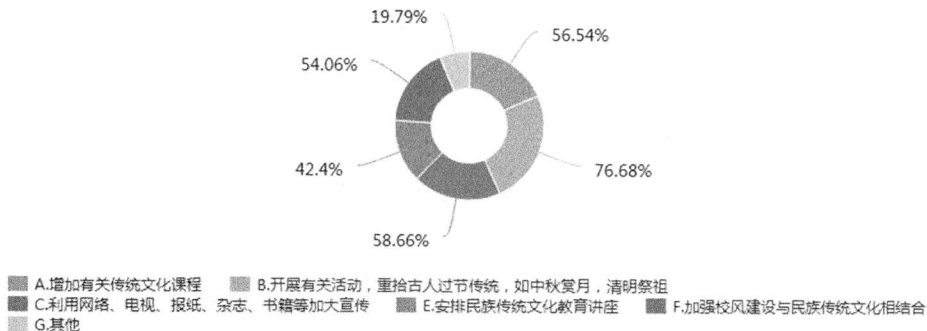

图9.大学生乐于接受的传统文化传播途径

（四）课程学分严重制约学生学习传统文化的主动性和积极性，将传统文化教育由专选课拓展到专业必修课程，成为高校课程改革方向

调查可得，目前绝大多数高校的传统文化教育主要集中在专门的传统文化选修课程和学校的社团节庆活动两种方式。学校以各种活动方式开展的传

统文化教育，如社团活动、节日庆典活动等，传统文化以歌舞曲艺等节目形式呈现。学生参与的积极性高，兴趣浓，但是参与和观看的人数都有严格的限制，因此规模小，影响小，学生接受传统文化仅仅停留在欣赏的角度，对文化内涵的感悟不深，影响力有限。以专业选修课程进行的传统文化教育，学生参与的积极性不高。学生是否选修传统文化课程受以下几个条件的限制。一、个人兴趣，很多学生认为传统文化课程枯燥无趣，不愿意选修。二、传统文化课程并非专业必修课，可选可不选，因此很多学生不选。三、如果传统文化选修课符合自己修学分的期望，并且考核容易过关，即使自己不感兴趣，也会选择选修传统文化课程，否则不选修。由此可见，学分成为制约学生学习传统文化课程的决定性因素。传统文化课程以选修课的形式出现，让学生学习传统文化有很大的选择空间，可以选择学习，也可以选择不学习，降低了高校传统文化教育的效果和力度，因此，为了迎合学生修学分的需要，实现高校传承中华优秀传统文化目标，将传统文化的教育由高校选修课程设立为高校中华优秀传统文化必修课，在哲学、社会科学及相关学科专业和课程中增加中华优秀传统文化的内容，把文化内容拓展渗透到相关专业必修课程中，让传统文化传播与专业理论相结合，利用多媒体技术，将文化融合到旅游、影视、传媒等文化产业类型之中，盘活传统文化，理论上探求传统文化的产业化之路，以求最佳的传播效果，完成高校传承传统文化的使命。这也正是"文化产业概论"课程改革起因及意义所在。

三、高校传统文化教育的产业化路径——以"文化产业概论"课程改革为例

"文化产业概论"是文化产业管理专业的一门专业基础课程，也是该专业的专业必修先导性课程。课程教学目标是：通过本课程的学习，使学生掌握文化产业管理相关的理论和知识，形成文化产业的全局观，提高学生的文化创新和创意能力。由于该课程理论性较强，学生学习积极性不高，实践创新能力很难培养。因此，课程改革十分必要。为了实现文化产业管理专业培养"通文化，懂经营管理"，服务于地方经济发展的创新型、应用型、复合型人才的培养目标。结合本课程特点，课程改革应坚持"立足于贵州地方经济的发展，坚守文化传播立场，淡化理论知识传授，重视能力培养"的实践教学原则，在新媒体时代，利用各种方法和途径吸引学生积极参与教学，全方位培养和提升学生的文化创意、创新能力。改革从以下几个方面开展。

（一）教学内容改革

首先，选取合适的教材，优化教学内容。根据专业性、系统性和时新性的原则，课程教学选用李思屈、李涛主编的《文化产业概论》（第三版）（浙江大学出版社出版教材）。本教材知识涵盖全面（包括数字技术），简单易懂，知识结构安排合理，唯一不足是所选案例陈旧，这一点在学习的过程中，为充分调动学生的积极性，教师应利用新媒体时代多样化的媒介渠道搜集鲜活案例，形成案例集来弥补，也是实践教学的重要构成环节。在教学课时有限的前提下，按照课程教学目标，对课程教学内容进行取舍，优化教学内容。教学内容删掉第八章文化产业的经营管理和第十章文化产业的品牌战文化产业管理内容，因为这些内容会在其他本专业的专业课程中涉及如："文化管理学""市场营销学""传媒经营与管理""财务管理""品牌战略"等课程。

其次，构建合理的知识板块。根据课程知识内容的关联性特点，将学习内容重新规划组合，形成三大知识板块。板块一，基础理论知识板块，包括第一、二、三、七、九章；板块二，世界文化产业发展现状及趋势板块，包括五、六章和第十一章；板块三，当代文化创意产业的类别，包括第四章传统的九大产业和第六章数字技术。根据不同板块的知识特点，学习过程中将会采用不同教学方法和手段。

（二）教学方法改革

根据前文对高校传承传统文化的现状和存在问题的分析可知，传统的单一的讲授课程的方式，很难调动学生的积极性，教学效果不佳。新媒体时代，改变传统的单一的讲授的教学方法，针对教学内容知识体系的不同，以互联网为平台，真正将"案例教学法""多媒体教学法""分组教学法""角色扮演"等多元的教学方法运用于课程教学之中。

1. 案例教学方法

除了教师课堂上以案例来阐释理论知识之外，调动学生积极性利用图书、报刊、网络、影视等各种媒介搜集与各章节知识相关的动态时新案例，形成案例集，并且在课外阅读案例，课堂参与分析案例，调动学生学习的积极性。

2. 多媒体教学方法

除了运用多媒体手段放映教学 PPT，在线观看案例、视频外，新传媒时代，可以利用学生比较喜欢接受的影视 APP、QQ 群、微信群、微信公众号等自传媒手段，开辟"文化产业概论"课程专栏，及时传递产业信息、分享经典案例、讨论相关热门话题、反馈学习情况等，"翻转课堂"，突破时空限制，无限延展课堂教学。

3. 分组教学法

根据学生的兴趣爱好和未来的职业规划，按照文化产业的分类，将学生分成 8—10 组，每组学生负责一类文化产业的案例收集和实践创意，如，对旅游业感兴趣的，可以根据贵州省不同的文化旅游类型，制定文化旅游规划和创意，形成不同的创意文本，爱好影视业的同学可以针对贵州文化创意不同的文化栏目，利用手机、相机、影视 APP 或软件制作微型影视作品。凸显学生的"创意和创新能力"，调动学生学习的积极性，培养学生团队合作的精神。

（三）实践教学手段改革

培养学生的创新实践能力，既是文化产业管理专业的人才培养目标，又是"文化产业概论"课程的教学目标，建立全方位、多样化的实践教学体系，意义重大。主要从以下几个方面入手：

首先，成立与文化相关的校内实践"文化社团"，定期举办与课程相关的实践活动。如可以依托学校团委或者学院的力量成立"中华文化学社""影视制作中心""文化创意学会""艺术团"等文化或者文化产业类型的社团。定期举办读书会、文化沙龙、文化创意、歌舞表演等，讨论文化热点、相关著作或文化现象等相关话题，创意音乐、旅游商品、艺术产品等，从而拓展课外学习，延展课堂教学。

其次，利用网络平台和自传媒，制作慕课，组建 QQ 群、微信群，开辟微信公众号等。学生可以利用网络平台转载各种学习资料，了解更多的网络信息，掌握基本网络技能，适应信息化时代对高校大学生的需求。同时可以根据学生的兴趣及择业需求，指导学生坚守"创意是根，文化是魂"原则，制作各类文化创意产品，如旅游商品、影视产品、图书报刊等。

最后，以校外实践教学基地为依托，强化实践教学。借力地方经济的发展建立校外实践教学基地。[①] 根据实践教学安排，带领学生到实践教学基地和文化产业园区，参观、感受、体验、培养和提高学生的知识运用能力和实践创新能力。同时鼓励学生利用周末和暑假兼职，培养和增强实践能力，最终

---

① 田素美：《论贵州省高校文化产业管理专业教学体系的构建》，《企业导报》2015 年第 23 期

实现知识和能力的"无缝对接"。通过一系列的课外实践拓展，让师生共同跳出课本与单调课堂教学的壁垒，使课程理论教学和实践教学的结构更为合理，丰富课程教学，提升学生的实践、创新和创意能力，盘活文化，实现文化的产业化发展之路。

（四）教学效果和评价考核体系的改革

摒弃传统单一的以期末考试为反馈课程教学效果的评价体系，建立一套可以测量的量化评估指标体系。坚持定量和定性相结合的原则，从高校传统文化凝聚力、传统文化吸引力、传统文化创造力、传统文化整合力、传统文化辐射力几个方面入手，结合新传媒时代，全媒体传播的评价标准进行改革。根据教学内容和教学方法，建立多样化的反馈评价方式。利用交流平台反馈教学效果；利用文化沙龙、自媒体平台等实践教学手段反馈评价教学效果；利用校外集中的实践教学反馈教学效果，如实践报告、文化创意产品、文化创意文本等；利用学生实践、实习或兼职文化产业企业、文化事业单位对学生的评价反馈考核等多样化的考核方式。

"没有高度的文化自信，就没有中华民族的伟大复兴"，新媒体时代，改革高校传统文化教育的方法和手段，将中华优秀传统文化融入高校相关专业课程。文化融合和产业化背景下，多样化立体化传承中华优秀传统文化，探寻高校传承传统文化的有效路径。提高高校大学生的文化创新和创意能力，促进传统文化的时代创新和时代转化。增强高校大学生的文化自信，自觉承担起传承中华优秀传统文化的历史责任和使命。

中华优秀传统文化融入通识教育的实践与创新

——以《道德经》课堂为例

王　婷*

（厦门大学新闻传播学院，福建厦门，361000；

贵州师范大学国际教育学院，贵州贵阳，550001）

摘　要:《道德经》以建立和谐理想社会为其政治哲学的终极目标。厦门大学通识教育中心将《道德经》纳入通识教育课程体系，是实践传承、弘扬中华优秀传统文化的切实行动。厦门大学《道德经》通识课程在通识教育的不断实践中发现并找到了一条既承接文化传统又顺应现代教学标准的教改道路，是尝试传统与现代互补互鉴的教育理念，是践行中华优秀文化在高校教育不断深化改革发展的可行、可通之道。

关键词:《道德经》；通识教育；中华传统文化

基金项目: 2018 年度厦门大学教学改革研究项目"新媒体时代高校传承中华优秀传统文化的路径与效果评价研究"（编号：JG20180116）。

　　冯友兰先生在《中国哲学简史》的开篇就提到了中国自古以来的传统教育就是用哲学启蒙，他说:"在旧时，一个人只要受教育，就是用哲学发蒙……儿童刚刚开始识字，就读一种课本，名叫《三字经》，每句三个字，偶句押韵，朗诵起来便于记忆。这本书实际上是识字课本，就是它，开头两句也是'人之初性本善'。这是孟子哲学的基本观念之一。"[①] 21 世纪的中国，社会变迁，

---

*　王婷（1984—），女，贵州贵阳人，厦门大学传播学博士生，贵州师范大学国际教育学院讲师，研究兴趣：华夏传播、跨文化传播。

①　冯友兰:《中国哲学简史》，涂又光译，北京：北京大学出版社，2010 年，第 1 页。

教育改革，尤其近几年在高等教育中推广的通识教育越发接近传统中国教育体系中的文化熏陶与修身养性，这在西方被称为"博雅教育"，是一种非专业、非职业化的教育，而注重强调发展人的素质与文化，提倡发掘人的内在潜质。值得注意的是，通识教育或通才教育这一术语名词虽然来自欧美，却并不代表中国自古没有相似的教育理念，或者说"通才教育不必然是外来的概念。它根植于中国文化，从来是中国教育哲学的一部分。"① 研究中国古代教育史的李弘祺认为"中国传统教育本质上是通识的"②；狄百瑞也指出"中国传统的经典教育与美国当下以核心课程为主的通识教育模式有类似之处"，他还认为朱熹的"为己之学"与西方的"为学问而学问"的传统是相一致的。③ 所以，今天中国如何传承和发扬中华传统优秀文化，通过通识教育模式与传统文化的融入与结合是一条既具有先天优势又具备后天技术支持的可行可通之路。

厦门大学的本科教育理念本着"精英教育"为主，依照"厚基础、宽口径、多样化"为原则，坚持学生为本，大力推进"全员全过程全方位育人"的创新与实践。如学校教务处通识教育中心面向全校学生开设的"群贤精品课程"系列就是突破学科专业界分，实现教学资源优化共享，以学生兴趣为主，满足学生个性化学习要求的通识课程。笔者参与了其中"群贤精品课程之《道德经》"课程所在课题的创新与实践等活动，本文将以《道德经》课程为实例进行教学改革的探讨与研究。

厦门大学核心通识课程《道德经》依托于厦门大学传播研究所下设"老子道学传播与研究中心"的教学研究平台，该中心多年致力于《道德经》的教学、传承、传播等方面研究，通过教学与研究相结合模式不断挖掘《道德经》的传播智慧，开拓老子传播学的新领域。《道德经》通识课不仅作为厦门大学的核心通识课程每个学期向全校学生开放，同时在中国大学 MOOC 平台开设了线上课程，面向更广阔的受众群体，该课程经福建省教育厅确立为省级线上精品课程。

一、传统文化的通识教育可以起到"立德树人"教育成效

"立德树人"是贯穿教育部提出"三全育人"工程体系的一个中心思想，

① 陆一：《从"通识教育在中国"到"中国大学的通识教育"——兼论中国大学专业教育与通识教育多种可能的结合》，《中国大学教学》2016 年第 9 期。

② 沈文钦：《本土传统与西方影响：20 世纪 80 年代以来通识教育的制度化进程》，《北京大学教育评论》2018 年第 4 期。

③ 同上。

也是回应我们的教育应该"培养什么人"的一项明确指南。[1] 中国传统文化是十分注重伦理道德教育的一种文化，儒家经典《大学》开篇则有："大学之道，在明明德，在亲民，在止于至善。"朱熹将《大学》从《礼记》中挑出并拔高其在中国思想中的价值就是在于要强调为学之道应如何着手，于是他在序中写道：

> 大学之书，古之大学所以教人之法也……人生八岁，则自王公以下，至于庶人之子弟，皆入小学，而教之以洒扫、应对、进退之节，礼乐、射御、书数之文；及其十有五年，则自天子之元子、众子，以至公、卿、大夫、元士之适子，与凡民之俊秀，皆入大学，而教之以穷理、正心、修己、治人之道。此又学校之教、大小之节所以分也。（《大学章句》）[2]

从朱熹序中可以看出他是将古之学问分为"小学"和"大学"。"小学"是人到了八岁去学习的基本待人接物的知识，可以发展为专业知识或者职业知识；"大学"则是"穷理、正心、修己、治人之道"，不是针对某一专业或职业的学问，是社会精英须经历的素质教育。当然，在现代社会，我们不提倡这种区分阶级的教育，因为对于任何人来说，"小学"作为一种专业化职业化的教育是人未来谋求生活的必要准备，同样"大学"则是人之所以能为人的一个必要人生培养环节，对于每一个受教育者来讲同样是必不可少。因而结合中国传统教育思想下的启迪，我们可以从中来理解"立德树人"就是"小学"和"大学"的结合，是专业教育与通识教育的共同所需，这就是通过传统思想对"立德树人"教育理念的当代阐释与解读。

从另一个方面，客观来讲，中国传统文化目前并不是中国现代社会中的主要流行文化，但无论社会如何变迁，即使中国今天的知识分子鲜有读《大学》《中庸》也并不代表优秀传统文化精神已经消失。但要让优秀传统文化继续传承和发展还仍需要更多的外部力量方能得以实现，进而实现中华文明的伟大复兴，这都将是一个需要不断传播、宣传、倡导、教育的努力过程。因

---

[1]　习近平总书记在全国高校思想政治工作会议上指出，要坚持把立德树人作为中心环节，把思想政治工作贯穿教育教学全过程，实现全程育人、全方位育人，努力开创我国高等教育事业发展新局面。参见熊晓梅：《坚持立德树人 实现"三全育人"》，《光明日报》2019 年 2 月 14 日 06 版。

[2]　[宋] 朱熹：《四书章句集注》，北京：中华书局，1983 年，第 1 页。

此，想要实现文化的复兴，文化的继承，"不是简单地复古，是在吸取精华、扬弃糟粕的前提下，去与当代社会相适应，与现代文明协调对接，既要保持民族性，又要体现时代性，同时传统文化的承传又是一项长期坚持的系统工程"①。

二、《道德经》融入通识课程的可行性与必要性

《道德经》或《老子》是春秋战国时期的著作，较多学者认为是哲学家、思想家老子即李耳所著。《道德经》是一部政治哲学，也是关于普通人如何理解"道"、体悟"道"、践行"道"的人生哲学。可以说《道德经》的思想博大精深，无论是普通人还是作为社会群体中的个体都有必要熟读《道德经》，作为涵养心性、修身立德的重要手段。

（一）《道德经》何以能与现代通识教育相融合

历来人们对于中国传统文化都保持这样一种观点，即传统文化如道家、儒家等思想是人文专业的专有内容，如果放在社会或更广范围来看只是华夏文明的一种国粹，或者称为国学，在现代社会并不是人人都有必要去了解和学习的，因为它们离我们现代生活已经相去甚远，丧失应用范围了。诚然，像《道德经》作为先秦时期的作品，迄今也有两千多年，老子所在的世界确实同今人的生活景观相较已然是沧海桑田。尽管如此，《道德经》五千言虽历代久远，但其中文字内涵则是关于人如何为人处世，是关照人生怎样追求幸福的，如此来讲它就不过时。《史记·老子韩非列传》中记录了"孔子适周，将问礼于老子"。孔子是我国伟大的思想家，是古往今来人人称颂的圣人。孔夫子都向老子请教学问，那么我们作为见识更广阔的现代人为什么不能虚心了解一下像《道德经》这样优秀传统文化的真谛呢。

著名高等教育学者潘懋元曾就高等教育的现代化和传统化发表过意见。他认为传统文化和现代文化并不是一对新旧的矛盾事物："现代化作为人类共同目标和具体的实践活动的统一体，只能是传统文化背景下的现代化或传统文化基础上的现代化。"②今天的现代生活不能脱离传统文化的背景和基础，是因为传统文化是本民族的精神灵魂所在，抛弃传统只谈现代教育是将未来

---

① 颜建华：《论传统文化在教改中的地位和作用》，《教育文化论坛》2010 年第 2 期。
② 潘懋元，张应强：《传统文化与中国高等教育现代化》，《清华大学教育研究》1997 年第 1 期。

建在了空中楼阁，传统和现代是根本与发展的关系。正如老子所言："合抱之木，生于毫末；九层之台，起于垒土；千里之行，始于足下。"（《道德经》第64章）从这一观点来看高等教育事业，同样还是一个继承与发扬的关系，就是我们如何从传统文化中吸取和借鉴优秀的文化因子发挥其在现代化建设中作用，同时还须利用它能够塑造和培养具有民族特性的教育的内化影响力。因此，潘教授还提道："高等教育的培养目标、教学内容、教学方法都带有民族传统文化的特色，尽管高等教育是专业教育，以科学技术教育为主要内容，但不可否认，每一民族国家的高等教育莫不担负着弘扬民族优秀传统文化的职责，以传承民族传统文化为己任，离开了传统文化，高等教育及其现代化就失去了存在的基础。"①

厦门大学通识课程之《道德经》课程之所以成为厦门大学核心通识课程之一，不仅作为弘扬传承中国传统文化的典范，重要的是《道德经》课程也符合现代高等教育的规范与准则。这门课程有教师专门撰写的教材——《道德真经精义》②，该书作为一本专著式教材，是为了在当代更好地发扬老子慈心济世的精神，探讨其修身治世的深厚理论思考，促进青年自觉培养与当代社会发展相适应的能力。《道德真经精义》就是一部能够统摄《道德经》要义，涵括《道德经》精华的著作。全书共设十四讲内容，每一讲作为《道德经》研究的一个专题具有针对性，在教学上能够深入浅出启发学生。同时，该书作为教材使用，十四讲内容布置合理恰当，正好可以覆盖一个学期的教学计划，每一讲内容都能成为课业的专题训练。

（二）《道德经》进入通识课堂的必要性

高等教育注重专业化职业化训练是现代教育的基本，由于专业化和职业化从动态发展上可能会导致知识间的隔阂，但不置可否它们之间却又存在千丝万缕的关联和互动。所以无论哪一个学科专业的学习者都应该有向其他学科学习的必要性，在这种学科间交流互动中找寻知识的连接点，建立学科知识图谱，而并不仅局限于本专业之内。这是将传统文化引入通识课堂的一个必要前提，也是正如像《道德经》这样的传统经典能够起到帮助不同学习者，特别是青年学者在构建系统知识图谱前可以首先建立一种宏大的世界观、人

---

①　潘懋元，张应强：《传统文化与中国高等教育现代化》，《清华大学教育研究》1997年第1期。

②　谢清果：《道德真经精义》，北京：宗教文化出版社，2015年。

生观、价值观的文化智慧所在。

《道德经》在涉及自然、人、社会三者间的讨论非常丰富，即使在今天都有十分积极的借鉴价值，是人们解决社会矛盾、人生苦难的一种方式。正如谢清果教授讲道："老子的学说以其特有的反思批判特点，发人深省，对于当代建构和谐社会与和谐世界都有不可多得的智慧启迪，对于增强中国文化软实力也是不可或缺的思想资源。"①比如《道德经》中最重要的概念之一就是"自然"，当然这个自然不完全是客观环境，而是一种"非人为""无为"的态度与观念，因此《道德经》中才常常会有这样的话语："无为而无不为。"（《道德经》第48章）"生而不有，为而不恃，长而不宰，是谓玄德。"（《道德经》第10章）人生的许多苦难和不幸都在于人们过度地去"人为"，使得本应顺应自然法则、天道规律的事物反而出现了衰败，这也是老子常常告诫人们尊重"自然"否则"为者败之，执者失之"（《道德经》第64章）。而应该采取借鉴圣人的处事方法才有不至于步入失败之地："是以圣人无为，故无败；无执，故无失。民之从事，常于几成而败之。"（《道德经》第64章）并且"慎终如始，则无败事"（《道德经》第64章）。除此以外，《道德经》还有许多关于人际关系应该是如何相处的，老子主张"报怨以德"（《道德经》第63章），而不应该"冤冤相报"。老子甚至辩证地看到人与人之间早晚会出现矛盾与问题，因此我们应该提前让人际矛盾化在无形中，所以他说："和大怨，必有余怨，安可以为善？是以圣人执左契，而不责于人。有德司契，无德司彻。天道无亲，常与善人。"（《道德经》第79章）《道德经》还有关于如何做好个人、组织包括国家的管理方式："修之于身，其德乃真；修之于家，其德乃余；修之于乡，其德乃长；修之于国，其德乃丰；修之于天下，其德乃普。"（《道德经》第64章）"治大国，若烹小鲜。"（《道德经》第60章）怎么辩证看待问题："将欲歙之，必固张之；将欲弱之，必固强之；将欲废之，必固兴之；将欲夺之，必固与之，是谓微明"（《道德经》第36章）等等。

上述《道德经》的文字和话语，对于任何人特别是还在学习的学生来说都是十分珍贵的人生经验，是指导人们走好人生道路的行为参考，也是帮助人们避免步入歧途的警示与借鉴。所以，将《道德经》这样的传统经典纳入高等教育是十分必要且大有裨益的。

---

① 谢清果：《道德真经精义》，北京：宗教文化出版社，2015年，绪言，第1页。

三、将传统文化融入教学实践的具体内容

从上述中提到由于教学主体是青年人，这个群体有其特有的认知方式和接受能力，如果因为教学的内容是传统文化而仍然采用旧式的教学形式显然会出现受教育者的接受偏差，则难以达成传统文化教育传播的目的和效果。因此，在教学方法上主要采取了一些符合当前青年群体所熟悉并乐于接受的教学形式——主题引导式教学、新媒体辅助教学和创新式考核。

（一）主题引导式教学

在学生选择《道德经》课程之前，较多同学们都没有读过《道德经》原典，甚至还有一部分学生不熟悉文言文，比如理工科专业的同学。因此，直接学习《道德经》对部分同学是有难度的，加之原著年代久远，许多文字奥古难懂更加深了此方面的困难。考虑到传统文化的缺失正是目前青年学生们所匮乏的实际情况，因此课程的教学安排没有按照《道德经》八十一章逐一顺序进行讲解，而是以学生自身体验为主，切身经历为本，以专题形式展开教学。如第一堂课的主题则是以"老子之道对青年人成才的启示"为专题进行讲解，包括以如何学习为主题的"'绝学无忧'的学习之道"，修行修身为主题的"'守柔曰强'的修行典范""'宠辱不惊'的境界"等专题授课，这些都是从《道德经》中专门针对主题所梳理出专题章节，通过汇总进行系统讲授。如此下来，学生们首先对《道德经》将不再会感到陌生，因为系列主题讲授的是贴近青年群体的现实生活内容，其次学生们通过汇总主题式的讲解，将对《道德经》有一个概括式的领略和了解，可以为下一步从细节上学习《道德经》做下铺垫。

其次，引导式教学也是本门《道德经》课程的特点所在。一直以来的中国课堂都是老师讲解为主，学生参与较少，即使有翻转课堂式的教学，都是以课前粗略预习或者收看教师视频作为铺垫，主要在于学生到课堂上参与教学互动。据目前翻转课堂的研究来看，这种教学形式是有利也有弊的[①]，有利在于可以调动学生的热情参与，但是弊处也是显而易见的：学生或许因课前偷懒并不会深度参与预习，最后课堂的讨论或许只会流于形式。而引导式教学虽然灵活互动性不如翻转课堂，但是对学生在课前的准备要求却是增高，会让学生为了在课上呈现课前准备工作而倍加认真，这无疑是传统教学模式

---

① 李芳芳：《翻转课堂在大学英语教学中运用的利与弊》，《高教学刊》2015 年第 01 期。

下与新生代教学方式的一种尝试结合。本门课程在进行到三分之一时，则要求学生提前选取并准备《道德经》中重要章节，在课前做好学习工作，上课时老师将讲授主动权交予学生，让他们上台演讲。在此过程中，既鼓励学生大胆上台讲话，又保证学生的提前学习是必然需要经过认真准备的，是对学生在知识和能力上的一次积极挑战。在学生演讲完自己准备的内容后，老师还会就同学所讲的《道德经》理解继续做补充和说明，并且回答学生在此过程中的问题与疑惑，这样可以帮助学生加深对文本的理解，经过课前与课上这双重的作用功下，学生对《道德经》的认识和理解将得到拓宽与深化。

（二）新媒体辅助教学

由于本门课程是厦门大学通识教育中心的精品课程系列之一，在"中国大学 MOOC（慕课）"网络平台上也开设有慕课课程。慕课可以满足本校学生通过线上学习的不同时段学习要求，同时也在更大范围内传播了《道德经》的文化和知识。在慕课平台上，《道德经》课程也是以十二个专题展开串讲，这十二个专题分别是：《道德经》的作者、文本及其价值；《道德经》思想的历史溯源；《道德经》的核心概念：道；《道德经》重要概念"一""玄""德"；离形：超越感官；去知：超越理性；同于大道：道境的况味；《道德经》的人生感悟；《道德经》的成功智慧；《道德经》的自我管理智慧；《道德经》的伦理智慧；《道德经》的社会治理智慧。通过专题讲解，是概括式梳理《道德经》众多章节一个较为合理的方式，也能让学习者在较短时间内快速汲取《道德经》文化的精华与核心，是符合当前集约化、碎片化、无限制化网络学习的时代特征。

线上慕课除了作为实际教学的辅助，本门课程还采取了现场课堂直播的形式，作为真实课堂教学用于网络共享的一种尝试与线上再学习的一个补充。当前，"直播"是青年群体所喜爱且接受的媒介形式，《道德经》课程的现场课堂采取直播方式，面向的不仅是本校学生，更有着服务社会，让优质资源共享的态度。直播软件采用的是"一直播 App"，是一款能够持续播放的直播软件。这款软件有回放功能，因此本门选课的学生可以通过此功能再次回放课堂内容，可以起到帮助学生复习课堂学习的作用，这无疑是新媒体改变、改进现实教学的一次鲜活案例。采取直播形式，对于教师来讲是一次新的尝试，也是一次巨大的挑战，教师将比一般课堂的教学准备更多的内容且更为严谨细致，因为直播平台面向的将不仅是本校学生，还有不计其数的潜在观看的学习对象。本文截稿前，直播课堂已经录制了 13 条现场视频，平均每条视频在线的播放量为 654 次，单条视频最高播放量为 3407 次（见图 1）。随着时间的递增，只要该网络视频不删除，播放浏览的次数还会继续呈现增长势态，这将让未能走进厦门大学精品课之《道德经》现场课堂的更多、更广泛的社会群体可以拥有通过使用互联网的机会，来参与课堂的现场教学，得到知识体验和学习享受。作为传统文化的通识课程以及 MOOC（massive open online courses）其最根本的现实意义就是使得优秀的传统文化，通过社会扩散、互联网直播或网络分享等各种形式不断地得到传递和传播。

图 1:《道德经》网络直播课堂的单次最高网络观看截图

（三）教学考核的创新

本门课程还采取了考核上的创新。由于《道德经》课程作为一门通识课程，选读的学生来自各个专业，大家在传统文化上的认识和能力可以说是良莠不齐。为了让学生能够真正领略传统文化的魅力，让他们可以用认真严谨的态度去尝试一次传统文化的学习，教师为学生们设计了一次简单的文字考古训练。

教师从《道德经》文本中提炼出若干关键字和关键词，将这些关键字词会分配给每一位同学，并保证每位同学分配的关键字词不尽相同，且要求学生通过《道德经》的不同版本，如郭店楚简本、马王堆帛书本、河上公本注、王弼注本等，不同的《道德经》注本对应找到所给字词的相关章节，再进行这些字词在不同版本的对照，学习掌握其中基本意义。除此以外，学生还须参考当代五本《道德经》的译作，如《老子今注今译》（陈鼓应注译，商务印书馆，2006），《老子传真》（黄友敬，儒商出版社，2003），《老子译注》（冯达甫译注，上海古籍出版社，1991），《老子道德经通解》（清宁子，宗教文化出版社，2010）等，每位学生需要在这些著作中找到他们分配的关键字词对应章句，进行比较对照从中得出理解字词的意义，最后根据学生合情合理的分析和自身的学习见解写出一篇课程论文。这些关键字词都是理解《道德经》的密钥，是开启理解中国传统文化的一盏明灯，如"真""善""不善""成败""虚实""强弱""黑白""柔弱"等等。

对于本科学生而言，特别是非文史哲方向专业的学生来讲，这样的要求并不低。一则需要学生有较熟练的文言文功底，二来需要学生对古典文献有所认识，因此在这样的要求下，学生确实获得了许多传统文化方面的学术训练，甚至有表现优异的同学，只要他们的课程论文达到了一定的学术水平，教师都会协助他们去公开发表文章。这对还处在本科阶段学习的学生来讲无疑是一种积极的学术鼓励与支持，将促使学生们在传统文化方面的学习上更加具有热情和动力。

四、课改效果的调查与研究

《道德经》课程不仅是厦门大学的核心通识课程之一，还是厦门大学本科高校教育教学改革研究项目——"新媒体时代高校传承中华优秀传统文化的路径与效果评价研究"下设的研究子课题，属于总课题项目下的一个具体教学实践环节。因此，有必要对《道德经》课程的教学效果进行调查和分析，通过量化研究方法来测试本次课程对学生在认知、情感和行为三者上是否产生正向影响。基于本次课程总体情况，我们准备了对学生的课程教学反馈调查问卷（见附录 1.），被试即是参与本门课程的全部本科学生，共 45 名，发出并收回问卷 45 份。

由于本次课改主要研究的教学对象即是本门课程的参与学生，人数仅有45 人，并且他们都来自不同的专业（见表 1）。因此，搜集的数据只针对本次教学活动的反馈情况，也只能说明本次课程的教学效果。尽管目前暂时不能用更大范围、更大规模的量化统计来说明课改的普遍成效，但希望经过该教改课程的持续开设，未来可以提供较为丰富和全面的数据支持。下面是本次课改效果研究的具体分析。

表 1. 被试所在专业的分布情况

专业	人数	比例
哲学	1	2.22%
经济学	12	26.67%
法学	2	4.44%
文学	7	15.56%
历史学	2	4.44%
理学	6	13.33%
工学	9	20%
管理学	2	4.44%
艺术类	4	8.89%
合计	45	100%

（一）对《道德经》课程的认知情况

在认知情况的了解中，分为在参与课程之前与参与课程之后，对被试在中华传统文化、《道德经》文本、其他中华传统文化元典阅读和学习《道德经》课程等方面进行调查和分析。

（1）在参与《道德经》通识课程之前的认知情况

问题：你对中华传统文化是否有所了解？

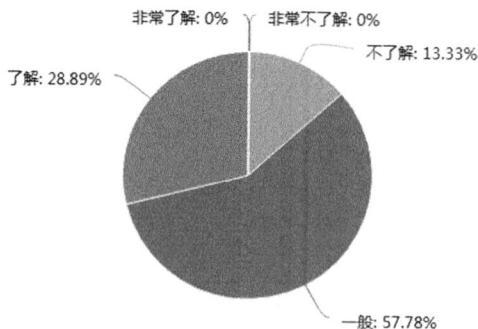

非常了解: 0%　　非常不了解: 0%
不了解: 13.33%
了解: 28.89%
一般: 57.78%

图 2. 对中华传统文化的了解情况

问题：你在参加《道德经》通识课程之前，是否读过《道德经》文本？

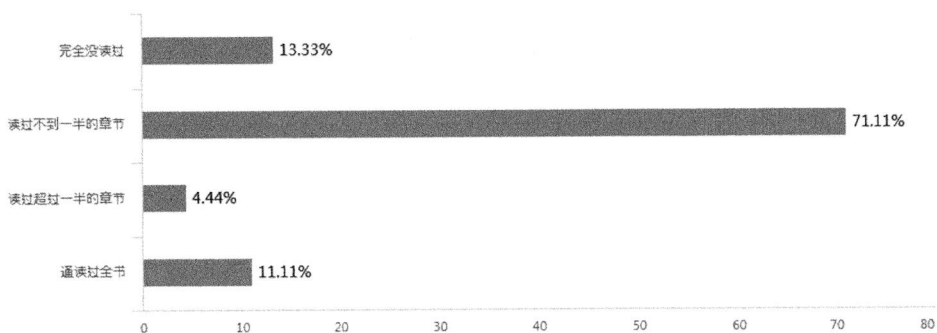

图 3. 参加课程前对《道德经》文本的了解情况

问题：在参加本门课程之前，是否读过其他关于中华传统文化的元典书籍？

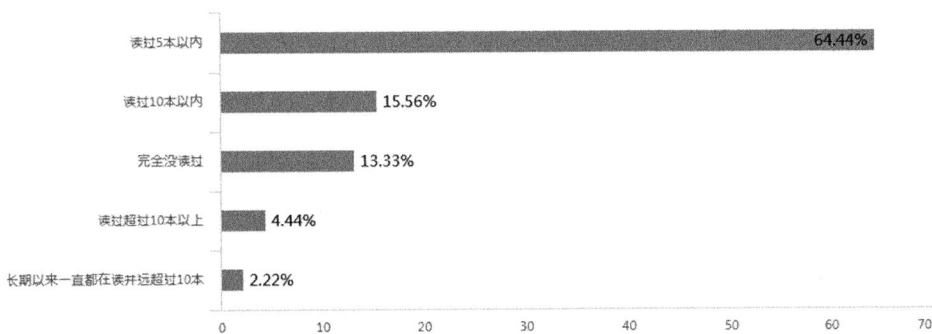

图 4. 参加课程前对其他中华传统文化书籍的阅读情况

通过上述情况，总的来看学生们对中华传统文化都有所了解只是程度不是很深，而在经过不同专业的学生作为自变量并以这 3 个问题作为因变量进行交叉分析后得到，哲学（1 人）、历史学（2 人）、艺术学专业（4 人）的学生相比其他学生对中华传统文化较为了解，紧随其后的是文学。对《道德经》文本较为熟悉的是历史学（2 人），通读率达到 50%，通读率其次是经济学（12 人）和理学（6 人），分别都为 16.67%。在除《道德经》文本以外还长期接触其他中华传统文化并且阅读的书籍达到 10 本以上的学生主要来自历史学专业（2 人）。[1]

---

[1] 该数据分析由"问卷星"网站提供的数据分析工具得出，网址：https://www.wjx.cn/wjx/activitystat/viewregnew2.aspx?activity=39764420&rrc=20000%3B50000

（2）在参与《道德经》通识课程之后的认知情况

问题：通过课程的学习以后，你对《道德经》的理解情况。

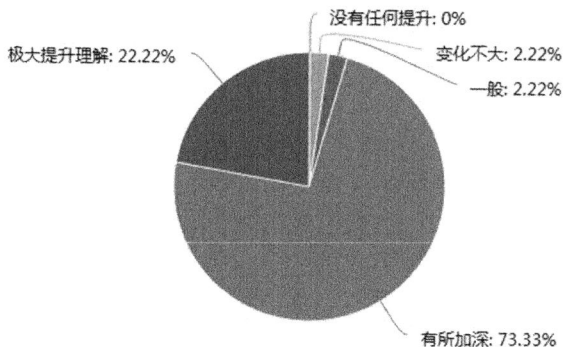

图 5. 课程学习之后对《道德经》的理解情况

问题：经过《道德经》文本学习后，哪些方面对你的启发最深：（多选，最多不超过三项）

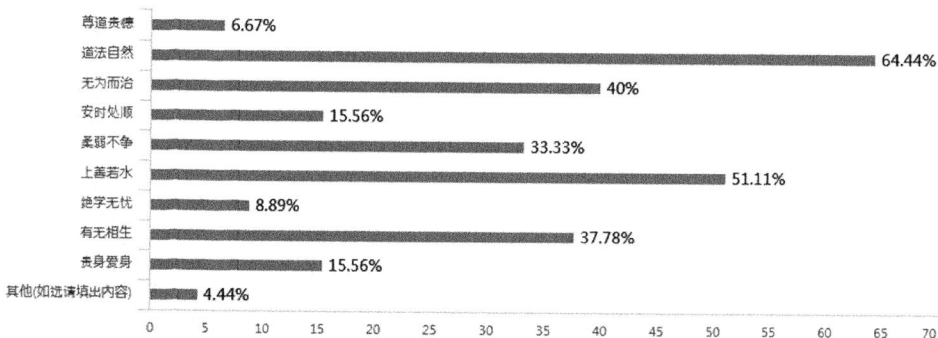

图 6. 课程学习之后学生对《道德经》内容认识情况

从上面两则数据可以看出，在经过课程学习后，73.33% 的同学认为对《道德经》的理解有所加深，并且有 22.22% 的同学有极大提升。在对《道德经》文本的理解上，对同学们启发最深的前三个内容是"道法自然"（64.44%），其次为"上善若水"（51.11%）、"无为而治"（40%），符合《道德经》较为核心的思想与精神。

（二）对《道德经》课程的情感态度

情感方面的调查的呈现会比较主观，是为了尽可能让学生从自我感悟出发，测试他们是否能在情感上接纳《道德经》这门两千多年前的古代学问。这对研究如何让现代青年学生接纳和接受中国传统文化有较为重要的内容和价值。

问题：你热爱中华传统文化的程度怎样？

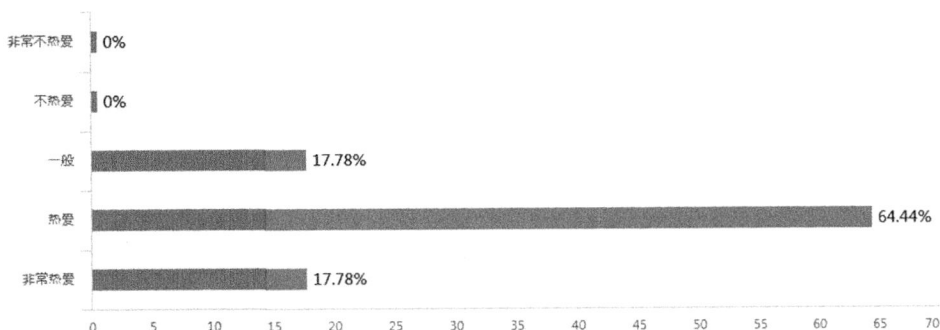

图 7. 学生对中华传统文化热爱程度的情况

问题：在上这门课时，你是否感到课程带来的学习快乐？

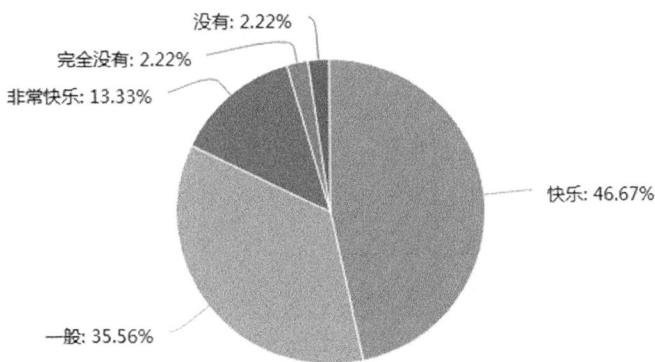

图 8. 学生在《道德经》课程中的接受情况

问题：《道德经》课程还在中国大学 MOOC 开设了线上课程，你是否参与了？

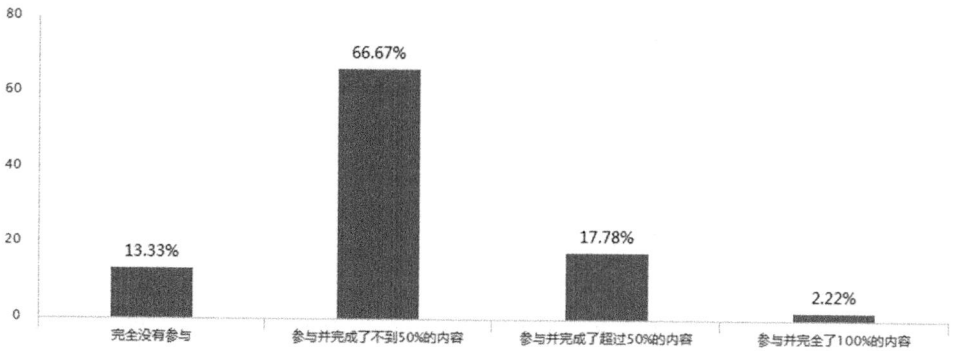

图 9. 学生对于课程改革使用新媒体（网络慕课）的参与接受情况

问题：你是否喜欢《道德经》线下课程的同步直播这种方式？

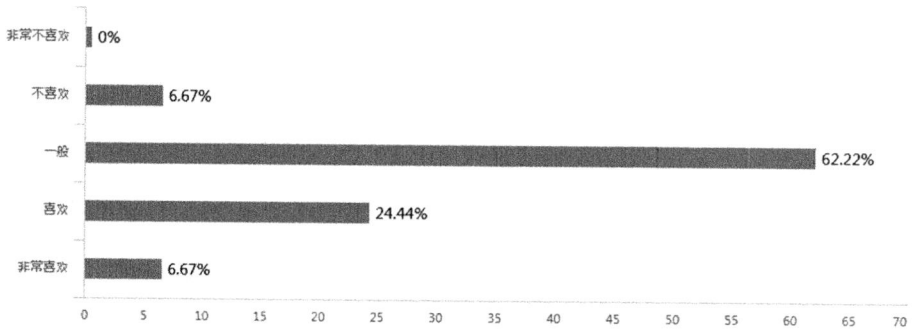

图 10. 学生对于课程改革使用新媒体（课堂直播）的接受情况

问题：本课程是否激发了你未继续学习中华传统文化的兴趣？

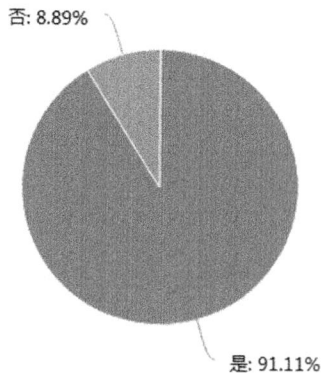

图 11. 学生因《道德经》课程所触发的继续学习的兴趣

从上述数据可以看出，总的来讲绝大多数的同学在《道德经》课程的学习中的态度是接受的，并且有较多数的同学可以从中感到快乐（46.67%）和非常快乐（13.33%）的体验；但还是有个别同学没有感到快乐（2.22%），即便如此也没有一个学生在对中华传统文化的热爱程度上选择非常不热爱或不热爱（0%），可见即使在教学方法上导致学生的接受性虽然因人而异，但绝大多数年轻人对于中华传统文化仍然是持开放和热爱的态度。在课程采用新媒体教学方面，有86.76%学生都参与了慕课学习，17.78%完成慕课学习的50%以上的课程内容；对于网络直播，虽然62.22%认为一般无感，可从24.44%的喜欢和6.67%非常喜欢看出，这种教学方式至少是学生并不反感的一种方式。在课程是否起到了引导学生学习中华传统文化方面，91.11%的学生都持肯定态度。

（三）《道德经》课程对参与学生行为方面的潜在影响

在经过"认知""情感"方面的测试后，对于效果研究还须考察对人行为是否产生影响，特别是对未来是否产生积极引导，如是否能对大学生的素养有所提高，对人生智慧有所增益，对艺术审美的品位有所提升等方面可进行考察。

问题：通过本门课程的学习，你觉得《道德经》能否指导你的现实生活与学习？

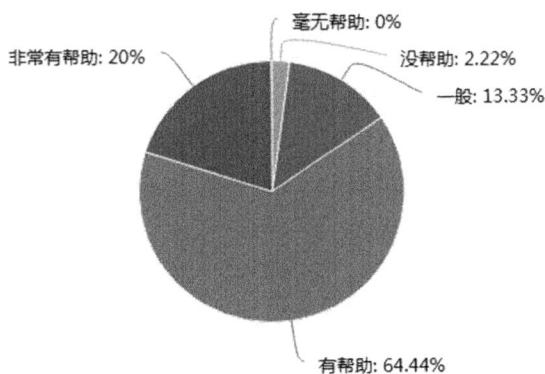

图 12. 学习的《道德经》课程对学生的现实生活和学习的指导情况

问题：你觉得线上《道德经》慕课对你在课堂之外的学习有帮助吗？

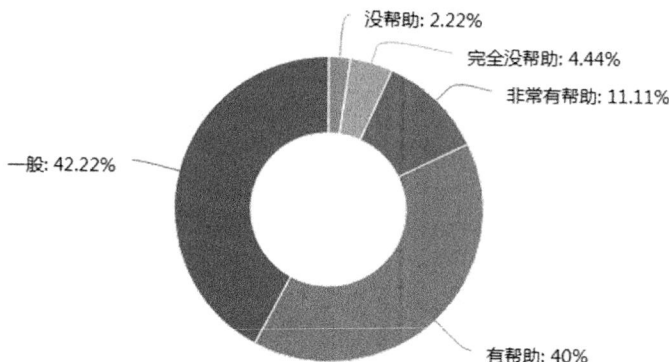

图 13.《道德经》慕课对学生学习行为的影响情况

问题：（前置条件：如果认为《道德经》能激发继续学习中华传统文化的兴趣）你会青睐采取何种学习方式继续学习中国传统文化：

表 2：学生选取继续学习中国传统文化的学习方式

选项	小计	比例
传统课堂教学	20	48.78%
网络线上学习	14	34.15%
传统课堂和网络学习相结合	23	56.1%
小范围的精读导读式学习	28	68.29%
其他（如选可给出建议）	1	2.44%
本题有效填写人次	41	

问题：（前置条件：如果认为《道德经》能激发继续学习中华传统文化的兴趣）你会选择哪些方面来继续学习中国传统文化？

表 3. 学生将继续学习中国传统文化的方面

选项	小计	比例
哲学思想	28	68.29%
人生智慧	28	68.29%
文化艺术	31	75.61%
国粹技艺	21	51.22%
本题有效填写人次	41	

从上面图和表格可以看出，64.44% 的学生认为《道德经》是对指导现实生活与学习是有所帮助的。从新媒体介入课程的情况而言，学生总体上是接受的，对于慕课 40% 认为有帮助，11.11% 非常有帮助。对于从情感态度上认可《道德经》课程，并且认为该课程能起到激发继续学习中华传统文化兴趣的学生来讲，他们将更青睐于小而精的课堂来学习传统文化，达到68.29%，这对我们未来将继续改革课程形式提到了较为有价值的参考。在学习内容方面，75.61% 的学生将会选择文化艺术类，这说明青年学生对于文化欣赏和艺术审美等方面有较大的需求，其次则是哲学思想和人生智慧，都为68.29%。

结语：传统文化通识课程的未来展望

回到中国需要"培养什么人"的问题上，始终还是一个发人深省的问题。即使是学科建设在发展，教学辅助手段在进步，社会认识在加深，我们对于教育依然抱持敬畏态度和谨慎心理，因为这不仅仅只是某一个教改项目，也不是某一个简单的教学方式或手段的革新，教育的本质是关乎人类未来命运至关重要的一步，是我们未来社会和国家需要什么样的人的严峻拷问。正如怀特海说得好：

文化是思想的活动，是对美和高尚情感的接受。支离破碎的信息与知识与文化毫不相干。一个人仅仅是见多识广，不过是这个世界上最无用而令人讨厌的人。我们要造就的是既有文化又掌握专业知识的人才。专业知识为他们奠定初步的基础，而文化则像哲学和艺术一样将他们引入深奥高远的境界。①

所以要"培养什么人"的关键性和紧迫性跃然纸上，社会进步需要专业人才，但是人类的未来不能放弃人文情怀，需要文化滋养和人文浸渍才能有一个进步文明的社会与未来。正因为如此，今天的教育不能放弃中国传统文化，特别是优秀的传统文化，它们是历史文明的沉淀，也是历史留给我们的宝藏。未来的教育研究中特别是通识教育或通才教育的方面，传统文化的教育和传播都必然是其中至为重要的研究课题。

---

① ［英］怀特海：《教育的目的》，徐汝舟译，北京：三联书店，2014 年，第 1 页。

附录 1. 厦门大学《道德经》通识课程教学反馈调查问卷

厦门大学《道德经》通识课程教学反馈调查问卷

同学，你好：

我们是《道德经》通识课程的教学研究小组。

非常高兴你本学期选择通识课程《道德经》作为你学习中华传统文化的一个方式。经过一个学期《道德经》课程的学习后，相信你对《道德经》文本以及本门课程已经有了一些印象与看法。现在希望你能抽出一些宝贵的时间，帮助我们完善这门课程教学研究的后续工作，也为推进中华传统文化的传承和发扬贡献一份力量。谢谢！

请选择下列问题中最符合的选项，非选择题请用简短文字作答：

1. 你是在大几时选修的《道德经》通识课程：

☐大一

☐大二

☐大三

☐大四

☐其他

2. 你的所学专业

☐哲学

☐经济学

☐法学

☐教育学

☐文学

☐历史学

☐理学

☐工学

☐农学

☐医学

☐军事学

☐管理学

□艺术学

3. 你对中华传统文化是否有所了解？
□非常不了解　□不了解　□一般　□了解　□非常了解

4. 你在参加《道德经》通识课程之前，是否读过《道德经》文本？
□完全没读过
□读过不到一半的章节
□读过超过一半的章节
□通读过全书

5. 在参加本门课程之前，是否读过其他关于中华传统文化的元典书籍？
□完全没读过
□读过 5 本以内
□读过 10 本以内
□读过超过 10 本以上
□长期以来一直都在读并远超过 10 本

6. 《道德经》课程还在中国大学 MOOC 开设了线上课程，你是否有参与？
□完全没有参与
□参与并完成了不到 50% 的内容
□参与并完成了超过 50% 的内容
□参与并完成了 100% 的内容

7. 你觉得线上《道德经》慕课对你在课堂之外的学习有帮助吗？
□完全没帮助　□没帮助　□一般　□有帮助　□非常有帮助

8. 你是否喜欢《道德经》线下课程的同步直播这种方式？
□非常不喜欢　□不喜欢　□一般　□喜欢　□非常喜欢

9. 你热爱中华传统文化的程度怎样？
□非常不热爱　□不热爱　□一般　□热爱　□非常热爱

10. 通过课程的学习以后，你对《道德经》的理解情况？

☐没有任何提升　☐变化不大　☐一般　☐有所加深　☐极大提升

11. 在上这门课时，你是否感到课程带来的学习快乐？

☐完全没有　☐没有　☐一般　☐快乐　☐非常快乐

12. 经过《道德经》文本学习后，哪些方面对你的启发最深：（多选，最多不超过三项）

☐尊道贵德

☐道法自然

☐无为而治

☐安时处顺

☐柔弱不争

☐上善若水

☐绝学无忧

☐有无相生

☐贵身爱身

☐其他（如选请填出内容）

13. 通过本门课程的学习，你觉得《道德经》能否指导你的现实生活与学习？

☐毫无帮助　☐没帮助　☐一般　☐有帮助　☐非常有帮助

14. 本课程是否激发你的兴趣，未来是否还会继续学习中华传统文化？

☐是（如选该项请继续答题）　☐否（如选该项请跳选至第 17 题）

15. 你会青睐何种学习方式继续学习中国传统文化：（可多选）

☐传统课堂教学

☐网络线上学习

☐传统课堂和网络学习相结合

☐小范围的精读导读式学习

☐其他（如选可给出建议）

16. 你会选择哪些方面来继续学习中国传统文化？（可多选）

☐哲学思想

☐人生智慧

☐文化艺术

☐国粹技艺

☐其他（如有请填出）

17. 你学习《道德经》课程最大的心得是：

18. 请您为提升《道德经》课程的教学质量与效果建言献策：

翻转课堂与中华传统文化教育

——以中华传统文化在中职教学的应用为例

王　帝*

（兴城市中等职业技术专业学校，辽宁兴城，125105）

摘　要：中华传统文化已经成为中华民族的基因，潜移默化地影响着中国人的思想方式和行为方式。优秀传统文化的弘扬对提升国民素养、增强国家文化软实力起着积淀作用。中等职业教育主要以就业为导向，对传统文化定位及相应的教学理念误区，易导致社会生产中的技术与文化失衡。本文针对中职传统文化教育中两大定位误区，即传统文化本体局限的定位及教学方式单向传输定位，提出了翻转课堂在传统文化教学中的新应用，即学习权的转移与课内外文化感知，新技术的应用与教学规制理念的革新。

关键词：翻转课堂；学习权；职业教育；传统文化

基金项目：2018 年度厦门大学教学改革研究项目" 新媒体时代高校传承中华优秀传统文化的路径与效果评价研究"（编号：JG20180116）。

引言

习近平总书记在北京大学考察时指出，中华传统文化已经成为中华民族的基因，植根在中国人内心，潜移默化地影响着中国人的思想方式和行为方式。中等职业教育主要以就业为导向，对传统文化定位及相应的教学理念误区，易导致社会生产中的技术与文化失衡。中职学校"应在专业教学中渗透

---

*　王帝（1978—），女，辽宁省兴城市人，兴城市中等职业技术专业学校，高级讲师、硕士研究生，中国古代文学先秦两汉方向。

传统文化教育，充分挖掘各门学科的优秀传统文化精神内涵，使传统文化与各学科相互呼应，相互拓展，把传统文化教育纳入整个职业教育的全过程"①。

　　因此，中职学校教育中应"弘扬中华文化的精神，塑造热爱祖国和中华文明、献身人类进步事业的精神品格，培养学生健康美好的情感和奋发向上的人生态度"②。

一、中华传统文化课堂教学的现状

（一）中华传统文化在中职教学中的定位

　　中华文化在中职教学中的定位表现三个特征：首先，技能至上而文化素养沦为可有可无的附庸；其次，对文化培养定位于简单的语文教学而沦为对古诗词的背诵的考察；再次，对生源与师资的文化素养考核呈现单一的成绩与学历取向。

　　"对于大多数的中等职业学校而言，各项教育、教学工作的首要任务就是培养其学生的职业素养，应用型人才，但是职业技术技能的培养与塑造并不是教育的全部。对于任何一类教育来说，学生的综合素质的提高才是教育最根本的出发点和归宿"。③ "但部分中职院校的生源不是十分理想，在文化基础课方面没有充足的师资力量储备，师生对传统文化的理解与重视程度相对较低。"④当学生走向社会，影响其在社会技艺应用中的文化色彩，无形中加大了技术与人文情怀间的鸿沟。

（二）传统课堂模式及文化教学的困境

　　传统的课堂模式表现四大特征：教师为主，学生为辅；教材为主，创新为辅；教法单一，教案固定；学法单一，目标单一。教学的平面化，单一性，对创造性的排斥，导致传统文化对学生理念与行为的涵化培养形成一定的空白，而这种空白随着学生毕业后职场修炼再回来成为师者，理念与模式限随

---

　　① 王建阳：《高校对大学生进行传统文化教育所面临的困境与对策》，《文教资料》2012年第2期。

　　② 周卫山：《浅谈高中语文新课改后的文言文教学》，《中国市场》2013年第29期。

　　③ 廖艳红：《中职语文课堂教学实效性的提升策略探索》，《中国校外教育（上旬刊）》2016年9月。

　　④ 邢彦琼：《对中职语文教学价值定位及其实现的思考》，《教育现代化》2018年2月第8期。

而来，从而形成旧模式循环的困境。

首先，教师为主，学生为辅的传统课堂教学模式中，教师在上课时首先考虑的是教师怎样教。教师的主导意识很强，往往把教学过程看成学生配合完成教学目标的过程，一定程度上忽视了学生作为学习主体的存在。教师为主、学生为辅模式中，教学主要模式就是使学生认真听讲，把老师讲的知识点全部都记下来，然后按照老师的思维和引导完成课程的学习。

教材为主、创新为辅的传统课堂中，教材是教师讲授课程的核心内容，几乎是教材上怎么写，教师就怎么讲。视教材为金科玉律，不敢越雷池一步，把毫无遗漏、毫不越位地传授教材内容视为课堂教学目的，一味地讲授教材内容，缺失创新与拓展，进而影响学生自由地发挥与创造。

教法单一、教案固定的模式在传统课堂教学中表现为同科目同年级的教师共同备课，教案相对固定。但由于受教学活动计划性、预设性的影响，学生和教师的活动总是受教案的束缚，教师不敢越出"教案"半步。教师的教和学生的学在课堂上最理想的进程是完成教案，而不是"节外生枝"，每当学生的思路与教案不吻合时，教师往往会千方百计地把学生的思路"拽"回来。教学方法也相对固定，因为严格执行教案，自由发挥的时间并不多，再加上还有些难度较大的知识点还要反复讲解，所以更加束缚了学生的创造力。

学法单一，目标单一在传统课堂教学中表现为，学生学习方式单一、被动。在传统的教学中，教师负责教学，学生负责学习，教学就是教师对学生单向的"培养"活动。教学关系就是：我讲，你听；我问，你答；我写，你抄；我给，你收。

其次，传统文化教学的因上述定位误区而产生教学困境，形成中职教育阶段学生传统文化涵养经历的缺失，而这种缺失随着一代代承接形成了缺失模式的循环。

传统课堂教学是一种以知识为本位的教学，这种教学在强化知识的同时，为了完成认知目标，而抹杀学生的创造性，忽视学生的情感，评价一个学生好坏的标准基本上是考试的成绩，而不是他的文化涵养与创新能力。长期以来，我们的教育只强调记忆、思维等的训练和培养，却没有意识到学习过程不仅是一个认识活动过程，而且是一个情感活动过程。

传统文化本体局限地定位于只强调古代经典的背诵、文采的比拼等外在形式而忽略价值观的培养及文化教育与社会实践的结合；对文化的教学定位于传统的传输方式，而消散了传统文化对学生的吸引力。而"华夏文明是中国古代几千年来积淀的结晶。在华夏文明传播过程中，中国古人通过文字创造、文学作品书写，礼乐传唱、制度设计、民俗活动举办等各种形式传播中华文化，书写历史，赓续文明。"① 中华传统文化更多地体现在多样形式过程所体现的价值理念之中，是"慎独"②"明德"，追求"至善"③，因而，本文针对理念误区与现实教学困境提出以下两点可行性提升方案。

二、文化教学新定位及翻转课堂

（一）学习权的转移与课内外文化感知

传统的教学模式中学习权在教师手中，对传统文化的课堂传播是老师理解后的二级传播，学生呈现被动理解状态，而翻转课堂将学习权转交给学生手中，"'翻转课堂'，即打破传统的教学模式，学生在课前完成自主学习，课堂主要进行师生互动式答疑，实现了传统教学中师生角色的翻转"，④ 将学习什么、怎么学、什么时候学、学多少的主动权转交回给学生。

在这种教学模式下，学生能够较好利用课堂内的宝贵时间，将其课前对传统文化的理解带入课堂，学生之间及学生与教师之间共同研究解决问题，从而形成自我反思。

传统文化的精髓在于自我反思式的"慎独"。这是教学的重要环节与重要目标之一。"先秦儒家创造性地提出'慎独'观念作为修身的内涵，其中最关键的是建构了主我与客我的张力，从而使自己永远处于以修身为起点、又以修身为归宿点的循环之中。客我代表的是社会性中'同一性'的方面，在此方面儒家以四书五经作为范本，建构起永不褪色的圣人意象，即圣我。主我则需时时应对当下的社会情境，它所代表的反应中容易包含有某些新奇的成分，它催发个体的自由感和进取心，它追求终有一天，自己也会达到客我的境界。"⑤

---

① 谢清果、林凯：《礼乐协同：华夏文明传播的范式及其功能展演》，《新闻与传播评论》2018 年第 6 期第 71 卷。

② 谢清果：《内向传播视域下的先秦儒家"慎独"观》，《杭州师范大学学报（社会科学版）》2017 年 9 月第 5 期。

③ 谢清果：《儒家"修身为本"的内向传播意蕴考析》，《吉林师范大学学报（人文社会科学版）》2018 年第 3 期。

④ 龙屏风：《慕课＋翻转课堂"教学模式及其实践路径》，《教学与管理》2019 年 5 月。

⑤ 谢清果：《内向传播视域下的先秦儒家"慎独"观》，《杭州师范大学学报（社会科学版）》2017 年 9 月第 5 期。

　　因为传统文化的重要精髓是慎独，学生将大量工作在课外实现，教师不再占用课堂的时间，取代传统方式填鸭式传授基本信息。大量信息需要学生在课前完成自主学习，他们可以看视频讲座、听播客、阅读功能增强的电子书，还能在网络上与其他同学讨论，能在任何时候去查阅需要的材料。教师也能有更多的时间与每个人交流。在课后，学生自主规划学习内容、学习节奏、风格和呈现知识的方式，教师则采用讲授法和协作法来满足学生的需要和促成他们的个性化学习，其目标是为了让学生通过实践获得更真实的学习。

　　著名传统文化研究者谢清果老师认为："政府、公民和民间组织共同构成了中国文化话语的主要言说者，三者在文化话语权建构中各自发挥着不可替代的作用。就公民层面，人的言行便是对文化最真实的诠释。作为本国文化最为生动、最具说服力的载体，普通公民在国家文化话语权建构中的作用不容忽视。公民必须自觉提高文化素养，尤其是对于境外人员，更应使其认识到自身行为举止对国家文化形象可能造成的不良影响。"①

　　其次，方式由课堂"接受"到课内外文化"感知"。如上文所言，传统文化的精髓在于"慎独"，"内观"而达到"至善"，这些重要环节都要以学生为主体实现，教师成为引导者，课堂成为讨论的平台，提供思想碰撞的空间。著名学者朱自清曾提出："在中等以上的教育里，经典训练应该是一个必要的项目。经典训练的价值不在实用，而在文化。"②阅读经典可以在教会学生知识文化的基础上学会如何做人做事，这就是经典的力量。以中职语文教材为例，教材收录了许多中华传统文化的经典篇章，如《论语·侍坐》篇中，记录的是孔子和子路、曾皙、冉有、公西华这四个弟子"言志"，教师引导学生课前查阅、慕课学习，将认同的理念融入自己的生活经验，回归课堂上分享，碰撞与讨论。

　　翻转课堂的一种重要形式是除将学习权转交给学生外，课堂上给予学生成为教者的空间，即让学生在课上三分之一时间分享，成为教者，三分之一时间讨论，另三分之一时间教师引导与适当总结。以本人执教的曹雪芹的《红楼梦》课堂为例，可让学生自己设计如何学习这篇课文，首先，分工式利用网络找到与文章相关的视频与原始资料等；其次，学生按照自己的理解对文章进行分析讨论；再次，学生分角色扮演文中的人物，并重新编排情节，粉

---

①　谢清果：《中国文化的话语权提升之道》，《人民论坛》2016 年 8 月中，第 12—14 页。
②　朱自清：《经典常谈·序》，《中华书局》，2008 年，第 1 页。

墨登场，充分发挥了自己的想象力，完成了一部现代版的《红楼梦》。通过这种翻转式教学，他们埋藏已久的求知欲与表演欲也被呼唤出来了，在这个过程中，他们对中华传统文化精髓的理解进入一个新的阶段——兴趣、探索阶段，往往为学生们课后对参与过的课堂角色与情节，尤其情节背后的人际关系与情感的进一步理解埋下伏笔。

（二）新技术的应用与教学规制理念的革新

首先，非"纯投入式"技术走进课堂。课堂的投入一般分成三个部分：其一，教师精力与时间的投入；其二，学生时间与精力的投入；其三，链接二者的硬件设备，尤其教学技术的投入。

当下对翻转课堂的往往走入一个误区，即是大量的技术投入、大屏多媒体、全校前后技术的跟进等大量的资金投入等。一般而言，这样的投入大，往往因为人力资源等未跟进而呈现浪费资源的现象。另外一个重要原因，便是翻转课堂的目的是使学生达到最佳学习效果，对文化与技能的学习实现最佳的结合。而就当前技术发展与社会现实需求而言，就当下翻转课堂而言，一味地"纯投入式"技术并非必备项目，需要社会网络慕课资源的跟进，目前基本的多媒体设备当下足够实现学生网络与教学网络的链接。学生在课前预习阶段收看与教学相关的传统文化方面视频或电子书，并结合设计好的相应的问题，在课前充分理解基础上，课上实现学习效果的强化，这样既节省了课堂时间也提升了课堂学习的效率。

其次，教学规制理念的由"管理"向"辅助"转移。教学是具有复杂性思维的一种实践活动。教学规制理念能让我们界定有效教学与无效教学，如果教学规制是符合教学效果与学生学习成果的，那么就是有效的教学，反之就是无效的教学。

相对于教学目标而言，教学管理是教学中很重要的一种手段与构成。因为传统的教学管理是由教师与学生共同参与并进行的一项基本教学实践活动，教学管理的意义也是培育学生能力与创造力。可见，教学管理离不开教学规制。但教学规制作为一种制约机制，是对教学主体的基本教学权利、义务进行明确的规定和规范，可以说教学主体只有在制度规制的范围之内进行教育教学活动，超出制度范围之外的教学自由是不被认可和接受的。[①] 现代化的教

---

① 唐世纲：《走向有效教学——基于规制与自由的视点》，《教育导刊》2014 年 12 月上半月。

学模式无论是教师还是学生，都要遵守相关教学规范，维护正常的教学秩序，这样才能保证教学活动的正常进行。

但传统的教学模式规范了教学秩序的同时，也压抑了师生的互动积极性。在新形式的教学模式下，我们要重新界定教学规制的内涵，把传统的教学"管理"向"辅助"迁移。在传统课堂上使用手机是课堂规范排斥的行为，但移动互联时代，作为承载着丰富社会信息、链接人与世界的平台的手机及移动网络，成为生活的必需品，尤其在翻转课堂过程中，是学生链接课外资源的重要工具，如果一味以传统模式规范管理，限制其使用自身多媒体的行为，这样需要学校来填补学生与校外资源链接的成本，既浪费资源，又磨灭学生自我探索的积极性，限制其链接校外资源的灵活性。

从我国实际教学情况来看，教学规制是由学校及相关教育系统共同促成的，学校及教师的任务就是按照规制好的教学目标进行教学活动，而不是以学生为中心进行教学活动，学生只是接受的个体而不是教学过程中的主体，因而需要使教学规制主体的决定权转交给学生与教师，使其在规制过程中更多地参与意见，

释放教师与学生在课堂的能量，使得教师不再一味扮演管理者，得充分发挥学生的主动性与创造性，让他们充分参与课堂教学，主动提出学习的目标，主动管理自身，教师成为学生完成教学目标与教学过程"辅助"。

三、结论与反思

本文对中华传统中等职业教育中定位及相应的教学理念误区进行了阐释。并针对两大定位误区，即传统文化本体局限地定位及教学方式单向传输定位，提出了翻转课堂在传统文化教学中的新应用，即学习权的转移与课内外文化感知，新技术的应用与教学规制理念的革新。

未来还可以探讨传统文化在中职教学的规制系统建设及传统文化在翻转课堂模式的应用过程中，除了在语文学科中渗透外，在职业技术课程中文化理念的建立模式等。

移动传播时代中华优秀传统文化传播模式研究

关键词：移动传播；中华优秀传统文化；传播模式；KOL

基金项目："上海社会科学院创新工程项目"阶段性成果。

引　言

中华优秀传统文化的传播关系到社会主义文化强国建设和文化软实力的提升。"扩大中华优秀传统文化的社会影响力，有利于促进社会主义核心价值观建构，人民精神文化生活的满足。'国家十二五时期文化改革发展规划纲要'中提到不仅是中华优秀传统文化的生产，更是'推动当代中华优秀传统文化网络传播，制作适合互联网和手机等新兴媒体传播的精品佳作。"[①] 即移动传播时代，文化生产方式及接受方式均发生深刻变化，探析适合中华优秀传统文化传播的模式，对文化创造性转化与传承，及国家文化软实力的提升等均具有重要意义。

---

* 王月（1982—），女，汉族，辽宁鞍山人，上海社会科学院新闻研究所副研究员，研究方向：新媒体传播、文化产业。

① 王月：《主流文化价值体系的新媒体传播——以中华优秀传统文化的轻博客传播为例》，《上海传媒发展报告》（2014），北京：社会科学文献出版社，2014年，第178—192页。

一、中华优秀传统文化概述

文化因其多样性和复杂性本就是个难以界定的概念，而优秀传统文化涉及优秀的标准问题，界定起来则更为复杂。本文所指中华优秀传统文化更注重文化的思想和精神层面，指中华民族长期发展过程中形成的、有着积极历史作用、至今仍具有重要价值的思想文化[①]。因此，"传承中华优秀传统文化并不只是传承一门传统手艺，一种生活方式，或一部文学经典，而是传承其中蕴含的思想和精神。中华优秀传统文化在近代历经了四次冲击：清末西方工业文明对中华传统文化的冲击，五四新文化运动中对传统文化的自我反省，十年'文革'对某些优秀传统文化的扬弃，改革开放后西方消费主义文化的冲击，使得传统文化在国内出现多次萎靡、断裂，甚至激变的情况。但文化自身的传承性和延展性使其在断裂或激变的同时，具有超越性的'韧性'[②]中华优秀传统文化正是在冲击中展现出的包容性使自身不断得到净化、升华"[③]。

就与西方文化对比而言，虽然西方也有其文化历史进程中形成的，适合其自身的优秀文化，但中国传统文化中的"'尚和合、求大同'的文化价值观中的全球沟通智慧，建构'天下一家'式的'人类命运共同体'"[④]与西方文化中的消费主义文化[⑤]及现代排他性文化[⑥]相比，显得更有包容性。

就文化虚无主义而言，移动传播时代，文化虚无主义以新的传播模式传播，扰乱了优秀文化传播的频率，但也反映出，优秀传统文化的传播模式需要进一步增强，既提高对文化虚无主义负面宣传的免疫，也避免进入宏大却空虚的宣传路径。

二、文化传播模式与传播权力的关系

（一）模式与权力关系的相互构成

文化传播模式背后折射的是传播权及其关系。不同的传播时代其所对应

---

① 李宗桂：《试论中国优秀传统文化的内涵》，《学术研究》2013 年第 11 期。

② 张隆溪：《文化断裂与文化韧性》，《中国图书评论》2009 年第 1 期。

③ 王月、王莹：《优化中华优秀传统文化的网络传播对策研究》，《新闻知识》2018 年第 9 期。

④ 谢清果：《天下一家：新时代人类文明交往观的中国气派》，《广州大学学报》(社会科学版)2019 年第 3 期。

⑤ 鲍德里亚：《消费社会》，刘成富、全志刚译，南京：南京大学出版社，2008 年，第 1—8 页。

⑥ 齐格蒙·鲍曼：《现代性与大屠杀》，杨渝东、史建华，南京：译林出版社，2002 年，第 2—6 页。

的传播模式及背后的权力关系均有较大的调整，形成各自的"技术自发组合体"，"技术是自发组合体"的明确阐释可追溯到 20 世纪 30 年代后，"艾尔斯进一步阐释凡勃伦的社会两分法，认为社会由工具体系及仪式体系构成。人类对未知的恐惧衍生出仪式体系，其为保守的；而工具体系是人们在物质层面追求上升所形成的社会形式，其为前进的。即其意在认为工具可以帮助人类社会消除对未知的恐惧。而工具形成的重要形态便是技术，技术是工具、知识与实践技能的'自发组合体'。即新技术产生后它会与其他工具、技艺结合产生新的工具'组合体'①。不同的传播时代里的工具、技艺对应不同的传播权偏向所体现的一系列关系，如下表：

	文化传播模式	传播权的偏向	相应关系（与媒体及受众间）
移动传播时代	纳米式	承载着自媒体的平台媒体	媒体间：以平台的吸纳力与承载力为目标导向，形成大平台上的多维小平台的链接关系 与受众间：是受众间分享文化与生活的平台
传统网络时代	网格式	承载着主流媒体与用户的门户网站	媒体间：在新闻传播上形成一定的竞争；在社交媒体使用上形成遥遥相对的分野 与受众间：是受众信息搜索与发布的初级平台
传统主流媒体时代	线式	主流媒体本身	媒体间：层次分明的从属或合作关系 与受众间：线性模式对应的两端

模式与其背后的关系是相互构成的，纳米式传播模式必然导致传播权的释放、传播格局的重整、新的传播关系重新建构、以共享为主要传播理念的传播实践与传播格局。但共享同时也存在着竞争关系，平台间以有限的眼球与时间为基准，以传播权的争夺并成为更大平台为目标基础上，进行吸纳力的竞争与合作。

同样传统网络时代与传统主流媒体时代，技术及其自发组合所形成的相应的结构间，均是相互嵌入的，线式对应的是层级，先后、总分……反过来，层次分明便自然形成单向的线性模式。从这个意义而言，技术以及承载技术的社会文化背景，是新传播模式产生的摇篮。

---

① E.Ayres, *The Theory of Economic Progress: A Study of the Fundamentals of Economic Development and Cultural Change*,Michigan:New Issues Press,1978，PP.14-18.

（二）新旧模式及权力格局的变迁

从上面分析可得到，模式与其背后的关系是相互构成的，其背后折射的是技术及文化的相互嵌入关系。而技术自发组合体及其形成的权力关系的变迁不是一蹴而就的，其背后存在着社会文化随时间的累积所带来一定程度的失衡。从传统主流到传统网络时代，随着受众能量的释放，博客与微博使其成为小的分发平台，一定程度上得以独立发声，从而，社会习惯的培养在潜移默化中实现新的跳跃，对新的能量释放产生联想与促动，而这种意识形态的变化，便是对传统主流传播模式形成冲击的原动力，即公共意识的培养使原本暂时平衡的关系失衡。

权力的失衡背后虽网络交织，但主要涉及三大部分，传播权、共享意识、技术支持。这三大部分之一变革均会导致固有的传播格局失衡及传播模式与关系随之转变。释放的传播权对应着共享意识的彰显，但技术作为后盾往往不是产生于狭义的传播系统，如 VR、360 全景运动相机、航拍等技术均产生于其他领域的市场需求，却成为文化传播重要革新力量。同样共享意识成为一种公共意识，也是在文化生活中培养起来的，物质的丰足推动社会对意识形态发展的思考，而意识形态中的矛盾与碰撞最终由共享的精神力量统合。移动传播时代媒体发展便验证了这一点，没有单打独斗的媒体，画地为牢的模式不能产生传播格局。

三、移动传播时代传统模式的困境

（一）线性模式的空间局限

线性模式所拓展的空间是可预期的，是传播者所对应的对面，虽然相对可控，但空间范围相当有限，效果也大打折扣。考察模式的拓展与可对应的空间维度，主要涉及三个因素：经济发展（技术）基础、民主与自由程度、社会精神文明底蕴。

线性模式所对应的一定是非畅通的经济技术基础，相对局限的民主观念以及分离及竞争并重的社会文化形态。

中华优秀传统文化信息在传统媒体、网站和博客等传播平台中，仍以文字和图像为主要表现形式，部分配有图片，但图片只是为了填补版面或佐证文字。移动传播时代，视频、音频成为用户更青睐的信息表现形式，消费音频信息主要借助耳朵，可以解放人的眼睛、手指等其他身体器官，降低了信息获取成本，提高了信息利用率。

但目前我国中华优秀传统文化信息的生产、制作多是提供静态信息图，动态交互的信息产品较少。其原因之一便是技术，信息生产的可视化呈现受到软硬件技术条件的限制。而 2018 年 6 月，我国网民规模 8.02 亿，手机网民规模达 7.88 亿，移动网民占网民总数的 98.3%。[①]

目前制作可视化信息主要使用的 HTML5 和 CSS3 等计算机语言技术，其产品可视化效果呈现对页面浏览器和系统都有相应要求，而国内使用率较高的浏览器，如 qq、360、IE8 等，大多未能达到要求，影响观看效果。用移动端浏览新闻，媒体以静态、小图片呈现文化信息，能够保障阅览流畅度。这些原因导致国内中华优秀传统文化信息吸引力和感召力不强，用户可能随时终止阅读。原因之二便是社会精神文明底蕴打造，中华民族上下五千年的文化，但文明的内核，文明系统的发掘与论证，以及面对西方文化及文化虚无主义的碰撞，如何将理念从理论落实到生活实践，与个体精神层面的融合，是绕不过的课题。宏大的目标的实现的捷径恰恰是从国民内心文明与信仰体系建立开始的，个体精神文明形成的底蕴将形成社会文明的跨越式提升。

（二）静态模式的链接失灵

静态模式对应的是静态的思维，其涉及的关键概念是控制、管理及传达等，与动态模式所对应的接纳、培养、共享理念大相径庭。

然而以传统模式为代表的静态模式并非一无是处，其作为一个特定时期的传播模式与宣传路径，发挥过特定的效用，但在移动传播时代，因为技术自发组合的环境变迁，传统模式实施的范围与程度应该重新调整，这里所涉及的关键理念是"模式适用的程度"，即任何模式都有其适用的文化背景及应用程度，因而静态模式链接的失灵，是指其在移动传播时代，适用程度与范围的错位，即需重新审视与其相对应的试用范围与目标关系，才能形成有效链接。

那么静态模式如何形成有效链接？判断其适用范围与目标关系的依据是什么？一般而言有三：目标、价值观及关联程度。这三类条件均需在传播中实现对接，缺一便会导致链接失灵。尤其强调"对接"，即传受双方目标对

---

① 中国网信网第 42 次《中国互联网络发展状况统计报告》，2018 年 08 月 20 日，http://www.cac.gov.cn/2018-08/20/c_1123296882.htm，2019 年 6 月 3 日。

接，而不是传导给对方一定的目标，其他二者同样。对接的目标、价值观及关联度会形成传受一体，形成积极互动，即因传播形成共同体，便形成了有效的链接。

四、移动传播情境下新模式的尝试

（一）技术、文化与现代情感的融合

如上文所述，考察模式的拓展与可对应的空间维度，主要涉及三个因素：经济发展（技术）基础、民主与自由程度、社会精神文明底蕴。而判断其试用范围与目标关系的依据是目标、价值观及关联程度。即传统文化能否与现代技术，及一定的民主与文明程度土壤里的目标价值观及具体的生活实践关联起来。

而这种关联本身便是一种传播行为系统，是带有互动性的、尝试传播的过程。

首先，需对中华优秀传统文化进行系统的整理，打造丰富多元的中华优秀传统文化资源网络平台，在此基础上，选择适合当下传播语境的信息进行重点传播、先期传播，如包括中国历史不同时期、不同艺术表现形式的中华优秀传统文化，便于用户获取中华优秀传统文化信息。

其次，将中华优秀传统文化与人民现实生活结合到一起，对接的同时培养国人的文化自信。中华传统文化经历了四次洗礼，挖掘优秀传统文化，找到适合的路径是实现文化自信的必经之路。中华优秀传统文化作为民族思想的精神财富，经历了农业社会到工业社会及信息社会，文言到白话等传播生态的变迁，有必要对其做出通俗易懂的当代表达，尤其是与人民现实生活结合到一起，让人民切实感受到传统文化的价值。"如王凤仪、刘有生等把传统文化与治病救命结合到一起，陈大惠把传统文化与改变命运结合到一起，蔡礼旭把传统文化与人生幸福结合到一起，都很好地为中华优秀传统文化进行了当代诠释，让国人切实感受到优秀传统文化对当下生活仍然大有助益，培养了国人的文化自信，也为中华优秀传统文化的当代传播找到了切入点，提供了可借鉴的榜样。"①

---

① 王月：《优秀传统文化传播中的媒介担当——以"圣贤教育改变命运"为例》，《上海传媒发展报告》（2015），北京：社会科学文献出版社，2015年，第171—185页。

（二）宏大的平面叙事到纳米 KOL 式传播

移动传播时代，依受众习惯所互动形成的技术，倾向可视化、碎片化、可分享与消费性，宏大的平面叙事常被直接过滤掉，甚至形成负效果。我们探索，如何将叙事背后的理念作为精神内核，融入无数的纳米式链接的微小传播平台中来，形成有效的传播。

"纳米 KOL 式传播"① 即 KOL+算法的传播方式。KOL 是 Key Opinion Leader 关键意见领袖的缩写，是传播学引自于营销学的概念，是指拥有准确信息且被所在群体所信任的，从而对该群体行为判断有直接影响的人。"纳米 KOL"特指移动传播时代，众多自媒体微平台所具有的传播力与影响力的形象描述。

中华优秀传统文化如想将其思想性和艺术性渗透进分众、多元的文化信息中，实现面向全民的中华优秀传统文化传播，需打造易于 KOL 传播的文化核心理念，从而，借形式上的简洁、可复制性及应用性，精神内核的渗透力，纳米 KOL 的旺盛与强劲的传播力，实现优秀传统文化的 KOL 有效传播链。

KOL 多是民间非专业人士，熟悉大众生活现实，表现形式具有亲民性，与自媒体传播有着天然的亲密性，以百姓喜闻乐见的形式传达精品文化的思想性和艺术性，从而"将中华优秀传统文化进行多媒介形态或多文艺类型的复制生产，通过表现形式的改变扩大受众人群和影响范围，将强化不同文化表现形式的中华优秀传统文化的民族传承"②。

（三）传播权的释放与全民传播

从线性模式到纳米 KOL 式的传播，传播权由传统媒体转移到了承载着自媒体的平台媒体。③ 虽然平台媒体的信息"茧房"与算法"黑箱"一直以来不断地被社会众议，但移动传播时代，平台地位的流动性，使得其具有一定程度的开放性，传播权相对得到一定程度的释放，因而优秀传统文化传播，要同新传播模式相匹配，成为 KOL 平台或平台媒体上的一员，形成一定的渗透

---

① 笔者于 2019 年 5 月 28 日晚参加复旦大学新闻学院蔡冠森报告厅题为"传播的现实与未来"的报告，"纳米 KOL 式传播"是现场景实验室创始人吴声在报告中重点强调的传播模式与理念。

② 王月：《优秀传统文化传播中的媒介担当——以"圣贤教育改变命运"为例》，《上海传媒发展报告》（2015），北京：社会科学文献出版社，2015 年，第 171—185 页。

③ 白红义：《重构传播权力：平台新闻业的崛起、挑战与省思》，《南京社会科学》，2018 年第 2 期。

力。这不仅是国家精神文明建设的政治目标，文化软实力的表现，更是人类文明存续的重要一部分。因此，站在全民的立场，成为全民的一员，为全民发声，并激发更多的 KOL，作为纳米式传播的链接的节点将成为一种新主流，如《人民日报》微信公众号的"夜读"栏目，其将精神文明理念渗透到小人物的生活态度、成长经历等人生哲学中来，形成一个 KOL 传播的富矿，一个激发的点，一定程度实现优秀文化的全民传播。

这些"由传统主流媒体转型而来的新媒体，作为国家新闻宣传传播活动的主要载体，新闻专业主义的主要践行平台，传统媒体中的从业者则是社会的观察者、事实的报道者"[1]，具有天然的信源优势，并且在信息生产、整合、扩散传播、平台推广等方面都具有专业优势，可通过持续、跟进性的传播，对用户进行涵化培养。如针对一些地方性文化艺术品种，可加强在当地的传播，并以此为中心进行省内的扩散，并逐渐在省内形成文化认同，进而再走向全国。再次，传统媒体应充分挖掘那些真正扎入民间的、在民间较受欢迎的中华优秀传统文化，进行传播，这样更容易与用户形成良性互动。

五、结论与讨论

以上在对传播模式的变迁及其背后涉及的关系进行剖析基础上，对移动传播时代，中华优秀传统文化传播模式现状及可行性模式进行了阐释，发现其间涉及社会经济发展（技术）基础、民主与自由程度、社会精神文明底蕴，即模式具有一定的时代性，因而所涉及的对模式评判的关键理念是"模式适用的程度"，这样便规避陷入非黑即白的二元对立，同样为了避免落入单纯抽象的辩证思维，文中接下来对适用程度进行了模式化的评判标准。

本文从模式看实践，未来的研究可直接从理念或规制的角度看实践，甚或从传统的实践路径中爬梳出可贵的精神宝藏。

---

① 陆晔、潘忠党：《成名的想象》，《新闻学研究》2002 年第 71 期。

四、中国"和文化"传播研究

主持人语：

和，是中国文化体系中古老而又常新的范畴，它产生于上古先民对自然生命、天地秩序的观察、体悟与总结。适中得当、和而不同、中和为美、天人合一等理念，是"和"最初的基本内涵。随着社会和思想文化的发展，各家各派在对"和"进行阐释与传播过程中，自觉或不自觉地注入了更丰富、更深刻的意蕴，致使"和"的概念属性表现出鲜明的动态特征。本栏目编排的三篇文章，分别从宏观理论与审美、具体文献中的微观命题、后代学者的接受与传承角度，梳理和剖析了"和"范畴在古代中国的传播、演变，使蕴藏其中的宇宙自然、生命状态、阴阳作用、政治秩序、生活伦理、民族意识、人格精神、社会理想等"和文化"丰富的思想性呈现在读者面前，对理解和接受新时代的核心价值观亦有很好的参考与借鉴意义。

（贾学鸿 扬州大学文学院，教授，博士生导师）

《庄子》"德和连言"命题的历史阐释及其传播效应

贾学鸿[*]

（扬州大学文学院，江苏扬州，225002）

摘　要:《庄子》书中出现的"德和连言"命题主要有三则，分别见于《德充符》和《缮性》。这三个命题依次是：不知耳目之所宜的德之和；与物为春，接而生时的成和之德；德、和的蒙而不冒。其中出现的宜、兑、蒙、冒、恬等词，都有其特殊意蕴，需要从音、形、义切入进行追本溯源。上述三个命题中德统辖和，和隶属德。而《庄子·庚桑楚》中以婴儿为喻的段落，德与和是平列关系。《庄子》中"德和连言"命题在历史传播过程中，后代所做的阐释，有的立足于宋代理学，有的则援佛解《庄》，还有的因为命题中同源字的运用而出现多种不同的解说。

关键词:《庄子》；德和连言；阐释与传播

基金资助: 国家社科基金资助项目"《庄子》文学的语素构象研究"（16BZW044）。

　　《庄子》一书往往把德与和相贯通，以德与和连言、对举的方式提出一系列重要命题并加以阐释。这些命题及相关阐释依托德而对和做出界定，又通过对和的界定而对德的内涵进行充实。这些"德和连言"命题具有高度的概括性、经典性，在历史传播过程中引起后人高度关注。这些命题及相关阐释所采用的方式、所使用的关键词语，体现出《庄子》一书的特殊属性，因此，

---

　　* 贾学鸿（1969—），女，河北涿州人，扬州大学文学院教授、博士生导师。研究方向：先秦两汉文学、道家文学与文化、传统文化传播。

在历史传播过程中出现许多歧义，留下了一系列需要加以判评的学案，有些问题还有深入探讨的空间。

一、不知耳目之所宜的德之和

《庄子·德充符》的首篇寓言是孔子与常季的对话，假托孔子之口对兀者王骀进行赞扬，其中有如下段落：

> 自其异者视之，肝胆楚越也；自其同者视之，万物皆一也。夫若然者，且不知耳目之所宜，而游心乎德之和；物视其所一而不见其所丧，视丧其足犹遗土也。①

孔子把王骀视为得道之人，认为他能够以齐物的眼光看待万物，因此对自己丧足一事毫不介意。他游心于"德之和"，进入"不知耳目之所宜"的境界。孔子在这里把"不知耳目之所宜"作为游心于"德之和"的标志，这个命题引起后人高度重视，其中的"宜"字成为重要的聚焦点。郭象注："宜生于不宜者也。无美无恶，则无不宜。无不宜，故忘其宜也。"②这是把"不知耳目之所宜"释为忘其宜，颇为确切。成玄英疏："耳目之宜，宜于声色者也。且凡情分别，耽滞声色，故有所宜与不宜，可与不可。而王骀混同万物，冥一死生，岂于根尘之间而怀美恶之见耶？"③成玄英是西华道士，他对文中提到的"耳目之所宜"，明确指出是声色，即诉诸感官的对象。《德充符》中提到的"耳目之所宜"，"宜"与人的感性对象密切相关，这与宜字在其生成期的原始本义存在关联。

"宜"的起源可以追溯到甲骨卜辞，赵诚先生对此有如下论述：

> 图，从二夕、从且。夕是祭肉，且是一种特制的架子，祭祀时用以陈祭肉或祭牲，后代写作且。全字像陈肉于且，为会意字。……字后代写作俎，就文字形体而言，《说文》宜字的古文与甲骨文形近。④

---

① [清]郭庆藩：《庄子集释》，北京：中华书局，2004年，第191—192页。
② [清]郭庆藩：《庄子集释》，第191页。
③ [清]郭庆藩：《庄子集释》，第191页。
④ 赵诚：《甲骨文简明词典·卜辞分类读本》，北京：中华书局，2009年，第316页。

甲骨卜辞的图字，确实与《说文解字·宀部》所出示的"宜"的古文构形相近："宜，所安也。……阋阋，古文宜。劇，亦古文宜。"①古文"宜"的构形表示祭肉陈列之象，与"俎"的含义相同。从"宜"在先秦文献的运用情况考察，它最初的含义确实与肉类祭品相关。《礼记·王制》："天子将出，类乎上帝，宜乎社，造乎祢。"②这里出现的类、宜、造，指的均是祭祀名称。祭祀土地神称为宜，当是取自表示祭祀所用肉类物品这种原始本义。《左传·闵公二年》记载："帅师者，受命于庙，受脤于社。"杨伯峻先生注：

> 《说文》作"祳"，云："社肉，盛之以蜃，故谓之祳。"成十三年《传》云："公及诸侯朝王，遂从刘康公、成肃公会晋侯伐秦。成子受脤于社，不敬。"此出兵前受脤之事。古代出兵祭社，其名为宜。祭毕，以祭肉颁赐诸人，谓之受脤。③

宜的本义是祭祀所用的肉类，祭祀社神用肉类祭品，故祭社称"宜"。后来，不是用于祭祀的肉类食品也称为"宜"。《诗经·郑风·女曰鸡鸣》以夫妻对话的形式进行叙事，首章以"将翱将翔，弋凫与雁"结尾。男士将要外出狩猎，捕获对象是野鸭和大雁。第二章是妻子的回应："弋言加之，与子宜之"，意谓能够射中野禽，就与你共同享用美味佳肴。"宜"的原始本义指祭祀所用的肉类，后来又把肉类食品也称为"宜"。在先秦时期，肉类对人而言是美味佳肴，是祭祀神灵的重要祭品，宜的适合、适宜之义由此而来。

宜最初指用于祭祀或食用的肉类，属于感性的物质存在。《德充符》篇提到的"耳目之所宜"，指的也是感性的物质存在，二者对"宜"的具体指向一致，可以说是偶然的巧合。但是，《德充符》的上述命题，对"宜"不是加以肯定，而是予以否定。和、宜属于同义词，都有适宜、合适之义，通常可以把"和"释为"宜"，也可以把"宜"释为"和"，二者能够互释。然而，《德充符》篇提到的"游心乎德之和"，则是以"不知耳目之所宜"为标志，这是一种特殊的"和"，与"宜"无法兼容。本来是同义词的和、宜，在这里却呈现为逆反关系，这个命题的后句"而不知耳目之所宜"，是用否定的句式表达

---

① ［清］段玉裁：《说文解字注》，杭州：浙江古籍出版社，1998 年，第 340 页。
② ［清］朱彬：《礼记训纂》，北京：中华书局，1996 年，第 175 页。
③ 杨伯峻：《春秋左传注》，北京：中华书局，1990 年，第 271 页。

正面意义,"耳目之所宜"是被否定的对象,"宜"属于被否定之列。这种把同义词转换成反义词的表达方式,在《庄子》其他篇目也可以见到。如《庚桑楚》:"至礼有不人,至义不物,至知不谋,至仁无亲,至信辟金。"其中的知与谋、仁与亲,可以视为同义词,但在这里成了反义词。《庄子》一书的这种表述方式,是逆反思维所起的作用。

《德充符》所说的"德之和"被概括为"不知耳目之所宜",郭象把它释为"忘其宜",是有道理的。这种忘是对感官和心灵的双重超越,此种境界在《庄子·达生》篇也有展现:

> 工倕旋而盖规矩,指与物化而不以心稽,故其灵台一而不桎。忘足,履之适也;忘要,带之适也;忘是非,心之适也;不内变,不外从,事会之适也。始乎适而未尝不适者,忘适之适也。[①]

适与宜属于同义词,二者往往连用。《达生》篇把最高层次的"适"归结为"忘适之适",即感觉不到、忘掉了适,才是真正的适。《德充符》篇把"德之和"概括为"不知耳目之所宜",也就是感觉不到、忘掉了适,是最高层次的适,故称为"德之和"。

《德充符》篇对于"德之和"所做的界定,在历史传播过程中又被进一步发挥。方以智的《药地炮庄》引刘氏之说,对《德充符》的上述命题做了如下解说:

> 不知耳目之所宜,无视无听为婴儿者也。世人见不越色,听不越声,故耳目各有所宜。不知耳目之所宜,说得至人之玄冥。所谓耳里着得大海水,眼里放得须弥山,方见游心于德之和。[②]

方氏所解说的前段符合原文本意,后段则有援佛入《庄》的味道,已经超出《德充符》上述命题的含义,可谓借题发挥。

《德充符》对于"德之和"所做的论述,在文章中居于举足轻重的地位。清人孙嘉淦对"游心于德之和"做了如下解说:

---

① 郭庆藩:《庄子集释》,第662页。
② [明]方以智:《药地炮庄》,清康熙三年曾玉祥此藏轩刊本,卷二。

> 通篇以此句为主，后"使之和豫，不失于兑""与物为春""成和之修"皆是德之和。圣人有所游，则是游心于德之和也。①

这是把"德之和"视为整篇文章的主旨，可与其他相关命题相贯通。"德之和"的理念传播到清代，人们对它的理解已经更关注文章的整体脉络。

二、与物为春、接而生时的成和之德

《庄子·德充符》篇还有如下命题："德者，成和之修也。"这是以"和"释"德"，对德做出界定。所谓的"成和之修"，指对于"和"修炼成功，达到圆满、完美的程度，这就是德。那么，"和"达到何种程度才称得上圆满、完美呢？这个命题之前的段落对此做了论述：

> 死生存亡，穷达贫富，贤与不肖毁誉，饥渴寒暑，是事之变，命之行也；日夜相代乎前，而知不能规乎其始者也。故不足以滑和，不可入于灵府。使之和豫，通而不失于兑。使日夜无郤。而与物为春，是接而生时于心者也。②

这个段落大部分篇幅论述如何修炼达到圆满之和的境界，结尾两句是对成和之德境界的具体描述。"与物为春"，意谓对待外物如同春天，取其温和之义。"接而生时于心者"，是说如此则能连续在心中生出季节。时，季节。林云铭称："胸中自有四时之行。"③林氏所做的解释是正确的。所谓"与物为春"、"接而生时于心"就是成和之德所呈现的心灵境界，是人的心灵顺随外物，如春夏秋冬自然变化。《庄子·大宗师》所描述的古之真人正是如此："凄然似秋，煖然似春，喜怒通四时，与物有宜而莫知其极。"④这里的"极"，指到达、达到。"与物有宜而莫知其极"，就是与外物能够很融洽地相适宜而不自知的状态，这与《德充符》所说的"不知耳目之所宜"含义大体一致，即至宜忘宜之义。古之真人就是成和之德的化身，其心灵是独立自主的小宇宙、内宇宙，是"和"达到圆满、完美的程度。

《德充符》把"成和之修"的最终境界概括为"与物为春""接而生时于

---

① ［清］孙嘉淦：《南华通》，清乾隆年间刊本，卷五。
② 郭庆藩：《庄子集释》，第 212 页。
③ ［清］林云铭：《庄子因》，光绪庚辰重刊白云精舍本，卷五。
④ 郭庆藩：《庄子集释》，第 230 页。

心"，这种描述在后代传播过程中引起强烈的反响，人们从不同的角度对它加以阐释，成为《庄子》传播的一个热点。清人孙嘉淦写道：

> 与物为春，春者和也，明道接人浑是一团和气，此之谓也。……接，续也。自上无郤生来，时字自上春字生来。言四时之气，转相接续而生于心，无止息也。①

文中所说的"明道"，是北宋理学家程颢，他反复强调存性养心在于和。孙嘉淦是从程朱理学的角度，解说《德充符》所描述的成和之修的理想境界。

《德充符》篇论述成和之德的修炼，主要强调人的内心不受外界因素的影响。外在的生老病死、吉凶祸福等是人无法左右的，因此，"不足以滑和，不可入于灵府"，外在因素无法扰乱自身的适宜状态，也不把它放在心上。滑，指扰乱；灵府，指心灵。"使之和豫，通而不失于兑。"林云铭称："于八卦内取出兑字，于四时内取出春字，总写出一团和气，内外如一，使人可亲。造句新辟，不可思议。"②林云铭认为"通而不失于兑"的"兑"取自卦名。需要加以补充说明的是，"使之和豫"的"豫"也是取自卦名，应该是有意的精心调遣。那么，对于这两个卦名，文中取的是哪方面的含义呢？《周易·豫·彖》有如下论述：

> 《豫》，顺以动，故天地如之，而况"建侯行师"乎？天地以顺动，故日月不过，而四时不忒；圣人以顺动，则刑罚清而民服。③

这是把"豫"释为"顺而动"，是表示动态的词。《德充符》的"使之和豫"，豫也是取"顺而动"之义，与下句的"通"字相衔接。"通而不失于兑"，"兑"取自卦名。《杂卦》："《兑》见而《巽》伏也。"④《兑》和《巽》是对卦，卦的宗旨相反，《兑》指外现，《巽》指下伏。《序卦》所做的解释如下：《巽》者，入也。入而后说之，故受之以《兑》。《兑》者，说也。说而后散之，故

---

① 孙嘉淦：《南华通》卷五。
② 林云铭：《庄子因》卷五。
③ 周振甫：《周易译注》，北京：中华书局，1991 年，第 63 页。
④ 周振甫：《周易译注》，第 300 页。

受之以《涣》。《涣》者，离也。"①《序卦》把《兑》卦的宗旨解释为"说"，言说之义，与《巽》卦的"入"指向相反，《巽》卦指进入，《兑》卦指言说，则是向外表现。《德充符》的"使之和豫，通而不失于兑"，意谓使心灵和顺，通达而不失于外显。然而，这只是文字的表面意义，其中还有更深的寓托。对此，刘武先生做了如下解说：

> 《韵会》："兑，穴也。"《易·说卦传》云："兑为口。"《淮南·道应训》云"则塞民于兑"，注："兑，耳目鼻口也。"《老子》"塞其兑，闭其门"，王弼注："兑，事欲之所由生；门，事欲之所由从。"则王意亦以穴训兑也。……据上各说，则此文为使和气逸豫流通于内，而毋使散失于耳目口鼻之穴也。下文"内保之而外不荡"，即为此文取譬。②

上述解说颇为透彻，其中提到《老子》的"塞其兑，闭其门"之语，见于传世本《老子》第五十六、七十九章。《德充符》所说的"使之和豫，通而不失于兑"，是成和之修的重要环节。一方面强调心灵的和顺，同时又指动态属性，要通畅无碍而又不失于外骛，不因感官欲望而干扰心灵的平和顺畅。文中所用的豫、兑取自《周易》卦名，而所表达的意义也与《易传》有相通之处。

兑或指外现，或指人的外部感官，这与它在甲骨卜辞中的原始本义相关。"兑，构形不明，甲骨文用作锐，有急速、赶快的意义，为副词，则兑与锐为古今字。"③兑字在甲骨文的这种意义，其基本指向是外露型的，因此，后来所衍生的意义也集中于外在显现方面。

《庄子·德充符》对成和之德所做的论述，在历史传播中不断被演绎，成为后代学者阐释自己修身养性理念的依托。清人孙嘉淦写道：

> 首段言守宗，言保始，此则其所以保守之实也。看其言功夫处，深潜缜审，知其心性上涵养纯粹，不止旷达为高而已。④

---

① 周振甫：《周易译注》，第 295 页。
② 刘武：《庄子集解内篇补正》，北京：中华书局，1987 年，第 138 页。
③ 赵诚：《甲骨文简明词典——卜辞分类读本》，第 288 页。
④ 孙嘉淦：《南华通》卷五。

这是从宋代理学的心性之说出发，对《德充符》的成和之德加以解说，指出二者的相通之处。清人林仲懿写道：

> 唐张拙诗："光明寂照遍河沙，凡圣含灵共我家。"即和豫通、与物为春之意，佛家有流注想，水本流将去，有些渗漏处便留滞，即日夜无郤，接而生时子心之意。①

这是援佛入道，以解释《庄子》。《庄子》的传播到了清代，对于《德充符》篇成和之德的解说，呈现出更加多元的格局。

三、德、和的蒙而不冒

《庄子·缮性》篇有如下论述：

> 夫德，和也；道，理也。德无不容，仁义；道无不理，义也。……彼正而蒙己德，德则不冒，冒则物必失其性也。②

这段论述分别对"德"、"道"做出界定。把"德"界定为"和"，它无所不容，体现的是仁。既然如此，就可以把"德"与"和"同等看待，"德"的属性和功能，也就是"和"的属性和功能。上述段落结尾两句是以否定的方式，从反面对"德"做出界定："彼则不冒，冒则物失其性也。"德则不冒，与"德"作为同义词出现的"和"，当然也是不冒。"德则不冒"可以引出"和则不冒"的命题。如果能够对"德则不冒"这个命题作出合乎原文的解释，那么对于所谓的"和"也就可以从这个角度得到准确的把握。解决这个问题的关键，是对"冒"字的含义作出确切的判断。

《缮性》篇在历史传播过程中，对"冒"出现几种略有差异的解释。成玄英疏："冒，乱也。"③以乱释冒，是把它作为负面意义词加以处理。林希逸称："不冒者，言我非以德加诸人也。"④这是把"冒"释为施加、强加。王先谦：

---

① [清]林仲懿：《南华本义》（四库全书存目丛书·子部第二五七册），济南：齐鲁书社，1995年，第595页。

② 郭庆藩：《庄子集释》，第545页。

③ 郭庆藩：《庄子集释》，第550页。

④ 周名成：《庄子鬳斋口义校注》，北京：中华书局，1997年，第253页。

"若强天下而冒覆之，是以我正彼，则物失其性者必多也。"① 这是把"冒"释为冒覆，亦即覆盖之义。以上各家对于冒字所做的解释，可以说是大同小异，都把它作为表达负面意义的词看待，取其强加、覆盖之义。对于它在《缮性》中的含义，还须做进一步的考察。

《说文解字·冃部》："冒，冢而前也。从冃、目。"段玉裁注：

> 冢者，覆也。引伸之有所干犯而不顾亦曰冒。如假冒、冒白刃、贪冒是也。……会意。冃、目者，若无所见也。②

按照许慎所做的解释，冒字的构形是蒙住眼睛前行之象，段玉裁则进一步指出这像是什么都没见到而前行之象，引申有进行干犯而无所顾忌之义。先秦文献中出现的冒字，多数用于表示负面意义，如冒犯、冲撞、贪婪、嫉妒、气郁、昏厥等，其核心义项是表示矛盾、冲突、伤害。从语源学和语用学两方面进行考察。冒字主要用于表达破坏、伤害方面的意义，用于负面、否定的语境居多。

从《缮性》篇的具体语境考察，"德则不冒"的冒字，取其冒犯、触犯之义。这篇文章以"和"释"德"，又称"德无不容，仁也。"德、和体现的是仁爱的属性，其功能是无所不容，与外物构成的是适宜、协调的关系，因此不会造成对外物的侵害。冒指干犯、强加、造成伤害，因此，它与"德"、"和"构成对立的两级。

《庄子》书中出现的"和"，往往与"生"联系在一起。《在宥》篇记载广成子如下话语："我守其一以处其和，故我修身千二百岁矣，吾形未尝衰。"③文中的广成子是体悟道性的世外高人，他因"守一处和"而长生不老，"和"的功能是呵护生命，使人延年益寿。《田子方》篇称："至阴肃肃，至阳赫赫；肃肃出乎天，赫赫发乎地，两者交通成和而万物生焉，或为之纪而莫见其形，"④这是说阴气上升，阳气下降，二者交和而万物萌生，"和"具有生成万物的功能。

《庄子》书中与"和"相关联的是"生"，而与"和"内涵相反的是"冒"，

---

① 王先谦：《庄子集解》，北京：中华书局，1987 年，第 135 页。
② 段玉裁：《说文解字注》，第 354 页、
③ 郭庆藩：《庄子集释》，第 381 页。
④ 郭庆藩：《庄子集释》，第 712 页。

在先秦文献中往往与死亡联系在一起，有时成为表示与死亡相关联事物的专用名词。《礼记·王制》："唯绞、紟、衾、冒，死而后制。"朱彬训纂引《释名》："以囊韬其形曰冒，覆其形使人勿恶也。"①冒，指盛尸体的布袋，在人死之后制做。《礼记·杂记》："冒者何也？所以掩形也。"郑玄注："言设冒者，为其形，人将恶之也。"②这是把"冒"认定为装尸体的布袋，指出它的功能。赗，字形从贝，从冒。它也是专用名词，指的是送给丧葬者用以助葬的束帛车马等物品。先秦文献中出现的冒字，多用于表示凶险义项，因此，它又成为表示与死亡相关联事物的专用名词。每当它在文献中出现，人们往往联想到冒犯、伤害、死亡等不祥之事，想到的是破坏性功能。而所谓的"德""和"指的是仁爱，无所不容，发挥的是创造性功能。《缮性》篇把"德""和"与"冒"视为相互对立的两极，可以从它们在先秦文献的运用中找到原因，也能从文字构形上找到根源。

"德则不冒，冒则物必失其性也。"《缮性》篇在提出这个命题之后，用具体历史事实证明因德衰冒物而造成的危害，其中提到伏羲氏、神农、黄帝、唐虞，最终造成的后果是"然后民始惑乱，无以反其性而复其初"，以此作为对前边命题的回应。

《缮性》篇在提出"德则不冒"命题前边冠以"彼正而蒙己德"这个句子，蒙与冒相对应，二者均是动词。王力先生指出：

冒，帽，鍪，雾，蒙，幪，雺，梦，瞢，冥，暝，漠，盲，矇，眊，瞀。这些字都和蒙冒的意思有关。天蒙冒则为雾，为冥；目蒙冒则为盲，为眊，为矇；头蒙则为帽，为鍪。故诸字同源。③

蒙和冒是同源词，因此，对于《缮性》篇上述段落中出现的冒和蒙，在历史传播和接受过程中，历代学着往往把他们作为同义词看待，认为指的是覆盖、笼罩。按照这个思路进行解读，"彼正而蒙己德"就被理解为各自以本身的"德"覆盖自己，这就是正。如此一来，"德"就成为守正之人的笼罩物，显露在外，这就与《庄子·德充符》的"德不行"之说相悖。所谓"德不行"，指的是德不加显露，不是作为人的外在表现而存在。有鉴于此，林希

---

① 朱彬：《礼记礼纂》，第204页。
② 朱彬：《礼记礼纂》，第637页。
③ 王力：《王力古汉语词典》，北京：中华书局，2000年，第61页.

逸对"彼正而蒙己德"做了如下解释。

> 蒙，晦也，德积于己，不自眩露，彼物自正，故曰彼正而蒙己德①。

林希逸以晦释蒙，把"蒙己德"理解为对自身之德进行隐蔽，不公开加以显露，这正是《德充符》所说的"德不形"。蒙字的这种含义，与它的文字构形及原始本义直接相关。蒙，古代早期写作冡。关于它的含义，尹黎云先生针对《说文解字》的冡字条目，做了如下论述：

> "冡"下出古文作冡，从冖从豕。从冖和从 ⼀ 同意，可见古文冡和冡其实是同字异词。《尔雅·释宫》："牖户之间谓之扆，其内谓之冡。"可见冡和室同义，都是指房内被屋顶遮盖的部分。故从冡指事，可得遮盖义，这就是冡。冡和覆虽然同义，析言则有别。覆是自外而言，冡则是自内而言。故冡引伸有遭受义。古书多借用蒙。②

以上对于蒙字的由来及其含义辨析颇为清晰，得出的结论是可信的。"覆是自外而言"，指的是覆盖、笼罩，进行包装。"冡则是自内而言"，指的是被遮蔽在内，不加显露，"彼正而蒙己德"，用的正是"蒙"的这种含义，指隐晦其德，深藏于内。

《庄子·缮性》在同一段落前后相继的两个命题中，依次使用通常作为同源词加以处理的蒙、冒，但是，对于这两个词都没有取它们相通的覆盖之义，而是取蒙字的加以隐蔽之义，冒字的触犯、强加之义。由此而来，这两个字在本段落中就构不成同源词，而是意义指向相悖，有内敛与外骛的差异。这段的两个命题在历史传播中出现多种多样的解说，归根结底，是运用同源词而不取同源词的通用意义而产生的特殊效应。可是，如果从蒙和冒的文字构形和原始本义切入进行深入的辨析，又可以不陷入同源词的预设，从而揭示出二者在文章中意义指向的差异。

如何进入德、和的境界，《缮性》篇首段作出如下论述：

---

① 周启成：《庄子鬳斋口义校注》，第253页。
② 尹黎云：《汉字字源系统研究》，北京：中国人民大学出版社，1998年，第259页。

古之治道者，以恬养知。生而无以知为也，谓之以知养恬。知与恬交相恬，而和理出其性。夫德，和恬；道，理也。[①]

这是把以恬养知、以知养恬说成德、和的生成途径，何谓恬？恬，篆文作惔。《说文解字·心部》："惔，安也。从心，丙声。"段玉裁注："《庄子》曰'以恬养知，以知养恬'。"[②] 这是以"安"释"恬"，安定之义。恬字的篆文构形从心，从丙。关于丙字的含义，杨树达先生做了如下辨析：

王静安《释弻》云："丙者，古文席字。《说文》席之古文作圙，《丰姞敦》宿作圙，从人在宀下丙上。人在席上，其义为宿，是圙即席也。《广雅·释器》：丙，席也，意谓圙席古今字。《说文》丙一曰竹上皮，盖席以竹皮为之，丙谓竹上皮为丙，亦其引申之一义矣。圙象席形，自是席字，由圙而讹为圙，又省为丙，宿弻二字同也。弻与席皆以簟为之，故弻字从丙。《观塘集林》七卷十四。树达按王说意是，谓圙为席字，丙席音异也。……丙又读若沾，簟与沾古韵同覃部字。由此知丙与簟同音，实簟之初文也。今竹席之义为后起之簟字所专。无有知丙之为簟者矣。[③]

按照后世文献所载的恬字构形进行推断，很难得出它所包含的安定之义。篆文惔是恬的初文，字形从心，从丙。丙指竹席，是人的坐卧之具，休息之所依托，因此，惔字的构形表示的心有所止，处于休闲状态。惔字可释为心灵闲暇安定。

《缮性》篇把德、和的生成归结为恬与知相互养护，而知只有处于"知生而无以知为"的状态，才有可能对恬加以养护。对于这句话，成玄英疏：

率性而照，知生者也；无心而知，无以知为也。任知而往，无用造为，斯为无知而知，知而无知，非知之而知者也。故终日知而未尝知，亦未尝不知；终日为而为尝为，亦未尝不为，仍以此真知养于恬静。若不如是，何以恬乎！[④]

① 郭庆藩：《庄子集释》，第548页。
② 段玉裁：《说文解字注》，第503页。
③ 杨树达：《微积居小学述林全编》，上海：上海古籍出版社，2007年，第549页。
④ 郭庆藩：《庄子集释》，第549页。

成玄英所作的阐释颇为透彻确切，"知生而无以知为"，意谓人的认知产生而不对它加以运用，亦即无心于认知，处于无意识状态。

《缮性》所说的知与恬交相养，指心灵处于安定闲暇状态，认知处于无意识状态，如此一来，知与恬就能相互养护，彼此滋补。这个命题在历史传播过程中，后代对它所作的阐释有时与佛教的定慧之说相沟连。林希逸称："恬养知，知养恬。此六字最妙，释氏有'戒生定，定生慧'却未说慧能生定也。如此等处，当于细读。"① 这是把知与恬交相养的命题与佛教的定慧之说加以对比，指出佛教的定慧之说是单向生成，而知与恬交养则是双向彼此生成。刘凤苞也把《缮性》的"以恬养知"之论称为"定能生慧"②，继承的是林希逸的说法。

四、余论

《德充符》、《缮性》篇的"德和连言"命题，尽管有时把"和"作为"德"的同义语加以表述，但是，总体上都是把"和"置于"德"的统辖之下，把"德"作为终极追求。《庄子·庚桑楚》篇也有"德和连言"的段落，现抄录如下：

> 能翛然乎？能侗然乎？能儿子乎？儿子终日嗥而嗌不嗄，和之至也；终日握而手不掜，共其德也；终日视而目不瞋，偏不在外也。行不知所居，居不知所为，与物委蛇，而同其波。是卫生之经已。③

在这个段落中，"和之至也"、"共其德也"，依次是两个句子的末尾，二者属于并列关系，"和"与"德"各有所指，两者之间不是统辖关系，而是共同置于卫生之经的统辖关系之下，是卫生之经的两项内容。《庚桑楚》的这个段落，脱胎于《老子》第五十五章，该章相关段落如下：

> 含德之厚，比于赤子。蜂虿虺蛇不螫，猛兽不据，攫鸟不搏。骨弱筋柔而握固，未知牝牡之合而全作，精之至也。终日号而不嗄，和之至也。④

① 周启成：《庄子鬳斋口义校注》，第253页。
② ［清］刘凤苞：《南华雪心编》，北京：中华书局，2013年，第353页。
③ 郭庆藩：《庄子集释》，第785页。
④ 楼宇烈：《老子道德经注校释》，北京：中华书局，2008年，第145页。

在这个段落中，"含德之厚，比于赤子"是总论，"精之至也""和之至也"是分论，"精"与"和"都处于"含德之厚"的统辖之下，"和"隶属于"德"。其中对赤子，亦即婴儿的三种状态做了描写，释德清称："斯三者，皆得其所养之厚,故所以比赤子之德也。"[①] 释氏所做的判断是正确的。《庄子·庚桑楚》借鉴《老子》第五十五章的内容，但不是原封不动地袭用，而是做了调整。把《老子》作为统辖的"含德之厚，比于赤子"，置换为"卫生之经"；把《老子》所设的"和"对"德"的隶属关系，调整为二者之间的并列关系。正因为如此，《庚桑楚》这个段落所描述的"德"与"和"的关系，与《德充符》《缮性》篇"德和连言"的命题存在差异。《庚桑楚》篇的段落脱胎于《老子》第五十五章，以婴儿为喻而论述"德"与"和"。德国哲学家黑格尔也曾有过类似的论断：

大体来说，儿童是最美的，一切个别特性在他们身上都还沉睡在未展开的幼芽里，还没有什么狭隘的情欲在他们的心胸中激动，在儿童还在变化的面貌上，还见不出成人的繁复意图所造成的烦恼。[②]

《老子》第五十五章和《庄子·庚桑楚》对婴儿所做的描写，凸显的正是黑格尔所说的无思无欲的状态以及原始的自然生命力，这也是德、和的内涵。就此而论，这与《庄子》中"德和连言"命题对二者所作的界定，在总体上有相通之处。

---

① ［明］释德清：《道德经解》，上海：华东师范大学出版社，2009 年，第 785 页。

② ［德］黑格尔：《美学》（第 1 卷），朱光潜译，北京：商务印书馆，1982 年，第 94 页。

"和"与中国文化传播

袁济喜 *

（中国人民大学国学院，北京，100872）

摘　要： "和"是中国文化精神的结晶，彰显出中国特有的智慧与方法。儒、道的对立统一，恰好构成"和"范畴互相耦合的系统机制。先秦典籍对"和"的理解和表述各有侧重，但"不偏不倚""和而不同""以和为美"构成"和"文化的突出属性。礼与乐互为补充的教育方式，成为传播"和"理念的重要渠道，从而形成贯穿于自然生命、人格修养、社会秩序的"天人和一"理念，也蕴涵着中国人的人生与社会理想。

关键词： 和文化；中和之美；和而不同，文化传播

"和"是中国文化的理想境界，以儒家与道家为代表的思想人物在论及中和时，不仅将它与自然事物、政治文化问题相联系，而且蕴涵着极为丰赡的智慧与方法。"和"范畴融合了农业自然经济形态之下人们所形成的"天人合一""人人相和"的文化意识与民族心理，追求美与善、情与理、个体与社会的和谐，历经发展演变，不断丰厚，在近代又面临西方思想观念的挑战，融入了新的文化观念。和范畴生成于古代，滋润了中国文化精神，也是我们理解中国文化传播的重要途径。从以和为美的角度去看待中国文化的传播，是很有意义的。

一、"和"是中国文化精神的结晶

"和"作为一种中国文化的范畴与理念，对于我们理解中国文化的实质与

---

* 袁济喜（1956—），男，上海人，中国人民大学国学院教授、博士生导师，研究方向：中国古代文论与魏晋南北朝文学。

传播理念，具有重要的启发作用。

我们先从儒家经典入手。《礼记·中庸》篇论及中和时提出："喜怒哀乐之未发，谓之中；发而皆中节，谓之和；中也者，天下之大本也；和也者，天下之达道也。致中和，天地位焉，万物育焉。"《中庸》认为"中"乃是人的情感蕴而未发时的状态，"和"则是发起后达到中节的状态。中和是万物未生与已生后的理想状态，也是《中庸》作者心目中的社会与人生理想。但在后来的发展中，情况却有所不同，一般说来，"中"强调的是允执其中，不偏不倚，而"和"则是强调将不同的事物构建成一个和谐的形态。

儒家重视人为规范之和，突出人的能动性，而道家倡导自然之和，强调以素朴无为的人性去契合天道，游乎人世。儒家过分强调人为法度的规范，发展到后来往往破坏人与自然的统一，尤其是个体的和谐发展。所以道家的自然之和有救弊的作用。但道家一味倡导"和"的自然，发展到后来势必毁败礼法，破坏秩序，也不可能真正做到天人相合。因而儒家的"和"对于道家的"和"同样具有纠偏的功能。儒、道的对立统一，恰好构成"和"范畴互相耦合的系统机制。

在春秋时期的五行观念中，已经开始重视五行之物的形式要素之美了，这就是五味、五色和五声观念的萌始。《左传·昭公二十五年》记载了郑国游吉转述郑子产的话："天地之经，而民实则之。则天之明，因地之性。生其六气，用其五行。气为五味，发为五色，章为五声。淫则昏乱，民失其性，是故为礼以奉之。为六畜、五牲、三牺，以奉五味；为九文、六采、五章，以奉五色；为九歌、八风、七音、六律，以奉五声。"这里指出天地给人类提供了五味、五色、五声。其中五味属于人们的生理感觉，而五色、五声显然属于审美领域的事物。子产的话强调自然界不仅提供给人们以各种生存物质，而且也给人们提供了各种耳目之娱的五声、五色。

远古时代的人类社会，既是生产力极不发达、分工极不细密的社会，同时又是人类天性最为开放，与自然的关系最为贴近的社会，它促使了人们形成从杂多中寻求事物和谐与美的观念，并从自然的生存本位出发，有意识地把握好其中的度量，以求得和谐匀调。春秋前史伯、晏婴、子产等人"以和为美"的观念，便是在此基础上发展起来的自觉意识。同时，随着理性精神的形成发展，一些思想家开始有意识地用礼义来规范审美对象与主体之间的和谐，萌发了以礼制情的审美观念。《国语·郑语》记载，史伯在回答郑桓公"周其弊乎"，即周朝将要灭亡的问题时指出："殆于必弊者也。《泰誓》曰：

'民之所欲，天必从之。'今王弃高明昭显，而好谗慝暗昧；恶角犀丰盈，而近顽童穷固，去和而取同。夫和实生物，同则不继。以他平他谓之和，故能丰长而物归之。若以同裨同，尽乃弃矣。故先王以土与金木水火土杂，以成百物。"

　　史伯在这里将自然与人事联系起来考察，他批评周王只听取相同的意见，排斥相异的意见，势必要自我毁灭。史伯进而指出，自然界事物是互相补充，互相克制，"以他平他"，即把相异的东西有机地结合起来，"故能丰长而物归之"，形成万物欣荣的局面，如果把相同的东西相加，就不可能产生新的事物。所以，"和实生物，同则不继"，既是自然的法则，也是人事的法则，它也暗含着一个道理，即美是在宇宙间多样事物的和谐相生中产生的。后来的老子也指出："有无相生，难易相成，长短相较，高下相倾，音声相和，前后相随。"（《老子·第二章》）把相辅相成作为观察包括美在内的宇宙间事物的一条法则。和谐多样是美的产生与发展的前提条件，而多样性又是有着鲜明的主体性，这就是以人的生理与心理的健康向上、愉快爽心为目的，故史伯进而提出："是以和五味以调口，刚四肢以卫体，和六律以聪耳，正七体以役心。"春秋前的思想家将和谐多样与主体的健康需要联系起来考察，这是极有价值的思想。它奠定了中国文化以人为本、追求和谐的价值观念。

　　中国古代中和智慧在先秦时期的早熟，彰显于"和而不同"的思想理念之中。"同"是重复与单一，是生存与审美之大忌，而"和"则是寓杂多于统一之中，是一种思想智慧，也是一种方法，后来在孔孟思想中得到完整的概括，成为中华文化精神的智慧来源。中华民族的尚和弃同的理念，肇始于阴阳五行观念之中。远古时代，自然界云行雨施，品物流行，昼夜交替，寒暑往来，初民们在与天地万物交流周始之中，对身边的事物逐渐进行观察与感受，加以分类概括，这就是阴阳八卦观念与五行观念的滥觞。这两种观念形态是源于农耕文明基础上的先民对宇宙自然与社会人事的直观把握。

　　《周易》中的八卦是用八种天地自然的象征符号来说明事物的存在与运变，而五行观念，则是与阴阳八卦观念同时形成的一种生民把握自然与社会的范畴网结。《左传》说："因地之性，生其六气，用其五行。"《国语·郑语》说："以土与金、木、水、火杂，以成百物。"这些都说明五行之说是先民生命意识的触发，和谐之美观念则是基于这种生命意识上的审美观念。而这种观念对于文化传播至关重要，各种文化在生成与形态上呈现出和而不同的特点，不可能用一成不变的标准去衡量，因此，对于文化形态与发展，允许不同形态的文化存在与发展是一种智慧的表现，而强行推行一种文化尺度，好同弃和，则是一种愚蠢的做法。

中国文化的"中和"范畴探讨自然界的和谐，立足于对矛盾的对立统一考察。在中国古代哲人看来，所谓和谐，就是矛盾处于协调的状态，而不是互相偏废。春秋前"以和为美"的观念，从自然界和人类社会的存在与运动中，直观地认识到"天六地五""声一无听，物一无文，味一无果，物一不讲"，即把事物的和谐看作由杂多因素所组成的。迄至春秋末期，人们认识到事物最基本的存在形态是由对立的两极所构成，产生了"物生有两"的辩证法思想，开始从矛盾的相反相成去看待事物的和谐，提出音乐的和谐就在于将声音的"清浊、大小、短长、疾徐、哀乐、刚柔、迟速、高下、出入、周疏以相济也"（《左传·昭公二十年》载晏子语），并推而广之，将事物的矛盾对立法则视为宇宙的普遍规律，从对立统一中去看待自然界的和谐，这便是《周易》中系统论述的阴阳刚柔观念。《易传》反复提出："一阴一阳之谓道"，"阴阳合德，而刚柔有体，以体天地之撰"，"在天成象，在地成形，变化见矣"。《周易》认为八卦的叠和是通过阴、阳二爻来进行的。阴阳的平衡与统一反映了宇宙万物的和谐，《易传》中指出：昔者圣人之作《易》也，幽赞于神明而生蓍，参天两地而倚数，观变于阴阳而立卦，发挥于刚柔而生爻；和顺于道德而理于义，穷理尽性以至于通过研究自然与人类来掌握宇宙规律，获得智慧与自由。

孔子中和思想是对先秦中和思想的总结。孔子提出："君子和而不同，小人同而不和。"（《论语·子路》）孔子评论《诗经》的《关雎》为："乐而不淫，哀而不伤。"（《论语·八佾》）也就是说，《关雎》的价值就在于它使情感保持"中和"，不走向极端，它表现了男女之间相悦而不过分的情感。从孔子与弟子论诗的资料来看，孔子对弟子的启悟也体现出"和而不同"的智慧，比如《论语·学而》载：子贡曰："贫而无谄，富而无骄，何如？"子曰："可也，未若贫而乐，富而好礼者也。"子贡曰："《诗》云：如切如磋，如琢如磨，其斯之谓与？"子曰："赐也，始可与言《诗》而已矣，告诸往而知来者。"子贡所引的诗见于《诗经》的《卫风·淇奥》，内容是赞美一位有才华的贵族宽厚待人。

孔子认为，贫而无谄，富而无骄虽然是一种好品德，但是还不如贫而乐，富而好礼，后者才是人生的最高境界。在他的启悟下，子贡立即想到了"如切如磋，如琢如磨"这两句话，意为君子要达到最高的道德境地，还必须不断切磋磨炼自己，孔子因此高兴地对子贡说，我可以与子贡谈论《诗》了。从这一段饶有风趣的对话来看，孔子与弟子论《诗》，首先是从感性的方式出发，来启发学生，让学生通过艺术欣赏的方式来举一反三，也就是所谓"引譬连类"。孔子启发我们，对于文化的认识与传播，最好是通过自由讨论与辩论的方式来进行，而不能采用强行灌输方式来进行。

儒家的中和观念，涉及文化的冲突与传播关系时，并不造成强制的行政措施，而是倡导一种开放与并存的态度，他们认为，只有通过这种方式，才能将自己的道德观念与教化，得到施行。秦汉时的儒家经典《中庸》指出："仲尼祖述尧舜，宪章文武；上律天时，下袭水土。譬如天地之无不持载，无不覆帱，譬如四时之错行，如日月之代明。万物并育而不相害，道并行而不相悖，小德川流，大德敦化，此天地之所以为大也。"《中庸》作者认为，中庸是最高的美德，而孔子则将其概括为"万物并育而不相害，道并行而不相悖"。在和而不同中实现天地人三者的中和境界，"此天地之所以为大也"，这里的"大"是一种崇高的境界，这即是中国文化所追求的精神境界、中国文化的传播理念，正是从这种"万物并育而不相害，道并行而不相悖"思想出发，将天地万物与人类视为同体而加以对待，海纳百川，有容乃大，这样才能使自己的文化与世界兼容并包、兼收并蓄。这也是文化传播的最好方式与途径。

二、和与中国文化传播的理念

"和"是中国文化的集中体现，它涵养着作者的心胸志趣，产生法天原道，广大精微的精神人格，同时指导着人们的处世哲学，包括文化传播。《礼记·中庸》指出：

故君子尊德性而道问学，致广大而尽精微，极高明而道中庸，温故而知新，敦厚以崇礼。

这种心胸人格，是中华民族所崇尚的处世哲学，也是中国文化得以生存发展与传播的内在精神动力。

文化的传播与远行，离不开传播者的眼光与方式。和而不同的理念，才是处理文化冲突与文化传播时应取的立场与态度。孔孟都认为，君子与小人的区别就在于有没有这种公心与仁心，这是管理智慧的基础，没有这个基础，光是强调能力管理，很容易走向偏颇而出大问题：子曰："君子周而不比，小人比而不周。"（《论语·为政》）子曰："君子和而不同，小人同而不和。"（《论语·子路》）

中国文化重视人际关系，《论语·学而》第一句话就体现了这种日常亲情与德行："子曰：'学而时习之，不亦说乎？有朋自远方来，不亦乐乎？人不知而不愠，不亦君子乎？'"可见孔门历来重视人际关系的和谐。而人际关系从某种意义来说，就是人与人之间的文化的交往。人生智慧从根本上来说，就是关于协调人际关系、处理好各种关系。《论语》中还记载："子曰：'德不孤，必有邻。'""曾子曰：'君子以文会友，以友辅仁。'"孔子与他的弟子曾子明确提出君子以德作为与人交往的标准。而这种德行则是施政的基础，只要履行这些基本德行，政治与管理也就自然成功了。

人类社会文化艺术的传播，离不开和谐有序的社会生活。儒家即主天人合一，因此，它们也就认为社会生活的美就是人与天相合，熙然自乐，而达到这种天人相合的前提是礼乐秩序的保证，艺术则是这种和乐之情的表现。文化的传播，通过艺术教育是最好的方式。儒家认为，在和谐有序，与天相合的社会生活中，个体的人心中怡陶，于是自然而然地产生了欢乐的艺术，所以说："乐者，乐（音洛）也。"这种情绪的出现，是与社会生活的和谐相一致的。《礼记·乐记》谈到音乐起源时说："凡音者，生人心者也。情动于中，故形于声；声成文，谓之音。是故治世之音安以乐，其政和；乱世之音怨以怒，其政乖；亡国之音哀以思，其民困。声音之道，与政通矣。"

汉代诗学纲领《毛诗序》将这一观点移于说诗，用来解释《诗经》的风雅正变。刘勰《文心雕龙·时序篇》据此阐发道："昔在陶唐，德盛化钧，野老吐'何力'之谈，郊童含'不识'之歌。有虞继作，政阜民暇，'熏风'诗于元后，'烂云'歌于列臣。尽其美者，何乃心乐而声泰也。"刘勰指出，在尧舜之治下，人民生活安宁陶怡，于是内心的愉悦发为声歌，与"乱世之音怨以怒"不同，所以乐之本体在人之内心，而不是表面的音声之和。嵇康在著名的《声无哀乐论》中特别强调这一点。他说："古之王者，承天理物，必崇简易之教，御无为之治。君静于上，臣顺于下；玄化潜通，天人交泰。枯槁之类，浸育灵液；六合之内，沐浴鸿流，荡涤尘垢，群生安逸，自求多福，默然从道，怀忠抱义，而不觉其所以然也。和心足于内，和气见于外，故歌以叙志，舞以宣情，……故凯乐之情，见于金石；含弘光大，显于音声也。"嵇康认为，古代先王崇尚"无为"之治，当是时也，天人交泰，群生安逸，于是人民将内心和乐之情表达出来，这是一个自然而然的过程。这种过程也就是和谐的文化传播过程。

可见，音声是"和心足于内"的表现，而和乐对于社会与天道起着巨大的反作用。中国文化非常重视艺术对社会的反馈作用，甚至有点夸大了这种功用。比如《国语·周语》记载伶州鸠论乐时指出："夫政象乐，乐从和，和从平。声以和乐，律以平声。……夫有平和之声，则有蕃殖之财。于是乎道之以中德，咏之以中音，德音不愆，以合神人，神是以宁，民是以听。"这段话是强调和乐能够调协民心，应合神祇，促成社会的安宁。反过来，如果百姓视听不和，就会产生极大的危害。周代大臣单穆公曾告诫周王不要嗜好刺激之乐，以破坏视听之和。一旦视听之和被破坏，"于是乎有狂悖之言，有眩惑之明，有转易之名，有过慝之度。出令不信，刑政放纷，动不顺时，民无据依，不知所力，各有离心。上失其民，作则不济，求则不获。其何以能乐？"（《国语·周语》）在传统的儒家音乐理论中，音乐的本质就是"和"，也就是欢乐，所谓"乐者，乐（音洛）也"。

艺术在个体身上达到了"反情以和其志"的作用，同时也就为社会的和谐奠定了基础。儒家的理想社会是一个秩序井然的等级社会，如何使这个社会保持稳定呢？从个体来说，必须服从道德与法的规范，它的具体表现则是"礼"，"乐"则是"礼"的辅助物。荀子《乐论》与《礼记·乐记》强调"乐合同，礼别异"。"合同"与"别异"是一个问题的两个方面。"合同"是为了更好地"别异"，而"别异"也是达到"合同"，即在一个等级森严而又和谐有序的王权社会中，实现儒家的"长治久安"。所以《礼记·礼器》索性提出礼乐都是"和"的表现。它说："礼交动乎上，乐交应乎下，和之至也。礼也者，反其所自生，乐也者，乐其所自成，……故观其礼乐，而治乱可知也。"

南宋理学家朱熹在《答滕德粹》中也指出："和固不可便指为乐，然乃乐之所由生。所设喻亦甚当，如《曲礼》之目皆礼也。然皆理义所宜，人情所安，行之而上下亲戚各得其所，岂非和乎？"朱熹弟子滕德粹尝与人讨论礼之"和"，人答之曰："所谓礼者，犹天尊地卑而乾坤定，卑高以陈而贵贱位，截然甚严也。及其用，则天道下济而光明，地道卑而上行，此岂非和乎？"滕德粹有所不悟，因问朱熹，朱熹做了上述回答。他的话指出儒家所说的"和"，也就是于差异、错杂之中显示出的秩序，就这一点来说，"礼"与"乐"具有同一性。

儒家认为，艺术调协个人与社会的关系是由圣人制礼作乐而实现的。它通过两种功能而达到：一种是"宣乐"，也就是将人民生活安泰、心情愉悦的"乐"加以协调，使人人相亲相睦，社会安宁。《淮南子·本经训》指出："古者圣人在上，政教平，仁爱洽，上下同心，君臣辑睦，衣食有余，家给人足，父慈子孝，兄良弟顺，生者不怨，死者不恨，天下和洽，人得其愿。夫人相乐无所发贶，故圣人为之作乐以和节之。"这是说古代社会政教施行，君臣相协，人民安乐，于是圣人作乐以调和天下，抒发情感。另一种状况是世道浇漓，圣人制乐以调协人心，拯救世风。《淮南子·本经训》又说："逮至衰世，人众财寡，事力劳而养不足，于是忿争生，是以贵仁；仁鄙不齐，比周朋党，设诈谞，怀机械巧故之心，而性失矣，是以贵义；阴阳之情，莫不有血气之感，男女群居杂处而无别，是以贵礼；性命之情，淫而相胁，以不得已，则不和，是以贵乐。"在衰弊之世，民心涣散，各怀机诈，因此，乐与礼义相配合，具有救弊的作用。乐（包括诗歌，舞蹈）之作用在宗法封建社会中可谓大矣。包括"乐"在内的艺术所以能够调协社会关系，其中的奥秘就在于宗法等级制社会中的血缘伦理观念。

中国从早期奴隶制社会开始，就把等级制与原始部落的血亲制巧妙地糅杂在一起。在这个社会中，既是上下尊卑等级极为森严，不容僭越；同时又因为这种等级是以血缘亲疏来划分的，故而整个社会又被视为天下一体的宗族大家庭。这就决定了音乐能够唤起人们心中的相亲相睦的感情，实现社会和谐。《荀子·乐论》曾经谈到乐的这种作用："故乐在宗庙之中，君臣上下同听之，则莫不和敬；闺门之内，父子、兄弟同听之，则莫不和亲；乡里族长之中，长少同听之，则莫不和顺。故乐者，审一以定和者也，比物以饰节者也，合奏以成文者也；足以率一道，足以治万变。是先王立乐之术也。"荀子在这里点明，乐的调和作用，是通过宗族、亲属等血亲关系而达到的。

《史记·高祖本纪》记载，刘邦定都长安，即位称帝后，一次率兵平叛途经故乡沛县，产生了怀旧之情，于是"置酒沛宫，悉召故人父老子弟纵酒，发沛中儿得百二十人，教之歌。酒酣，高祖击筑，自为歌诗曰：'大风起兮云飞扬，威加海内兮归故乡，安得猛士兮守四方。'令儿皆和习之。高祖乃起舞，慷慨伤怀，泣数行下，谓沛父兄曰：'游子悲故乡，吾虽都关中，万岁后吾魂魄犹乐思沛。且朕自沛以诛暴逆，遂有天下，其以沛为朕汤沐邑，复其民，世世无有所与。'沛父兄诸母故人日乐饮极欢，道旧故为笑乐"。这是一段充满悲壮气概的描写。汉高祖虽为万民之主，威加海内，但他与沛中父老子弟又保持宗族乡土的关系，慷慨伤怀的楚歌楚舞，进一步唤起了皇帝与平民的同宗观念，虽有等级，仍不失情感之和。这岂不就是《荀子·乐论》所说"乐在宗庙之中，君臣上下同听之，则莫不和敬"的意思吗？

艺术从调协个人与社会关系出发，通过特定渠道的传播，可以实现天人之和，在天人之和中见出宇宙造化的和谐一体，这样，艺术的功用就从现象进入了本体的范畴。在传统的艺术观中，艺术与审美被看作天地之和的体现。《左传·昭公二十五年》记载，子产认为天地之和是乐之本体："则天之明，因地之性，生其六气，用其五行，气为五味，发为五色，章为五声"……哀乐不失，乃能协于天地之性，是以长久。"这是用原始的阴阳五行观念来解释音乐的产生，认为音乐乃是秉受天地五行之气而形成的。《吕氏春秋·察传》假托舜曰："夫乐，天地之精也，得失之节也，故惟圣人为能和乐之本也。"魏晋时的阮籍在其《乐论》中，将乐视作天地之和的显现。他说："夫乐者，天地之体；万物之性也。合其体，得其性则和，离其体，失其性则乖。昔者圣人之作乐也，将以顺天地之体成万物之性也。"阮籍调和儒道，既主张乐教，又将乐教建立在天地自然的基础之上。正因为乐的本体是天地之和，所以艺术的功能应当从人伦之和走向天人之和。

从中华民族与周边各民族的文化融合与传播角度来说，古代中国人一直认为，各民族在自己文化表现方面，也是"和而不同"的，由于生活方式与文明进化程度不同，他们的文化形态自然也就千差万别。西汉扬雄《蜀王本纪》中指出："蜀之先称王者，有蚕丛柏濩、鱼凫、开明，是时人萌椎髻左衽，不晓文字，未有礼乐。从开明已上至蚕丛，积三万四千岁。"[①]扬雄指出，古蜀国人不晓文字，未有礼乐，"开明已上至蚕丛，积三万四千岁"，可谓历史悠久，他们的交流方式，与中原人民相差甚远，从这些蜀王的名称上面，可以见出他们的生活方式是相当简陋的。从今天成都附近的三星堆文化遗存中可以看出，当时蜀地一带有着自己的独特的书写方式，与中原文明"和而不同"。

西汉时《淮南子·齐俗训》中指出："胡、貉、匈奴之国，纵体拖发，箕倨反言，而国不亡者，未必无礼也。"[②]《淮南子》的作者认为，礼义之于各民族的表现形态各不相同，并没有一成不变的尺度，那些被视为蛮夷的民族非必无礼。再如唐代的党项族，"无文字，但候草木以记岁时"[③]（《北史·党项

① 严可均：《全上古三代秦汉三国六朝文》，北京：中华书局，2016年，第414页。
② 何宁：《淮南子集释》，北京：中华书局，1998年，第783页。
③ [唐]李延寿：《北史·党项传》，北京：中华书局，1974年，第3192页。

传》)。党项族无文字，但以草木荣枯以记岁时，显然，这与他们处于北方寒冷地带的游牧生活方式相关联。《北史·突厥传》记载突厥"善骑射，性残忍。无文字，其征发兵马及诸税杂畜，刻木为数，并一金镞箭，蜡封印之，以为信契。"[1] 突厥刻木为数，与汉族早期的结绳记事有相同之处。唐代另一个位处西域的高昌族则有所不同："文字亦同华夏，兼用胡书。有《毛诗》《论语》《孝经》，置学官弟子，以相教授。虽习读之，而皆为胡语。"[2]（《周书·异域传下》）高昌国受汉化的影响，文字兼用胡汉，用胡语诵读汉族的经书。另一方面，历史上少数民族政权的统治者在文明的进化中，对于中原文化也是不断加以学习与汲取的。《北史·魏本纪》记载："冬十二月，集博士儒生比众经文字，义类相从，凡四万余字，号曰《众文经》。"[3]《魏书》中记载，北魏太武帝于始光二年下诏："在昔帝轩，创制造物，乃命仓颉因鸟兽之迹以立文字。自兹以降，随时改作，故篆隶草楷，并行于世。然经历久远，传习多失其真，故令文体错谬，会义不惬，非所以示轨则于来世也。孔子曰，名不正则事不成，此之谓矣。今制定文字，世所用者，颁下远近，永为楷式。"[4]（《魏书·世祖纪上》）从这些记载来看，北朝的胡族政权也在向中原学习，通过校正文字，厘定经典，用以教化百姓，制订礼仪，规范朝纲，指导百官。通过这些记载，我们可以得知，中华民族的各个部分在书写方式上大不一样，但是在文明实质上是有着同一性的。我们对于当时各民族书写文明不应当厚此薄彼。《淮南子·齐俗训》中指出：

> 是故入其国者从其俗，入其家者避其讳，不犯禁而入，不忤逆而进，虽之夷狄徒倮之国，结轨乎远方之外，而无所困矣。

《淮南子·齐俗训》的作者认为，只要尊重不同民族与国度的习俗，即使到了那些被称作夷狄之国，也不会受困。如果将这些思想引申到文化传播领域，其意义在于告诫人们，文化的价值是和而不同的，不能用某种固定的标准去衡量，更不能将自己的文化标准强加于人。

---

① ［唐］李延寿：《北史·突厥传》，北京：中华书局，1974年，第3288页。
② ［唐］令狐德棻：《周书·异域传》，北京：中华书局，1971年，第915页。
③ ［唐］李延寿：《北史·魏本纪》，北京：中华书局，1974年，第21页。
④ ［北齐］魏收：《魏书·世祖纪》，北京：中华书局，1974年，第70页。

朱熹对"礼用之和""性情之和"的阐释与传播

李炳海[*]

（曲阜师范大学孔子文化研究院，山东曲阜，273165）

摘　要：朱子对《论语》《中庸》所载"礼用之和""性情之和"的阐释与传播主要有两种渠道：一种是为原典作注，以著述的方式进行；另一渠道是授课，以口头讲解的方式进行。朱熹释"礼用之和"不与音乐捆绑在一起，释"性情之和"能够贯通上下文，进入具体语境，从而超越以往的旧注。朱熹通过著述所做的阐释，文字表达提纲挈领，概括精当；而讲堂上所做的解读与传授，在对注释中出现的偏差进行修正之余，又在注文基础上多有发挥，表现出较强的理论深度。

关键词：朱熹；礼用之和；性情之和；传播渠道

《论语·学而》记载，孔子弟子有若曾有"礼之用，和为贵"的著名命题，即后代所说的"礼用之和"。《礼记·中庸》首章称："喜怒哀乐之未发，谓之中；发而皆中节，谓之和。"所谓"中节"的"喜怒哀乐"之和，即"性情之和"。朱熹作为宋代重振儒学的著名理学家，既是"礼用之和""性情之和"在宋代传播的一名受众，也是这两种理念的传播者。朱熹撰《论语集解》、《中庸集注》，以著述的方式传播这两种理念。除此之外，朱熹与弟子的交谈，也往往涉及"礼用之和""性情之和"，是以教学的方式对这两种理念进行传播。朱熹逝世之后，他的弟子把聆听老师讲课时记录的笔记整理成《朱子语录》一书，朱子对"礼用之和""性情之和"所做的阐释，又以书籍为载体继续传播。研究朱熹对"礼用之和""性情之和"的阐释和传播，可以从一个侧

---

　　[*] 李炳海（1946—），男，吉林龙井人，中国人民大学文学院荣休教授，现为曲阜师范大学孔子文化研究院特聘教授。研究方向：先秦的汉文学与文化。

面透视朱熹乃至宋代理学"致和"理念的时代特征以及"致和"理念在历史传播过程中所发生的演变。

一、朱熹对"礼用之和"的阐释和传播

《论语·学而》有如下记载：

有子曰："礼之用，和为贵；先王之道，斯为美，小大由之。有所不行，知和而和，不以礼节之，亦不可行也。①

这段话出自孔子弟子有若之口。关于有若其人，杨伯峻先生写道：

《论语》记载孔子的学生一般称字，独曾参和有若称"子"（另外，冉有和闵子骞偶一称子，又当别论），因此很多人疑心《论语》就是由他们两人的学生所纂述的。但是有若称子，可能由于他在孔子死后一度为孔门弟子所尊重的缘故（这一史实可参阅《礼记·檀弓上》《孟子·滕文公上》和《史记·仲尼弟子列传》）。②

有若是孔门高足，得到孔子的真传，受到孔门弟子的尊重。他所给出的"礼之用，和为贵"的命题，其直接思想源头可以追溯到孔子，有若是在传播孔子学说的过程中提出"礼用之和"的理念。

对于"礼之用，和为贵"这个命题，朱熹在《论语集注》中做了如下阐释：

礼者，天理之节文，人事之仪则也。和者，从容不迫之意。盖礼之为体虽严，而皆出于自然之理，故其为用，必从容而不迫，乃为可贵。③

朱熹把"礼之用，和为贵"释为对礼的运用从容不迫，把"和"字释为从容不迫。在朱熹看来，礼生于天理自然，礼的体制虽然庄严肃静，但在具体实施过程中应该从容不迫，这才是可贵的，合乎自然的。和，本指声音相

---

① ［宋］朱熹：《四书章句集注》，上海，合肥：上海古籍出版社，安徽教育出版社，2001年，第60页。

② 杨伯峻：《论语译注》，北京：中华书局，1980年，第2页。

③ 朱熹：《四书章句集注》，第60页。

应，引申为平和、协调。朱熹把"和"释为"从容不迫"，对于人而言，能够从容不迫，确实是处于和谐状态，朱熹所做的阐释是有道理的，没有脱离和字的基本含义。

朱熹的《论语集注》是他惨淡经营的解经之作，是以从事著述的方式对"礼用之和"的理念进行阐释、传播。《论语集注》又是朱熹授课的教材，因此，他对"礼用之和"所做的阐释，又以教材为载体进行传播，受众主要是他的弟子。

朱熹以授课的方式阐释、传播"礼用之和"的理念，有的内容已经超出《论语集注》对这个命题所做的解说。董铢对朱熹与弟子的交谈有如下记载：

> 吴问："礼之用，和为贵"，先生令坐中客各说所见。铢应曰："顷以先生所教思之：礼者，天理节文之自然，人之所当行者。人若知得是合当行底，自者心行之，便自不拘迫。不拘迫，所以和，非是外边讨一个和来添也。"曰："人须是穷理，见得这个道理合当用恁地，我自不得不恁地。如宾主百拜而酒三行，因甚用恁？如入公门鞠躬，在位踧踖，父生子立，苟不知以臣事君，以子事父，合用如此，终是不解和……"铢因问曰："如此，则这和亦是自然之和。若所谓'知和而和'，却是有心于和否？"先生曰："'知和而和'，离却礼了。'礼之用和'，是礼中之和，'知和而和'，是放教和些。才放教和，便是离却礼了。"①

以上是朱熹与弟子对话的记录。先是吴子常针对"礼之用，和为贵"这个命题进行发问，朱熹令在座的弟子各抒己见。董铢首先发言，他对"礼用之和"所做的解说，基本是复述朱熹《论语集注》所作的表述。朱熹所做的讲解，则是在《论语集注》所做注释的基础上做了进一步的发挥，其要点有二。第一，对于礼的实施达到和的境界，要有一个前提条件，那就是穷理。对于礼不但要知其然，而且要知其所以然。须从天理人伦的角度认识礼的合理性，必然性。第二，所谓的"礼用之和"是礼本身所固有的，内在于礼，而不是从外部附加的。朱熹在与弟子对话时对"礼之和"所做的阐释，已经远远超出他对"礼之用，和为贵"所做的注解。

《论语·学而》在记载有若"礼之用，和为贵"的命题之后，还有如下论述："有所不行，知和而和，不以礼节之，亦不可行也。"朱熹在《论语集注》

---

① 李道传：《朱子语录》，上海：上海古籍出版社，2016年，第332页。

中是这样解说的：

> 承上文而言，如此而复有所不行者，以其徒知和之为贵而一于和，不复以礼节之，则亦非复礼之本然矣，所以流荡忘反，而亦不可行也。①

朱熹这段解说是根据有若的原话逐句加以阐释，没有过多的发挥，重点是认定"知和而和，不以礼节之，亦不可行"。至于为什么如此，注解中没有进一步说明。而朱熹在授课过程中所做的讲述，则把其中的道理揭示得很透彻。如前所述，他在与董铢的对话中已经指出"'知和而和'是放教和些。才放教和，便是离却礼了"。这是明确指出，刻意追求所谓的和，做法本身就背离了礼。与《集注》所做的解释相比，把问题的性质揭示得更加清楚。在其弟子黄义刚保存的授课记录中，朱熹还有如下话语："有礼而不和，则尚是存得那礼之体在。若只管和，则本都忘了。就这两意说，又自有轻重。"②这段话还是针对"知和而和"所发。朱熹明确区分"礼用之和"与"非礼之和"。在他看来，实施礼而未能达到"和"固然是存在欠缺，但这毕竟是依礼而行，还在礼的体制之内。如果只是一味地追求和，那就失去了根本，殊不可取，这种缺失比实施礼而未能达到"和"在性质上更加严重。朱熹对"知和而和"所做的定性，在他授课过程中表述得更加明确。

朱熹反对"知和而和"的做法，那么，如何实现"礼用之和"呢？《集注》把它归结为从容不迫。至于如何做到从容不迫，《集注》没有进行具体的解释，在他授课过程中则对此做了交待。他的弟子李闳祖记录的听课笔记有如下段落：

> 礼主于敬，而其用以和为贵。然如何得他敬而和？著意做不得。才著意严敬，即拘迫而不安；要放宽些，又流荡而无节。须是真个识得礼之自然处，则事事物物上都有自然之节文，虽欲不如此，不可得也。故虽严而未尝不和，虽和而未尝不严也。③

朱熹把"礼用之和"的从容不迫，具体化为不是着意去做，而是在认识

---

① 朱熹：《四书章句集注》，第60页。
② 李道传：《朱子语录》，第490页。
③ 李道传：《朱子语录》，第154页。

"礼出于自然"这个道理的基础上，自然而然地去践行礼。这样一来，践行礼所遇到的敬与和的关系，自然而然地得到妥善的解决。

董铢所录朱熹授课笔记还有如下段落：

> 邵问"礼之用，和为贵"。曰："如人入神庙，自然肃敬，不是强为之，则礼之用，自然有和意。"[①]

这里还是强调"礼用之和"出于自然，而不是勉强为之。而所谓的自然，就是不着意、不刻意追求。

综上所述，朱熹对"礼用之和"所做的阐释和传播，主要是通过两条渠道进行的，一是撰写《论语集注》，二是向弟子直接讲授。第一条渠道属于书面方式，以著作为载体；第二条渠道属于口头方式，以口头语言为媒介。前一渠道所做的阐释和传播，在内容上高度概括，所用的文字也颇为凝炼。后一渠道则把"礼用之和"讲述得更加深入、具体，可操性更强，有一系列具体事例融入其中。就其生动性、丰富性而言，讲授的方式要更胜一筹。

二、朱熹对"性情之和"的解读和传授

《礼记·中庸》首章有如下段落：

> 喜怒哀乐之未发，谓之中；发而皆中节，谓之和。中也者，天下之大本也；和也者，天下之达道也。致中和，天地位焉，万物育焉。

对于前两句，朱熹注："喜怒哀乐，情也。其未发，则性也。无所偏倚，故谓之中。发皆中节，情之正也。无所乖戾，故谓之和。"[②]朱熹把喜怒哀乐未发称为"性"，把喜怒哀乐已发称为"情"，因此，《中庸》这个段落所说的"和"，可以称为"性情之和"。朱熹有《中庸集注》传世，他的上述解说，是以著述的方式阐释和传播了"性情之和"理念。

朱熹在以著述的方式阐释和传播《中庸》的"致中和"理念时，把"中"释为无所偏倚，把"和"释为无所乖戾。对此，他为《中庸》所做的注还有

---

① 李道传：《朱子语录》，第334页。
② 朱熹：《四书章句集注》，第21页。

如下论述：

> 自戒惧而约之，以至于至静之中无少偏倚，而其守不失，则极其中而天地位矣。自谨独而精之，以至于应物之处无少差谬，而无适不然，则极其和而万物育矣。盖天地万物，本吾一体，吾之心正，则天地之心亦正矣。吾之气顺，则天地之气亦顺矣，故其效验至于如此。[①]

在这段论述中，朱熹把"中"界定为"无少偏倚"。他对"中"所做的这种解释，可以在他所著的《论语集注》中找到对应的案例。《论语·雍也》篇记载："子曰：'中庸之为德也，其至矣乎！民鲜久矣。'"朱熹注："中者，无过不及之名。"[②]《论语·尧曰》篇有"允执其中"之语，朱熹注："中者，无过不及之名。"[③] 对于《论语》上述两处出现的"中"字，朱熹的注都释为"无过不及"，也就是既没有超过也不是未能达到，而是适中，这与把《中庸》首章出现的"中"释为"无所偏倚"可以相互印证。朱熹在他的著述中对"中"所做的上述解释，继承了程颐的说法。"中者，只是不偏，偏则不中。"[④] 这是程颐对中字所做的界定，朱熹在以著述的方式阐释传播"性情之和"理念时，继承了这一说法。

按照朱熹的理解，《中庸》所说的"中"，指中正、不偏不倚；所谓的"和"，指的是顺，即无适不然。中与和是体与用的关系，本体的中正、不偏不倚，必然产生顺通、无往不适的功用。可是，这种解释在逻辑上和现实生活中都无法圆通，因为方枘圆凿、格格不入的情况屡见不鲜，本体的中正、不偏不倚，并不能保证它在实际运用时畅通无阻、无所不适，二者无法构成因果关系。朱熹以著述方式阐释传播《中庸》的"性情之和"理念时，在理论建构上存在不够严密之处，其中存在缝隙裂痕。

朱熹在授课过程中反复对"中"的含义加以界定，从中可以看出他对这个字在理解上所出现的微妙变化。

> 林恭甫说"允执厥中"未明。先生曰："中，只是个恰好底道理。……《论

---

① 朱熹：《四书章句集注》，第21页。
② 朱熹：《四书章句集注》，第105页。
③ 朱熹：《四书章句集注》，第227页。
④ 程颐，程颢：《二程遗书》，上海：上海古籍出版社，2000年，第207页。

语》后面说'谨权量，审法度，修废官，举逸民'之类，皆是恰好当做底事，这便是执中处。"①

弟子林恭甫针对《论语·尧典》的"允执厥中"之语进行提问，朱熹所做的回答，没有沿用《论语集注》释为"无过不及"，而是把中字解为恰好，即适当、正好。朱熹在授课过程中还有如下话语：

两端如厚薄轻重。"执其两端，用其中于民"，非谓只于二者之间取中。当厚而厚，即厚上是中；当薄而薄，即薄上是中。轻重亦然。②

朱熹注《中庸》《论语》把"中"或释为"无所偏倚"，或释为"无过不及"，这就很容易使人把"中"字理解为"在二者之间取其中"。朱熹在授课时则对此加以澄清，把"中"释为适当。

朱熹在著述中阐释、传播《中庸》的"性情之和"理念，把其中的"中"字释为正、无所偏倚。他对学生进行授课，则是把"中"与"正"加以区分：

"中重于正，正不必中。"一件物事自以为正，却有不中在。且如饥渴饮食是正，若过些子便非。中节处乃中也。责善，正也，父子之间则不中。③

朱熹通过辨析中与正不能等同视之，把中释为中节，指的是适当、得当。中、节，都有适当的义项，二者是并列关系。

通过上述案例可以看出，朱熹向门生弟子授课过程中，往往把"中"释为得当，这种解释实际上是对他自己《论语》《中庸》相关注解的修正，也反映出口头阐释传播与书面阐释传播之间的差异。

《中庸》第六章有"执其两端，用其中于民"之语，朱熹注：

两端，谓众论不同之极致。盖凡物皆有两端，如小大、厚薄之类。于善之中又执其两端度量以取中，然后用之，则其择之审而行之至矣。④

---

① 李道传：《朱子语录》，第 425 页。
② 李道传：《朱子语录》，第 124 页。
③ 李道传：《朱子语录》，第 912 页。
④ 朱熹：《四书章句集注》，第 23 页。

朱熹把"执其两端，用其中于民"释为"执其两端度量以取中"，"中"指的是无过不及，无所偏倚。他所著的《或问》也有类似论述。由此而来，就与他授课时对"中"所做的界定出现矛盾，对此，他的弟子陈才卿提出质疑。朱熹做了如下回答：

> 便是某之说未精，以此见作文字难。意中见得了了，及至下笔依旧不分明。只差些子，便意思都错了。[①]

朱熹坦率地承认，自己著述时对中字的表述存在不够准确之处，并且用口头讲解的方式予以纠正。他已经感觉到文不逮意的困窘，书面表达比口头表达有更大的难度。

朱熹在授课时多次把中字释为得当、恰好，这是他晚年学术达到炉火纯青的重要标志。如果能把这种界定用于对《中庸》"性情之和"理念的阐释和传播，对原典的解读就会更加文从字顺。"喜怒哀乐之未发，谓之中"，中，指的是得当，意谓喜怒哀乐未发之际，心灵处于得当、正常的状态。"发而皆中节，谓之和"。因为喜怒哀乐潜在未发之时，心灵处于得当状态，因此，各种情感的外在表现也就显得适宜、协调。中，指得当。节，指协调。中节，系并列关系词组，即朱熹所说的无适不然，即所谓的和。朱熹对《中庸》"性情之和"理念所做的阐释和传播，经由书面表述和口头讲授两条渠道进行，后人作为朱熹"性情之和"理念的受众，也应该兼顾这两条渠道，不能局限于《中庸集注》所做的表述，而忽略课堂讲授所做的传达。

三、朱子释传"礼用之和""性情之和"的价值

朱熹对"礼用之和""性情之和"所做的阐释和传播，是以早期儒家经典为依托而进行的理论再造，形成一个比较完整的以"致和"为中心的理论体系。这个理论体系一方面是对以往相关论述的历史超越，同时又有片面的发展。

《论语·学而》篇"礼之用，和为贵"的古注，传世文献最早见于三国魏国何晏《论语集解》所引东汉马融的注："人知礼贵和，而每事从和，不以礼为节，亦不可行。"[②] 马融注基本是复述《论语·学而》所载有若话语的结尾部

---

① 李道传：《朱子语录》，第1063页。
② [宋]邢昺：《论语注疏》，北京：中华书局，1980年，第2458页。

分，没有什么发挥。南朝皇侃作《论语集解义疏》，以音乐释"礼之用，和为贵"中的"和"："明人君行化必礼乐相须"，"言每事小大皆用礼，而不以乐和之，则其政有所不行也"①《论语·学而》。所载有若所说"礼之用，和为贵"这段话，其中提到礼、先王之道，并没有直接涉及音乐。皇侃把其中的"和"释为"乐和"，属于添字足义，颇为牵强。北宋邢昺作《论语注疏》，沿袭的是皇侃的说法，他对"礼之用，和为贵"所做的解释如下：

> 此章言礼乐为用，相须为美。礼之用，和为贵者，和谓乐也。乐主和同，故谓乐为和。夫礼胜则离，谓所居不和也。故礼贵用和，使不至于离也。②

邢昺所说的"乐主和同""礼胜则离"，出自《礼记·乐记》。他是以《乐记》的论断为依据，用以解说"礼用之和"，把"和"释为音乐，也是用添枝加叶的方式进行阐释。

皇侃的《论语集解义疏》、邢昺的《论语注疏》，是当今尚存的传世文献，朱熹完全有机会接触到这两部重要著作，成为它们的受众。但是，他的《论语集注》没有采纳上述传播已久的说法，而是对"礼之用，和为贵"做出了独辟蹊径的阐释：

> 礼者，天理之节文、人事之仪则也。和者，从容不迫之意。盖礼之为体虽严，而皆出于自然之理，故其为用，必从容而不迫，乃为可贵。③

朱熹把"礼之用，和为贵"释为礼的运用从容不迫，和，指从容不迫，而没有涉及音乐，没有沿袭前代把"和"释为音乐的套路。朱熹在出示自己对"礼用之和"的解释之后，又列举程子和范氏的如下说法：

> 程子曰："礼胜则离，故礼之用和为贵。先王之道以斯为美，而小大由之。乐胜则流，故有所不行者，知和而和，不以礼节之，亦不可行。"
> 范氏曰："凡礼之体主于敬，而其用则以和为贵。敬者，礼之所以立也；和

---

① [南朝梁]皇侃：《论语集解义疏》，北京：中华书局，2013年，第15页。
② 邢昺：《论语注疏》，第2458页。
③ 朱熹：《四书章句集注》，第60页。

者，乐之所由生也。若有子可谓达礼乐之本矣。"①

　　程子、范氏对"礼用之和"所做的解说，还是把礼和乐捆绑在一起加以阐释。朱熹不赞同他们的观点，但是把他们的看法收入注释中，以供读者参考、对照。

　　朱熹在以著述的方式阐释传播"礼用之和"理念时，既传播自己本人的观点，又列举与他不同的程子、范氏之说加以传播。那么，朱熹如何看待"礼用之和"命题与音乐的关系呢？他在注释中没有作明确的表态，但在授课过程中他对此做了清晰的讲述：

　　邵问"礼之用，和为贵"。曰："如人入神庙，自然肃敬，不是强为之，则礼之用，自然有和意。"又问："和便是乐否？"先生曰："也是礼中之乐，未便是乐。如天子八佾，诸侯六，大夫四，士二，又是乐中之礼。"②

　　朱熹的课堂讲授对"礼用之和"解释得更加透彻。他否认"礼之用，和为贵"中的"和"直接与音乐挂钩的合理性，同时又从广义的角度指出礼中有乐，乐中有礼。这种阐释和传播所取得的效果，是他的著述无法替代的。

　　《礼记·中庸》首章称："喜怒哀乐之未发，谓之中。"对此，唐代孔颖达所做的解释如下：

　　喜怒哀乐之中者，言喜怒哀乐缘事而生。未发之时，澹然虚静，心无所虑，而当于理，故谓之中。③

　　孔颖达把喜怒哀乐未发之际的心灵状态说成淡然虚静，没有任何虑念，以此解释所谓的"中"。照此说法，此时的心灵处于冲虚状态，保持着原始天性的宁静。朱熹把"喜怒哀乐之未发，谓之中"释为"无所偏倚"，而没有沿袭孔颖达的说法。朱熹为什么做出这样的解释，他的《中庸集注》没有说明。而他在授课时涉及《中庸》的"致中和"段落时指出："中和亦是承上两

---

① 朱熹：《四书章句集注》，第60页。
② 李道传：《朱子语录》，第334页。
③ [唐] 孔颖达：《礼记正义》，北京：中华书局，1980年，第1625页。

节说。"①《中庸》"致中和"段落之前的两节，论述的是君子平日的存养涵咏，是在喜怒哀乐未发之前的自身修炼。对于"喜怒哀乐之未发，谓之中"这个命题，程颐与他的弟子苏季明有过如下讨论：

又问："学者于喜怒哀乐发时固当勉强裁抑，于未发之前当如何用功？曰："于喜怒哀乐未发之前，更怎生求？只平日涵养便是。涵养久，则喜怒哀乐发自然中节"。②

程颐所做的解释合乎《中庸》首章的实际情况，朱熹继承的是程颐的说法。《中庸》的"致中和"段落是承前边两节而来，朱熹在授课时明确指出这个问题，从中可以看到他解释"性情之和"的依据，是把原典的前后段落相贯通，在整体思考基础上做出判断。孔颖达的解说则是割裂前后文的联系，脱离具体语境去解释所谓的"中"，因此出现误读。

《礼记·中庸》称："中也者，天下之大本也；和也者，天下之达道也。"朱熹注："大本者，天命之性，天下之理皆由此出，道之体也。达道者，循性之谓，天下古今之所由，道之用也。"③朱熹将中与和释为体与用的关系，中为道之体，和为道之用。朱熹注还称："是其一体一用虽有动静之殊，然必其体立而后用有以行，则其实亦非有两事也。"④朱熹认为中与和是体与用的关系，二者还有动静之别，中为静，和为动。朱熹在授课过程中对于中与和的动静又做了具体的界定：

存养是静工夫。静时是中，以其无过不及，无所偏倚也。省察是动工夫，动时是和。才有思为，便是动。发而中节无所乖戾，乃和也。其静时，思虑未萌，知觉不昧，乃《复》所谓"见天地之心"，静中之动也。其动时，发皆中节，止于其则，乃《艮》之"不获其身，不见其人"，动中之静也。穷理读书皆是动中工夫。⑤

① 李道传：《朱子语录》，第 122 页。
② 程颐，程颢：《二程遗书》，第 250 页。
③ 朱熹：《四书章句集注》，第 21 页。
④ 朱熹：《四书章句集注》，第 21 页。
⑤ 李道传：《朱子语录》，第 971 页。

朱熹作《中庸》的注解，以文字表述的形式阐释中与和的体用，动静关系，提纲挈领，高度概括。而在授课过程中对这个问题所做的论述，则是明确指出静指的是存养，动指的是省察、穷理读书，动和静分别与相关的修炼方式相对应。另外，对于中、和又分别指出前者是静中之动，后者是动中之静。朱熹地授课过程中所做的讲述，对相关概念采用的是逐层分解的方式，因此，在理论深度上远远超过他为《中庸》这个段落所做的注解，因而具有更高的学术价值。

四、结语

大量事实表明，朱熹对"礼用之和""性情之和"所做的阐释，《朱子语录》的论述对《中庸集注》《论语集注》多有超越和修正之处。这种情况的出现，一方面是文字传播与口头传播的差异造成的，另一方面也是朱熹学术思想发展变化的反映。他的《集注》《或问》作于中年，当时他的学术尚未达到炉火纯青的地步，而《朱子语录》所记载的则是他晚年讲学的内容，他的学术水平已经博大精深，所以对自己以往的说法时有补充和修正。鉴于这种情况，王阳明作《朱子晚年定论》一文，其中写道：

> 世之所传《集注》《或问》之类，乃其中年未定之说，自咎以为旧本之误，思改正而未及。而其《语类》之属，又其门人挟胜心以附己见，固于朱子平日之说犹有大相谬戾者。而世之学者局于见闻，不过持循讲习于此。其于悟后之论，概乎其未有闻，则亦何怪乎予言之不信，而朱子之心无以自暴以后世也乎？①

明代对朱熹学说的传播，通常是以他所著的《四书章句集注》为基本依托。而对朱熹晚年在学术上的自我检讨和反省，则缺少必要的关注。王阳明对此深有感慨，这个问题在当下依然存在。上述事实告诉人们，对朱熹学术思想的阐释和传播，应该做到两个兼顾：一是兼顾朱熹中年和晚年的学术，二是兼顾朱熹对传统文化传播的两种主要方式，即从事著述和课堂讲授、书面文字表达和口头讲解。只有做到两个兼顾，才有可能对朱子之学有全面、准确的把握。

_____

① ［明］王守仁：《阳明传习录》，上海：上海古籍出版社，2000年，第301页。

五、21 世纪海上丝绸之路的
妈祖文化传播及资源开发

主持人语：

2009 年，妈祖信俗被联合国科教科文组织列入"人类非物质文化遗产代表作名录"，妈祖文化成为世界性的文化遗产。妈祖文化是中华优秀传统文化的代表之一，绵延千年而历久弥新。据最新资料统计，妈祖文化已传播到 45 个国家，妈祖宫庙上万座，妈祖信众近 3 亿。妈祖文化传播影响极为深远，传播范围尤其广泛，传播方式极为丰富，传播效果非常突出。妈祖文化是台港澳地区的共通文化，增进了台港澳地区与大陆地区互动融合。妈祖文化是海外侨胞身份认同的重要符号，是 21 世纪海上丝绸之路主要沿线国家文化交流的共通媒介，促进了共建"一带一路"国家的民心相通。近年来，妈祖文化传播成为华夏传播研究的热点话题。

本次选择了三篇有关妈祖文化传播及资源开发的文章，从文化经济学、媒介环境学、符号传播学、艺术传播学视角展开研究，结合"一带一路"倡议，从宏观层面探讨妈祖女神符号传播的重要功能和妈祖文化产业合作发展模式，从微观层面阐述妈祖仪式传播的影响和妈祖图像符号的多重价值。从传播学视角研究妈祖文化传播有利于丰富华夏传播理论。研究妈祖文化资源的合理科学开发，促进妈祖文化活态传承是中国优秀传统文化创新性发展的重要课题。因此，妈祖文化传播及资源开发研究具有重要的理论价值，对中华文化传播与海峡两岸认同，对中华文化传播与中华民族认同等具有重要意义。

《"一带一路"倡议下妈祖文化产业合作发展刍议》从"一带一路"视域研究妈祖文化资源的开发利用，提出了妈祖文化产业发展的基本依据，科学阐述了妈祖文化产业的基本内涵。结合"一带一路"倡议，妈祖文化产业发展迎来重要机遇。在"文化"＋"旅游"等融合发展的语境下，从资源要素、运作模式、图式架构等方面提炼总结妈祖文化产业发展模式，对促进"一带一路"的妈祖文化产业合作共赢具有重要的现实意义。

《媒介环境视域下妈祖绕境对信众的传播影响力——以台湾大甲镇澜宫为例》从媒介环境学视角探究了大甲镇澜宫举办的妈祖绕境活动对信众产生的影响。文章采用实地调查法和深度访谈法，提出大甲妈祖绕境成功吸引信众对其产生认同感的原因在于媒介环境建设的塑造。全文重点分析了大甲妈祖绕境的三类媒介环境：新旧媒体融合建设的媒介环境、新闻媒体报道建设的媒介环境、信众绕境行为传播信息的媒介环境。

《明代〈天妃娘妈传〉中视觉图像研究》从艺术传播视角研究《天妃娘妈传》的多重价值。文章采用图像比较法，分析《天妃娘妈传》故事情节包含的历史价值，探究该小说插图的艺术表现形式及其审美价值，同时把《天妃娘妈传》与其他圣迹图式进行比较，阐述了作为媒介的妈祖图像包含了重要的文化意义。

（莆田学院文化与传播学院副教授　帅志强）

"一带一路"倡议下妈祖文化产业合作发展刍议

帅志强 *

（莆田学院文化与传播学院，福建莆田，351100）

摘　要：以世界非物质文化遗产——妈祖信俗为主要内容的妈祖文化具有重要的经济价值和文化价值，是共建"一带一路"主要沿线国家文化交流合作的重要中介，也是共建"一带一路"主要沿线国家合作发展文化产业的重要文化资源，结合共建"一带一路"倡议的重要机遇，根据妈祖文化资源属性特点，保护性开发妈祖文化资源、科学构建妈祖文化产业模式，既有利于深化共建"一带一路"主要沿线国家的文化交流与人心相通，又有利于促进共建"一带一路"主要沿线国家文化产业合作共赢。

关键词："一带一路"；妈祖文化产业；内涵；依据；模式

基金项目：福建省社科规划项目"美丽乡村建设视域下闽台乡村文化传播策略和发展路径比较研究"（FJ2016B199），国家社科重大项目"丝绸之路经济带沿线国家文化产业合作共赢模式及路径研究"（项目编号17ZDA044）阶段性成果。

　　海洋文化是 21 世纪海上丝绸之路的重要文化，发展海洋文化产业是 21世纪海上丝绸之路经贸合作的重要内容。以世界非物质文化遗产妈祖信俗为主体的妈祖文化是海洋文化的重要内容，也是海上丝绸主要沿线国家文化交流、文明对话、经贸合作的重要媒介。当今妈祖文化也成为"丝绸之路经济带"的重要文化资源，具有重要的文化价值和经济价值。共建"一带一路"倡议得到了许多国家的支持和参与，作为海上丝绸之路的海洋文化交流和合

---

　　* 帅志强：博士，莆田学院文化与传播学院，副教授，四川大学"美丽中国"研究所助理，研究方向：妈祖文化传播。

作日益升温，海洋文化产业呈现蓬勃的发展势头，与此同时，丝绸之路经济带沿线国家文化产业合作呈现出巨大的发展空间。因此，根据妈祖文化资源属性特点，保护性开发妈祖文化资源，科学发展妈祖文化产业，不但有利于妈祖文化全球传播，扩大妈祖文化国际影响力，也有利于共建"一带一路"主要沿线国家的文化交流与经济合作。

一、妈祖文化产业发展的科学内涵

妈祖被誉为世界海上和平女神，也是东方海洋文化的重要代表。根据2018年出版的《湄洲妈祖祖庙志》显示，全世界有1万多座妈祖庙，分布在36个国家和地区，信众3亿多。妈祖信仰的传播与海洋密切相关。古代丝绸之路海上贸易的发展，妈祖海上保护神的功能更加突显，妈祖信仰得以迅速地扩散和传播。因此，妈祖文化是海洋文化的重要类型。

学界普遍认为，在1987年莆田举行妈祖羽化千年祭暨学术研讨会上，"妈祖文化"这一词语得到与会人员热议，后来"妈祖文化"一词得到广泛传播且成为妈祖研究领域的重要对象，但没有形成一个比较统一、明确的定义。有的学者认为，妈祖文化，是基于历史上确实存在的妈祖扶危济贫、无私奉献、热爱人民、见义勇为的感人事迹，以妈祖信仰为核心，以宫庙建筑、雕刻、文献等物质文化和神话、传说、故事、祭典、民俗、艺术等非物质文化为基本内容的具有海洋文化特色的民间信仰文化。[①]还有学者提出，妈祖文化是以妈祖信仰为主旨，妈祖宫庙、祭祀、传说神话、文学艺术等为主要载体，衍生并融合各种文化元素发展而形成的一种特色文化。[②]

要准确界定妈祖文化，必须遵循"文化"的词源本义，揭示妈祖文化的本质特征。因此，笔者认为，妈祖文化是人们在妈祖信仰活动中所创造的物质文化和非物质文化总和，妈祖文化的物质文化层面主要指妈祖信仰的物质载体，包括妈祖宫庙、雕像、碑刻、祭祀用品等，妈祖文化的非物质文化层面主要指妈祖信仰相关的表现形式和习俗活动，包括庙会、妈祖故事传说、民间习俗及妈祖祭典、回娘家、绕境进香等仪式活动。

联合国教科文组织在《保护和促进文化表现形式多样性公约》中对文化产业有比较详细的阐述"Cultural industries"refers to industries producing

---

① 孙晓天：《辽宁地区妈祖文化调查研究——以东港市孤山镇为例》，2011年中央民族大学博士生论文，第6页。

② 黄瑞国：《妈祖学概论》，北京：人民出版社，2013年，第1页。

and distributing cultural goods or services。即，"文化产业"指生产和销售文化产品或文化服务的产业。欧盟、加拿大等也沿用了这一定义。① 美国将文化产业称为版权产业（Copyright industry）。英国将文化产业称为创意产业（Creative Industry）。日本将文化产业称为内容产业（コンテンツ産業）。根据我国统计局《文化及相关产业分类2012》分类标准规定，文化及相关产业是指为社会公众提供文化产品和文化相关产品的生产活动的集合，划分为文化产品的生产和文化相关产品的生产两部分，因此文化产业包括不等同文化创意产业。为了明确界定文化产业，准确把握研究对象的内涵，本文采用2012年国家统计局对文化产业的界定和分类标准。

妈祖文化产业研究是学界业界比较关注的重要话题。笔者通过查阅妈祖文化产业相关文献，发现妈祖文化产业还没有一个公认的、比较完整的定义。大多数学者倾向使用妈祖文化创意产业概念，台湾妈祖文化产业研究学者蔡泰山认为：妈祖文化创意产业是指以妈祖文化内容为本质，是可经过创意、生产、经纪展演、文化贸易、永续经营，并受到智慧财产权保护的文化产业。② 从诸如《湄洲岛妈祖文化产业生态化开发路径探析》《天津妈祖文化产业发展探析》《妈祖文化产业中民俗文化与区域文化融合关系研究》等妈祖文化产业研究的文章来看，相关研究人员对妈祖文化产业的界定不够科学严谨，存在界定模糊、以小概大、避而不谈等问题，有的文章认为妈祖文化产业等同妈祖文化创意产业。清晰把握研究对象是科学研究的重要前提，在借鉴以上有关文化产业定义的基础上，参考国内外学者对妈祖文化产业的相关研究，笔者认为妈祖文化产业主要指以妈祖文化资源为依托，以产业化运作为手段，为信众及其他社会公众提供妈祖文化产品和妈祖文化相关产品的生产活动的集合。

根据妈祖文化产业的定义，关于妈祖文化产业的范畴，必须注意如下几点：首先，妈祖文化创意产业不等同妈祖文化产业。妈祖文化创意产业是妈祖文化产业的重要组成部分，妈祖文化祭祀用品、妈祖宫庙内设等用品属于妈祖文化相关用品生产部分，它也是妈祖文化产业构成部分。其次，妈祖文化旅游产业属于妈祖文化产业层面。"文化旅游产业"与文化产业紧密相关，它依托文化资源，消费文化符号意义。从广义的文化角度看，旅游业是一个

① 联合国教科文组：《保护和促进文化表现形式多样性公约》，2017年4月15日，http://portal.unesco.org/en/ev.php-URL_ID=31038&URL_DO=DO_TOPIC&URL_SECTION=201.html.

② 蔡泰山：《探讨妈祖文化资源与创意产业发展》，台北：兰台出版社，2009年。

互动的过程，涉及了在观光者和本地居民之间所进行的、或积极或消极的、涉及许多类型的、双向的文化交流。① 人们对妈祖的信仰、敬仰、寄托等心理推动人们前往妈祖宫庙旅游，已经改变了纯粹式的观光游览，践行信仰、分享灵验、参与体验妈祖文化成为妈祖文化旅游的重要内容，因此，这也属于妈祖文化产业。最后，妈祖祭祀活动不能纳入妈祖文化产业范畴。妈祖祭祀活动是妈祖文化的重要部分，是信众分享、参与、传承妈祖文化的重要方式。这些祭祀仪式是一种集体记忆，具有完全公共产品性质，不能产业化运作。例如与祭黄帝、祭孔并称中国三大祭典的"妈祖祭典"，还有"妈祖海祭""妈祖回娘家""妈祖元宵""妈祖巡游"等不能加以产业化运作开发。

二、妈祖文化产业发展的基本依据

文化产业经济学强调，文化作为一种资源，本身有经济价值、精神价值、审美价值等，能够满足人们的精神需求。因此，挖掘文化资源的价值，可以促进文化产业发展，推动地方经济发展。马克思的消费需求理论认为："消费在观念上提出生产的对象，把它作为内心的图像，作为需要，作为动力和目的提出来。消费创造出还是在主观形式上的生产对象。没有需要，就没有生产。而消费则把需要再生产出来。"② 由此，人们对文化的需求是文化产业发展的动力和基础。

学界业界对发展妈祖文化产业存在不同的观点。有的学者主张妈祖文化产业化，以产业化推动妈祖文化传承。有的学者主张妈祖文化不宜产业化，认为妈祖信仰不能通过产业化手段运作。争议的焦点在于妈祖文化的民间信仰属性突出，发展产业会破坏妈祖文化生态。笔者从妈祖文化资源属性、市场需求、作用等方面阐述发展妈祖文化产业的基本依据。

（一）妈祖文化资源具有较高的价值属性

妈祖文化资源分为妈祖物质文化资源和妈祖非物质文化资源，妈祖物质文化资源主要是妈祖信仰传播、传承的物质载体和中介，包括妈祖宫庙建筑、碑刻、楹联、塑像、壁画、祭祀遗物、遗迹、神龛及其他艺术品等。非物质文化资源主要是世界非物质文化遗产妈祖信俗，由祭祀仪式、民间习俗和故

---

① 戴维·思罗斯比（David Throsby）著，王志标、张峥嵘译，《经济学与文化》，北京：中国人民大学出版社，2011年，第140页。

② 《马克思恩格斯选集》（第2卷），北京：人民出版社，1995年，第9页。

事传说组成。由于几乎所有的非物质文化遗产在价值内涵上和表现形态上都是以"唯一性表征"而与其他非物质文化遗产相区别的。因此，在文化资源形态上存在着鲜明的稀缺性。正是这种稀缺性成为它的价值效用的主要来源，因而成为人们的精神消费对象。①

首先，妈祖物质文化资源极具经济价值。根据各国和各地区的文物保护单位名录统计，中国列入全国重点文物保护单位的妈祖宫庙达10处，台湾地区的台南大天后宫、澎湖天后宫、北港朝天宫、开基天后宫、鹿港天后宫、新港奉天宫、新庄天后宫等近20处列为台湾地区一级古迹。新加坡的天福宫被列为国家古迹、越南胡志明市穗城会馆天后庙是国家级文物重点保护区。此外，妈祖宫庙附属建筑及其他艺术作品，这些艺术珍宝极具艺术价值，能够给人提供审美需求。例如台湾新港奉天宫宫庙建筑的交趾陶艺术，关渡宫的石雕、木雕、剪花艺术，湄洲妈祖祖庙建筑群等，都给游客提供了精神享受。因此，妈祖文化相关的物质文化资源具有极强的"价值因子"，能给社会公众提供精神愉悦和审美需求，这为文化旅游产业发展提供了资源。其次，妈祖非物质文化资源极具文化价值。有关妈祖护商船、佑使者、平海寇、除瘟疫等内容的故事传说、郑和借力妈祖护佑下西洋故事、妈祖庙会、妈祖民俗活动等，这些非物质文化资源是文化产业"文本"加工生产的重要素材，为新闻出版、广播电视电影、动漫游戏、音乐美术等产业提供稀缺资源。最后，妈祖文化极具品牌价值。作为世界性的文化遗产妈祖信俗，妈祖文化本身就是一张文化名片，已经成为人类的文化品牌，发挥妈祖品牌优势，开发妈祖文化相关的海洋、旅游、文创产品等，有利于促进地区经济发展。

（二）妈祖文化产品有一定的市场需求

文化产业发展与市场需求密切相关，消费需求是促进文化生产的动力源泉。妈祖文化产品具备一定的消费群体。据不完全统计，妈祖文化信众达3亿多，这些信众大多分布于海上丝绸之路沿线国家。"有海水处有华人，华人到处有妈祖"，在台湾及港澳地区和东南亚华侨华人中有广泛信众，妈祖文化是华侨华人的乡愁记忆。这些信众群体是妈祖文化消费的坚实受众。此外，全球有多座宫庙。21世纪海上丝绸之路沿线的中国、印度尼西亚、马来西亚、菲律宾、新加坡、泰国、越南等是妈祖宫庙的主要分布国家。中国21世纪海

---

① 胡惠林：《文化经济学（第2版）》，北京：清华大学出版社，2014年，第48页。

上丝绸之路圈定的上海、福建、广东、浙江、海南 5 省市、以及台湾、香港、澳门等地区，日本、韩国以及欧洲、美国、南非等也有妈祖宫庙。这些宫庙对妈祖祭祀用品、妈祖工艺产品都有较大需求。

部分国家和地区妈祖宫庙数量一览表①

序号	国家		妈祖宫庙数量
1	中国（部分地区）	福建	莆田市湄洲妈祖祖庙、贤良港天后祖祠、文峰天后宫、平海天后宫等 880 多座，龙岩共有 206 座。
		广东	有 100 多座，主要分布在潮汕、番禺、琼州、惠州等地区。
		浙江	有象山东门天后宫、宁波庆安会馆等近 100 座宫庙。
		台湾	据不完全统计，有新港奉天宫、北港朝天宫、大甲镇澜宫、台北关渡宫等 986 多座。
		香港	有明确的地名和庙宇名称的妈祖宫庙有 102 座。
		澳门	主要有澳门天后宫等 10 多座宫庙。
2	印度尼西亚		有福安宫、慈灵宫、福善宫等 40 多座。
3	马来西亚		有 60 多座，主要分布在马六甲、槟城、其中马来西亚海南会馆联合会有 49 座会馆奉祀妈祖。
4	菲律宾		据不完全统计有 100 多座。
5	新加坡		有天福宫、粤海清庙、兴安会馆天后宫等 50 多座。
6	越南		南部有 60 座，北部有 5 座（目前只有 3 座有活动），中部有 3 座。
7	泰国		据不完全统计有田素吻府天后圣母庙、洛神府天后宫等 10 来座。

此外，各地妈祖文化旅游的游客、参加妈祖文化活动的信众、香客等是妈祖文化产品的主要消费人群。2017 年，湄洲岛国家旅游度假区接待海内外游客 563 万人次，同比增长 10.4%，旅游收入 35 亿元。② 福建霞浦县松山天

---

① 妈祖宫庙数据来源说明：莆田市宫庙数量来源《莆田妈祖宫庙大全》，龙岩市数量根据张开龙《龙岩市妈祖文物分布概况》，广东妈祖宫庙数量来源于张大任《从广东省妈祖宫资料看历史上闽粤关系——〈妈祖宫集成〉广东省部分》，浙江、香港、澳门妈庙数据来源黄瑞国主编《妈祖学概论》145—149 页，台湾妈祖宫庙数量由台湾"中研院"台湾史研究所博士后洪莹发提供。印度尼西亚、马来西亚、菲律宾、新加坡、泰国来源宫庙数量来源林明太主编的《妈祖文化研究论丛Ⅱ》，越南妈祖宫庙数量来源范氏香兰《越南华人祭祀天后信仰研究》（2014 年台中《妈祖"国际"观光文化节、妈祖"国际"学术研讨会论文集》，361 页）。

② 黄雪梅：《植绿二十载，湄洲岛蝶变许双萍》，《福建日报》2018 年 4 月 13 日第 9 版。

后圣母行宫每年香客达 30 余万。2015 年，天津市天后宫举行天后诞辰 1055 周年的祭祀大典活动，当天有 4 万人直接参与庆典系列活动。2015 年在莆田湄洲岛举行的第七届海峡论坛·妈祖文化活动周累计参与人数达九万多人，其中台湾同胞逾六千人。2015 年莆田贤良港天后祖祠"妈祖回娘家"祭祀习俗系列活动，参与的宫庙约 260 家，人数达 1.2 万。台湾地区的妈祖文化活动香客、信众人数更大。据统计，新港奉天宫每年香客人数约有 400 万人次，2014 年大甲妈祖至新港绕境进香活动，人数有 10 多万人次参与。山海游香绕境活动，每日约有 5000 人次参与，最终日活动约有 1 万人次参与。[①] 近年来，各地成立一批妈祖文化研究机构和妈祖文化公司，这些都极大地促进了妈祖文化产品消费。诸如北京妈祖海情文化发展有限公司、北京妈祖海洋文化产业创意促进会（筹）台湾妈祖俗信文化研究中心、澳门中华妈祖基金会、海南妈祖文化投资公司、中华妈祖文化交流协会、福建省妈祖文化研究会、莆田市湄洲妈祖文化传播有限公司等以妈祖文化产业、妈祖文化研究为主的妈祖文化公司和妈祖文化研究机构，是推动妈祖文化产业的发展的重要力量。

（三）妈祖文化产业促进妈祖文化活态传承

日本学者爱川纪子提出两种传承方法，"将其转变为有形的方式，在其产生的原始氛围中保持其活力"，学界普遍认可并倾向于以人为本的活态传承。我们要通过非遗衍生品的开发利用，完成非遗活态传承的有效循环，满足人们对传统与时尚相融生活的新期待。[②] 发展妈祖文化产业，开发妈祖文化产品是妈祖文化活态传承的重要方式，有利于推动世界文化遗产的创新性发展。发展妈祖文化产业，推动妈祖文化创意产品生活化、实用化，推进妈祖文化与海洋文化创意产业融合发展，有利于增强妈祖文化传播深度和广度，也有利于丰富海洋文化产业的业态，增强海洋文化代际传承效果。同时，发展妈祖文化产业，实现妈祖文化创造性转化和合理性利用，有利于丰富妈祖文化的活态传承方式，进一步弘扬中华优秀传统文化。

---

① 数据来源由湄州岛妈祖董事会、贤良港天后祖祠董事会、台湾新港奉天宫世界妈祖文化研究暨文献中心提供。

② 转引自王福州：《非遗保护当随时代而动》，《人民日报》2015 年 3 月 27 日第 24 版。

三、妈祖文化产业发展的重要机遇

（一）产业发展迎来更加广阔的市场

以海洋为重要载体，以海洋文化为重要纽带，21 世纪海上丝绸之路将推进东南亚及其他国家的海洋经济、海洋文化等全面合作，这有利于海丝沿线国家的市场更加开放，有利于资金、人才等产业要素自由流动，将为妈祖文化产业发展提供良好的外部环境，为妈祖文化产业发展寻找更多的市场机遇。21 世纪海上丝绸之路推进民间文化交流加速，推动东南亚妈祖文化信仰圈、世界妈祖文化信仰圈加速形成。同时，21 世纪海上丝绸之路鼓励文化产业市场进一步开放，推动海上丝绸之路沿线国家文化经贸合作，海洋文化产业是合作的重点点位。因此，妈祖文化旅游可以从海洋文化旅游市场获得更多机遇，妈祖文化创意产业将使海洋文化创意产业市场迎来更多空间。

（二）产业发展拥有更多契合点位

21 世纪海上丝绸之路倡议致力于促进世界各国的文化交流和合作，海洋文化产业是新丝绸之路经济带的重要内容。妈祖文化是海丝沿线国家的共通文化，是沿线国家文化交流和合作的有力点位。21 世纪海上丝绸之路明确提出，积极推进海水养殖、远洋渔业、水产品加工、海水淡化、海洋生物制药、海洋工程技术、环保产业和海上旅游等领域合作。此外，还将推动港澳台合作、沿海城市港口等合作。妈祖文化融入和嫁接这些产业是海丝之路建设之义。例如海上丝绸之路高峰学术论坛、海上丝绸之路文化艺术创作、海上丝绸之路产业园区等，妈祖文化产业都有呼应的点位，妈祖文化市场不断得到拓展。

（三）产业发展获得更多支持

我国及其他国家都高度重视发展海洋文化产业。印度尼西亚、马来西亚、新加坡、泰国、越南、日本、韩国、欧洲、美国等推出海洋战略，出台相关支持措施，强调发展海洋产业，重视滨海旅游和海洋文化产业，加强海洋文化交流和合作。近年来，建立了中国—东盟和中国—印尼海上合作基金，中国与东南亚、非洲国家建立了海洋部门高层领导的互访和对话机制。因此，国际社会的支持政策对妈祖文化产业发展非常有利。《推动共建丝绸之路经济带和 21 世纪海上丝绸之路的愿景与行动》的出台，这为以妈祖文化为代表的海洋文化产业发展提供了政策支持的具体意见。《关于推动特色文化产业发展的指导意见》明确提出，海洋文化产业到 2020 年，应基本建成海洋特色鲜明、重点突出、布局合理、链条完整、效益显著的海洋文化产业发展格局，形成若干在全国有重要影响力的海洋文化产业带，形成一批具有核心竞争力的海洋文化企业、产品和品牌。①这些政策为妈祖文化产业发展提供了政策、资金、技术等支持。

妈祖文化是中华优秀传统文化的名片，是海洋文化的重要代表。妈祖文化产业是 21 世纪海上丝绸之路海洋文化产业带的重要组成部分。因此，根据文化产业经济学理论，按照文化产业发展规律，把握妈祖文化资源属性特点，全面梳理妈祖文化资源，规划妈祖文化产业发展方向，这是妈祖文化产业发展要继续思考的重要课题。

四、妈祖文化产业发展的主要模式

"一带一路"倡议下文化产业发展思路，既要立足于国内文化资源再开发再利用，也要推动主要沿线国家文化资源互动融合及其产业合作共赢。正如上文分析，作为"海上丝绸之路"与"陆上丝绸之路"的妈祖文化将获得巨大的发展机遇。尤其，在"文化"＋"旅游"等全面融合的新时代，如何构建妈祖文化产业发展的模式，科学阐述相关模式的资源要素、运作模式、图式架构等具体内容，对妈祖文化产业发展具有重要意义。

（一）妈祖文化产业园发展模式

文化产业园区是一系列与文化关联的、产业规模集聚的特定地理区域，是具有鲜明文化形象并对外界产生一定吸引力的集生产、交易、休闲、居住为一体的多功能园区。园区内形成了一个包括生产—发行—消费产供销一体的文化产业链。②因此，文化产业园区主要为通过创意活动生产精神消费商品相关企业提供孵化器和集聚功能的空间形态，其特点主要以集聚为手段，形成完善的产业链。

妈祖文化产业园发展模式借鉴文化产业园区的运作思路，依托妈祖文化资源，以地产、以集聚为手段，吸收文创机构、学术研究组织、妈祖宫庙组

---

① 刘家沂：《海洋文化产业发展正当时》，《中国海洋报》2014 年 8 月 28 日，第 3 版。
② 樊盛春、王伟年：《文化产业园区理论问题探讨》，《企业经济》2008 年 10 期第 10 页。

织等参与，相对集中性地从事妈祖文化产品生产和服务，达到妈祖文化产业上游、中游、下游产业联动效应，实现妈祖文化社会效益和经济效益目标。

妈祖文化产业园发展模式适合妈祖文化资源比较丰富的地方，可以实现规模经营和产业积聚。该模式运作以土地为手段，以妈祖文化资源为驱动要素，吸收社会资本和文化专项资金，以海内外信众和游客为主要消费群体，以妈祖旅游朝圣、妈祖文创、商贸、科研、教育等为一体的妈祖文化综合区域为主要建设目标，有效实现妈祖文化的活态传承，为妈祖文化的传承和发展提供资源驱动，同时推动妈祖文化资源转换为地方产业发展的资源，促进地方经济文化发展。例如漳浦乌石妈祖文化产业园、妈祖城等都是这种运作模式，天津妈祖文化园也是采用这种模式。妈祖文化产业园运作模式要高度重视园区规划，重视产业园周边配套设施，重视人才、资源、产业门类等全方位积聚，要防止"克隆化""同质化"现象。该园区要紧扣妈祖文化特色，要驱动妈祖文化资源，要防范"文化圈地""文化空无"等不良运作模式。

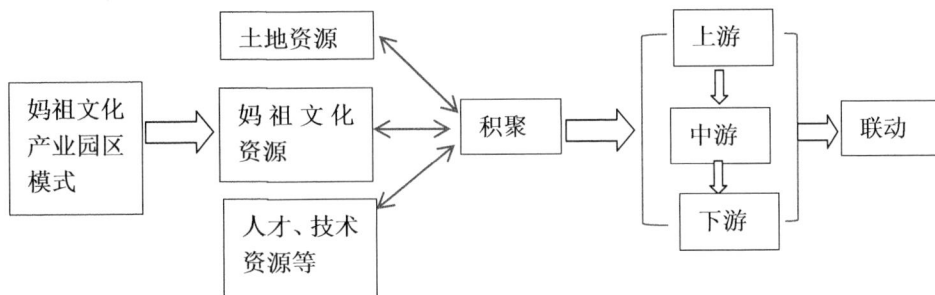

图 1 妈祖文化产业园区发展模式

（二）妈祖文化旅游产业发展模式

产业波及理论认为，在一定的产业间联系的状态下，某些产业发展变化导致其他产业部门发生变化，因此，产业融合发展有利于进一步关联产业发展，促进经济协同发展。结合"一带一路"背景，"妈祖文化+海洋文化""妈祖文化+乡村旅游"等融合发展成为妈祖文化传承和发展的重要方式，要创新妈祖文化旅游产业发展模式。该模式充分挖掘妈祖文化资源，推动妈祖故事、妈祖民俗、妈祖文艺美术等与海洋文化、海洋旅游、海洋渔业、乡村旅游等融合，推动妈祖文化旅游产业向纵深发展。该模式要全面挖掘妈祖故事、妈祖图画等相关资源，采用创新性表达，推动相关文化资源全面融入旅游产业，满足顾客的体验感和消费感。

首先，挖掘融合深度。妈祖文化产业的生产、销售、消费等环节全面融入妈祖文化旅游之中。例如以妈祖文化影视产业与莆田湄洲岛妈祖文化旅游产业融合为例，湄洲妈祖祖庙充分利用拍摄电视剧《妈祖》基地，推动相关资源的再开发再利用。目前，这些拍摄基地转变成妈祖文化影视园（平安里），主要以实物街景、拍摄道具展示、拍摄演员剧照等为主。今后可以充分利用这个园区，把妈祖动漫造型表演、妈祖微电影、妈祖影视剧本创作比赛等、妈祖影视衍生产品销售等要全面融入妈祖文化旅游产业。

其次，拓展融合广度。推动生态、文化、旅游良性发展，构建以生态产业、文化旅游业为主导的产业体系，推动妈祖文化产业融入海洋旅游、乡村旅游、宗教旅游等产业。妈祖文化既有海洋文化属性，又有很强兼容性，与陆地旅游资源有密切关系。当前，妈祖文化旅游产业要改变单一朝圣旅游业态，要充分挖掘妈祖文化海洋文化属性特征，推进妈祖文化融入海洋旅游，在海洋文化旅游节、海洋博物馆、海洋主题公园、海洋体验项目等方面，以此开拓妈祖文化海洋旅游产业发展的新领域。从上文分析的相关机遇，妈祖文化融入海洋旅游产业在政策机遇、市场环境等方面条件已经成熟，相关运作主体要策划、整合妈祖文化资源，切入"丝绸之路经济带"海洋文化旅游产业国际合作的相关点位，拓展妈祖文化旅游产业。

最后，创新融合方式。当前，一些有一定规模的妈祖文化旅游景区，例如湄洲妈祖祖庙、南京天妃宫、泉州天后宫、天津天后宫、澳门天后宫以及台湾地区的北港朝天宫、大甲镇澜宫、新港奉天宫等成了相关区域的主要景点。从游客对这些景点反馈来看，妈祖文化融入旅游产业还不够全面。因此，拥有妈祖文化资源的相关区域要深挖妈祖文化旅游具体景点的文化内涵，推动全面融合。主要表现在推动妈祖文化精神内核与文化旅游产业融合，推动妈祖故事、传说等创造性表达与文化旅游产业融合，推动妈祖民俗庙会创新性发展与文化旅游产业融合等，增强妈祖文化旅游的体验感、互动感、沉浸感等。此外，推动妈祖文化产业链各环节与旅游业融合，根据妈祖文化旅游线路的特点，妈祖文化产业链的上游（创意、研发、设计等）、中游（生产、展示、陈列等）、下游（营销、推广、消费等）布局到旅游产业的点位，推动妈祖文化旅游产业全面发展。

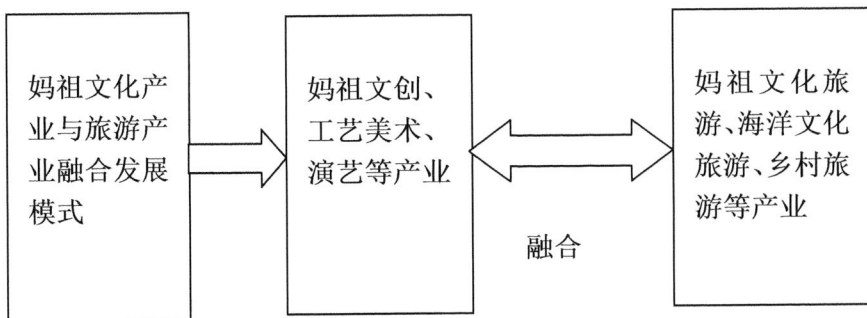

图2 妈祖文化产业与旅游产业融合发展模式

（三）政府、宫庙、企业、科研、媒体协同发展模式

该模式主要由妈祖宫庙组织、政府、企业、科研机构等参与，整合政产学研媒资源，文创企业、科研机构完成文化创造性转化和创新性表达，宫庙组织践行和传承妈祖文化，媒体负责传播妈祖文化，政府引领妈祖文化政策及提供机制保障。政府的角色定位为政策制定，但并不参与市场运作，政策需要市场内各方来具体执行，社团、协会等民间机构就是其中重要的参与者。[1]

该模式主要通过整合各种资源，打通妈祖文化产业链各环节，以产业协作体或产业联盟形式，集合产业设计、创意、销售、推广等资源，发挥文创市场资本、政府政策引领、科研机构研发创新、妈祖宫庙凝聚信众等优势，着力推动妈祖文化产业、学术研究、文化传播、公益活动等。该模式是各地普遍采用的一种模式，其适用性比较广，不需要强调前期基础，可以在具备一定妈祖文化资源的地区推广。这种模式契合了多方利益需求，能调动各方的积极性、主动性合力推进妈祖文化产业发展。该模式在具体尝试使用中，要注意市场资本、民间组织、政府机构、宫庙机构等既保持密切协同性，又要防止过度"勾连性"。防止市场资本的逐利驱动而导致妈祖文化的扭曲、变形，特别一些属于保护性不适宜开发性的文化资源，要避免社会资本"卷入"产生的破坏。同时，政府机构要合理处理自身角色，充分保障妈祖文化主体地位，处理符号的官方期待功能与民间期待功能的分寸。宫庙组织要代表信众的利益，防止符号权力的垄断，要充分发挥妈祖信众的主体性、积极性。

---

[1] 林中燕、郑大川、黄蕾：《闽台文化创意产业联动机制研究》，《东南学术》2014年第6期，第263页。

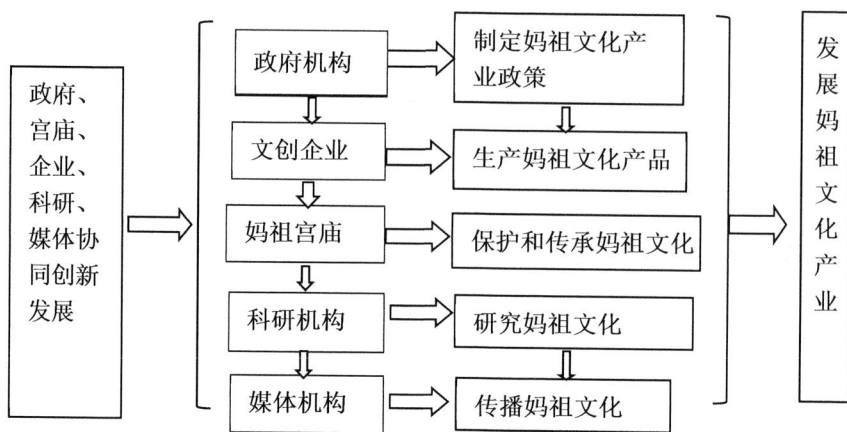

图 3 妈祖文化产业协同发展模式

共建"一带一路"倡议下的妈祖文化产业国内市场有所发展，妈祖文化产业国际合作有待拓展。妈祖文化产业发展的文化资源优势明显，文化消费需求潜力，在全面系统梳理妈祖文化资源的基础上，推动妈祖符号的创造性转换，精准把握共建"一带一路"倡议推动下妈祖文化交流及合作地区和国家的文化差异和文化需求特点，进一步研究和创新妈祖文化产业合作发展模式和路径，传承和发展人类共同的妈祖文化遗产，实现妈祖文化可持续发展。

媒介环境视域下妈祖绕境对信众的传播影响力

——以台湾大甲镇澜宫为例

谢雅卉 *

（湖北经济学院，武汉，430205）

摘　要：本研究以媒介环境作为基础背景，探究大甲镇澜宫举办妈祖绕境活动对信众传播的影响力。研究显示，参与绕境信众由最初为中台湾地区的宗教盛会，扩大至全岛参与的常态性宗教活动，并有信众年轻化倾向。研究发现，大甲妈祖绕境成功吸引信众对其产生认同感，其背后因素在于媒介环境建设的塑造结果。大甲妈祖绕境媒介环境的组成大致有三个方面：第一，新旧媒体融合建设；第二，新闻媒体报道建设；第三，信众绕境行为信息传播的建设。

关键词：媒介环境；妈祖绕境；大甲镇澜宫；信仰认同

大甲妈祖绕境活动至今已有百年历史，它不仅是两岸极力关注的宗教盛会，也是台湾每年妈祖信俗的重要祭典。2008 年台中市政府将大甲妈祖节庆登录为台中市文化资产；2009 年妈祖信俗被联合国教科文组织列入"人类非物质文化遗产代表作名录"；2011 年台湾行政部门"文建会"将其指定为国家重要民俗活动。与此同时，大甲妈祖节庆更被美国探索频道 (Discover Channel) 誉为世界三大宗教盛会之一。每年持续举办"三月疯妈祖"活动，台湾地区无分党派皆大力支持，多数媒体争相报道，皆显现了妈祖信俗在台传播的活跃性。根据镇澜宫副董事长郑铭坤深度访谈，目前大甲妈祖绕境信众已超过 400 多万人次，全程 9 天 8 夜，330 公里的绕境路线，每天仍有约

---

　　* 谢雅卉，（1986—），女，台湾高雄人，湖北经济学院新闻与传播学院广告系讲师，北京大学新闻与传播学院文学博士，传播学研究方向。

30 万信众共同绕境。[①]妈祖信仰在台传播开枝散叶，更有耕植当地本土化现象。基于上述背景现象，本研究提出相关问题：大甲妈祖绕境为何能成功吸引信众对其产生认同感，其背后因素为何？本研究通过社会调查法和深度访谈法来探究其中的原因，具有理论意义和现实意义。

一、符号、感知、社会：大甲妈祖绕境媒介环境的构建

媒介环境学 (Media Ecology) 源于 20 世纪 30 年代的西方，最早探究该理论者为 1922 年美国政治学家李普曼，其提出拟态环境理论，并认为人们看世界的想法并非来自直接的客观经验，而是来自媒体所塑造的拟态环境。20 世纪 20 年代初李普曼与同事通过美国《纽约时报》及其有关报刊来调查 1917 年俄国十月革命爆发，苏维埃政权建立事件的真实性。在当时，《纽约时报》等报道被认为是国际权威、主流媒体，然而，李普曼研究发现，当时的新闻报道并非重现俄国现实发生情形，而是报道了人们最想看的新闻。由此可知，当时的主流媒体并非以苏维埃政权建立的真实情况报道，而是特意选择了具有偏见色彩的扭曲性报道。该调查结束后，李普曼于 1922 年撰写出版了《舆论》（Public Opinion）一书，并提出著名的两个环境理论。

媒介生态学理论代表人物有麦克卢汉、英尼斯、波斯曼、莱文森、梅洛维茨等人。1970 年该学派创立者波斯曼将媒介环境学明确定义为"将环境视为媒介来研究"，强调人在媒介中扮演角色的重要性，探究人与媒介之间的传播关系。[②]麦克卢汉指出，世间所见一切技术都是媒介，而媒介作为人的延伸。[③]，并且认为每一种技术都创造了环境。[④]

1976 年波斯曼再度提出说明："媒介环境学重点在于人的交往、交往中的讯息及其讯息系统，媒介环境学通过媒介的传播能对人的感知、情感、认识和价值有一定的影响力，其中，波斯曼试图解释媒介不仅能迫使人们合理成为各种角色的扮演，还能为人们看见世界一切所见所为的东西提供结构。"[⑤]

---

① 根据大甲镇澜宫副董事长郑铭坤深度访谈，2016 年 1 月 30 日。
② 林文刚：《媒介环境学：思想沿革与多维视野》，北京：北京大学出版社，2007 年，第 30 页。
③ 林文刚：《媒介环境学：思想沿革与多维视野》，北京：北京大学出版社，2007 年，第 197 页。
④ （加）埃里克·麦克卢汉·弗兰克、何道宽译，秦格龙编：《麦克卢汉精粹》，南京：南京大学出版社，2001 年，第 409 页。
⑤ 林文刚：《媒介环境学：思想沿革与多维视野》，北京：北京大学出版社，2007 年，第 114 页。

根据上述媒介环境学理论定义，大甲妈祖作为妈祖信仰的重要文化符号，信众之间的交往作为妈祖精神内涵传导的重要信源，信众通过绕境经验的驱使，以绕境作为传播妈祖精神内涵的信道，以口耳相传的方式进行人际传播，构建妈祖信仰圈的信息网络，传播到的最终信宿在于达成信众对妈祖信仰的社会认同现象。本研究认为欲探究大甲妈祖绕境对信众的影响力，应从媒介环境学理论中侧重的媒介、新闻、人三者方面来做实证，即信众绕境行为信息传播的媒介环境。

二、新旧媒体融合建设的媒介环境

行之有年的大甲妈祖绕境活动，绕境形式仍沿袭清末进香传统，通过人力扛妈祖銮轿来徒步行走，体验往昔的行脚力量。按传统进香路线可知，全程 330 公里绕境路线，进香队伍并不考虑截弯取直地的大路行走，也不考虑便捷的高速公路或纵贯铁道，而是以曲折蜿蜒的乡间小路作为队伍行进的方向。随着镇澜宫经营管理的革新，运用现代化建设的绕境服务相继完善，尤其，展现在绕境的代步工具及其大众传播建设。根据本研究社会调查，镇澜宫作为辅助绕境信众服务，提倡信众可通过汽车、机车、脚踏车、游览车等代步工具来行走。总体而言，徒步方式仍占比高达占 71.2%；列居第二为机车仅占 10.8%。①

绕境不仅能使信众脱离世俗羁绊，暂时放下一切烦恼困境，更能以闲暇心态代替繁忙的生活状态，并借由进香过程建立起对妈祖信仰的深厚情感。诚如德国哲学家尤瑟夫·皮柏 (Josef Pieper) 对闲暇时刻的意义，他认为这应该是一种灵魂的态度，也是一种灵魂的状态。节庆崇拜活动的核心意义是"牺牲"二字，是一种自发性、不求回报的付出行为，恰好与功利相反，因此在崇拜活动中出现了一种工作世界所不能领略的东西，一种是给予，一种是不计较一切的付出，这里不夹带任何功利因素，是一种无目的的盈余，是真正的财富，这就是节庆活动时刻。②

由此可知，在节庆活动期间，无论是信众的虔诚姿态，或是感恩的认同观感，都能通过绕境环境的创造来联结不同社群之间的情感意识。本研究认为大甲妈祖绕境服务的完善展现在目前新旧媒体融合的媒介环境建设。

---

① 大甲妈祖绕境进香期间的社会调查问卷分析：2015 年 4 月 17 日至 2015 年 4 月 26 日。
② 尤瑟夫·皮柏 . 刘森尧译：《闲暇：文化的基础》，台北：利绪文化，2003 年，第 122—123 页。

（一）自媒体平台

台湾地区信众最常使用的自媒体平台有 Facebook 和 LINE。在 Facebook 方面，网站设立了大甲镇澜宫粉丝团以及大甲妈祖粉丝页，如大甲镇澜宫妈祖：医疗服务团暨赈灾医疗团、大甲镇澜宫 e 世代青年会。此外，亦有其他粉丝页，如大甲镇澜宫太子团、大甲镇澜宫弥勒团、大甲镇澜宫福德弥勒团等等。在 LINE 方面，网站搭建了官方粉丝页，镇澜宫在移动终端应用程序建设镇澜宫 LINE 官方账号，随时掌握第一手信息，包括活动信息内容的更新以及即时影像的照片发放。

（二）移动终端应用程序

由台湾地区逢甲大学地理信息系统研究中心团队创建"天上圣母绕境进香卫星定位服务网"(APP GPS)，连续十年公益赞助大甲妈祖绕境进香服务，提供大甲妈祖绕境銮轿移动的实时信息以及镇澜宫现场直播服务。早期仅提供銮轿定位，近三年开发移动终端 APP 应用程序。截至 2014 年，下载该款 APP 应用程序已突破 10 万人。2015 年为因应广大信众需求，提升云计算服务效能和网络带宽速度，让信众能通过云计算定位，跟着大甲妈祖共同绕境。2015 年逢甲大学首次通过异业联盟的合作方式，分别由"逢甲大学 GIS 中心"与"天眼卫星科技"跨界合作提供卫星定位服务；台湾地区电信公司"中华电信"提供云计算、移动通讯、带宽；"新光保全"提供全程支持保全等随轿安全服务，负责维护安全及设备正常运作的服务工程。[①] 另外，逢甲大学地理信息系统研究中心更与准线智慧科技股份有限公司合作，致力于灾害防治及安防监控，提供信众取得监测自动化产业服务工作。

从该款移动终端应用程序界面来看，通过实时位置的查找功能，能帮助信众在绕境期间查找大甲妈祖与自我绕境的定位坐标。同时，亦能查找绕境周边临近的其他服务站点，来满足信众的使用和需求，例如快餐店、宅急便、加油站、便利商店、免费移动洗澡车、用餐点、盥洗站等信息。该程序除了提供每日气象预报以及各乡镇实时气象信息服务之外，亦能查看绕境的每日行程。在移动终端界面上，会显示大甲妈祖的移动状态为"行进中"或"驻驾中"以及驻驾在何处宫庙，提供宫庙简介，方便信众掌握大甲妈祖绕境实

---

① 台中市政府文化局：《2015 年大甲妈祖绕境进香銮轿卫星定位，跟着妈祖走！》，2015 年，http://www.culture.taichung.gov.tw/NewsContent.aspx?id=13965，2019 年 3 月 16 日。

时的移动路径。

在轨迹显示功能方面，终端应用程序不仅能查找每日绕境进香轨迹，同时可对照去年轨迹时间与地点查找，方便信众了解当前绕境实时情况。除此之外，信众还可通过卫星定位观看实时影像现场直播与精彩庆典画面，提供绕境信众掌握实时状况，体验三度空间景象的实境服务。

（三）网络地理信息系统 (WebGIS)

网络地理信息系统是一种通过网络发布信息的系统，该款结合了地理学、测量学和信息科技等应用学科，其中运用图层套叠与资料库技术，当地图所收集到的空间信息以及相关数据呈现于电脑屏幕中，再运用网络高端技术与 GIS 整合工程，来完善网络式地理信息系统。网络地理信息系统[1]能提供多人使用，用户端可通过网络浏览器查找信息，特别是妈祖神轿的即时位置。该网络浏览器通过微软 IIS 网页伺服器，搭配 ASP.NET 网页技术来共同研发。信众亦可通过网页浏览方式，观看妈祖銮轿的实时影像位置。

（四）传统媒体平台

目前镇澜宫通过传统媒体平台来进行妈祖文化的推广，形式多元丰富。从有线电视到无线电视，都可见大甲妈祖绕境新闻报道，以有线电视媒体为例，包括台视、"中视"、东森新闻台、三立新闻台、中天电视台、TVBS、民视新闻台等等。平面媒体方面，包含报纸、杂志。报纸有《自由时报》《中国时报》《联合报》《世界日报》《台湾日报》《民生报》《Taipei Times》等等；杂志则有长荣、华航机上杂志等等。

三、新闻媒体报道建设的媒介环境

根据本研究社会调查[2]发现，大甲妈祖绕境活动，每天皆可见大批媒体前来拍摄，包括年代新闻、东森新闻、台视新闻、"中视"新闻、三立都会台等等。其中，更有大陆媒体海峡卫视的全程拍摄制作纪录片，拍摄多以直播形态如实呈现绕境现场，拍摄画面包括热情参与的信众、绕境仪式的神圣场面、热闹踩街的阵头表演、鞭炮不断的炮阵声响、沿途设的免费点心站。

---

[1] 陈政宇、郭保宏、林威延、穆青云：《当代科技与文化信仰之融通：以妈祖绕境进香活动为例》，中华地理资讯学会年会暨学术研讨会论文，台湾，2002年，第4—5页。

[2] 大甲妈祖绕境进香期间的社会调查：2015年4月17日至2015年4月26日。

根据东森新闻媒体方先生深度访谈，媒体的角色就是要把台湾人的人情味传达出来。我认为活动价值展现在绕境现场，信众通过参与绕境，体现赎罪的过程，有些人在一年过去以后，生活过得平顺会感念妈祖庇佑，因而前来绕境，具有还愿的性质。①

东森新闻 SNG 导播张嗣贤也指出，媒体确实有推波助澜的作用，所以活动规模越大，参与人数越多。绕境活动更具有教化的功能，体现出台湾人浓浓的人情味。台湾地区妈祖信仰信众较多，信众会认为若彼此皆为妈祖信众，那么就会产生认同感。②

按三立都会台节目监制林承鸿深度访谈表示，媒体扮演宣传的角色。大甲妈祖绕境人情味很浓厚，在绕境现场，不会看见争斗的情景。若以新闻角度来看，报道比较客观，例如绕境现场有信众数量或绕境活动的现场情况。若以节目角度来看，媒体则多会播报关于妈祖灵验事迹的部分，或妈祖帮助病患等感动的轶闻，体现出浓浓的人情味，节目报道更多趋于信众绕境观感体验，并会通过鼓励方式来宣扬妈祖信仰在台传播的良好情形。③

根据台视驻嘉义记者蔡崇梧深度访谈提及，媒体在整个宗教交流上扮演了重要的角色。在过去的传播经验中，从报纸、电视，进步到使用互联网的时代，媒体的运用在整个宗教交流的过程占比非常高。今天信众通过互联网的定位追踪，可查找妈祖绕境的实时定位和现场情形，媒体作为妈祖文化的宣传角色是非常重要的，若绕境没有媒体来报道的话，大家就无法知道活动的存在。④

综上所述，通过几位媒体人深度访谈得知，大甲妈祖绕境的媒体具有扩大操作的传播效果，具有较大的影响力。此外，通过媒体塑造的媒介环境亦有两个主要特点：第一，媒体扮演了传播和宣传的角色，加速了妈祖信仰的信息传播。第二，通过媒体的推波助澜，媒介环境对信众信仰作用具有较大影响力。

媒体所营造的拟态环境，并非全然作为现实世界的经验，也不全是主观

---

① 东森新闻媒体方先生深度访谈，访问时间：2015 年 4 月 21 日，引用日期 2019 年 3 月 16 日。

② 东森新闻 SNG 导播张嗣贤，访问时间：2015 年 4 月 21 日，引用日期 2019 年 3 月 16 日。

③ 三立都会台节目监制林承鸿，访问时间：2015 年 4 月 23 日，引用日期 2019 年 3 月 16 日。

④ 台视驻嘉义记者蔡崇梧，访问时间：2015 年 4 月 21 日，引用日期 2019 年 3 月 16 日。

世界所倡导的虚拟环境，更不是现实环境的反作用力。对妈祖信仰而言，媒体在传播过程中所营造的拟态环境，以播报现场情况为主。然而，为提升地方产业的知名度，媒体报道也助益了产业的收益影响。大甲妈祖绕境已被视为世界三大宗教活动盛会之一，因此，对于每年参与绕境信众的人次规模报道理应重视。其他报道则多偏向信众身体力行妈祖精神内涵现象，信众在绕境期间展现互助友好现象。

媒体对大甲妈祖绕境所进行的议程设置，有利于营造出以下四种环境现象，大致可归纳出几种类别：第一，通过绕境活动营造热闹观光力；第二，通过万众齐聚的绕境场景营造文化认同感；第三，通过艺阵表演体现本地文化传薪力；第四，通过仪式举办营造信仰凝聚力。

此外，根据绕境观察，举行三大仪式活动期间，是媒体前来拍摄最多的高峰时段。分别为第 1 天起驾仪式，第 4 天的祝寿大典以及第 9 天的回銮仪式。从媒体营造的议程设置，到扩大绕境宣传的传播过程，媒体的确扮演了重要角色，在活动中也存在一定的价值性。

四、信众绕境行为信息传播建设的媒介环境

镇澜宫每年举办大甲妈祖绕境活动，参与信众越来越多，活动越办越成功，加上官方大力支持的结果，大甲妈祖绕境为台湾地区重要民俗活动，以每年办理"大甲妈祖观光文化节"活动，传统的民俗活动有了新颖的展现形态，赋予更多的体验价值，促使了绕境族群年轻化的倾向。

根据田野调查[①]发现，长达 9 天 8 夜的绕境行程，信众所要面对的再也不是尘世物欲，而是绕境现场信众之间的交流情境，无论是否素昧平生，信众都能因为共同信仰信念，而愿意敞开心胸、释出善意，即使遭遇旅途风餐露宿，仍会相互帮忙。因此，探究绕境活动的实质意义，可初步了解到信众的认知态度，借由参与绕境，所产生的信仰认知，再到信仰意识的深度建立过程，都具有连带关系。

关于信众认知结构的形成，美国心理学家斯腾伯格 (Robert J. Sternberg) 认为认知结构的形成应具有三种成分：第一，元成分；第二，操作成分；第三，认知获得成分。信众获得认知须由这些成分中的某些功能来取得，特

---

① 本研究于大甲妈祖绕境进香期间的社会调查，调查时间：2015 年 4 月 17 日至 2015 年 4 月 26 日。

别是活动情境中所获得的信息以及通过获取信息的同时再与信众本身既有的认知进行核对与重建作用。认知结构须以信息的选择性编码 (selective encoding)、信息的选择性综合 (selective combination)，以及信息的选择性比较 (selective comparison) 来达成。在信息传播过程，元成分主要以策划设置、策略选择以及在认知过程中对其他两种成分进行调控，作为构成认知发展的重要基础。①

如同美国新闻评论家李普曼 (Walter Lippmann) 所言，读者在进入新闻以前，必须通过个人情感的共鸣，将本身既有的认知进行核对与重建，为了能进入新闻，在新闻报道中必须找到一个立足点，而立足点必须为成见所提供。②对李普曼而言，人们之所以会产生认知行为，是受信息传播的编码所控制的，进而产生人们对于解码的认知。因此，对于信众认知结构的产生模式，显然是一种编码和解码的线性传播过程。

由此可知，信众的认知建构须通过信息媒介的传导来达到传播效果，亦即通过信众之间对于妈祖精神的传播来达到建立媒介环境的效果，通过编码与解码的过程，呈现双向互动的交流。信众对于妈祖信仰的心理状态是依赖的现象，而绕境所创造出的神圣空间，也都能经由信众之间的信息传递来凝聚信仰信念，进而达到对信仰的认同作用。这种虔诚的认同信念，往往是打破疆界、跨地域性的认同。以下，列举绕境相关受访者的描述。(V 代表义工；P 代表香客)

"我觉得大甲妈绕境实在很令人感动，主要是整个绕境的气氛，你会感受到很有善意，特别是沿途的点心站，有吃有喝，凡是绕境会经过的地方都可以看到与民众为善的情形。"(P014 先生访谈，访问日期：2015.4.19)

"我在 2014 年回到台湾，就来绕境了。回程时，在西螺福兴宫的时候，我就坐在羽毛球馆，有一个很胖的女人非要挤过来坐我旁边。后来，她突然提到我之前赌博的事情，让我很讶异，因为我从没跟别人提起。我是卖景德镇的瓷器，当时我为了赌钱把整个店都输掉了。之后，我回到彰化，就在现在这个地方，彰化天后宫，我又碰到她了，问她还记得之前的事情吗？结果那个女人就说不认识我，也不知道我在说什么。所以，我相信妈祖是通过这个女的来告诉我某些信息，所以我很相信妈祖，因为没有人知道我赌钱的事

---

① 郑毓信、梁贯成编：《认知科学、建构主义与数学教育：数学学习心理学的现代研究》，上海：上海教育出版社，1998 年，第 51—52 页。
② 沃尔特·李普曼，林珊译：《舆论学》，北京：华夏出版社，1989 年，第 234 页。

情。"(P001 女士访谈，访问日期：2015.4.18)

"我的故乡在大甲，因为家里很穷所以从小很辛苦，我哥哥常常打我，每次都昏倒很多个小时，觉得不想活了，想要自杀。但是妈祖来救我了，妈祖显灵来告诉我不能自杀，说我以后还要救好多人，妈祖说我活着的时间会很长，所以叫我要原谅世间。我是以奉茶的方式当义工还愿，请人免费喝茶，这样做已经有 21 年了，做了这么长的时间，体会到做善事就是在发挥妈祖慈悲大爱的精神。每次我都感应到妈祖要我做的事情，妈祖叫我继续做，我也是感到蛮快乐的。"(V001 女士访谈，访问日期：2015.4.20)

"我从小在庙口长大，我们家在大甲镇澜宫附近，大甲妈绕境活动我从小看到大，耳濡目染，长大以后就会想说我也想要来当义工，替大甲妈服务。大家会去疯妈祖的主因，我想可能是因为在这个动荡不安的社会中，大家因为信仰妈祖可以得到心灵寄托。另外，或许自己跟妈祖所求的事情，也有所感应，觉得很灵验。所以，才会想要来还愿。对我来说，信仰妈祖给我印象最深刻的事情，大概就是我在当义工的时候，常会遇到一些年轻人，他们要帮自己的父母祈求身体健康，而且发现妈祖灵验了，通通回来还愿绕境，这种事情就让我觉得很感动，孝顺是一件感动的事情，也通过这件事情显现了妈祖的大爱精神。"(V010 先生访谈，访问日期：2015.4.22)

"我们家就住在大甲，离镇澜宫妈祖庙很近，这种绕境活动从小就耳濡目染。当初是我儿子生病，我去向妈祖许愿，觉得妈祖很灵验，所以才来绕境还愿。绕境以后，看到大家都这么诚心，这么踊跃的准备东西给香客吃，对妈祖的一份尊重、敬仰的心，就觉得很感动，就觉得妈祖真的是有一种慈悲的力量，让大家一起凝聚这种善的力量。后来，我就来绣旗队当义工，到现在已经第 8 年了。久而久之，我发现我好像无法离开绣旗队，只要妈祖要绕境了，我就有那股冲动想要一起来绕境，就觉得这个活动大家都很有人情味，可以学习到妈祖无私奉献的精神。"(V011 女士访谈，访问日期：2015.4.23)

"我觉得妈祖是一个很好的民间信仰，因为信仰妈祖，越来越多人了解妈祖的大爱精神，大家都能学习妈祖奉献精神，互相帮助发挥爱心。妈祖文化是一个很好的文化，如果国家社会有这样的善良风气，这股力量就会让这个国家、人民感到非常温馨。对于台湾人疯妈祖的原因，我想当然信仰是一股力量，像我有很多朋友参加了这个大甲妈绕境活动后，他的身体、他的事业、他的工作都有顺利很多，所以这是一种信仰，也是一种正能量，所以一传十、十传百，大家会觉得这是一个好的象征，一个好的活动。"(P013 先生访谈，

访问日期：2015.4.22)

"绕境可以体验到人情冷暖跟一种感动，印象最深刻的事是在新港奉天宫广场的祝寿大典。在祝寿大典举行之前都一直在下大雨，早上八点以前的雷雨都很大，可是到七点多的时候，居然开始下毛毛雨，最神奇的是将近八点的时候是没有雨的，可是到祝寿典礼完，差不多五分钟过后，又突然下起大雨了，真的是很神奇的一个神迹。我觉得价值是每个人创造出来的，我觉得不一定我的价值就可以代表全部，应该是说绕境活动可以让我们了解到妈祖的一些典故，也可以让人了解到其实妈祖是真的有这位女神。"（V013 先生访谈，访问日期：2015.4.23)

"那么多人会来绕境是因为一定有很多人感应到妈祖给他们的保佑，他们所求都能如愿，所以才会有那么多人口耳相传来参加绕境活动，一起来护持妈祖这个活动。参加妈祖绕境活动，也能让我们学到很多关于妈祖德性的事情，例如为什么在绕境期间要举办祝寿大典，这就是一件值得学习的事情。在佛教里面来讲，生日是母难日，就是妈妈受苦的日子，其实祝寿最主要是帮妈祖一起去感谢祂父母的养育之恩，是答谢父母之恩的旅程。我认为大甲妈绕境的价值在于让大家能向妈祖学习无私奉献的精神，通过绕境和大家一起结善缘，这个活动让他们有布施的机会，就可以转他的业障，改造他的命运，不管是参加志工，还是提供点心、提供饮水，提供服务，这些都是一种布施的行为。"（V014 先生访谈，访问日期：2015.4.25)

"我觉得我很认同妈祖，大甲妈绕境仪式很像我们东方的宗教精神，我可以感受到妈祖真的是有很慈悲的精神，通过活动还可以净化心灵。大家如果有通过活动看到妈祖这种大爱无私的精神的话，也就会朝着这个善的目标去学习，让自己越来越好，成为像妈祖一样的好人。我是觉得这是一种文化传承的宝贵价值，也是用钱买不到的，你可能在国外也看不到像这种大甲妈绕境的活动，尤其是活动中，每个人都是自动自发地出钱出力去帮忙。"（V015 先生访谈，访问日期：2015.4.25)

"我觉得参加进香活动可以凝聚出人与人之间的团结力量，一种服务大众的凝聚力，这是一个最好的现象。在活动中觉得最有意义的地方，在于大家都是出于善心，无私的奉献，这也是让我觉得很感动的地方。妈祖文化就是一种传承，通过活动让新的一辈年轻人传承下来，让他们去体验这些事情，包括妈祖灵验的神迹，体验妈祖带给我们什么？人生历练了什么？这些都是很重要的事情。"（V002 女士访谈，访问日期：2015.4.20)

"首先，我作为大陆人，也是个偏民族主义者，既然是中华文化我们就有必要给它发扬光大，所以看到妈祖文化在台湾那么兴盛我也是很开心的。我觉得印象最深刻的是这活动是包吃饭的，在大陆根本特别少，因为民众抢得特别凶，这就是一种归属感、安全感。感觉一路上都很安全，都有非常热心的人在接待，有些甚至会顶着太阳站在那边，问你说：'您需要水吗？您需要食物吗？'可以说是很热心的，一路上的人也很有亲和力，很容易和人聊起来的，在这个宗教信仰那么多元的环境下，妈祖还能发扬得那么大，这说明台湾在宗教信仰这方面是非常的兴盛的。"（P002 先生访谈，访问日期：2015.4.18）

"当初是对绕境有兴趣，可是后来因为车祸，然后有跟妈祖许愿，等于是来还愿的。这是我来参加第二次了，如果要评价一下绕境环境的话，我是觉得或许在平常的时候，遇到邻居，会比较亲切一点，其他就还好了，可是如果在比较都市的地方就会跟乡下差很多，在都市遇到的人会冷漠一点。不过我在活动中9天8夜下来，一路上遇到的人都很热情。最令我印象深刻的事情是，像是载香客的代步车，如果有看到在走路的人，镇澜宫的服务义工会直接停车下来等香客，如果有要上车，他会先问候你需要上车吗？如果没有要上车，他会再继续往前开，寻找需要被载的香客。"（P014 先生访谈，访问日期：2015.4.25）

根据上述受访者的多方回答，纷纷显现出信众通过绕境的体验，能更加了解妈祖精神的内涵，信众借由仪式与活动的参与交流，通过不同社群所凝聚的正面力量，无论奉献心态是否出于自愿或还愿，都显现了社群互助的团结精神，信众通过绕境体验，了解到绕境仪式的深刻意涵，在深入了解绕境的实质意义及妈祖典故后，我们更能体会到妈祖与人为善的真谛，进而将妈祖精神发扬光大。

另外，从受访者不同生命经验表述得知，妈祖显灵经验与事迹通过信众之间口耳相传，能建立人与神之间的紧密关系，进一步得到妈祖灵验的传播效果。对信众来说，参与绕境的意义在于能以行脚来感受往昔进香的足迹，通过仪式使传统与现代经验交叠，信众更能了解仪式内容的特殊意义。

五、结语

本研究以媒介环境作为基础背景，探究镇澜宫举办妈祖绕境活动对信众传播的影响力。研究显示，参与绕境信众由最初为中台湾地区的宗教盛会，扩大至全岛参与的常态性宗教活动，并有信众年轻化倾向。

大甲妈祖绕境成功吸引信众对其产生认同感，其背后因素在于媒介环境建设的塑造结果，这也作为妈祖文化因应时代变化的现代性传播意义。

研究结果显示，这些媒介环境的组成因素，多半显现了台湾妈祖信仰的世代传承传播特色。多数参与大甲妈祖绕境活动的信众，不分年龄层，无论是香客、义工、媒体等等，皆认为参与活动除了具有体验的意义，更多的是为神灵服务的自愿心态。年轻族群逐渐增多，参与信众过半为从小耳濡目染，还愿性质以及曾经备受感动而愿意再次参与的现象。

其次，信众信仰的热衷程度展现了台湾人民自由开放的特质，根据观察，现场不乏两岸暨港澳的信众，并且也有海外游客前来体验。另外，特别是祖国大陆的媒体，海峡卫视筹备制作"天下妈祖"纪录片，专程前来拍摄活动。因此，海内外多元族群参与活动的现象，说明大甲妈祖绕境活动整体是较为自由开放的性质，也展现出台湾人自由、开放、包容的海岛特质。

此外，通过信众主导的环境塑造，更在于多数绕境的信众展现了台湾人善的意识与人情味的表现。台湾人不分老少，自动自发的参与现象，使得台湾人热衷信仰，凝聚正能量的热情现象，表露无遗。

信众参与绕境活动，能深入了解妈祖精神的重要内涵，通过绕境活动所创造出的神圣空间，关于信众口耳相传的妈祖事迹包括妈祖显灵、妈祖神话传说，从信众的记忆积累和历史经验中逐渐重建观感。妈祖作为信仰崇拜的象征对象，其神尊雕像更具有高度历史意涵和文化价值，对信众来说，文化价值所代表的亦是信仰为社会所带来这份无私、互助的精神，由信仰到绕境的展现，彻底显现了台湾人民朴实的文化品格。

明代《天妃娘妈传》中视觉图像研究[*]

黄 劲[*]

（莆田学院工艺美术学院 福建莆田 351100）

摘　要： 本文以日本东京大学东洋文化研究所的双红堂文库收藏的明刻孤本《天妃娘妈传》为主要研究对象。明朝万历年间《天妃娘妈传》是现存最早的一部古代长篇章回体妈祖神话小说，取材于民间妈祖传说，采用宋元"话本"惯用的上图下文方式，每页插图约占三分之一版面，将全书32回以每回4至15幅不等搭配妈祖故事，作为小说插图之用，造型严谨，形象逼真，线描流畅，具有很高的艺术水平和史学价值，为妈祖故事小说中少有的版画佳作，首开妈祖题材小说的神魔化先河。插图简练而内容集中，文字精致且联对合理，是妈祖圣迹图式艺术遗产之一。本文运用文献分析法与图像比较法，阐述明代《天妃娘妈传》妈祖版画概况，探究该小说插图的视觉艺术表现形式。梳理内容由"神话"到"神魔化"的故事情节演变及刊刻的历史价值，呈现富有生活气息戏剧场景般的妈祖形象。另与其他圣迹图式比较，探析不同妈祖视觉图像的设计趣味、形象夸张、神态生动和线条自由的审美价值。《天妃娘妈传》版画既作为明代神魔小说插图的优秀作品，也带有时代鲜明的建安派版画风格，不仅丰富了妈祖版画史稿的文献资料，而且为研究妈祖故事传播提供了一份重要画册。

关键词： 天妃娘妈传；妈祖；妈祖版画；视觉图像

基金项目： 本文为国家社科基金特别委托项目"'一带一路'与妈祖文化传承发展研究"（批准号18@ZH008）阶段成果。中国海洋发展研究会重点项目成果。福建省社会科学研究基地重大项目课题阶段成果（项目编号：EJ2016JDZ-057）。

---

[*] 黄劲（1971—），男，福建莆田人，莆田学院工艺美术学院副教授，研究方向：中国画教学与妈祖文化研究。

一、前言

从文献史况角度看，明代吴还初《天妃娘妈传》在《太上老君说天妃救苦灵验经》直接影响下，采录妈祖传说而改编产生，由福建建阳书坊熊龙峰忠正堂刊刻出品，是一部以演绎妈祖形象的章回体小说。其内容完全神格化的人物塑造与情节构思，直观地展现出所描绘的各种奇异场景，起到一种「导读」的功用。本文拟以日本东京大学东洋文化研究所的双红堂文库收藏的明刻孤本《天妃娘妈传》为研究对象，探析不同妈祖视觉图像的设计趣味、形象夸张、神态生动和线条自由的审美价值。探究《天妃娘妈传》版画概况、版画的视觉表现、版画插图的审美价值等并与其他圣迹图式妈祖版画做比较。

二、《天妃娘妈传》版画概况

《天妃娘妈传》是现存最早的一部古代长篇章回体妈祖神话小说，取材于民间妈祖传说，采用宋元"话本"惯用的上图下文方式，每页插图约占三分之一版面，文主图辅地以传记体形式进行编撰，首开妈祖题材小说的神魔化先河，插图简练而内容集中，文字精致且联对合理。该小说讲述东汉明帝时代，玄真女别亲下凡，到人世投胎，托生在林长者家为女，即妈祖。描写了妈祖梦战鳄精、白日飞升、收伏猿精和西陲护国立功等动人故事，是圣迹图式题材中少有的妈祖版画佳作，也是一份妈祖文化艺术的宝贵遗产。

那么究其根本，《天妃娘妈传》以妈祖信仰精神为基础而真情地传达妈祖形象，并根据不同情节的场景描绘与方言表述的画面关系，突出不同时期妈祖视觉图像形态，体现在画面布局、人物造型和内容形式上都具有很高的历史价值。

事实上，美术史家一般认为，倘就构图之饱满、刀法之精密、风格之遒劲以及画师与刻工之配合默契而言，明代后期很可能是达到了极点。读者的欣赏口味与出版家之文化理念相互激荡，图像本身的独立性得到普遍的认可，书籍插图被当作艺术品来苦心经营。[①] 为了更好理解该小说内容由神话到神魔化的视觉演变，并调动读者图像思维和提高阅读兴趣，如《天妃娘妈传》中第九回"玄真女机上救舟"，作者将故事情节进行了神魔化处理，内容加进鳄精作怪："倾者有一妖鳄，于南海之南，湄洲之北，吞噬商船，观音菩萨命儿往救之。儿与鳄斗法，自午至今，鳄精神稍竭，所有五船，儿口含其一，两

---

① 陈平原，《左图右史与西学东渐——晚清画报研究》，北京：生活·读书·新知三联书店，2018年，第62页。

手两足共持其四，正将到岸之顷，为应母所呼，口放其一，四者随身登岸，一者已沉于水矣。"这个故事描写妈祖在机上纺织时，出元神在东洋一面与鳄精大战，一面奋力救护商船，手舞足蹈，后被其母呼醒。结果五船救出四船，其中一船为了应母之呼，口放之而沉没。另则第二十八回"天妃妈莆田扶产"，是说妈祖如何击退白衣女妖（鸡精）而拯救产妇王氏，保护母女平安的。解读《天妃娘妈传》中不同妈祖形象，发现作者运用拙朴简约和粗细对比的线条，在构图不断变化下描绘各种人物造型的精神状态，既勾勒出富有趣味性的故事情境，又呈现了独具艺术审美的妈祖视觉图像。

由此可见，该小说插图风格独特，受不同历史社会中人力物力和文化风俗的制约，以表现主义的手法凸显妈祖神话传说和人们生活形态有着广泛的密切联系，具有文学通俗变异性的妈祖视觉图像特征。

三、《天妃娘妈传》版画的视觉表现

《天妃娘妈传》全书32回，每一回插图4至15幅不等，用百棉纸印刷，版框纵17厘米，横24厘米，中缝刻"全像天妃出身传"，内文加封面《锲天妃娘妈传》上的一幅"出像"，共有309幅，其中每幅图的两边附有五言对句解释图意，正文每半页10行，每行16字。封面上部画面中妈祖头戴有两个卷曲角的梁冠，执圭端坐，供人朝拜的场景，较为少见且颇具特色。下部约三分之二版面题书名《锲天妃娘妈传》（如图1）。

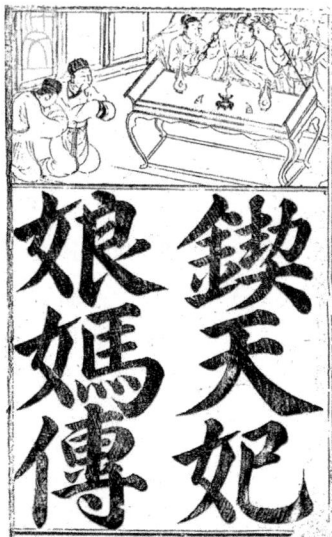

图1《天妃娘妈传》正页"锲天妃娘妈传"双行六字，此为正题

目录前署"新刻宣封护国天妃林娘娘出身济世正传"，版心题"出像天妃出身传"上卷卷首题"新刊出像天妃济世出身传"字样。笔者以《天妃娘妈传》插图中的布局、形象、线条和题字等，分别阐述妈祖版画图像的视觉表现。

（一）表现形式

从《天妃娘妈传》表现形式看，概括可以分为两个方面：第一，全书上卷第一回至第十六回，下卷第十七回至三十二回。小说以丰富的单幅视觉图像描述故事情节，具象式的手法塑造出头部为猴、鳄、蛙头等人身的精魔形象。尤其图文并茂地更好理解妈祖生平与灵应的圣迹内容，画面整体考虑章法位置，选用中小楷字体书写和黑白线描勾勒的表现形式，使妈祖形象与其他艺术图式相互呼应而有机联系，增强了小说主题内容表达的向心力与凝聚力。"任何一种艺术图式中，抽象结构与具象结构并存，它们是互相独立但却是紧密联系一致的，互不可缺，只不过在不同艺术家创造的图式中互为表里，内外关系置换不同罢了。具象是理性读解图式密码的锁匙，而抽象则是直觉感受形式的心理沟通桥梁。由于艺术与现实保持着神圣的距离，因此它才能作为一种补充人类生活的方式成为反映世俗的人的精神世界的镜子或对立面存在。"①可见，《天妃娘妈传》以上图下文结合错落有致的布局，蕴含优美隽永的文句，妈祖视觉图像显得意境深远而让人回味无穷，并能够吸引与满足地域性特色的社会需要，完整地传达出小说中海洋生物迹象文化情境。第二，采用传统散点透视法，人物大小不受空间远近影响，对出现的主要人物都进行细微而概括的刻画，无论妈祖、西王母、观音形象在画面什么位置，都比其他人物更加突出表现。如《天妃娘妈传》第二回"玄真女得佛真传"："灵丹授一颗，妙法继千年"。画面描绘出"玄真女"妈祖赴瑶池拜见西王母得服灵丹一颗，后到南海拜见观音菩萨，得授除妖真言、团盒儿一个和铁马一匹，并骑着铁马向北天而回的故事，体现出对于神仙敬重的视觉情景。"通过不同画面的构图变化，装饰性的图绘将物品的表域与图像艺术的象域连接在一起。这一连接制造了表面和图像之间的张力，没有一个通过翻转物品来观看图像的另一面的观者能够轻易忽视这一张力。"②

---

① 冯远：《东窗夜记（一）》，《新美术：中国美术学院学报》1996 年第 1 期，第 58 页。
② ［美］乔迅：《魅感的表面：明清的玩好之物》刘芝华、方慧译，北京：中央编译出版社，2017 年，第 187 页。

诚然,《天妃娘妈传》应为一位技巧娴熟的民间画师绘刻,画面中人物形态朴实无华与表情生动,主人公妈祖形象的发髻变化运用意象夸张手法,采用自然造型,拙朴线条和巧妙布局,表现了妈祖视觉图像的空间形式,在存世不多的妈祖版画史稿中,增加了解妈祖文化思想的艺术价值。如1902年梁启超创办《新小说》,特别强调这种兼及文字与图像的图配文或者文配图的叙事方式:"专搜罗东西古今英雄、名士、美人之影像,按期登载,以资观感。其风景画,则专采名胜、地方趣味浓深者及历史上有关系者登之。而每篇小说中,亦常插入最精致之绣像绘画,其画皆由著译者意匠结构,托名手写之。"①

因此,插图成为连接版画故事情节之间的纽带,优美的视觉让人感到文字增删不得,图像挪动不得,加强整体和谐统一且不可分割。《天妃娘妈传》以图文相配的叙事方式直观地展现妈祖视觉图像传播力,提高妈祖信仰精神深度,形成独特表现形式的妈祖版画作品。

(二)视觉特色

从视觉角度看,《天妃娘妈传》有着明显神魔化的情节构思,图像包含对于妈祖形象的把握,画面线条的组合对比、体面的结构关系和文字的叙述构造,通过"切割"各种空间形态来塑造持物妈祖形象的视觉特质,刻画出人物的内在情思与神韵,体现了妈祖视觉图像人间化和世俗化的倾向。

以下笔者从《天妃娘妈传》中的三个方面,梳理其不同视觉特色:

1.《天妃娘妈传》与其他圣迹图式妈祖版画一样,其优秀的情节性绘画在于:让观众从某一平凡的画面中体验到妈祖形象之美,小说从某个故事情节里感受到妈祖视觉图像的美育价值,如在描写猴、鳄等妖精时颇似人物形象化,采取诸多技巧,包括构图、造型、线条和题字等艺术形式,塑造妈祖形象可使读者的精神情操得到审美熏陶。小说另一显著特色是诗词的互相关联,如引用《诗经》《论语》和《楚辞》的成句,以促进八股笔法写似骈似散与其所处时代密切相关的句子,表现讽刺朝政之腐败、影射万历之现状、揭示倭寇之丑陋、歌颂人民之反抗的社会意识形态。正如王朝闻说:"有真实性和真实感的形象不等于美的形象,但美的形象总应该是引得起真实感的。包

---

① 陈平原、夏晓虹编:《中国唯一之文学报〈新小说〉》,《二十世纪中国小说理论资料》第一卷,北京:北京大学出版社,1997年,第59页。

括虚构的神话传说，包括《西游记》里的孙悟空或猪八戒等人物形象的塑造，虽然这些情节、场面、人物、性格及其关系与环境是虚构的结合，虽然形象的构成因素中包括丑的方面（特别是猪八戒的形象具有显著的丑的方面），但这些人物及其行动的构成因素都有多面性和多样性，它们互相依赖地统一着。"① 由是观之，妈祖形象不尽相同，但都可以参考圣迹图式母题，为不同时期民间画师当成类似"画谱"模式提供着一个最佳示范，也为了宣扬妈祖信仰文化精神，融合人民追求真善美的共同愿景。

2.《天妃娘妈传》不仅画面构图多样性，而且内容文字形象性，体现了妈祖视觉图像的神格特征。源自妈祖传说的逐渐成熟，作者融诗、书、画为一体，增大视觉图像的艺术容量，扩展主题思想的审美境界，同时更能充分地抒发民间画师的特殊情感，创造出丰富多彩和别具一格的妈祖版画。正是民间艺人具备了全面且深厚的民俗文学修养，独创出插图中"玄真女"与"天妃妈"的文字说明，取得妈祖形象接地气的不断异变，使版画达到一个充满诗情画意的艺术语言。如台湾蔡相辉教授说："但天妃不是个普通人，是李丑父所说'生人、福人，不以死与祸恐之'的宗教家，是何乔远所说德、行俱尊的'上人也'。"② 从某种意义上说，形象是物质感知所产生的一种感觉在精神中的再生产，妈祖版画造型严谨，形象生动和线描流畅，构造各种《山海经》形象似的不同神仙角色，满足于通俗神魔小说的情节需要，具有很高的艺术价值。

3.《天妃娘妈传》以内容与形式的完美结合，反映了弘道功能与审美教育的双重意义。首先，由于绘画与文字结合表现雅俗共赏的画面范畴，从单纯的诗词文字表达，到描绘连环图式的情节记录，适以左右对联式概括各组妈祖故事，取得较为整体统一的传播效果。其次，在那汹涌澎湃的海浪中，波浪尖处的无不线条粗疏细密和大块余白的对比，表现出类似于明暗体面关系的装饰感。这一视觉化过程，不只指向具体图像，更包括制作者心态。所以，《天妃娘妈传》成功地体现了得心应手的版画创作，传达难以言传的妈祖戏剧性场面，精彩且深刻的艺术水平震慑读者，唤起民众认知妈祖视觉图像的情感，妈祖形象发掘与分析成为"图像证史"的重要部分。如"先把灵符净，后将精气投"描绘妈祖正在用灵符洒净，以便为投胎林家蔡夫人做准备。

---

① 王朝闻：《审美基础》上卷，北京：生活·读书·新知三联书店，2011年，第334页。
② 孟建煌主编：《妈祖文化研究论丛》，北京：中国文史出版社，2014年，第367页。

（如图 2）

图 2 《天妃娘妈传》"先把灵符净，后将精气投"图

图 3 《天妃娘妈传》"陈宅生奇女，莆阳产圣人"图

"陈宅生奇女，莆阳产圣人"描绘妈祖降生的场景，蔡夫人斜躺在床上，接生婆抱着婴儿妈祖（如图 3）。

这些视觉舞台似的画面呈现，凝住了妈祖神话的某一瞬间故事图像，以布局、造型、诗文等描写手法，经过不同情节形态活动揭示妈祖形象演变的本质，已经超出了艺术欣赏的审美含义。诚如，曹意强教授高度评价宋人郑樵在《通史》一书中，首创《图谱》一略并实践图文互相印证的贡献，进一步强调说，轻视图像、纯赖文字的历史势必沦为虚学，而实学必赖于图像。

因此，《天妃娘妈传》有别于以往版画将粉本使用方法视为一味的旧样沿袭，而是赋予画面妈祖形象更加积极主动且富有创造性的造型，在一定程度上拓展了妈祖视觉图像的解读空间。如罗春荣说："在狭小的空间里，为了突出主要人物，画面拙朴简约，主题突出，虽有线条粗犷但失局部精细之不足，其庶民刀笔，便于文化水平较低的读者群接受和理解，对于普及亦有好处。"① 故此版画将自然物艺术化与抽象化，传达插图精神境界的生趣盎然、天机活泼的图像视觉性。

四、《天妃娘妈传》中版画插图的审美价值

历代圣迹图式妈祖版画，种类繁多且形式丰富，为妈祖文化积极传播发挥了重要作用，清代《天后圣母圣迹图志》即是明证。但是《天妃娘妈传》插图却相似于乡村庙宇的妈祖故事壁画艺术，与民间流传的妈祖故事一定抱有亲切的同感，显现出妈祖形象在世俗生活经历中由"神话"到"神魔化"的演化内涵，与《天后圣母圣迹图志》等其他妈祖版画插图完全不同。

形象作为生活的反映，对素材不能没有与众不同的着重点。因而形象所体现的与主题联系在一起的题材自身，也就拥有不可能被别的主题或题材所代替或调换的独特点，即这个作者认识生活所下的判断以及特定的情感态度的特殊点。② 出于对小说人物形象的爱憎，尽管图像叙事也是圣迹图式妈祖故事内容，如第一回"猴鳄双为怪，天妃独显神"描绘鳄猴精碧苑为怪，妈祖独剑显神通的情景。（如图4）

图4《天妃娘妈传》"猴鳄双为怪，天妃独显神"图

---

① 罗春荣：《妈祖版画史稿》（上册），北京：学苑出版社，2016年，第35页。
② 王朝闻：《审美基础》上卷，北京：三联书店，2011年，第241页。

图 5 《天妃娘妈传》"佛忝指忝法，玄真得真传"图

第二回"圣忝指忝法，玄真得真传"描绘"玄真女"妈祖得到观音菩萨慈悲真传的情景。（如图 5）

第六回"真身离紫阙，一意向莆阳"描绘"玄真女"妈祖离别亲人下凡的情景。（如图 6）

图 6 《天妃娘妈传》"真身离紫阙，一意向莆阳"图

图 7《天妃娘妈传》"宝像增光彩，庙宇又高崇"图

第二十五回"宝像增光彩，庙宇又高崇"描绘金銮殿传旨宣封妈祖神像的情景（如图7）。

可见，民间妈祖版画不是在描摹一个客观物理的表象世界，而是通过人直觉意念的臆断思维方法，去肯定乡村流传妈祖民间故事的现实、理想与必然，妈祖视觉图像的审美价值成为情节性故事作品是否成功的一个重要方面。如罗春荣说："尽管如此，作为妈祖传记体小说还是历史上的第一部，尤其是神魔小说，《天妃娘妈传》首先走出妈祖传说禁锢，在神魔化创作道路上大胆探索，这是难能可贵的。"① 所以，该版画带有明显的超现实象征手法，其表现的意境具有深邃的抽象性与现实性，其延伸的发展空间无限宽广。

（一）妈祖版画内容的情节性

《天妃娘妈传》版画插图画幅小、数量多，属于前述的民间传统艺术有更多的相似性。总体来看，以中下层民众为发行对象的通俗小说，妈祖故事的神魔化情节构思，根据历史资料、著作、碑文及街谈巷议的传说，加以虚幻的想象、演义而成的民间版画创作，促进了妈祖文化的长足发展。探析《天妃娘妈传》中描写精魔的一番笔墨，以鳄精和猴精为主线贯穿始尾，画面代表邪恶势力的精怪和代表真善美的妈祖，两者形象之间不可调和的矛盾也是故事情节不断发生冲突变化的根源。如《天妃娘妈传》309 幅版画中出现妈祖形象的共 75 幅，其妈祖形象大致分为两类：升天前的妈祖形象大多是头发挽发髻的仕女形象，升天后的妈祖形象则基本上为头戴凤冠的王妃贵妇形象，

① 罗春荣：《妈祖版画史稿》（上册），北京：学苑出版社，2016 年，第 35 页。

但在仗剑作法，与猴、鳄精等众妖怪战斗的场面，妈祖形象又变回头挽发髻的仕女形象。如第三十回中"心存于救世，志在于扶舟"描绘"天妃妈"妈祖湄洲救护的情景（如图8）。

图8《天妃娘妈传》"心存于救世，志在于扶舟"图

《天妃娘妈传》版画刊刻年代正处于中国版画发展高峰期，重要的是那些富有情节性矛盾冲突的画面描述，依靠小说结构或暗示事物的前因而进行情节过程，通过妈祖视觉图像的细节刻画去引导观者联想事物发展的后果。民间匠工遵循小说情节二元对立的模式，以妈祖故事的圣迹图式母题为基础，因应绘镌者的需求不同，而修改画面上妈祖形象的位置取向或添减线条细节等插图设计。如十六回中"火旗传梦里，铁马渡江中"图像描绘妈祖兄林二郎铁马渡江到湄洲学法，妈祖赠以铁马（实为庙前泥马），林二郎挥鞭骑铁马在大海上飞奔的情景（如图9）。

图9《天妃娘妈传》"火旗传梦里，铁马渡江中"图

因此，具备了良好的情节瞬间，也须有着妈祖版画的人物造型视觉性，关键要与图像内容之间所保持的故事关系，并非是静止、固定、单一的感受。这种犹如俗话说"言有尽而意无穷"，没有把话说到尽头，而留给读者有联想余地，让观众自己去补充妈祖视觉图像的容量。

（二）妈祖版画刊刻的艺术性

《天妃娘妈传》为圣迹图式妈祖版画探索意义的开创性作品，尽管没有前人的相关图像资料可以参考，但版画插图的故事情节把握准确，视觉图像和文字题记的配合衬托，内容刊刻明显带有宋元版画的古朴之风。

《天妃娘妈传》版画构图简洁，重点突出；线条流畅，飘逸生动；人物简约传神，富有韵味；具有建阳书肆小说插图拙朴趣味的艺术风格。如第十回"玄真女湄洲化身"，讲述妈祖拒绝世俗的婚嫁，在众道僧的建醮护送下，于江边飞向湄洲而去的故事。其中"道僧齐建醮，玄女即登仙"描绘道僧建醮护送妈祖飞升的场景，画面左边妈祖立于江边的云端准备飞升，右边岸上一个道士正在仗剑作法，暗示道僧齐建醮的场景。人物形神兼备、线条匀称，妈祖形象表情逼真、活灵活现，是一种神性与人性的深刻写照（如图 10）。

图 10《天妃娘妈传》"道僧齐建醮，玄女即登仙"图

随着妈祖信仰文化的传播，《天后圣母圣迹图志》（以下简称《图志》）版画成为清代刊刻次数最多、影响最大的一部妈祖图志，其在广为流传的过程中形成了苏州版、广东版、闽浙版三个版系，刻本众多且影响广泛。苏州作为新崛起版画刊刻重镇的雄厚基础，自信又加上前文提到故事情节选编原因，广泛参考当时已经出现的圣迹图式妈祖版画作品进行更新刊刻，完成了具有

较高水平的苏州版《图志》。无论初刻本和重刻本均由苏州寿恩堂支持刊印，道光十二年重镌本圣迹图式版画共49幅，每幅右图左文，都有相应的一段题记文字，版画融合多种风格，既有金陵的粗犷，又有徽派的工丽和苏派的精致细腻。从版画艺术上看，有着自己的鲜明特色，是精心创作的产物，但妈祖形象较为单调，基本上都是手持拂尘的动态。《图志》对沿海各地妈祖信仰传播起到了重要作用，主要目的是传教布道和弘扬妈祖精神，希望流传过程中能与当时比较流行的妈祖敬戏进行比较，认为敬书是"百世之功"，比敬戏"胜万倍也"。所以，以历代圣迹图式妈祖故事为基础，苏州版《图志》善于相互借鉴与提升，把绘画和版画作品的长处共融于一炉，艺术水平较高于清乾隆《敕封天后志》、清道光《天后本传》等版画，是清代圣迹图式妈祖故事版画中最精美的作品。

古代画论所言："外师造化，中得心源"，提倡要以大自然生活事物为师，从不同艺术角度描写有骨有肉富于性格的妈祖形象，才能创造出独特审美风格的妈祖版画作品。笔者认为："真正的艺术之美，代表人类造物的本质之美落在何方？在民间。如果说宫廷工艺所追求的是一种高贵雍容之美，文人士大夫美术表现的则是闲适淡雅之美，是劳动者淳朴之美的心声。"①

（三）《天妃娘妈传》与其他圣迹图式妈祖版画之比较

随着民间妈祖信仰发展，各类妈祖视觉图像的挖掘与整理，无疑将为妈祖文化研究打下坚实基础。如明代《天妃娘妈传》、清代《敕封天后志》《天后圣母圣迹图志》和民国《林妈祖志全图宝像》等，这些版画史稿内容与形式尽然不同，但一脉相承的历史关系共同承载着妈祖视觉图像的建构与传播，具有继承与发扬妈祖文化精神的宣教作用。尤其不同地域特色的妈祖版画，极大促进了妈祖信仰在地化传播，也为当地妈祖宫庙重修与建造等提供了设计蓝本。正如曹意强教授认为："视觉图像应该成为有效的历史文献。图像也与文字一样承载着历史：不仅是图像描绘历史，而且其本身就是历史。"②

《天妃娘妈传》《敕封天后志》《天后圣母圣迹图志》和《林妈祖志全图宝像》等存在异同性，但可看出不同时代妈祖视觉图像的创造性。品读不同妈祖形象而深受教益。《天妃娘妈传》重点描绘妈祖出生济世、学法救难和护国

---

① 黄劲：《中国传统工艺美术图谱——观音》，福州：福建美术出版社，2011年，第5页。
② 曹意强主编：《艺术史的视野——图像研究的理论、方法与意义》，杭州：中国美术学院出版社，2017年，第11页。

庇民等小说内容，充分构建妈祖视觉图像的审美风格，表明择取生活中最能体现妈祖文化的活态情节类型，并传达出作者入世情怀的爱国主义思想。如笔者以为："生动的艺术形象才会使人有审美感受。实际上烙印在人们心灵深处的妈祖形象性审美特征是济世救人的人文形象，对妈祖的祝祷就是为了唤起民众征服灾难与挽救不幸的勇气，这也是妈祖信仰崇拜作为千年不衰的群众心理因素。"①

显然，《天妃娘妈传》的"机上救亲"故事，发现画面中妈祖不是救父兄，而是救五只商船，与小说故事相配的图像共有 4 幅，其中"命女勤机织，专心治纬经"描绘妈祖在机房里专心纺织的场面，画面里只有妈祖一人，侍女被放在另一幅图之中（如图 11）。"机上逢精斗，海内把舟扶"描绘妈祖出元神在大海中救舟的场景（如图 12）。

图 11《天妃娘妈传》"命女勤机织，专心治纬经"图

图 12《天妃娘妈传》"机上逢精斗，海内把舟扶"图

---

① 黄劲：《〈林妈祖志全图宝像〉中妈祖形象探析》，《莆田学院学报》2018 年第 3 期。

现将《天后本传》《敕封天后志》《天后圣母圣迹图志》《林妈祖志全图宝像》等妈祖版画中"机上救亲"的比较拟以下表格说明：（如图）

书名	年代	名称	图像	视觉特点
《天后本传》	清代	抛梭拯溺		画面上部分妈祖手里紧握住梭子，脚踏机轴，其母看这般模样感到奇怪，欲叫醒她。下部分海面狂涛汹涌，震天动地。通过构图上的巧妙处理，把同一情节所发展起来的两个环节的场景有机地组织在一个视觉图像里，从而加强了故事情节的紧张和曲折。这种表现特色，在于画面不受任何视点所束缚，也不受时间的限制。
《敕封天后志》	清代	机上救亲		画面以古代莆田风格的屋舍一角为主，围墙外面有老树，描绘机房内右边人物是妈祖形象，有一缕祥云流入屋内并向围墙外飘去，妈祖在认真地学习纺织技巧或是忽睡出元神状态，背后站其母亲正在指叫她的场景。

《天后圣母圣迹图志》	清代	正织机神游沧海		画面有一间具有古代莆田建筑风格的屋舍，左右前两边分别有假山和露出树的一角，屋舍内有三位人物，右边一位是妈祖，屋外有一缕祥云在屋舍上方盘旋并流入屋内，妈祖专心地学习纺织，旁边站着其母亲正在传授技巧。左边一位是家婢正在攀着整理纺线，后屋廊有两位家奴正端着茶水往前屋走来的场景。
《林妈祖志全图宝像》	民国	第六回妃机上忽睡救父兄脱难		画面构图为居中取势的表现形式，通过文字说明连接图像关系，视觉聚焦于屋舍机房内少年妈祖纺织时忽睡出元神在大海中救父兄，整体布局结构由上下情境的叙事方式转为左右情景，妈祖旁边站其母亲正在呼叫她的场景。

以上通过表格中不同"机上救亲"的妈祖形象对比，可区分《天妃娘妈传》和其他版画的妈祖视觉图像特色。诚如《美术史的实践和方法问题》中提出："并置对比不仅是一种揭示艺术创作个性和图画差别的方式，或许也有助于发现历史进程中的某些恒定不变的元素：艺术家不变的艺术个性，一种宗教或民族的传统，某画派或时代风格。"① 可见，《天妃娘妈传》创作抓取其

---

① ［奥］奥托·帕希特：《美术史的实践和方法问题》薛墨译，张平校，北京：商务印书馆，2017年，第98页。

图像视觉特征并给予巧妙的艺术表现，该小说版画具有一种清新之美、逸宕之美，还有一种"仿兮佛兮，其中有象"的迷离之美。

五、结论

明代《天妃娘妈传》通过妈祖下凡的阶段性形象，作者抓取了妈祖形象的情节故事转化，并呈现出富有生活气息似戏剧场景般的圣迹内容，增强了古闽建安派插图版画的装饰意趣，具有直接有力的审美价值。尤其画面中左右侧带有诗文表域的感染力，体现出"日常观察中未被注意到的妈祖灵异形态"，这恰恰也是别人没有描述到的妈祖视觉图像。因此，作为明代传记体神魔小说的优秀版画作品，《天妃娘妈传》插图的历史概况、表现形式和视觉特色，带有鲜明地域特色的时代风格，不仅丰富了妈祖视觉图像的艺术特色，也为妈祖文化传播提供了一份重要文献资料。

六、华莱坞电影研究

主持人语：

"华莱坞"自 2015 年提出之后，经历了一段时间的"正名"阶段。学界对该定义的合法性和实用性进行了较为深入的争论和思考。近年来，华莱坞电影研究逐步摆脱初期的"正名"阶段，相关研究也走向纵深。本专题的三篇文章可以看作华莱坞电影研究发展的新面向。

周盼佳和付永春的论文着力于华莱坞电影史研究。该论文呼应西方电影学界新电影史运动 (new cinema history) 的发展，借鉴 John Sedgwick 的研究成果，通过电影放映数据的实证研究，来考察左翼电影的市场流行程度这一电影史上悬而未决的问题。邱子桐的论文则通过文本细读考察不同时期三部少数民族儿童华莱坞电影：《五彩路》《广州来了个新疆娃》与《滚拉拉的枪》。这三部电影中的少数民族儿童对象征意义的父母的追寻，体现了强烈的时代表征。《五彩路》的意识形态的询唤，《广州来了个新疆娃》里的同情叙事以及《滚拉拉的枪》里缺席的代理父母，呈现了新中国 60 年的一个侧影。陈宇辉和张侃侃的论文关注于华莱坞电影中的方言现象。

该文采用较为感性的语言，对方言电影与文艺关系、电影方言的美学和社会意义以及电影中使用方言的意义等方面进行了探讨，角度新颖。

（浙江大学宁波理工学院副教授 付永春）

左翼电影市场表现的实证研究（1933—1937）

周盼佳　　付永春*

（浙江大学宁波理工学院华莱坞电影研究中心，宁波，315000）

摘　要： 衡量华莱坞电影流行程度这一问题通常有一轮电影院、票房和口碑这三种研究方法，但因为票房缺失和战火关系，这些方法都有一定局限性。在梳理学界对"左翼电影"的争论基础上，本文试用更为客观的测量方法——POPSTAT 来考察左翼电影的市场表现，试图对左翼电影研究以及华莱坞电影史研究提供可借鉴的实证材料。

关键词： 左翼电影；流行程度；中国电影工业

基金项目： 本文系国家社科基金艺术学项目 (18BC07530) "早期中国电影放映史研究"阶段性成果。

目前学界对 20 世纪 30 年代华莱坞电影市场的研究成果颇硕，但受原始资料限制，对华莱坞电影流行程度的研究依旧处于起步阶段。学界多从一轮电影院放映的天数以及报纸期刊的影评文章来衡量一部电影的流行程度，还有一种方法是票房，但是原始资料无从考证。本文考察了这些衡量方法并指出其局限性，同时引入更为客观的测量方法——POPSTAT。作为实验样本，本文在梳理学界对"左翼电影"定义争论的基础上，运用这一新的测量方法，考察左翼电影的市场表现。

---

　　* 周盼佳（1995—），女，浙江宁波人，浙江大学宁波理工学院华莱坞电影研究中心助理，英国谢菲尔德大学国际公共和政治传播研究生。
　　付永春（1981—），男，山东潍坊人，浙江大学宁波理工学院副教授，新西兰奥克兰大学电影电视与媒体系博士，主要从事中国早期电影工业研究。

一、衡量电影流行的方法

衡量电影市场表现主要的测量方法是一轮电影院、票房和口碑，还有POPSTAT。本文将依次对比分析这些方法，并选择最佳方法。

（一）一轮电影院

电影是舶来品，早期华莱坞电影从发行到放映都模仿好莱坞模式。在中国本土放映的电影都是遵循轮次—时间间隔—地区间隔的方式。本文对《申报》副刊（1933 年 1 月 1 日至 1937 年 12 月 31 日）的电影广告投放情况进行统计，发现上海某几家电影院存在较固定的放映规律。以放映时间划分电影院轮次，最早的轮次为一轮电影院，再是二轮电影院和三轮电影院。由于一轮电影院的放映数量只能体现出特定电影院的排片量大小，同时其背后有不一样的电影集团支撑，所以它们所放映的电影不能代表所有电影的市场表现，一轮电影院的放映轮次不能客观说明电影市场表现情况。

（二）票房

票房是目前国内电影流行程度的说明，客观的票房统计可以反映电影的市场接受度。但《申报》的广告统计并不能体现出票率和上座率，因为目前有迹可循的是电影院座位数和广告上的票价。由于战火和其他因素造成早期中国电影票房数据奇缺，所以这种方法很难验证电影市场表现。

（三）口碑

《中国左翼电影运动》和《申报》上也存在着大量的电影评论，但是这些电影评论众说纷纭，并带有强烈的主观臆断。这些影评没有客观的数据支撑，所以本文认为这种方法不具有说服力。

（四）POPSTAT

约翰·塞奇威克 (John Sedgwick) 在《1930 年代英国电影观影分析》一书中详细介绍他的 POPSTAT 法。[1] 具体方式如下：

---

① John Sedgwick, *Popular Film going in 1930s Britain, A Choice of Pleasures*, Exeter: University of Exeter Press, 2000.

$$POPSTAT_{ij} = \sum_{j=1}^{n_i} \text{cinemaweight}_j * \text{billingstatus}_{ij} * \text{lengthofrun}_{ij}.$$

其中 cinema weight 是指电影在所有电影院中的放映比重，billing status 是指电影在某天放映的顺序（单一放映还是与其他几部同时放映），length of run 是指放映天数。根据《申报》副刊电影传的统计分析 20 世纪 30 年代，一部电影基本上是单一放映，一天放映三场。因此，在本研究中，并没有参考 billing status 这一变量。本研究将电影在 1933 年至 1937 年间的放映总和、电影院的平均票价和座位数的乘积总和得出数据。笔者用以下大戏院的总座位数量和平均票价作为依据：融光、九星、黄金、浙江、明星、巴黎、光陆、北京、南京、新光、卡尔登、上海、国泰、威利、金城、共和、百老汇、荣金、华德、蓬莱、东南、山西、卡德、恩派亚、天堂、虹口、万国、东海、明珠、中央、新中央、光华、西海、大光明、辣斐和大上海。相比较以上几种测量方法，该方法更客观也更具操作性。

二、左翼电影的争议

左翼电影研究是中国电影史研究的核心议题之一。1931 年 9 月，中国左翼戏剧家联盟在《最近行动纲领》中指出："除演剧而外，本联盟目前对于中国电影运动实有兼顾的必要。除产生电影剧本供给各制片公司并动员参加各制片公司活动外，应同时设法筹备自制影片……组织'电影研究会'，吸收进步的演员与技术人才，以为中国左翼电影运动的基础。"[1] 这被学届认为是第一次提及"左翼电影"概念。需指出，"左翼电影"一词在民国时期极少见诸文字。[2] 作为研究对象，左翼电影在程季华、李少白和邢祖文出版《中国电影发展史》之后，一直都是学界关注的重心。

自 1963 年《中国电影发展史》发表以来，几乎所有的电影史著作都辟出专章对左翼电影加以论述，即便是 1990 年以前出版的英文电影史专著也着力于左翼电影的研究。但学界对于什么是左翼电影这一根本问题并没有引起足够关注。相关研究成果均沿袭《中国电影发展史》及《中国左翼电影运动》这两本书的观点，学界约定俗成地认为左翼电影是指 20 世纪 30 年代初由中

---

① 剧联：《中国左翼戏剧家联盟最近行动纲领》（1931 年 9 月通过），《文学导报》，1 卷 1931 年第 6/7 期。

② 郦苏元：《30 年代中国电影运动名称刍议》，《当代电影》，2004 年第 1 期。

国共产党团结领导电影界进步人士拍摄的，具有反帝反封建性质的影片。[1]《中国电影发展史》列出了 50 部左翼电影加以论述[2]。而根据广播电影电视部党史资料征集工作领导小组和中国电影艺术研究中心合编的《中国左翼电影运动》一书，左翼电影共有 74 部。它也代表官方对左翼电影的明确说法（以下称之为官方版）。

不过，由于各自立场不同，政界和学界对为何认定一部电影为左翼电影，甚至是对左翼电影存在的本身提出质疑。萧知纬指出："不但是左翼右翼阵营之间在什么是'左翼电影'这个问题上莫衷一是，就是各自阵营的内部也无法就这一问题达成共识。"[3] 从国民党右翼角度来说，上海艺华电影公司因为宣传"赤化"而受到不明身份的暴徒打砸，并留下一封落款是"上海电影界铲共同志会"的公开信，信里列出若干部"宣传赤化"的电影[4]。1933 年 4 月，国民党浙江省政府主席鲁涤平提交"关于挽救电影艺术为中共宣传呈"，里面也附上了若干部被认为是宣传"赤化"的电影。而这两份名单并不完全吻合。[5] 另外，如果按照《中国电影发展史》和《中国左翼电影运动》的定义，将左翼电影看作是中国共产党领导的反帝反封建影片，那么正如萧知纬所质疑的，国民党当局为何频频嘉奖，被后世认为是经典的左翼电影，例如《姊妹花》《渔光曲》。[6] 诸多矛盾的说法，使得一些电影史学家们意识到"左翼电影"这一概念的局限性，转而采用"新兴电影运动"这一较为中立的说法。

新近的年轻电影史学家并没有放弃重新定义左翼电影的努力。松丹铃针对萧知纬所指出左翼电影受国民党当局嘉奖的悖论，解释为后世追认的"左翼电影"在很大程度上与国民党当时所宣传和鼓励的"教育电影"有重合性。松丹铃还创造了电影的"左翼性"这一说法，认为一些电影由于部分电影人受共产主义思想影响而在电影中加入了一些"左翼性"的对白。但同时，这些电影又因为有"教育意义"而受到国民党当局的嘉奖。[7] 松丹铃采取反推

---

[1] 广播电影电视部电影局党史资料征集工作领导小组．中国电影艺术研究中心：《中国左翼电影运动》，北京：中国电影出版社，1993 年，第 3—20 页。

[2] 程继华主编，李少白，邢祖文：《中国电影发展史》（第一卷），北京中国电影出版社，1980 年，第 28 页。

[3] 萧知纬：《三十年代左翼电影的神话》，香港《二十一世纪》，2017 年第 10 期。

[4] 松丹龄《中共与 1930 年代"左翼电影"的关系》，《党史研究与教学》2014 年第 3 期。

[5] 萧知纬：《三十年代左翼电影的神话》，香港《二十一世纪》，2017 年第 10 期。

[6] 萧知纬：《三十年代左翼电影的神话》，香港《二十一世纪》，2017 年第 10 期。

[7] 松丹铃：《教育电影还是左翼电影：20 世纪 30 年代"左翼电影"研究再反思》，《近代史研究》2014 年第 1 期。

法，将国民党认定的"宣传赤化影片""阶级斗争电影"或"左倾色彩影片"划为左翼电影。根据这一判断，松丹铃列出了 32 部左翼电影（以下称之为松版）。①

三、用 POPSTAT 测量左翼电影的市场表现

（一）1933—1937 年左翼电影名录

表一是官方版，从 1933 年至 1937 年，共 74 部左翼电影。表二是松版的 32 部左翼电影。因左翼电影具有强烈政治色彩，左翼电影的名录对于很多人的政治生命或事业前途至关重要，因此左翼电影的名录也在不断扩大，才有了不同左翼电影名录。（POPSTAT 数据见附录 2）

表一：

1933 年 共 27 部	1934 年 共 12 部	1935 年 共 14 部	1936 年 共 10 部	1937 年 共 11 部
狂流	铁板红泪录	同仇	人之初	新旧上海	社会之花
三个摩登女性	都会的早晨	到西北去	风云儿女	狼山喋血记	王老五
盐潮	中国海的怒潮	飘零	凯歌	生死同心	十字街头
压迫	女性的呐喊	大路	劫后桃花	清明时节	镀金的城
丰年	肉搏	黄金时代	自由神	迷途的羔羊	马路天使
春蚕	香草美人	桃李劫	时势英雄	压岁钱	天作之合
母性之光	城市之夜	乡愁	船家女	凌云壮志	夜奔
前程	烈焰	华山艳史	热血忠魂	海棠红	摇钱树
上海二十四小时	民族生存	女儿经	新桃花扇	小玲子	半夜歌声
飞絮	小玩意	渔光曲	都市风光	狂欢之夜	联华交响曲

---

① 松丹铃:《中共与 1930 年代"左翼电影"的关系》,《党史研究与教学》,2014 年第 3 期。这一反推方法颇具新意，但不无争议。首先，左翼电影至少是左翼电影人的主观努力，而从对手角度来定义左翼电影的话，就会产生歧义。例如《续故都春梦》就从来没有被认定是后世电影人承认过是左翼电影。不仅如此，松丹铃将鲁涤平的密报、"电影界铲共同志会"的公开信以及后来 1935 年上海社会局调查报告，这三份报告中所提到的影片简单相加，这无疑忽略了这三份文件背后代表的国民党右翼并不是铁板一块。例如到目前为止，艺华事件的策动者学界并没有统一的结论。既有可能是蓝衣社所为，也有可能是国民党 CC 系所为。国民党内部不同的派别显然秉持不同的立场，对待左翼电影的立场也不尽相同。因此，简单相加无疑会产生逻辑错误。

续表

脂粉市场	挣扎	神女	海葬		青年进行曲
天明	时代的儿女	新女性	无限生涯		
晨曦			逃亡		
风			生之哀歌		
姊妹花					

表二：

	1933 年 共 28 部		1934 年 共 2 部	1935 年 共 2 部
天明	盐潮	母性之光	黄金时代	人之初
春蚕	压迫	风	桃李劫	风云儿女
都会的早晨	丰年	失恋		
三个摩登女性	肉搏	狂流		
城市之夜	烈焰	上海二十四小时		
姊妹的悲剧	中国海的怒潮	女性的呐喊		
香草美人	前夜	铁板红泪录		
民族生存	孽海双鸳	三岔路口		
续故都春梦	挣扎	摧残		
歧路				

（二）1933—1937 年左翼电影的总体表现

从 1933 年至 1937 年的《申报》副刊广告上统计电影反映情况，笔者根据《中国影片大典 1931—1949》和《左翼电影运动》共找到了中国国产电影 288 部，同官方版左翼电影进行比较。每年分布情况如下：（288 部国产电影的 POPSTAT 详见附录 1）1933 年国产电影 91 部，左翼电影 27 部。1934 年国产电影 74 部，左翼电影 12 部。1935 年国产电影 47 部，左翼电影 14 部。1936 年国产电影 44 部，左翼电影 10 部。1937 年国产电影 32 部，左翼电影 11 部。

从所有国产电影的指数上来看，左翼电影处于两极化，在 POPSTAT 前十的左翼电影就有 5 部，而且《姊妹花》和《渔光曲》的数据都超过 13 万。紧接着，《再生花》和《女儿经》都是新市民电影，它展现的女性意识与传统撞击，这两部电影的 POPSTAT 指数接近于 10 万。《化身姑娘》、《桃园春梦》和《国风》都只在 5 万左右。还有集中在后半段的左翼电影，它们的 POPSTAT 指数多为 2000 左右，有的甚至是 200 多，如《春蚕》《夜半歌声》等。通过对比，得出像《姊妹花》和《渔光曲》这两部左翼电影的受欢迎程度远远高于其他国产电影。左翼电影的 POPSTAT 平均数也远远高于其他国产电影。

《姊妹花》是新市民电影，把时尚的女性独立意识和民族性、阶级性的显性话题元素放置进去，迎合观众的心理诉求和市场需求。《渔光曲》首映在金城大戏院，之后连映 84 天。它也是中国第一部在国际上获得奖项的电影。其中，排名第三的《再生花》是《姊妹花》的续集，它讲述了一对孪生姊妹因父亲权欲而分离，又几经曲折最后相认的故事，直击观众内心。通过这几部电影的成功可以看到观众的口味正在从好莱坞和光怪陆离的电影情节向新市民电影转变。

在所有国产电影中，根据统计可以看到排名在前段的电影基本上为明星电影公司、联华电影公司和天一电影公司所拍摄。排名第 11 的《斩经堂》这部电影为中国传统戏剧，还有排名第 17 的《秘电码》这部电影是由国民党拍摄的，它的成功和政治因素密不可分。笔者还发现《白金龙》这部粤语片指数很低，但是这部电影在世界范围内比较流行，这和上海当时粤语片不流行有关，也能侧面印证本数据的可靠性。

1	左翼	姊妹花	135393.78
2	左翼	渔光曲	130004.85
3	左翼	女儿经	83836.69
4	左翼	大路	50944.79
5	左翼	新女性	50274.74
6	左翼	狂欢之夜	40331.37
7	左翼	迷途的羔羊	38470.79
8	左翼	桃李劫	38321.79
9	左翼	桃花扇	37158.06
10	左翼	逃亡	31580.11
11	左翼	十字街头	31353.92
12	左翼	联华交响曲	30655.74
13	左翼	人之初	30609.54

14	左翼	船家女	29878.04
15	左翼	风云儿女	29063.08
16	左翼	都市风光	26613.66
17	左翼	海棠红	26546.18
18	左翼	新旧上海	26415.27
19	左翼	天作之合	26154.17
20	左翼	劫后桃花	25616.68

此表为 74 部左翼电影的前 20 部

上表根据《中国左翼电影运动》的 74 部左翼电影统计分析，在 288 部国产电影中找出流行指数排名为前二十的左翼电影。前 20 部左翼电影的 POPSTAT 指数都在 2 万以上，平均值达到了 45961。从左翼电影的流行分布上看，主要集中在 1934、1935 和 1936 年这三年，特别是后两年，在放映时间如此短的情况下，能够获得如此好的成绩，说明左翼电影在当时较受欢迎。

从松版左翼电影目录的 POPSTAT 数据可以看出，左翼电影总体数值比较靠后。总数只有 285088，平均数只有 10964.9。相较于上面 74 部左翼电影目录的 POPSTAT 数据比较低。最高的 POPSTAT 指数是《桃李劫》只有 38321.79。还有一个原因是《姊妹花》和《渔光曲》不在松版电影目录里（详见附录 2）。

这里需要特别说明的是，1937 年的左翼电影 POPSTAT 指数普遍比前面几年低，有可能是因为放映时间较短，或受当时政治和战争因素影响。有 5 部左翼电影的 POPSTAT 指数为 0。其中《夜奔》《镀金的城》《王老五》为 1937 年的电影，1937 年的上半年，电影基本上处在制作阶段，并没上映。而《无限生涯》是 1935 年上映的，它没有在《申报》上找到数据。《民族生存》是 1933 年上映的，但并没有在上海公映。

（三）分析

1. 左翼电影与其他电影类型比较

根据官方版，在这 288 部中国国产电影中，社会类 107 部电影，左翼类 74 部电影，爱情类 16 部电影，滑稽类 20 部电影，侦探类 6 部电影，冒险类 6 部电影，教育类 5 部电影，歌舞类 4 部电影，武侠类 4 部电影，传说类 2

部电影，伦理类 2 部电影，战争类 2 部电影，戏剧类 2 部电影，历史类 1 部电影，体育类 1 部电影，侠义类 1 部电影，谐书类 1 部电影，政治类 1 部电影，没有寻找到类型的电影有 33 部。

从类型上来讲，左翼电影的放映远远超过其他类型的电影。左翼电影有 74 部，占据所有类型排行榜的第二。所有左翼电影的 POPSTAT 为 145 万余，全部国产电影 POPSTAT 指数为 445 万余，左翼电影占总数的 32.7%。

2. 流行的左翼电影特征

流行的左翼电影多为联华和明星公司拍摄的电影。笔者总结了流行程度前十的左翼电影，其中有 4 部左翼电影属于联华电影公司，3 部属于明星电影公司，3 部属于其他电影公司。

流行的左翼电影大多使用新故事题材，有很强的启蒙作用。左翼电影，在为其文本中的通俗剧故事构建一个社会寓言框架时，偏离了这一常规。通过设置一个广泛的，有时是相当抽象的伦理和政治的认知图式，同时，它有着不同阶级和文化含义的艺术表现模式，插入故事世界外的，有明显现实社会指向的镜头，左翼电影叙事使通俗剧或故事世界的时空社会化了。[①]

还有一些电影剧本是根据经典剧作、故事等改编。在当时，左翼电影能够通过电影叙事促进社会意识觉醒。

流行的左翼电影基本上采用明星制。女明星发挥了极其重要的作用，她们明艳动人，是新市民电影中的风向标，如《姊妹花》中的胡蝶等。左翼电影还捧红了很多明星，如王人美、周璇、阮玲玉等。

四、结论

本文采用对比分析电影院、票房、口碑和 POPSTAT 的研究方法，但因为票房缺失和战火关系，前三种方法都有一定局限性。本文选择使用 POPSTAT 指数分析左翼电影的流行程度。基于学界对于"左翼电影"的定义存在争议，同时这些定义可以在 POPSTAT 的指数上显现。《中国左翼电影》认定的 74 部左翼电影在 POPSTAT 指数显示，左翼电影受到观众喜爱和追捧。在排名前十的左翼电影有 5 部。288 部国产电影中左翼电影 POPSTAT 值占 32.7%。但从松版的 32 部左翼电影 POPSTAT 指数上来看，左翼电影的市场反应比较

---

① Ning Ma, The Textual and Critical Difference of Bejing Radical: Reconstructing chinese leftist Films of the 1930s. *Wide Angle-A Quarterly Journal of Film History Theory criticism and praction* 1989(11).

一般。同时，左翼电影的放映较其他类型电影明显偏多，主要由联华电影公司和明星电影公司拍摄制作。左翼电影多为新故事题材，有启蒙性，且多采用明星制。本文提供的实证材料，望对学界研究左翼电影及华莱坞电影史有所帮助。①

---

① 本文所列附录 1 和附录 2，由于篇幅原因，请详见链接：https://pan.baidu.com/s/1AXU jh2tmbCs8pz9f1O3bXg.（提取码：nlqv）

寻找父母的旅途：流动儿童作为现代性隐喻

邱子桐[*]

（浙江大学宁波理工学院，浙江宁波，315100）

摘　要：本文探讨了新中国成立以来的三部少数民族儿童电影中涉及的一个共同主题：寻找父母之旅。这三部电影分别是《五彩路》《广州来了个新疆娃》与《滚拉拉的枪》。在三部电影中，儿童有意识或无意识地离开了他们的家去寻找父母。并且，不难发现，寻找父母的旅途最终成了寻找象征意义上的父母（或者说代理父母）的旅途。我认为解读这个旅途是有意义的。首先，三部电影的选择跨越了两个历史时期（社会主义时期与后社会主义时期），它们的历时轨迹折射出了儿童与代理父母的关系变迁；其次，我将拆解这种变迁与1949年后的民族国家的建构的紧密联系。最后，我将阐释，流动的少数民族儿童的视觉呈现与体现构成了现代性隐喻，而他们与主旨现代性及其空间想象构成的或紧密或疏散的关系是中国现代性的内在张力。

关键词：儿童电影，代理父母，现代性

　　电影对少数民族儿童的视觉化呈现扮演了极为重要的作用，生活在一个地方的人们通过观看电影来认识生活在另外一个地方——往往是边疆——的少数民族儿童以及他们经验与情感。作为美学现代化的一个重要机制，电影深刻地形塑了少数民族儿童的视觉呈现。

　　2000年以来关于少数民族儿童的电影研究中，大多数的研究视角锁定在作为类型电影的儿童片，或少数民族题材电影，并大多关注少数民族儿童的

---

　　* 邱子桐（1983—），浙江大学宁波理工学院传媒与设计学院副教授，华莱坞研究中心成员，文化研究博士。

影像叙事、儿童片市场发展或营销探索、电影题材创作研究。[①]

鲜少有电影研究注意到1949年以来重复出现的少数民族电影儿童的"寻找父母之旅"，也未能够对这场旅行所饱含的现代性隐喻与民族国家建构进行细致解读。同时，在民族研究中，也很少有针对少数民族儿童这个特定群体的电影呈现的细致研究。

本文试图融合这两股学术力量，探讨1949年以来三部电影中的少数民族儿童寻亲之旅。这三部电影分别是《五彩路》（魏荣，1960）、《广州来了个新疆娃》（王进，1994）与《滚拉拉的枪》（宁敬武，2009）。三部电影中的儿童有意识或无意识地离开了他们的生长的地方去寻找父母——不管是亲生父母还是代理父母（surrogate parents）。我认为解读这个旅途是有意义的。首先，三部电影的选择跨越了两个历史时期（社会主义时期与后社会主义时期），它们的历时轨迹折射出了儿童与象征意义上的父母的关系变迁；其次，我将拆解这种变迁与1949年后的民族国家的建构的紧密联系。最后，我将阐释，流动的少数民族儿童的视觉呈现与体现构成了现代性隐喻。现代性区别于现代化的重要特征，借鉴福柯的洞见，现代性并不是一个时期，而是一种态度。[②]1949年以后的中国存在一直存在一个自上而下的国家主导的现代化项目(modernization project)：从社会主义革命（1949—1978）到改革开放的中国特色社会主义建设（1978—）。国家倡导的持续的现代化项目及其文化逻辑构成了主旨现代性（modernity)的关键维度。而现代性则包含了一种对主旨现代性的反思甚至批判态度，另类现代性，借由性别、种族、阶级等维度与主旨现代性协商。两者之间的持续张力构成了中国现代型的内在特征。在少数民族儿童电影中，代理父母与主旨现代性的空间想象构成的或紧密或疏散的关系是中国现代性的内在张力。

一、强有力的东方父亲

黑白片《五彩路》（中国电影制片厂）是中国第一部少数民族儿童题材电影，也是十七年时期的唯一一部少数民族儿童，改编自回族小说家胡奇的同

---

① 参见郑欢欢：《儿童电影：儿童世界的影像表达》，北京：中国电影出版社，2009年；鲁梦思：《中国少数民族儿童电影的呈现与表达》，硕士论文，内蒙古师范大学，2017年；饶曙光、陈清洋：《新世纪少数民族题材电影研究》，《解放军艺术学院学报》，2010年第2期。

② Foucault, Michel, "What is Enlightenment", in Rabinow, P. (ed.), *The Foucault Reader*, London: Penguin, 1984, pp. 32-50.

名小说。影片以 20 世纪 50 年代中国建设川藏公路为背景，讲述了西藏儿童寻找解放军建造的金光闪闪的"五彩路"故事。电影围绕两组"寻父之旅"展开，一组是小扎西寻找生父老扎西，另外一组则是寻找亲人毛主席。

　　电影开场用几个远景镜头呈现出刮着剧烈暴风雪的雪山，与一个在如此恶劣环境中牵着马艰难前行的藏族男人浦巴。开场镜头暗示雪山这道天然屏障所隔断的地理空间和政治空间："这里/西藏"和"那里/东方"，并为后面藏族儿童试图翻越雪山寻找外面的五彩路埋下伏笔。这个冒雪前行的男人是外面世界的使者。尽管在雪山这边充斥着各种对最底层农奴的压迫：奸诈的集市商人、地主家凶恶横行的爪牙、称霸一方的地主；而浦巴带来了雪山那边的好消息：恩情的父亲毛主席在雪山的那边修了一条又宽又长的公路。浦巴给孩子们这样描述公路："地上长得牡丹和天山飘的云霞都通通比不上公路的光彩与美丽。"他口中的公路和解放军的消息让每一个聆听的藏族平民感到振奋。

　　随后电影便循着两组"寻父之旅"展开。一方面，受到五彩路感召的六七岁的藏族儿童曲拉、丹珠、桑顿决定"向着出太阳的东方"，去寻找五彩路，寻找"恩情的父亲"。道别了小伙伴，带上浦巴赠送的藏巴面，带上森林里捕猎而来的兔子作为食物，带上了桑顿家的狗子阿黑，三个小朋友踏上了寻找恩父之旅。他们旅途充满了浪漫主义的色彩和乐观主义的精神。这从电影插曲《飞向东方》中可以明显感受到。途中陡峭的雪山，激流的江水，弥漫的浓雾都没有挡住他们的寻找五彩路热情。伴随着激昂振奋的曲调，他们像雄鹰一般轻盈自由，像歌中所唱的"飞向光明飞翔东方，高山大河不能把我们阻挡"，并且得到了沿途好心的穷苦藏族同胞的帮助。

　　另一方面，小伙伴扎西的寻父之旅则充满了艰难险阻。小扎西和父亲老扎西为了寻找解放军，从地主错仁老爷家逃出来。不久之后由于地主错仁的管家的追捕，便走散了。于是小扎西决定先找到他年迈的阿爸。不幸的是老扎西和小扎西先后被管家找到，老扎西承受不住被管家捆绑和鞭打，最终因不堪身体折磨而死去。曲拉、丹珠、桑顿无意中闯入地主家的地牢并解救了小扎西之后，两组"寻父之旅"交汇在一起。四位小朋友一起找到了解放军，并坐着汽车与解放军回到了雪村。

　　有趣的是，《五彩路》中几乎所有的藏族儿童的父亲都是"不在场"的，唯一的父亲老扎西年老体弱，并不能够给小扎西提供强有力的保护。我们甚至可以说，电影中所有父亲的"缺席"是必然的。小扎西对生父的寻找最后转变成对恩父的寻找说明了代理父亲（surrogate father）的合法性。

《五彩路》中的"寻父之旅"很大程度上契合了我国 20 世纪 60 年代战争题材的儿童文学与电影中的小英雄模式，即"以塑造小英雄为主旨，并且小英雄的成长遵循'追求 / 考验 / 成熟'的基本路线"。[①] 藏族儿童借由"引路人"藏人浦巴寻找强有力的恩父。从今天的角度看来，电影《五彩路》，与社会主义时期的其他儿童电影一同被认为具有强烈的宣教性政治性，是一种"意识形态论"。[②] 影片中的藏族小朋友与后期其他少数民族的电影儿童一样——苗族儿童火娃《火娃》（1978）中的苗族儿童火娃，《阿夏河的秘密》（1976）中的藏族男孩扎西和回族男孩甲甲——延续小英雄和小红卫兵的形象。这与通常认知中弱小的、无辜的、需要被保护的儿童形象相悖。这一时期的电影儿童如成人一般，他们的政治主动性（political agency）被承认、肯定，甚至放大。社会主义时期的电影儿童，与其他类型的文艺作品中的儿童一道被视为需要引导和鼓舞的，从而激起更加广泛和全面的社会变革。[③]

诚然，《五彩路》中的意识形态信息是明显的。少数民族电影儿童的政治主体性掩盖甚至抹杀了他们的民族特性和儿童特性。儿童革命者们所寻找的政治父亲是一个形而上的存在，他像东方的太阳，他像金光闪闪的五彩路，他激起所有人的憧憬和想象。而电影中藏族儿童对革命的热情，对恩父的向往，似乎与其他的穷苦阶层——女性、青年、工农兵——别无二样。

但是，越过"意识形态论"，我们可以观察到"恩父"所激起的对新中国这个现代民族国家的想象是强有力的、极具男性气概的、甚至是理直气壮的。同时，我认为寻找恩父的过程也可以解读为追求社会主义现代性——一项国家主导的革命事业——作为主旨现代性的过程。在这股努力中，对社会主义现代性的空间想象深刻地根植于东方（电影中无数次提及的"出太阳的东方"）——即把新中国政治中心的北京作为中国社会主义现代性的地理空间。同时，这种社会主义现代性并不是孤立的，隔离的，相反，他是跨国的、同盟的。比如，20 世纪五六十年代苏联电影对中国儿童电影的深刻影

[①] 郑欢欢：《新中国 60 年战争题材儿童片的创作转型》，《北京电影学院学报》，2009 年第 06 期。

[②] 参见郑欢欢：儿童电影：《儿童世界的影像表达》，北京：中国电影出版社，2009 年，第 33 页。岳瀚，徐潇珍，颜文娟：《新中国成立以来少数民族儿童电影创作思路的演变》，《美与时代》（下），2014 年第 3 期。

[③] Farquhar, Mary A. *Children's Literature in China: From Lu Xun to Mao Zedong*, Armonk: New York, 1999.

响——"从创作方法到拍摄技巧，从电影观念到理论批评，从生产体制到管理模式"[1]无不在昭示着中国社会主义现代性的所拥有的国际支持与践行的跨国互动。在此，我们甚至不难理解为什么新中国的第一部少数民族儿童电影是关于西藏的。二战结束后的冷战之初，西藏问题成了中美关系的一个关键症结。[2]比如，美国（及邻国印度）在国际社会承认中国政府对西藏的主权，同时暗地对西藏施行隐蔽行动战略，支持西藏分裂势力，资助当地游击力量反制中国共产党的领导。而深受苏联儿童电影深刻影响的中国儿童电影亦试图勾勒出这种鼓舞人心的社会主义现代性。《五彩路》是冷战逻辑在文艺领域的体现，它表达一种直接的两极化的美学政治的呈现：善良的农奴家奴和邪恶的地主，共产主义与资本主义，东方与西方。电影中地主错仁和他老婆对于美国的偏爱（电影中出现了错仁老婆对于收到的画有米老鼠的美国布料的喜爱的场景）更展示了腐朽的地方分裂势力与西方资本主义阵营的结盟。

二、温情的南方母亲

《五彩路》中所呈现的小英雄和在 20 世纪 70 年代（包括"文革"期间和"文革"结束后的几年）的电影中得到了强化。"文革"结束后，社会主义的政治现代性受到挫败，中国进入了改革开放的社会主义新时期。20 世纪 80 年代开始，小英雄的叙事模式逐渐式微。在这样的背景中，雄赳赳气昂昂"革命儿童"慢慢走出了电影荧幕。比如张之路和郑欢欢认为"小英雄模式"逐渐被"人性关怀模式"所取代。

郑欢欢归纳出"人性关怀模式"的三个叙事特征：战争逐渐成为背景、英雄的形象被消解以及从儿童本位出发的思考与表达。[3]同时，少数民族儿童电影的发展呈现出了同样的轨迹。比如岳瀚，徐潇珍，颜文娟的研究发现 20 世纪八九十年代，少数民族儿童电影更多关注少数民族儿童的生活与成长，而不是"小英雄"和"小红卫兵"模式的延续。这些电影题材多样，或表达汉族与少数民族之间的情谊、或探讨他们与自然之间的亲密关系，或反思城市化进程带给少数民族儿童的影响。[4]有趣的是，我们我们可以观察到，随着

---

① 周斌：《百年中国电影与中外文化》，《复旦学报》（社会科学版），2005 年第 5 期。

② 张植荣：《西藏问题的冷战因素》（上），《人民日报海外版》，2008 年 4 月 28 日第四版。

③ 郑欢欢：《儿童电影：儿童世界的影像表达》，北京：中国电影出版社，2009 年，第 57—58 页。

④ 岳瀚，徐潇珍，颜文娟：《新中国成立以来少数民族儿童电影创作思路的演变》，《美与时代》（下），2014 年第 3 期。

"文革"的结束、冷战的结束，同"革命儿童"一起消解的还有"强有力的父亲"形象，同时，一个温情的南方母亲形象在少数民族儿童电影中开始呈现。这在电影《广州来了个新疆娃》中表达得淋漓尽致。

《广州来了个新疆娃》（珠江电影制片厂）改编自一个真实的新闻故事，描述了一个五岁多新疆维吾尔族男孩阿卜杜在广州的"寻母之旅"。影片开场的一系列镜头呈现出一列呼啸而驰的火车从山区驶来，车上载着偷偷从家里跑出来想跟着表哥去城里打工的新疆男孩阿卜杜和他表哥易卜拉。但表哥因为在车上跟人打牌输了钱，中途便丢下阿卜杜下车跑了。之后的一组略带晃动的了镜头呈现出了广州火车站的密集人群中踌躇无措的小阿卜杜。接下来的电影发展大致分成了三个部分：

在火车站，阿卜杜先是被两个混混（也就是车上和表哥打牌的两个男人）拐骗后训练成"小扒手"，然而善良的阿卜杜不愿意去偷别人的东西，便费尽心思地逃脱了他们的住处。接着，重新流浪的他被当地早餐店善良阿婆收留。阿卜杜得到了阿婆如妈妈般的照顾，并跟着阿婆学习粤语。最后，借由当地媒体的报道和帮助，阿卜杜来到了《广州日报》的一名女性记者的家，通过一大群好心人的帮助，阿卜杜终于找到了母亲并一起坐飞机回到了新疆。

电影中出现的新疆流浪儿童的形象并不偶然的。关于此的社会学讨论和意义并不是本文所关注的焦点，但是这个社会现象所引发的阿卜杜的双重"寻母之旅"所折射出的时代表征值得进一步探讨。一方面，流浪的阿卜杜思念并借由当地人和媒体寻找在新疆的母亲；另一方面，广州这个南方城市对阿卜杜提供了如母亲般的关爱与疼惜。

电影使用了大量的交叉剪辑，将阿卜杜在广州的几段遭遇与他对新疆的回忆和想象联系以来。当他被两个混混困关在黑暗的屋子里的时候，阿卜杜看着小小的窗外被霓虹灯打亮的世界，回忆起母亲在新疆给自己喂葡萄吃的场景，无比伤心。因为不愿与混混合作去偷东西，阿卜杜被混混吊在房间里打后，满身伤痕地蹲在黢黑房间的角落，不断呼喊着"妈妈，妈妈"，并幻想着回家后妈妈温柔地为他治疗的情形。这种交叉剪辑将阿卜杜被关在狭小、黑暗的房间里的场景与明亮的、大片暖色调的回忆空间对比起来，并且配上欢快的新疆民族音乐，增强对阿卜杜对新疆生母的思念。

交叉剪辑同样使用在他的后两段遭遇中：当卖早餐的好心阿婆发现了在菜市场里睡觉的阿卜杜后，她坐在边上为他盖上被子，之后还领他回家，为他治疗身上的伤疤，哄他入睡，教他当地话并给他取了个粤语名字"新疆仔"，每一幕都让阿卜杜想起新疆母亲的温柔。不久，阿卜杜已视阿婆为"妈妈"，时而喊阿婆"妈妈"，并把阿婆家所在的广州东朗村视为自己的家。在《广州日报》报道期间，阿卜杜住进了女记者的家，同样受到了她们家人的暖心照顾。记者的丈夫"张叔"特地做了新疆菜"手抓羊肉"来欢迎阿卜杜，并让阿卜杜找到了家乡的感觉，回忆起母亲和姐姐在家吃手抓羊肉的情形。阿卜杜的后两段遭遇中，交叉剪辑并不是为了对比，而是产生了相似的联系。阿卜杜在原生家庭得到的温柔呵护，在广州的家中也同样拥有，新疆和广州都是他的家。

新疆和广州都是一个家的感情联结在影片片尾曲中得到了强化。在片尾曲中，一方面，片尾曲将新疆和广州的影像交叉剪辑在一起，展现了新疆多为横向构图（且多用水平摇摄镜头呈现）的自然美景——广袤的山脉，绵延的雪山与散落辽阔的草原上成群吃草的牛羊；与广州多为纵向构图（且多用垂直摇摄的镜头呈现）的繁华城市现代景观——鳞次栉比的商业大楼、川流不息的纵深的现代街道、高耸的桥梁设计。另一方面，片尾曲的歌词也明确表达出两个家之间紧密情感联结："我的家，你的家，都是一个家，都是一个太阳照，都在一片月光下，离开一个家呀，回到一个家呀，心相连，情牵挂。"影片的最后，回到新疆雪山下的已是少先队员戴上红领巾的阿卜杜问母亲广州在哪里，妈妈往广州的方向一指，接着阿卜杜对着广州的方向，大声喊道"妈妈，妈妈，妈妈"，远处的雪山传来了同样的回音。

温柔的南方母亲形象同样出现在了同时期的电影中。比如在《带佛珠的藏娃》（2005，内蒙古电影制片厂）中来到珠江三角洲的海滨城市东江市求学的藏族小学生卓玛。卓玛始终戴着的母亲留给她的遗物——一串佛珠。性格内向的她在班主任夏老师的细心呵护下，在情感上逐渐认同了夏老师和东江这座滨海城市。同《广州来了个新疆娃》一样，少数民族儿童的父母是"不在场"的，但是来自滨海城市的女性担当起了"代理母亲"（surrogate mother）——温柔的南方母亲的角色，抚慰了流动儿童在旅程中受到创伤的身体和心。

可以观察到，"文革"结束后，中国的主旨现代性不再以革命为关键词，而是开始深化的改革开放进程。带有国家介入的特征的全球化和市场化开始形塑我们对于现代性的想象。南方和沿海在中国经济的版图中扮演越来越重要的作用：视觉呈现中的南方，如广告、电视剧、电影等，成了更具资本活力、更加商业繁荣的现代性空间。比如广州作为中国改革开放期间最早开放的 14 个沿海城市之一，源源不断地吸引着来自内陆和欠发达地区的巨大移民群体，包括流动儿童。尽管有流动的农民工群体作为文艺的创作者——比如打工诗人和打工电影人——质疑甚至挑战了作为现代性的（南方）城市提供的阶级上层流动空间[①]，但是流动儿童作为未成年人鲜少参与到文艺作品的创作者身份中去。几乎所有的少数民族儿童电影中温柔的南方母亲为流动的儿童抚慰情感，却鲜少追问造成这种流动背后的结构性原因。

同时，电影本身同"温柔的南方母亲"的形象一样，也体现出媒介机器作为强大的情感抚慰机制。媒介的情绪抚慰机制的功能被文化研究学者孙皖宁称为"同情新闻"（compassionate journalism）。[②]她在对关于女性农民工群体保姆的中国电视剧与新闻研究中，发现了"同情"（compassionate）的情感特质，并认为那些"同情新闻"通过生产关爱，隐藏了社会阶层问题弥合了阶层冲突，同时又创造一个人人充满关爱的国家想象。我们可以延续孙的研究来解读《广州来了个新疆娃》作为同情电影（compassionate cinema）。尽管出现了两个混混，但是他们最后被公安抓住并得到了惩罚。同时，影片的高潮来自一个煽情的情节：当记者陪着阿卜杜开心地度过一天的时候，她的丈夫却出了意外交通事故而死去，但是她坚持写完报道，帮助阿卜杜找到了母亲。不仅是记者，影片中不止一次地出现了群体的场景，表达出跨越阶层的广州人——包括公安、商店老板、收废品的小贩、媒体人、社区邻居等齐心协力为他寻找母亲，这个集体携手的场景创造出了一个人人充满关爱的社区想象。

三、"缺席"的代理父母

并不是所有儿童电影中对父母的寻找会被代理父母的角色所取代。第六代导演宁敬武的《滚拉拉的枪》（北京一声春雷文化有限公司）呈现出与另外两部电影完全不同的失落的寻亲之旅。电影使用苗语拍摄，讲述了一个十四岁的苗族男孩滚拉拉离家寻找失踪很久的父亲故事。

电影围绕着两段旅途展开：滚拉拉寻父之旅与他邻家大哥的广州打工之

[①] 参见孙婉宁，邱子桐译：《中国特色的底层性：农民工、文化行动主义与数码视频电影制作》，《中国传媒报告》，2014 年第 01 期；孙婉宁、罗灏、邱子桐译：《拒绝异化的灵魂：用打工诗歌书写流动》，《福建文学》，2017 年第 9 期。

[②] Wanning Sun, *Maid in China: Media, Morality and The Cultural Politics of Boundaries*, London: Routledge, 2009, 62.

旅。邻家大哥贾谷旺在过了 14 岁的成人礼之后，决定瞒着家人去广州"见见世面"。在汽车站出发前，贾谷旺脱下苗服让拉拉帮他带回家，并戴上鸭舌帽遮住标志着岜沙苗族身份的户棍（一种男性发式）。他告诉拉拉，自己要去广州当保安，并且一个月能挣五百块钱，等自己在广州站稳了，拉拉就可以去找他。

也许是受到了邻家大哥的启发，又总被村里的孩子嘲笑是个"没有爸爸的野孩子"，拉拉决定在他十四岁的苗族成人礼之前找到他的父亲。听奶奶说他是一个苗寨里爬树快、枪法准、会唱苗歌、背上有龙爪痕胎记的猎人。对奶奶谎称他要去铁匠铺打工之后，拉拉背上奶奶为他准备的稻米作为干粮便踏上了寻找父亲的旅途。他先遇见一个背着猎枪，称自己是猎人的苗族男人，后来经过相处后发现他只是为了躲避信用卡债而隐匿在山里的可怜人。好心地给了他半袋米之后，拉拉继续上路。途中遇见了一场火灾，便帮助人家救火之后，然后善良的他又将自己剩余的干粮全部赠予那家人。最后，他遇见了一个叫老魏的苗人，他教拉拉唱苗族葬礼的指路歌。与贾谷旺的城市之旅不同的是，拉拉的旅途有着轻快调子。电影用大量的绿色，呈现出苗族所在的贵州山区的美丽的自然风光，这与灰色的镇中心集市和汽车站的场景呈现明显的对比；同时，生活在山里的苗人的质朴和善良，对树神、山神和自然的敬畏都在电影中得到了淋漓尽致的展现。

一个月后，滚拉拉回到了苗寨，并在汽车站再次遇见了刚刚从广州回家的贾谷旺。拉拉发现他的脸上挂上了大大的伤痕，而代表苗族身份的发棍已被剃掉，取而代之的，是头顶部更大的伤疤。贾谷旺为自己的受伤找了个借口，说是自己去找帽子的时候从车上跳下去才伤到了头，并苦笑地调侃了一句"广州的马路真硬啊"。拉拉同贾谷旺一起回到了寨子，途中无意间得知自己是被奶奶捡回来的孩子。两天后，贾谷旺则因为头上的伤而离开了人世。而不久之后，拉拉得到了奶奶变卖家当为他买来的枪，让拉拉顺利地完成了十四岁的成年礼。

两个旅途呈现出截然不同的结果。跨越民族的城市—乡村的碰撞带来的是伤痕和死亡，而族人之间的一系列遇见传递给拉拉更多对自然的理解和尊重，让拉拉更加珍惜奶奶对他的疼爱。两场旅途中，代理父母的角色是"缺席"的，这与本文前面部分所关注的两部电影截然不同。如果说在《五彩路》中，强有力的"东方父亲"形象代表了社会主义现代化的新国家，在《广州来了个新疆娃》中温柔的南方母亲则为刚刚经历政治创伤的改革开放初期的中国带来情感抚慰，那么《滚拉拉的枪》中代理父母的"缺席"可以解读为对被商业化和市场化所持续形塑的主旨现代性的反思。这种反思被导演强调。在谈及电影所表达的主题时导演宁敬武力说道：

> 这实际上是一个很内省的片子，虽然表面是在说苗族部落的文化，但其实说的也是我们关心的事情，包括我们的一些迷茫状态。说大点，可能是全球化对这么偏远地方一个个体的影响。我们在北京、广州，实际上精神所受到的困扰是一样的。所以就是按这个方向做一种寻找或者反省，可能说是个人比较内心的一些东西。[①]

我们可以观察道，"内省"被宁敬武一再强调。在他看来，苗族部落是个外化了现代人内心世界的地理空间。这种内省和反思亦是对主旨现代性的质疑和消解。被《广州来了个新疆娃》中的阿卜杜视为"母亲"的广州却让苗族小伙贾谷旺失去性命，拥有枪支的猎人却没法用枪支在城市中保护自己，最后回到了山里去躲信用卡的债。带这种内省和反思并不在"现代性"之外，而铸就了现代性的内在特质。

四、结语

本文探讨了三部电影中的寻亲之旅。首先，我指出寻亲之旅的象征意义，并指出了流动的少数民族儿童与代理父母之间的关系：《五彩路》勾勒出的强有力的"东方父亲"，《广州来了个新疆娃》中温柔的南方母亲，与《滚拉拉的枪》中消逝的代理父母。其次，我认为，不同时期的代理父母的形象国家建构紧密相连，更与不同时代的主旨现代性紧密相连。尽管《滚拉拉的枪》中代理父母的角色是不在场的，表达了电影人对主旨现代性及其逻辑的反思和内省，而这种反思和内省，我认为，并不应该排斥在我们对于"现代性"的理解之外。

---

① 《〈滚拉拉的枪〉"最感人"惹哭观众》，参见 http://nd.oeeee.com/special/screenout/4/news/200903/t20090329_1019884.shtml，2019 年 4 月 4 日。

南腔北调：华莱坞电影的方言文化

陈宇辉　　张侃侃*

（浙江大学宁波理工学院，华莱坞电影研究中心，浙江宁波，315000）

摘　要： 在视觉研究占据主流的电影研究中，听觉元素中的语言部分或多或少地被论者忽略。标准汉语——普通话电影一直是华莱坞电影的主流，而方言电影或非方言电影中的方言利用华语的"边缘"，展现出斑斓的、汉语难以传达的角色情感与文化内涵。方言电影既储存本土文化认同，又离不开大中华文化的语境，证明华莱坞电影的听觉与视觉一样体现着"和而不同"的开放性与可能性。

关键词： 华莱坞；方言；方言地图；方言电影；声音造型

一、华莱坞电影的语言多元性

最近许多华莱坞电影——不论是"大片"还是独立电影——都出现了方言化的倾向。其实港台电影的半边天都是方言电影，然而越来越多的华莱坞电影开始以方言或方言味的普通话作为主要台词语言，比如唐山话（《唐山大地震》，冯小刚，2010）、杭州话（《岁岁清明》，肖风，2011）、北京话（《老炮儿》，管虎，2015）、上海话（《罗曼蒂克消亡史》，程耳，2016）、《我不是药神》，文牧野，2018）、山西话（《江湖儿女》，贾樟柯，2018）、西南官话（《无名之辈》，饶晓志，2018）、《地球上最后的夜晚》，毕赣，2018）。

华莱坞声音谱系的变迁需要返回电影史寻找线索。早期中国无声片非常

---

* 陈宇辉（1998—），浙江杭州人，浙江大学宁波理工学院华莱坞电影研究中心科研助理，主要从事华莱坞电影文化研究。

张侃侃(1986—)，山西太原人，浙江大学宁波理工学院讲师，华莱坞电影研究中心副主任，浙江大学传媒与国际文化学院博士后，主要从事华莱坞电影理论研究。

依赖造型、动作、场景、字幕以便普罗大众意会。有声电影的出现改变了华莱坞电影声音的地理，许多明星由于不会讲当时的普通话（即偏向江浙语的普通话）或者声音不好听而没落。几乎同时，南京国民政府推行的"国语运动"让风靡南国的粤语电影难以为继。1955 年举行的"全国文字改革会议"定现代标准汉语为普通话，次年开始推广"以北方话（官话）为基础方言，以典范的现代白话文著作为语法规范的现代标准汉语"。① 此后很长一段时间，紧密贴合政治任务、文化任务的电影贯彻中央决议，多使用普通话，只有极少方言电影。但是方言并没有从电影中消失，一个值得注意的重要原因是在"重大革命历史题材"电影中，人们普遍认为扮演中共领袖、历史名人的演员应该操"家乡话"。此外，纪录片、电视节目等纪实性影视作品并不排斥被访者说方言。当然，在很大程度上，普通话仍等于现代—城市，方言仍等于传统 - 乡村。用路易斯·贾内梯（Louis Giannetti）的话说就是"大部分国家的地方性语言被使用官方语言（统治阶级语言）的人视为次等"。② 方言在电影中的逐渐复兴要等到第五代电影、第六代电影对乡土文化、纪录质感、社会边缘的强调。综上所述，今天独立电影甚至商业大片对方言的借用并非无所凭借。

与普通话相比，方言"不普通"的地方在于它是一种最接地气的"活化石"，出于人群必然的沟通需要（别的"文物"可能退出使用而被摈弃），以某种时间错位的形式保留了某个地方文化的成员对自我、对生活、对世界的认知、理解、反馈。耳濡目染的方言是地方文化成员接受刺激时更"本能"（或潜意识）的反映——社会关系越亲密，使用方言的可能性更大，表示愤怒时用方言骂上一句会更爽快，而普通话在很多地方是上学后才习得的，象征了规矩与正式。这就解释了为何戏曲比电影更易被乡村观众接受，以动作特效为重的网络大电影比以对话为重的商业电影更易被乡村观众接受。如果我们把阅听障碍的问题暂时搁在一边，将独特的方言发音、语调、词汇放在电影中首先达到的效应是"惊奇"，具体来说包括陌生、新鲜、搞笑。其实演员讲方言不仅是个台词的问题，而且还常搭配夸张恣肆的动作表情来制造"惊奇"。

方言在电影中有着更为重要的社会文化意义，贾内梯说："方言通常流通

---

① 《你会讲"普通话"，但这些故事你可能不知道》，央广网，2018 年 2 月 7 日。
② （美）路易斯·贾内梯：《认识电影》，焦雄屏译，成都：四川人民出版社，2017 年第234 页。

于低下阶级，传达他们具有颠覆性的意识形态。"① 他在论述方言台词的地方引用埃尔南德斯·阿雷吉来说明"文化双语化"的问题："文化双语化并非是因为两种语言的并用，而是因为两种文化思考模式同时出现，一种是全国性的，是一般人民所使用的语言；另一种是转手性的，是臣服于外来文化/势力的阶级所使用的语言……"② 当然，这说的是西方殖民主义的历史与现实，我们在研究华莱坞电影的方言时要意识到其中的异同。杨泽林表达的意思比较接近华莱坞电影的情况："它唤起的不仅是特定地区的乡土羁绊与精神共鸣，更是对社会底层、边缘人物的认同。"③

方言的独特性还在于某种方言词汇的意思是普通话或另一种方言无法完全覆盖的，这个溢出的部分很可能反映所指常常被忽略的面向。普通话与各种方言彼此交织，为世界赋予一个尽可能完整的图景。因此方言电影或电影中的方言其实是对这些溢出部分的电影性的、文献性的保护。

二、中国方言地图与方言—文艺的关系

尽管方言区与省份划分并不完全吻合，却也在自然或行政的聚居与迁徙中发展出地理上主要的使用范围，形成某种方言地图。④ 中国主要的汉语方言包括：（1）北方官话，分布于京津冀，北京话为代表；（2）西南官话，分布于中国西南，四川话为代表；（3）吴语，分布于中国江南，上海话或苏州话为代表；（4）晋语，分布于山西、陕北、内蒙古南部，山西话为代表；（5）粤语，分布于广东大部、香港，广东话为代表；（6）闽南语，分布于福建沿海及台湾、福建。当然还有少数民族语言/方言和岭南地区的客家语、广西的平语、江西的赣语、湖南的湘语等等，但上述6种方言在电影中更为常见。

既然方言是地域文化的一部分，就必然渗透在特定的文艺实践中，成为艺术作品的听觉审美元素。讲唱艺术不是特别依赖文字脚本，而更依赖口语传播，许多由讲唱艺术演变出的章回小说就有许多方言词汇。戏曲也是一个典型的例子，北京有京剧，绍兴有越剧，四川有川剧，山西有梆子。方言的唱词、唱腔已经融为艺术综合表意系统的一部分，京剧《贵妃醉酒》悠长华

---

① （美）路易斯·贾内梯：《认识电影》，焦雄屏译，成都：四川人民出版社，2017，第229—230页。

② （美）路易斯·贾内梯：《认识电影》，焦雄屏译，成都：四川人民出版社，2017，第229—230页

③ 杨泽林：《地域文化视角下的电影方言运用》，《电影评介》，2018年第03期。

④ 以浙江方言为例，浙北的宁波、绍兴是主要的吴语圈，而浙南的温州受闽语影响较大。

美，越剧《梁山伯与祝英台》婉转雅切，方言的功劳不可忽视。地方戏曲又可做进一步的细分，仅浙江就有绍剧（绍兴）、甬剧（宁波）、瓯剧（温州）。大家可以想象如果纯用普通话演唱戏曲将是一场灾难。即便是京剧，唱念中夹杂着许多方言、古字，并不与普通话完全相同。事实上，戏曲电影就是一种特殊的方言电影。

就像其他文艺形式中的方言一样，电影方言既是一种现实表征，又是一种声音造型。方言是地方文化"精气神"的结晶，北京话有板有眼，四川话爽利泼辣，上海话艳冶舒软，由此北京方言电影显得局气、傲然，西南方言电影比较利索、劲爆，江南方言电影则优雅、错落。我们当然不能给方言的声音造型潜力设限，而要依据具体的场景、人物、心理等进行调整。同时，声音造型仍需其他电影语言如叙事、美工、场面调度、剪辑、音乐的综合支撑。下面一节将通过具体案例来分析方言在电影中的运用。

三、电影方言的美学意义与社会意义

在很长一段历史时期内，北京都被设为都城（首都或陪都）。如此等级森严又鱼龙混杂的文化环境使"京片儿"发展成非常精密的语言体系，一种以平衡权力关系为目的的"冷媒介"。[①] 在《老炮儿》片头，六哥面对扒手不多几句话都慵懒中透着硬气，操控中夹杂试探，策略地维持正义并避免直接冲突，一个地地道道的北京胡同居民的形象就立了起来。《邪不压正》（姜文，2018）中的蓝青峰为了吃醋包饺子、"正经人谁写日记"的言谈分别体现出北京人的讲究排场、善于应酬。

古代西南自然条件险恶，本是少数民族地区，加之历朝历代移民迁入，慢慢形成西南官话——蕴含强烈生命力，如唱如吟。西南亦物资丰腴，生活安逸，所以从西南方言中我们能够听出本地人的好客、热情、直接、洒落、诙谐、"不在乎"。《无名之辈》中毒舌女马嘉祺一口西南官话就表现了地域文化中泼辣爽快的一面，但又有一份柔情。这是为什么呢？西南官话用叠字、拖尾音，可爱如撒娇。因此西南方言不像北京话那样"严肃"，从《疯狂的石头》（宁浩，2006）开始就不断被用于喜剧场景。《地球上最后的夜晚》则开拓了西南方言浪漫情欲的听觉质感。

---

① 冷热媒介由著名传播学者麦克卢汉提出，冷媒介是指意涵模糊、需要主体积极参与构建意义的信息。参见（加）马歇尔·麦克卢汉：《理解媒介：论人的延伸》，何道宽译，北京：商务印书馆，2005 年。

上海的历史不长，而上海话是吴地各方语言融合的产物。上海作为经济文化的中心，大量吸纳外来人口，上海话就像北京话一样成为本地人标识、维持甚至夸耀文化认同的一种方式。《罗曼蒂克消亡史》是一部黑色电影，但上海话在电影听觉空间的营造中发挥了重要的作用。上海话不分平翘舌、前后鼻音，不像北方方言铿锵清晰，反是绵软含混，带有细腻的生活质感。这样观众在看电影的时候就不是简单地听，而是窃听的状态。与北京话的霸气外露相比，上海话的骄傲更为内敛，非常符合这个表面轻随、内里翻涌的故事。此外，上海商业程度高，平等意识强，因此我们看到《罗曼蒂克消亡史》中管家"张妈"在东家的家庭晚餐上自如地聊天，充满家常气息。

黄土高原和太行山阻隔了山西和东南的联系，山西人徘徊在保守与出走之间。其结果就是：一方面，晋语保留入声，爆破明显；另一方面，晋语具有质朴、巧滑、在沉默中爆发的特色。晋语得益于贾樟柯的一系列电影作品，值得注意的是，尽管他的电影人物不全是边缘弱势人群，但也绝对不是当代中国的"上流"。如果说贾樟柯的电影（至少是早期作品）构成了中国当代电影的另类，那么其中的山西方言则是向城里人的语言发射的杂音。它们不像商业电影的干净台词带有催眠的功能，而是强迫观众去"聆听"另类与杂音。

尽管台湾历史的复杂性令其"方言"异常驳杂，但闽南语电影是唯一可以与"国语"电影相提并论的一大类，而且在很长一段历史时期处于彼此拮抗的状态。台湾闽南语土味十足、略感颓废，有时夹杂许多无奈抱怨，甚至是脏话，如《大佛普拉斯》（黄信尧，2017）。这很可能是台湾人通过语言自我消化的形式或抗争的形式。值得注意的是台湾的方言电影通常带有很强烈的本土文化认同（未必有"台独"倾向），强调本土社会的力量。客家语电影《一八九五》（洪志育，2008 年）就是以台湾视角来讲述的悲情历史的。

除了某些激进的"港味"电影外，粤语电影所强调的本土文化认同并不像台湾电影所强调的本土文化认同的那么具有"对抗性"，方言的使用也多出于电影传统与经济的考量。民国时期粤语电影受到打压后向南洋扩张，但今天除了粤港澳之外，内地绝对是粤语电影的主要市场，粤语电影甚至成为人们学习粤语的必经之路。粤语与粤语电影受到青睐的原因除了本身悦耳，还有珠三角活跃的经济、思想、对外交流带来的文化自信。我们也不能忘记一件重要的事情，那就是许多知名的香港演员讲不了普通话，只能用粤语表演。粤语也有抱怨、脏话、戏谑，但它带给我们的感觉更多是本土社会与殖民主义交织影响下的果敢、犀利、效率。

当然方言并不先验地代表某套独特的生活经验与思想意识，因为标准语言不断受到亚种语言的"污染"、挑战、置换，在浮动中变迁，变得不那么标准。方言词汇可以进入普通话，普通话词汇也可进入方言。一种非常特殊的方言是洋泾浜英语或海外华人电影的混杂语言。在方言的对照下，电影中的普通话也会带上文化自我反映的味道——现代的统一、效率、"干净"、清晰取代前现代的混杂、悠然、"不洁"、模糊。《站台》（贾樟柯，2000）尾声，瑞娟在逗孩子，说的是普通话，暗示她已被"收编"。除了出于"惊奇"、造型、表意的需要，方言电影或电影中的方言——"被压抑之物的回返"（the return of the repressed）——也从一个侧面说明文化保护主义逐渐深入人心，大家开始承认没有方言不行。

四、电影方言的三种矢量

（一）诙谐

如前所述，方言并不是一种严肃、正式的语言，甚至会产生搞笑的效果，因此常用于喜剧。《疯狂的石头》中黄渤扮演的黑皮操一口浓重的青岛话，他是个反面角色，但也是个身在异乡的底层劳工，大大咧咧、慢慢吞吞的青岛话赋予他很憨的感觉。也就是说，他的声音造型是一个对一切都失去操控的、无足轻重的坏蛋。黄渤在《高兴》（阿甘，2009）中表演的西安方言也有同样的效果。《无名之辈》全片使用与四川话很像的贵州话。我们前面说到西南人民生活相对安逸、性格干脆爽朗，因此西南方言兼具狠劲和可爱，它的利落与这个紧张、暴力的故事十分匹配，同时它的夸张、松垮的表演性消解了犯罪类型，加强了犯罪喜剧的色彩。

（二）分裂

方言也是区分"我们"和"他们"的重要指标。以《地久天长》（王小帅，2019）为例，刘耀军和王丽云离开北方，来到南方海滨小镇。有一场戏，当地人邀请刘耀军去喝茶，招呼他来的时候说的是普通话，在他走后，又用当地方言窃窃私语。还有一场戏，王丽云从海边工作回来，车上坐满恣意交谈的当地妇女，只有她一个人沉默不语。结合镜头的视觉呈现，我们很容易体会人物心中的茫然无措。王丽云坦言：来到南方小城，不用活在过去的悲痛中，听不懂当地人说话，便不再顾忌什么。这里的方言既是一种隔离，也为人物创造出一个可以重新开始的环境。

早在《悲情城市》（1989）中，侯孝贤就探索了族群方言的割裂效应。影片中交错出现闽南语、日语、普通话、上海话，不同的语言身份背后是难以和解的文化认同。尤其是岛内知识分子角色在闽南语、普通话之间的切换暗示了他们在"光复"后的两难处境，由此可见林文清的聋哑并非随意设计。一个晚近的例子是《罗曼蒂克消亡史》，渡部说着一口流利的上海话，真实身份却被深深埋藏，表现了当时日本人心中普遍的幻梦，那就是融入一个"世界主义的美好殖民地"。渡部刚好让我们重新审视方言与身份的关系，会说某种方言就属于"我们"吗？

（三）强化

有时方言会与电影画面对撞出强烈的张力，这一点在《金陵十三钗》中非常明显。南京话软侬无力，电影用南京话首先是真实性的追求，其次它会迫使观众"窃听"人物的对话，最后它强化了人物在暴力面前被动、屈辱、坚忍的状态。无论是极度的爱恨交织（书娟质问父亲"汉奸"行径）还是极度的虚弱无力（浦生在弥留之际叫玉墨去收麦子）都在南京话台词中得到烘托，此时的台词并不像许多电影中那样构成对于画面的干扰，而是自然而然地强化了后者。抗争的高潮，女生们爬上顶楼，希望用死来捍卫自己的清白。"十三钗"及时赶到，劝阻安慰。在此千钧一发之际，南京话同喘息共振着将女生与"十三钗"、人物与观众黏合在一起。更加极致的运用是"十三钗"唱奏《秦淮景》，炮火厮杀与吴侬细语、死亡与生命、怯懦与勇气都在歌声、琵琶声中被转化、被升华。

五、结论与反思

本文认为华莱坞电影在历史与现实的谱系上明显呈现语言的多元性。方言与文艺的关系由来已久，而电影中的方言既具有美学意义，也具有社会意义。方言与电影的互动基本沿着三种矢量进行，即诙谐、分裂、强化。

我们经常说听不懂一种方言就像听外语一样。或许我们对方言的了解并不比我们对英语的了解多。方言电影与所谓普通话电影是不是两种电影范畴？国内方言电影与海外华人电影是不是两种电影范畴？许维贤将华语电影论述分为"向心力的华语电影论述"与"离心力的华语电影论述"。① 后者强调汉语内部的跨国分化逐步"脱华"并形成一种新的语言或者新的电影的可能性，这的确提供了一种新的思维、新的批评。然而值得注意的是汉语长期以来文白分离，也就是说无论"方言"（非少数民族方言）还是"普通话"都是汉语文字的变体，其变迁远比中文本身的变迁快速、短暂。

面对华莱坞电影中"我们"的方言与"他们"的方言，观众重新获得了发现自我、接近他者的契机。更加重要的是，方言是相对的，方言及身份来源的认定范围会随着"出走"的距离正比扩大。这有点像杭州人在省内说自己是杭州人，在南方说自己是浙江人，在国内说自己是南方人，在国外说自己是中国人。马小军分不清上海、苏州两地口音，但两者都是吴语；张军到了广东，外地人听口音分不出是汾阳还是大同。华莱坞电影的方言地理也经历着"离心"与"向心"的双向形构，并且更加"向心"。

华莱坞电影中的方言是一个时间元素、一个空间元素，也是一个社会元素。方言电影或电影方言从边缘向中心偏移，被接受度越来越高，不仅在独立电影领域形成气候，而且不断干扰商业电影的现代—城市语言，兼具丰满电影人物、优化电影语言、保护传播地方文化、促进多元思维方式的功能，释放出一定的语言意识形态空间，正在迈向电影声音层的众声喧哗。

---

① 许维贤：《华语电影在后马来西亚：土腔风格、华夷风与作者论》，新北：联经出版事业公司，2018年，第32页。

七、当代文化生产实践研究

主持人语:

笔者在《用中国精神构建我国文化产业思想体系》《发生学视野下文化生产的历史与规律》等文中简要描述了人类文化生产史,显然,作为文化生产历史上发展出的新业态,文化产业就是为满足群众的文化需要以市场化手段进行文化生产、加工与传播的行业。也就是说,必须与文化生产、文化加工、文化传播有关的行业才能称为文化产业;文化产业要以市场化运营为产业手段,否则就是文化事业。

历史推导出来的这个定义,与 2004 年 4 月我国国家统计局印发的《文化及其相关产业分类》不谋而合,具有很大的相似性,该文件这样表述文化产业的定义:"为社会公众提供文化娱乐产品和服务的活动,以及与这些活动有关联的活动的集合。"可见,文化生产是伴随着人类的出现而出现的,从事文化生产、加工与传播的行业虽然在 20 世纪才被命名出来,也不是 20 世纪才出现的。

理解文化产业的含义要注意两点:第一,有人认为产业是标准化、规模化、可复制的生产,所以文化产业也应该具备这样的特征。其实，这个说法没有认识到："产业的重复性和规模性，是产业的一般特点，但并不能用它来作为判断产业的标准。"所以，文化产业不必具有标准化、可复制的生产特征，有时复制性的文化产品是"赝品"，降低了文化生产的价值。第二，有人认为，文化产业必须以盈利为目的。依我看，也未必都是这样，市场化为手段也并非都是以营利性为目的，有中国特色的社会主义市场经济印证了这一点。本次选择了王乃考、黄琳、肖琳文三位作者的三篇文章，王乃考副教授侧重于宏观理论的探讨，黄琳老师侧重于1949年后我国文化事业中的文化生产机制分析，肖琳文博士侧重于中国特色社会主义市场经济环境下网络视频产业的文化生产分析。

从历史上看，为了社会发展的秩序与进步，文化生产始终是坚持其"大庇天下"的公共性的。在早期文化共产时期，文化生产是公共性活动，大家一起生产、一起消费；在传统文化生产阶段，首领及其领导的官僚体系是公众精神的权威代表，所以这个时期的宗教、文人、教育等文化生产均与"官"有相当密切的联系，也有"当官要为民做主"的公共服务意识；在现代文化生产阶段，教育、宗教、大众传媒等已经受到工业革命后市场经济的影响，强化了服务意识，强调为公众服务。王乃考《新时代中国文化生产克服资本主义矛盾性的一点探讨》从史学的角度解析了文化产业是从文化生产系统中分化出来的一个分支，是"为满足群众文化生活需要以市场化手段从事文化生产、加工与传播的行业"，提出可以让文化产业与文化事业统一为"文化业"，克服资本主义文化生产方式可能带来的矛盾性，解决当下我国物质文明与精神文明建设不平衡问题，提升新时代中国特色社会主义文化生产力。

黄琳通过将《福建画报》的影像资料置于福建社会发展进程中考察，讨论1949年后我国主流文化的生产机制。作者对在国家权力话语和新闻体制的影响下画报摄影与图片编辑所呈现的范式进行了梳理，并由此观照20世纪五六十年代的福建新闻摄影主流文化的生产与传播形态，并在此基础上对中国社会主义新时代的主流文化生产与传播提供些许启示意义。

十余年来，中国网络视频产业从无到有，发展成了一个规范庞大的产业形态，成为人们生活中重要的文化消费方式。肖琳文《中国网络视频产业结构的文化生产分析（2004—2018）》一文从文化生产、文化消费、文化产品、市场结构等方面对中国网络视频文化生产状况进行了较为系统的分析，得出了一些初步结论：中国网络视频市场结构越来越集中，中国网络视频生产了什么文化、为谁生产着文化等问题越来越需要关注与研究。

（厦门大学嘉庚学院副教授、厦门大学传播研究所研究员王乃考）

新时代中国文化生产克服资本主义矛盾性的一点探讨

王乃考[*]

（厦门大学嘉庚学院，福建漳州，363105）

摘　要：本文从史学的角度解析了文化产业是从文化生产系统中分化出来的一个分支，是"为满足群众文化生活需要以市场化手段从事文化生产、加工与传播的行业"，提出可以让文化产业与文化事业统一为"文化业"，克服资本主义文化生产方式可能带来的矛盾性，解决当下我国物质文明与精神文明建设不平衡问题，提升新时代中国特色社会主义文化生产力。

关键词：新时代；中国；文化事业；文化产业；文化业

基金项目：教育部青年社科基金项目《海峡两岸文化产业管理人才培养机制比较与创新研究》（编号：15YJC760092）的阶段性成果。

一、文化产业与文化生产

把文化产业的定义与内涵界定清楚，对当下具有十分重要的意义：第一，文化产业的边界不清晰，错把传统服务业当作文化产业。比如，2010 年某市重点培育文创企业（集团）名录中还有一家酒厂，笔者在中部某市逛街时候发现，一家洗脚城的灯箱竟然有"文创基地"，等等。笔者不知道这些单位在多大程度上参与了文化生产、加工与传播。第二，国家在进行扶持文化产业发展的过程中，应该把重点放在哪里？如果把文化产业理解的过于宽泛，几乎涵盖了各行各业，那还怎么扶持？第三，把文化产业与市场营利性等同起来，会走入资本主义文化产业市场逻辑、经济逻辑与文化逻辑的误区。

---

　　* 王乃考（1979—），男，博士，副教授，厦门大学嘉庚学院人文与传播学院副教授、厦门大学传播研究所研究员。

笔者在《用中国精神构建我国文化产业思想体系》一文中简单描述了人类文化生产史①。显然，作为文化生产历史上发展出的新业态，文化产业就是为满足群众的文化需要以市场化手段进行文化生产、加工与传播的行业。也就是说，必须与文化生产、文化加工、文化传播有关的行业才能称为文化产业；文化产业要以市场化运营为产业手段，否则就是文化事业。

历史推导出来的这个定义，与 2004 年 4 月我国国家统计局印发的《文化及其相关产业分类》不谋而合，具有很大的相似性。该文件这样表述文化产业的定义："为社会公众提供文化娱乐产品和服务的活动，以及与这些活动有关联的活动的集合。"② 可见，文化生产是伴随着人类的出现而出现的，从事文化生产、加工与传播的行业虽然在 20 世纪才被命名出来，但不是 20 世纪才出现的。

理解文化产业的含义要注意两点：第一，有人认为产业是标准化、规模化、可复制的生产，所以文化产业也应该具备这样的特征。其实，这个说法没有认识到："产业的重复性和规模性，是产业的一般特点，但并不能用它来作为判断产业的标准。"所以，文化产业不必具有标准化、可复制的生产特征，有时复制性的文化产品是"赝品"，降低了文化生产的价值。第二，有人认为，文化产业必须以盈利为目的。笔者认为，也未必都是这样，市场化为手段也并非都是以营利性为目的。有产业学者明确把文化产业界定为"基于人文精神、从事文化生产的一种有组织的社会劳动"，把单纯以盈利为目的的非人文精神的文化生产排在了文化产业之外。③ 而且从历史上看，为了社会发展的秩序与进步，文化生产始终是坚持其"大庇天下"的公共性的。前面已经论述过，在早期文化共产时期，文化生产是公共性活动，大家一起生产、一起消费；在传统文化生产阶段，首领及其领导的官僚体系是公众精神的权威代表，所以这个时期的宗教、文人、教育等文化生产均与"官"有相当密切的联系，也有"当官要为民做主"的公共服务意识；在现代文化生产阶段，教育、宗教、大众传媒等已经受到工业革命后市场经济的影响，强化了服务意识，强调为公众服务。

① 王乃考：《用中国精神构建我国文化产业思想体系》，《新闻爱好者》2016 年第 2 期。

② 国家统计局：《关于印发〈文化及相关产业分类（2018）〉的通知》http://www.stats.gov.cn/tjgz/tzgb/201804/t20180423_1595390.html，2018 年 4 月 2 日。

③ 吴国林等著：《企业哲学导论》，北京：人民出版社，2014 年，第 3 页。

二、资本主义文化产业的市场、政治与文化逻辑

按照市场的逻辑，资本主义与其说是解放了人，不如说是解放了人的消费欲望。对于个体而言，基本的生存需要是比较容易满足的。工业社会以后，资本主义崛起，大量的生产需要大量的消费，所以生产者需要刺激、拨弄、引导人们的消费欲望，以扩大再生产。这时候，作为生活方式及其精神价值的文化，被市场绑架了，文化成了"以消费主义为核心的商业文化"①。

在这样的经济背景下出现的文化产业，不仅自身是资本主义市场的产物，也是维系资本主义生产关系的"天主之城"②。在这座资本主义"天主之城"之中，人们摆脱了宗教的奴役，却不自觉地躺在了消费主义的温床上。有些人简而言之地把这种文化产业概括为："文化搭台，经济唱戏。"于是，在这个"消费文化之城"系统中，站在社会高层的人不是利用"神"来号令世俗世界，而是通过诱发与引导欲望来号令天下。或者说，在这座消费主义的"天主之城"内，市场是自由的，消费是自由的，竞争是自由的，但文化生产与消费的背后有一个无形的手，似乎是《西游记》中"如来佛的手心"，是文化生产者与文化消费者都无法逃脱的。这也同陈力丹教授所言："随着交往革命的发生，精神交往变得密集起来，交往资料也趋于集中。这本身是一种社会进步，但也带来新的矛盾和问题，即获取信息有可能更集中地受制于集中掌握交往资料的人。"③

因此，通过这样的市场逻辑建构起来的文化产业，不仅体现了资本主义的生产关系，而且也不自觉地为资本主义政治服务，成为资本主义帝国对内控制社会、对外扩大市场的有力武器。在内部控制方面，资本主义把刚刚具备理性精神的人们导向了一种潜移默化的信仰——"拜物教"④。这个信仰不一定具备以前宗教的某个仪式，它的聪明之处是让绝大多数人浑然不知自己有这个信仰。于是，整个社会就是一个自由市场，"除了经济市场外，还有政

---

① 赵月枝：《传播与社会：政治经济与文化分析》，北京：中国传媒大学出版社，2011年，第264页。

② 笔者在这里继续借用奥古斯丁的"上帝之城"，来说明资本主义世界是把人们从宗教文化的奴役中解救出来，却又把人们关进了消费文化之城中。

③ 陈力丹：《精神交往论——马克思恩格斯的传播观》，北京：中国人民大学出版社，2008年，第101页。

④ 杨照：《在资本主义带来浩劫时聆听马克思》，北京：中信出版社，2015年。

治市场、法律市场、宗教市场以及语言市场等"①。布尔迪厄把这种资本逻辑建构下的社会视为一个"场"："虽然，场，不像游戏，不是创造性地故意为之的产物，但它却遵循规则，或者比之更好的规律性，尽管这些规则或规律性并不明确，也并未编集成典。"②场的规则给每个参与者提供了自由参与的机会，只不过是："在任何时刻，都是玩耍者之间的状况界定了场的结构。"③正如在澳门的赌场中，赌场作为庄家，虽与其他游戏者有相同的获胜概率，但因为其巨大的资本让其在这种平等的假象中具有超强的获胜优势。

在上述经济逻辑与政治逻辑的影响下，也有相应的文化逻辑与之相适应：强者往往就是英雄，哪怕他是海盗；有钱就可以任性，美其名曰奢华，而不是浪费；勤劳未必能致富，引导全民玩转资本等等。人之初，并非善与恶，而是善与恶的交融体。这种文化逻辑会迎合、挑拨、刺激、诱导出人性恶的一面。它虽然带来了社会整体飞速发展，但也为人类命运埋下了隐患。文艺复兴前的西方宗教社会，宗教利用人性善的一面给人类套上枷锁；西方文艺复兴弘扬人的权利，敲碎了这个枷锁，其功劳是不可磨灭的。但是，在反抗、敲碎这个宗教枷锁过程中，突出彰显人性本身的力量时也把人性恶的一面不自觉地释放、延续出来了。

三、中国文化产业如何克服资本主义文化生产的矛盾性

我国在建设社会主义文化产业的道路上，应该避免资本主义文化产业的偏路、歪路，及时用中国精神和马克思主义建构我国文化产业思想体系，让我国文化产业在进行文化生产、加工与传播过程坚守正确的文化发展方向，把文化产业与文化事业统一到一个平台上，使二者有机融合、协调、可持续发展起来。

（一）坚持把中国精神作为文化产业发展的灵魂与方向

文化生产、加工与传播，首先应该是先进思想、先进文化的生产、加工与传播。中国特色的社会主义文化产业思想体系必须植根于中国精神与马克

---

① 刘永涛：《话语政治：符号权力和美国对外政策》，上海：复旦大学出版社，2014年，第32页。

② 布尔迪厄著、包亚明译：《文化资本与社会炼金术：布尔迪厄访谈录》，上海：上海人民出版社，1997，第143页。

③ 布尔迪厄著、包亚明译：《文化资本与社会炼金术：布尔迪厄访谈录》，上海：上海人民出版社，1997，第144页。

思主义，如同有中国特色的社会主义市场经济一样，市场是手段，不是目的；中国文化产业虽要体现市场的逻辑与法则，但更要关注"文化为谁服务""建构什么文化形态"的灵魂问题。

（二）坚持文化产业与文化事业融合统一、可持续发展

通过对文化生产史的梳理，我们发现，早期政治与民众的对话比较简单，就是官与民之间的文化互动，如下图：

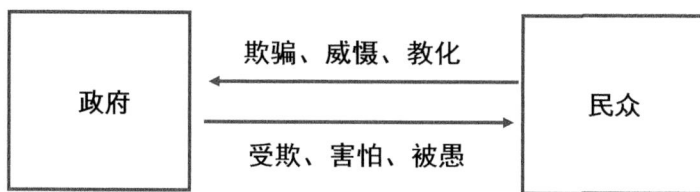

图 1：早期政治与民众之间的文化互动

早期政治与民众的互动方式，主要体现在巫术治理阶段，后来也有几次重现，比如，秦始皇用武力管理文化，让民众在恐慌中接受他的帝国统治；希特勒用欺骗、威慑、教化等方式建立法西斯文化体系，民众在受欺、害怕与被愚中卷入法西斯文化体系。但是，这样政府与文化的互动机制都是不长久的。所以，中国汉代政治吸取了秦朝政治的教训，改变了政府与民众的文化互动关系，形成了"文化事业"作为第三方的文化互动格局，这被历代中国所传承、发展，成为维护中国社会稳定发展的重要法宝。这种文化—社会互动机制如下图：

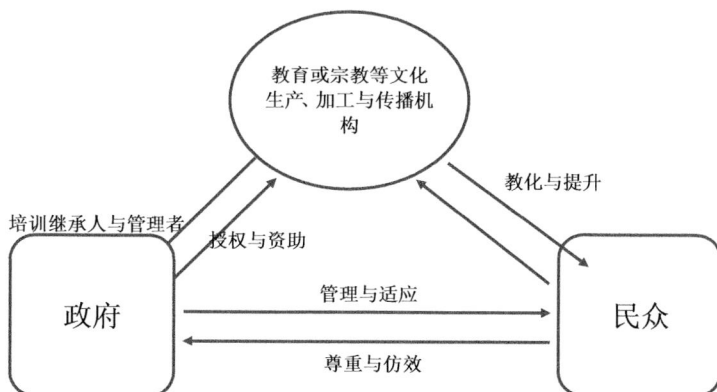

图 2：传统社会文化—社会互动机制

传统社会文化—社会互动机制中，在中国，第三方文化事业机构以教育为主；在西方，第三方文化事业机构以宗教为主。在第三方文化事业机构的影响下，社会形成各阶层共通的道德、伦理体系。在这样相互认同的文化谱系下，政府管理具有了"人间大道"的合法性，民众适应与顺从这样"讲道理"的政府。但是，传统社会中的文化—社会互动机制很容易被新兴资产阶级所识破，他们清醒地分析了这种文化—互动机制愚弄民众的本质，呼唤民众打破这种封建精神枷锁，倡导言论自由、出版自由等新型的文化生产、加工与传播制度。如图3所示，资本主义的新型文化—社会互动机制，教育、宗教、大众传媒、演出机构等文化生产单位独立地市场化运作，文化产业引导与控制社会文化与舆论，并在政府与民众之间建构沟通的桥梁；民众中的精英分子可以通过竞选成为政府首脑，但必须经由文化产业与民众沟通，以获取信任与选票。

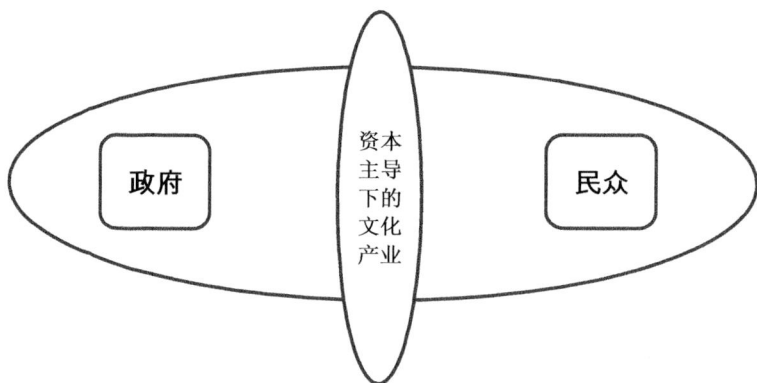

图3：资本主义文化—社会互动机制

资本主义文化—社会互动机制具有很好的优越性，政府失去了传统社会中的中心位置，被民众和文化产业监管；文化产业要获得民众的注意力，在文化生产、加工与传播中适应民众口味。所以，民众感觉进入了一种理想的社会文化图景中。但是，久而久之，民众似乎也意识到一个问题：社会话语权好像不是他们掌握着，似乎背后有一双无形的手，其实这只手就是资本。资本没有什么不好，只是过于集中的资本会形成新型的单向度话语体系。

我国是社会主义国家，坚持共产主义的经济逻辑、政治逻辑和文化逻辑。共产主义的经济逻辑是"共产"，人人劳动，人人消费，共产共生；共产主义的政治逻辑是"共享"，成果共享，权力共担，人人有责；共产主义的文化逻辑是"仁爱",不生坏心,仁者爱人,和而不同^①。那么,在共产、共享、仁爱的信念下,我们应该建立什么样的文化—社会互动机制呢?如图4所示,把文化产业和文化事业统一到"文化业"这个平台上来,有中国特色的社会主义坚持市场在资源配置中的决定性作用,承认文化生产、加工与传播的市场主体地位,但又兼顾话语权的平衡,坚持党对文化业的领导权和主导权,保证文化事业、文化产业的先进性发展方向。这就是说,代表人民意志的先进性政党应该握紧枪杆子,拿稳钱袋子,扶正话筒子,让文化产业与文化事业融合、协调、可持续发展起来,共同增强国家软实力。

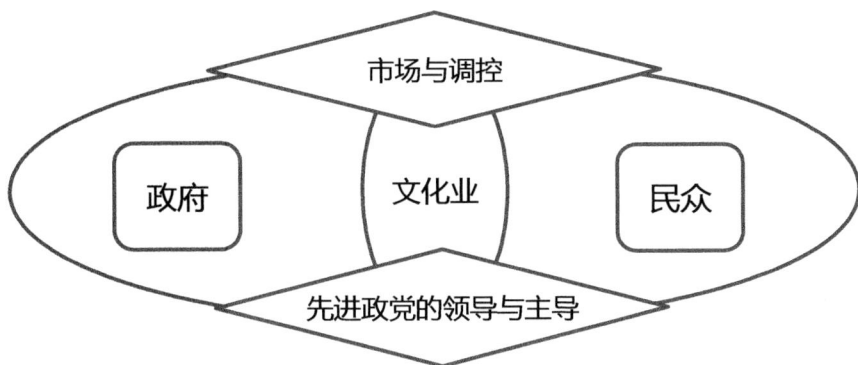

图4:文化业协调可持续发展的文化—社会互动机制

四、文化产业与文化事业协同性文化生产的基本思路

文化产业与文化事业是两种文化生产方式,怎么有机统合在一起呢?十八大报告中提出:"促进文化和科技融合,发展新型文化业态,提高文化产业规模化、集约化、专业化水平,构建和发展现代传播体系,提高传播能力,增强国有公益性文化单位活力,完善经营性文化单位法人治理结构,繁荣文化市场。""建设文化强国,一方面需要文化事业的全面繁荣,另外一方面也需要文化产业的高速发展。"^②国家提出的这些纲领层面的发展理念是正确的,但是在执行过程中,文化事业越来越产业化,产业化的事业单位内外充满着矛盾,外部存在经济效益与社会效益双丰收的矛盾,内部存在员工按照什么方式生产文化的问题。

有学者把文化事业、文化产业、公共文化三者并列起来看,他们分别是

---

① 王乃考:《用中国精神构建我国文化产业思想体系》,《新闻爱好者》2016年第2期。
② 陈少峰:《文化强国的战略思考》,《桂海论丛》2013年第2期。

单位组织、市场组织、公共组织，分别代表了国家话语、市场话语和公共话语①。其实，文化领域没有那么复杂，文化产业以市场化为手段，文化事业以公共服务为手段，但二者都是从事文化生产、加工与传播的行业，可合并起来统称为"文化业"。在文化业内，中国共产党代表先进文化引领主流文化的生产，"建立多层次文化产品和要素市场，鼓励金融资本、社会资本、文化资源相结合"②。

这样文化业就从服务业中分离出来，成为一个与农业、工业、服务业相并列的新业态。为了清晰地说明它与农业、工业、服务业的区别与联系，我们给四个业态列个表，描述会更简洁、清楚一些，如表 1 所示。

表 1：文化业与其他产业的比较

产业名称	定义	劳动对象	生产成果	历史发展与趋势
农业	培育动植物生产食物及工业原料的产业。	动物植物	食物工业原料	第一产业，是传统社会的主要产业，工业革命后比重下降，但重要性依然是第一位的。
工业	利用基本生产资料加工并出售产品的产业。	工业原料	工业产品	早期以手工业为主，作为农业的副业；工业革命后成为推动人类发展的主要产业。
服务业	为满足人们的服务需求，提供各种形式的服务劳动、服务产品的产业。	各类服务需求	服务劳动服务产品	是农业、工业的副业，但随着社会化分工等原因，在产业比重中越来越大。
文化业	为满足人们的文化需求，进行文化生产、文化创意加工与传播的产业。	文化知识	文化产品文化传播	脱胎于服务业，也在很长的历史时期附属于政治与经济领域；随着生产力进步和媒介科技的发达，人们精神消费比重的加大，文化业逐渐独立为一个新的业态。

文化业脱胎于服务业，最难区别就是一些服务业。比如，一个名为某某文化广场的房地产是不是文化业呢？一家咖啡馆摆了几本书或几个书柜，是

① 耿达、傅才武：《公共文化服务体系建构：内涵与模式》，《天津行政学院学报》2015年第 6 期。

② 金元浦：《文化体制改革向何处去？——产业发展与普惠民众之间新的平衡》，《人民论坛·学术前沿》2013 年第 23 期。

否可以列为文化业了呢？一个从事包装印刷服务的企业，是不是可以列为文化业了呢？一家很有文化气氛的餐饮店，是不是就是文化业了呢？判定他们的标准就是，看他们是不是主要进行了文化生产、加工与传播等活动。

当今是各种媒体交织在一起的文化网络，越是这样的媒介环境，越需要文化引导，而不仅仅是顺应。主流文化不进行大规模生产与传播，网络非主流文化就更有市场。就像庄稼地里种庄稼，庄稼苗越不好，杂草越容易丛生；庄稼长得旺，杂草也就渐渐地失去阳光。当今社会，哪些组织或行业主要进行文化生产、加工与传播呢？第一是政党，他们为获得民众的尊重与支持，建构与引领美好生活图景，生产、加工与传播政治文化，比如，"中国梦"等被中国共产党的领导人一经提出便在中华大地上一呼百应，成为主流词汇。第二是教育，教育及其科研机构是主要的文化生产群体，他们通过知识生产与传播培养人，传承、创新与发展文化。第三是宗教，生产与传播人们的信仰文化，把人们的精神世界导向宁静、善良与正义。第四是传媒，随着媒介技术的进步，媒介成为人们生活必需品，通过分享信息与知识传播大众文化。第五，带有文化生产性质的美术与设计，通过生产与传播生活美学知识引导时尚潮流，或者用视觉符号表达文化观念。第六是具有较强文化属性的音乐与表演，创作与传播娱乐文化，满足人们的感官、娱乐需要；第七是公共文化服务机构，政府或私人为人们的学习、研究、休闲、体育锻炼等活动提供的服务场所与内容，比如图书馆、博物馆、剧院、网络文化公共服务等。文化公共服务体系中要把网络公共文化服务平台纳入进来，"只要我们顺应网络化信息化时代潮流，抓住难得机遇，把互联网作为传播先进文化、提供公共文化服务、丰富精神文化生活的新阵地新平台，努力建设中国特色网络文化，就一定能够为我国文化发展注入新动力、开辟新领域"[①]。

改革开放的实践证明，市场经济没有动摇我国社会主义性质，文化业的发展与繁荣也可以借鉴社会主义市场经济的有关经验与理论。以上七个文化业主体分为三个层次，第一个层次是元文化的生产者，第二个层次是对文化进行创意、阐释等行为的文化加工者，第三个层次就是文化传播者。由于文化生产、加工与传播是在分享、共识中完成的，一个文化生产主体可能也会承担三个层次的内容，只是略有侧重而已。所以，宏观调控也适合用社会主义市场经济探索出来的一些理论与原则，抓大放小，紧握龙头，让代表先进

---

① 云杉：《文化自觉 文化自信 文化自强——对繁荣发展中国特色社会主义文化的思考（中）》，《红旗文稿》2010年第16期。

方向的元文化生产者起到产业的引领作用；同时，"最根本的是加快文化产业发展，扩大文化产品总量，满足人民日益增长的文化需求"①。用产业政策与法规积极引领文化产业投身于国家文化治理能力的提升行列中来，因为"文化产业作为社会价值观的生产机器，正在深刻影响和建构着人们的精神生活和物质生活。一方面，一定的价值观影响着文化生产发展的价值导向，另一方面，文化生产又再次影响着价值观的运动形态。正是在这个意义上，发展文化产业就具有文化治理的属性"②。

五、文化业与其他业态融合发展中促进精神文明与物质文明双丰收

邓小平同志在建设有中国特色的社会主义理论中，明确提出了一手抓物质文明建设，一手抓精神文明建设，"两手抓，两手都要硬"。但在建设实践中，"以经济建设为中心"的发展理念比较突出，还是让物质文明建设与精神文明建设之间"失衡"了。"当前中国发展所面临的重大而紧迫的问题，是30多年经济高速发展引发的失衡，这种失衡不仅仅是经济结构本身的失衡，而且是政治与经济、文化、社会、生态建设等诸多方面的失衡。这些失衡主要表现是：第一，物质生活与文化生活之间的不平衡；第二，硬实力与软实力之间发展的不平衡；第三，物质生活质量与精神素质之间的不平衡；第四，文化生产与文化消费之间的不平衡；第五，文化投入与文化产出之间的不平衡。"③如果我们不去主动地发展文化业，文化自身就会歪曲地市场化，哈佛大学教授、北京大学高等人文研究院院长杜维明先生对当今知识分子文化状态这样回顾与评论："现在和上世纪80年代不同，80年代思想非常活跃，向外面学习的力度非常大。生活非常清苦，但是斗志非常昂扬。 现在知识分子条件好了，大家谈的多半是房地产和汽车。最奇特的是宗教界也是被市场化，寺庙本应有神圣感，经过庙门收钱，一炷香收钱，和尚看起来都是商人。"④在这样的历史背景下，我们只有坚守我们的文化自觉才能消解这种不平衡，建设伟大的社会主义精神文明，"以文化自觉意识发展文化产业，加强文化自主能力，才能在世界文化的大舞台上掌控文化交流的话语权，保持我国民族的

---

① 向勇：《文化体制改革中公平与效率的关系探讨》，《中国行政管理》2011年第1期。
② 胡惠林：《思想创新引领中华文化新变革》，《人民论坛》2014年第28期。
③ 胡键：《理解中国的改革：当代中国社会主义现代化理论与实践研究》，上海：学林出版社，2015年，第199—204页。
④ 杜维明：《中国的崛起需要文化的支撑》，《中国特色社会主义研究》2011年第6期。

文化定力，从文化自觉到文化自信，真正实现我国文化产业的大发展大繁荣"①。

作为生活方式及其精神价值的文化，不仅服务于人们的精神生活，也会自然而然地与人们的衣食住行等物质消费联系起来。也就是说，文化业具有与其他业态交融的先天特质。你会看到：文化赋予衣服，衣服更美；文化赋予餐饮，餐饮更有品位；文化赋予家居，家居更有雅兴；文化赋予交通，交通更和谐与幸福。故此，除非特殊情况，你也不用太在意文化业的边界。在实践中文化业的外延仿佛扩大了，它既可以精神生活为起点，也可以物质生活为起点，概括起来就是：把文化做成好生意，或者，把生意做得有文化。这两个方面，都能有利于人们生活水平的提高，有利于社会文化的进步。在各行各业之间、在社会团体之间、在地区间、在国家间促进文化的分享、流动，民心相通，提升我国公民的文化自信②。

在中国较早提出文化创意产业的厉无畏先生认为，"创意产业"的发展可以解决经济危机，是"走出经济危机的先导产业"③。其实，不仅如此，"如果没有丰富的思想世界，富裕的物质生活也会变得索然无味"。而且，"思想市场也是一个生产要素市场。在思想市场里，知识能得到开拓、分享、积累和应用。思想市场也直接影响商品与服务市场的发展"。"正是思想市场塑造了消费者的需求，因此决定了经济领域中存在的是什么样的消费者，决定了他们的性格和价值观，最终决定了商品市场的性质及其运作效率。"④实践表明，要想让主流文化更具有影响力，就要解放市场，给每个文化生产者自由创作与传播的机会，但在战略上牢牢地把握主流文化的主导地位。因此，在中国共产党的正确领导下，坚持住人民的文化生产主导权和领导权，坚持党所领导的先进文化在文化传播时空的主导地位，积极鼓励文化业与农业、工业、服务业融合发展，把精神文明建设与已经突出发展的物质文明建设有机融合起来，重新找回先进文化在各行各业的领导权，解决当下物质文明与精神文明发展失衡的重大问题，同时也可以在一个侧面解决当下中国农业、工业、服务业的产业转型与升级问题。

---

① 范周、储钰琦：《试论以"文化自觉"意识推动文化产业发展》，《福建论坛》（人文社会科学版）2011 年第 4 期。

② 参见熊澄宇在《求是》杂志上的两篇文章：《在交流和创新中增强文化自信》，《求是》2014 年第 18 期；《以文明互鉴促民心相通》，《求是》2015 年第 10 期。

③ 厉无畏：《创意产业：引领未来的先导产业》，《人才开发》2011 年第 4 期。

④ [英] 罗纳德 - 哈里 - 科斯、王宁著，徐尧、李哲民译：《变革中国——市场经济的中国之路》，北京：中信出版社，2013 年，第 254—255 页。

《福建画报》主流文化生产与传播研究

黄　琳[*]

（阳光学院人文与传播学院，福建福州，350015）

摘　要： 通过将《福建画报》的影像资料置于福建社会发展进程中考察，讨论 1949 年后在国家权力话语和新闻体制的影响下画报摄影与图片编辑所呈现的范式以及个体是如何在权力场和社会场中进行自我调适的，由此观照 20 世纪五六十年代的福建新闻摄影主流文化的生产与传播形态，意图对福建 20 世纪五六十年代新闻图像的微观研究做一些补充，并在此基础上对中国社会主义新时代的主流文化生产与传播提供些许启示意义。

关键词：《福建画报》；"大跃进"；审美政治化；主流文化

一、《福建画报》[①] 及其时代背景

1958 年 7 月 1 日，《福建画报》在福州仓促创刊，张子固[②] 为画报社首任社长，同为随军南下的叶大开[③] 接收到调任命令后，毫无思想准备地离开了工作达 8 年之久的福建日报社，并担任福建画报社记者组组长。然而，好景

＊　黄琳（1989—），女，汉族，福建仙游人，艺术学硕士、阳光学院人文与传播学院助教，研究方向：影像文化、中国摄影艺术史论。

①　除了特别指明之外，文中的《福建画报》均限定为 1958—1961 年之间的图像文本。

②　张子固于 1945 年即开始从事美术宣传工作，擅美术编辑。曾任《华东画报》社摄影记者，福建人民出版社编辑部副主任、副总编辑、编审，中国摄影学会福州分会筹委会主任委员和常委，福建省摄影家协会主席等职。

③　叶大开曾是《福建日报》及其画刊、《福建画报》、福建图片社和新华图片社、新华社福建分社电视部门等福建几个重要图片宣传机构的创始人之一，也是其中的主力供稿者；是 1949 年后第一代新闻记者中，率先践行"图文并茂、两翼齐飞"的记者，为福建新闻摄影的发展打下了坚实的基础；是 1949 年后福建第一代新闻摄影工作者的主要领头人之一。（原福建画报社社长、总编辑胡国钦老前辈跟叶老生前交情甚深，其撰写的关于叶老的文章，为本论文提供了重要的参考资料。）

不长，三年困难时期纸张等物资严重匮乏，导致成本较高的画报出版困难。1961 年以后，除了《人民画报》《解放军画报》和《民族画报》三大国家级画报之外，省级画报纷纷停刊，《福建画报》也难以幸免，于 1961 年 2 月号起停刊，总计 31 期。

《福建画报》是在 1949 年后第二次"画报潮"中应时而生的。当时，《人民画报》《解放军画报》《民族画报》三大全国性画报陆续创刊，成为中国新闻摄影画报的中坚力量，也促使全国在短时期内便出版了几十种画报和画刊。1956 年，"双百"方针的提出更是鼓舞了文化界和学术界，推进了文化建设高潮。到了 1958 年，《河北画报》《安徽画报》《广东画报》等地方性大型摄影画报陆续创刊，除了三大全国性画报外，先后共出版画报 42 种，其中至少有 12 家是 1958 年出刊。① 而这与当时社会经济发展和人民精神文化生活需求也是密不可分的。1958 年，在"拔白旗，插红旗""观潮派""秋后算账派"等政治言说和运动的压力下，急于求成的"左的"思潮迅速膨胀，全省卷起了"大跃进"浪潮。此时，在北京的时任省委书记叶飞看到了《广东画报》创刊号后，认为画报是对海外华侨等各界人士和国内宣传福建的有力工具，便指示省委宣传部立即抽调各路精兵筹备。② 于是，在继《辽宁画报》《广东画报》之后，《福建画报》创刊，承载着政治、文化的传播，党和人民相联结的使命，参与到福建现代文化生产与传播进程之中。与此同时，海峡两岸战事频繁，金门炮战，地、县抢收、抢种和支前等，也成为当时新闻记者们的重要报道内容。1959 年印尼大规模排华，安置归侨和难侨成为当时国内侨务工作的一个重要内容，也不无例外地出现在画报报道之中。就在这样一个多元化历史背景下，画报承载着福建一个时代的社会记忆，一方面成为当时群众所喜闻乐见的艺术形式，另一方面也是党的文化事业和政治宣传中不可缺少的部分。

《福建画报》属于月刊，从第 2 期起于每月十五日出版，而"为了能及时

① 蒋齐生：《新闻摄影一百四十年》，北京：新华出版社，1989 年，第 45 页。1960 年第 6 期《大众摄影》刊登的题为《我国现在有多少种摄影画报》的短文中，数据与此有所出入：我国现在出版的以刊登摄影作品为主的画报共有 21 种，其中半月刊有两种，即《人民画报》和《解放军画报》，月刊共有 18 种，即《民族画报》《辽宁画报》《黑龙江画报》《新疆画报》《内蒙古画报》《安徽画报》《广东画报》《福建画报》《青海画报》《浙江画报》《吉林画报》《湖北画报》《山东画报》《陕西画报》《江苏画报》《江西画报》《湖南画报》和《云南画报》。此外，《贵州画报》是双月刊。在 21 种画报中，有 15 种是 1958 年"大跃进"以后才创刊的，占全部画报总数的 71.4%。

② 胡国钦：《枫叶独钟故土情——缅怀叶大开先生》，《炎黄纵横》2013 年第 11 期。

地配合重大节日"①，从 1959 年 7 月（第 13 期）起，改在每月二十日出版。②
画报在停刊后直至 1977 年春"文革"后才复刊。复刊后为了避免触及文革
遗留的风波，保守改名为《福建工农兵画刊》（12 开本），这一年出版试刊 4
期。1978 年改为双月刊，1979 年将刊名改回为《福建画报》，并承袭了当年
国内《良友》画报和国外《苏联画报》传统的八开本 32 页，直到改革开放新
形势下，为便于携带、阅读和传递，才把 8 开本改为小 8 开（或称特度大 16
开），同样是 32 页。从 1983 年 1 月起，又将《福建画报》改为月刊。③可以
说，社会的不断变革影响着《福建画报》的创刊与发展，反之，画报通过其
影像叙事扮演着重要的历史角色，引领着当时的主流文化生产。

二、《福建画报》时代性主流文化的主要内容

摄影作为一种艺术文化形态，离不开赖以生存的民族性。《福建画报》作
为文化传播媒介，其生产的影像内容无不建构着文化世界。其中，福建的自
然风光、工艺美术、戏剧和民歌、地方侨乡、特产等带有本地色彩的内容均
成为重要报道对象，呈现着一定时期和地域的文化欣赏水平和趋向。

（一）时代潮流：画报的编辑风格和内容结构

图 2-1 封面：《东海凯哥》（1959 年 8 月
第 14 期，沈彧 摄）

图 2-2 封底：《厦门中山公园一角》
（1959 年 6 月第 12 期，叶大开 摄）

---

① 《福建画报》1959 年第 13 期"编后语"。
② 画报由福建画报社编辑，福建人民出版社出版，邮电部福建省邮电管理局总发行，全
国各地邮电局、支局均可预订，并由全国各地新华书店代售，每册定价 4 角，预订半年两元四
角，全年四元八角。
③ 参见李勇军的《新中国期刊创刊号（1949—1959）》、福建省摄影家协会的《福建摄影
50 年》（论文集）、福建省新闻出版局的《福建出版四十年（1951—1991）》和新中国画报纪程编
辑组的《新中国画报纪程》四本著作。

　　《福建画报》承袭了五十年代中期惯有的一套"美术设计的技术规格"①，即杂志封面几乎采用人物特写，且多以劳动场面和人物肖像特写为主；封二则主要安排国际、国内新闻；封底则多采用山水风光或人物特写，并且每组专题必须有一张主要图片放置题首或题尾，照片一般包括人和景。这种"程式化"的设计是建立在当时对《苏联画报》的学习和效仿的基础上，是那个时代的主流风格，即使是国家级的《人民画报》也不例外，而这也符合当时中央为地方出版社所确定的"二为""三化"方针，前者指为政治服务，为工农兵及基层干部服务，后者指地方化、通俗化、群众化。

　　画报在具体内容上多为专题报道，而限于当时的彩色照片技术，画报除了封面和美术作品专题外，大部分报道以黑白照片为主。而为了在报道中尽可能地传达更多信息，每一期的图像数量存在偏多、编排散乱、版面设计不够讲究和美观、缺乏艺术感等问题，有"图解式和求大求全"②之嫌，是当时政治内容决定艺术形式的有力证明。

图 2-3 专题《要天地听我指挥，要风雨任我呼唤——技术革命在东山开花》

（1958 年 7 月第 1 期，张水林 摄）

---

　　① 黄钟骏：《三十年来〈画报〉美术设计工作的探索》（人民画报社），新中国画报纪程编辑组：《新中国画报纪程》，北京：长城出版社，1984 年，第 24 页。

　　② 蔡尚雄：《进一步提高画报工作的质量》，中国摄影学会理论研究部编：《摄影艺术论文选集》（第一集），1962 年，第 73 页。

图 2-4 专题《不断革命的城门乡》（1958 年 7 月第 1 期，叶大开 林守敬 摄）

图 2-5 无题。（1958 年 7 月第 1 期，赵肃芳 摄）

　　具体来看，既有对重大国际新闻事件的转载报道，又有自身对福建政治、经济、文化各方面的建设成就及先进人物特写，其中军民题材占有较大篇幅，包括海防前线的解放军、模范民兵、文艺慰问团以及各地方的歌舞、戏曲表演。1949年后，福建戏曲一直贯彻着"文艺为工农兵服务"的方针。1958年中共戏剧家协会福建分会成立，进一步促进了福建传统戏曲的发展，尤其是被称为宋元南戏的"活化石"——莆仙戏和梨园戏，由此得到重生。而或因逢中华人民共和国成立10周年，1959年画报中关于戏曲的报道数量最多。此外，德州脱胎漆器、福州绸花、林艺等具有地方特色的工艺美术也常见于画报题材。1959年、1961年、1963年和1965年，福建工艺美术展览会分别在北京、上海、广州等地举办。在第20期《誉满京都》——1959年福建工艺美术在京展览会专题中，呈现了12幅展品图片，主要以传统吉祥为创作题材，部分还体现了"大跃进"时期与现实生活及政治运动有关内容，受到党和国家领导人的高度重视，观展人数数十万，可见展览影响之大。画报中对工艺美术的有关报道篇幅都不多，寥寥可数，但这部分内容如同点睛之笔，为画报增添了不少本土气息。除了传统手工艺，还有本土特色产业的报道，例如图2-6的福安采茶场景，画面中人物分布错落有致，衣着颜色冷暖有别，几位身着暖色衣服的采茶女似茶花点缀，增添了画面的灵动与生气。拍摄取景角度提升了画面的空间感，远近、大小对比明显，且在侧光下，人物及茶树的立体感更强，是一幅很完整的照片，也由此被放置在题头上方显著位置。此外，还有对渔业中气象台、广播电台和水产联合加工厂建设等技术性生产描述，说明人们对科学技术有了更高的认识，在一定程度上也体现了福建人民自身的文化自信和归属感。可以说，画报中对本土文化产业的生产报道，更像是以一种"抒情"的手法为大众呈现出福建特有的一面，让身居前线的福建人民，可以从中寻得一片"喘息"之地。

图2-6绿丛遍山是，处处有茶香。（1960年5月第23期，林金铨 摄）

　　《福建画报》不仅是当时福建文化资料的集中"生产地"，在复杂的多元化历史背景下，也是联结各民族、各阶层人民的精神纽带。例如，1959 年的印尼大规模排华，导致形成华侨回国高潮，关于侨乡回国定居安置、就业、"海外关系"以及教育运动等问题，成了当时画报中侨务政策的重要报道内容。虽然总体专题数目不多，但每一笔都是浓墨重彩，例如第 15 期仅一个侨乡泉州专题就用了 5 个版面来介绍。这些报道通过归侨的爱国意识和行为，引导大众以更广阔的视野对政党和社会有更理性的认知，这不仅仅是对党在"大跃进"中方针政策的"确证"，更是侨胞们回归的"发声"，激发了人们的民族意识，从而以更饱满的热情投入社会建设，是人们精神追求的一次升华，也更充分证明了《福建画报》作为当时福建人民的精神食粮不可或缺。

　　《福建画报》主体内容除了"福建各地"（第 13 期起改名"八闽集锦"，关于福建各地"大跃进"中表现突出的地方或人物事迹的报道）、"百花园"（纯文本内容，包括"猜字谜""传口令""小魔术""小笑话"等）、"美术作品"（迎合"大跃进"主题的插画、剪纸、漫画等美术作品，有配合文字报道的插图和独立专题报道两种方式），这些设有专栏之外，其余并未明确设置。从第 8 期起，还开设了一个"不定期的摄影艺术园地——'影展'专栏，陆续选登一些较好的摄影作品"①。

　　纵观这个时期的画报内容，都紧密地与生产、劳动、战斗相结合，这也是文艺和革命紧密联系的体现。1958 年，毛泽东"革命浪漫主义与革命现实主义相结合"的提出，将文艺创作的注意力转移到了"浪漫主义"上，这种自上而下的倡议性创作，使得文艺界创作的政治意识形态显得更为明显。可以说，这种"相结合"的浪漫主义和"求实"的文艺道路，是在"消熔"50 年代初学习苏联社会主义现实主义和文艺政策的基础上，对"本土化"追求的延续。

---

　　① 《福建画报》1959 年第 13 期"编后语"。

（二）斗志昂扬:《福建画报》的群像建构

1.劳动为美：巾帼英雄之完美人格塑造

图 2-7 她们也是抡大锤造工具的能手。（1959 年 12 月第 18 期，张水林 摄）

"大跃进"期间，福建妇女以极大的热情投入社会主义建设事业，并涌现出一批先进集体和个人，成为当时新闻工作者报道的焦点之一，而这是当时妇女"享有与男子平等的权利"的一个重要体现。画报通过对妇女生活方式和生产贡献的影像宣传，表达了对妇女社会性别的认同，不但丰富了劳动的意义，反之，也构建了"妇女解放"的政治语境。

福建妇女形象的典型代表是惠安女，其中"惠女水库"是福建省第一个以妇女为主修建的大型水库，当时主体工程大坝建设投入的 1.5 万民工中，妇女占有 80%。人们眼中的惠安女已是"耕田耕海随好是，打石炼铁亦乐为。登山越岭如平地，肓排背负任奔驰。受风受雨寻常事，早出晚归无怨辞"[①] 的新时期劳动女性。此外，女民兵"一手拿枪、一手拿锄头"的"全能"形象在画报中被反复强调，成为当时福建妇女的主流形象。画报中我们还频繁可见通过男性化的语言来审视和评论女性，如"巾帼英雄""矫健""铜手铁臂"等词汇，尽显"革命风范"。1958 年，惠安县 8 位农村女青年自发组织，跨

---

① 段学敏:《惠女水库工程的女性主义批判》，硕士学位论文，内蒙古大学哲学学院，2013 年，第 20 页。

海到荒芜人际的大竹岛拓肯种植的英雄事迹，塑造了"八女跨海"的佳话，1960 年 12 月，由《人民日报》报道后，在全国人民中，特别是在妇女群众中广为传播。可以说，从地方性的《福建画报》到国家级期刊《人民日报》对女性形象的赞美，不仅体现了观念的开放性，也反映了社会性别与现代化进程之间的关系。

图 2-8 "一手拿锄头，一手拿枪"，"女英排"已经成为一支有觉悟、有生产技能和有一定军事知识的民兵队伍。（1960 年 11 月第 29 期，李开聪 摄）

除此之外，画报中对扫盲运动和办学教育的报道，不管有意与否，女性画面也明显占有多数，展现了妇女是如何在"生产教育齐跃进"的过程中，历练为"人人都是文武才"。从个别报道中还可见女性角色出现在如全省文教事业相关政治的场面上，这意味着女性逐渐开始与男性一样享有政治权力，相较之前的体力劳动，这是一种更高层次的社会参与，体现了女性主体地位的社会价值和时代意义，女性形象也由此形成一种历史叙事下的"完全"之人格。

然而，据 1960 年的一项统计显示："涉足钢铁、采矿、电力等强重体力行业劳动的妇女竟多达 3 万人。身心受损，不顾生理。"[1] 而这在媒体舆论中，却被扭曲成为赞美妇女的"佳话"，"非人性化"的形象报道成了标榜妇女英勇能干的"筹码"。可见，当时人性的关怀之稀薄，对于个性的、审美的、自由的以及性别的意识远未达到。[2]

---

① 福建妇女社会地位调查课题组：《福建妇女社会地位调查》，北京：中国妇女出版社，1994 年，第 10 页。

② 参见汤耐尔：《"解放"的困境——大跃进时期的上海妇女和国家建设》硕士学位论文复旦大学，2014 年。

2.民兵建设：军民齐力中的生产与海防

2—9 专题《生产战斗化 劳武结合好》插图：雄赳赳气昂昂的清宁县共青团伐木场的民兵队伍。(1960 年 10 月第 20 期，叶大开 摄)

新中国成立初期，海峡两岸长期军事对峙，福建前线成为举国关注的军事舞台。金门炮战，地、县抢收、抢种和支前，全省民兵劳武结合、军民互助生产劳作成为生活的主要场面，福建民兵队伍也逐渐壮大起来，并做出了重要贡献。

《福建画报》不乏以群体形象建构的方式报道民兵协同解放军守卫海防的英勇与机智。例如，第 7 期《厦门前线公社》展现了社员们和解放军边战斗边生产的场景，这种听到敌方炮火就隐蔽，炮声一停，就立即投入生产的英雄气概和战斗经验，被称为"福建前线人民的脊梁和性格"[1]；第 12 期"海防前线的'南泥湾'"，前线官兵还轰轰烈烈地投入了农副业的生产热潮之中，种菜、饲养、办厂等，样样是能手，成了生产技能和战斗技能兼得的革命军人。在这类题材报道中，解放军们基本是一身农民装束，与百姓同吃同穿，

---

[1]　何少川：《当代福建简史 1949—1999》，北京：当代中国出版社，2002 年，第 108 页。

这种军民情意所展现的美好，不但缓解了由战斗而带来的紧张感，也激发了人们保家卫国的革命豪情，构建了一幅"军爱民、民爱军"的和谐画面。此外，还不乏对个体榜样的报道，例如第 12 期的"人民代表郑依姆"。但不管是群像模式，抑或个体形象建构，在其影像范本中，都离不开对旧社会的披露和对共产党所引领的新时代、新生活的赞美和归功。

3. 正义与必胜：新政党的正面形象宣扬

图 2–10 7 月 29 日击落美制 F–84 型蒋机一架的飞行员高长吉同志又准备出击了。
（1958 年 9 月第 3 期，许介康、李万春、吴加昌、李大年 摄）

《福建画报》中对前线战斗的报道极少有正面冲突和烽火硝烟的场面，例如图 2–10 中"海防前线的巨大胜利"中，飞行员高长吉同志一身空军制服，一边戴白手套，一边目视远方，面带微笑，嘴角微微上翘，其战斗的自信和胜利的喜悦跃然而出；第 14 期来自新华社稿和解放军画报稿的"强大无敌的中国人民解放军万岁"，其阵势浩大的战机、被击落的蒋机残骸战利品等器物的陈列，同样具有喻示战斗胜利、鼓舞人心的作用。这些画面相比让人直面残暴的战争画面，好似"和风细雨"，使得人民解放军的正面形象深入人心。同时，作为本省唯一大型画报，在其功能职责所迫以及当时"报喜不报忧"的惯式之下，不管是否存在有意无意的事实"遮蔽"，都很好地渗透着为"解放台湾"的目标而战斗的正能量。

《福建画报》全方位地展现了人民解放军的英勇善战和对百姓的关怀，从视觉领域上广泛而彻底地进行了宣传和鼓动，同时，作为观看的载体，在这个阶段中，"视觉整体生产比个人的观看解释更具有社会内容"①，画报在体现新社会的价值中重新梳理并建构了摄影事实，确证了在新政党的领导下，人们必将取得胜利、拥有美好生活的图景。而那个年代，许多机关、团体、学校、工厂等订阅的画报，往往是一页页拆开贴在阅报栏里，以供更多读者阅览，其实际读者可能是刊物发行量的几倍、几十倍，画报的影响力不言而喻。

三、《福建画报》时代性主流文化的传播形态

（一）"摄制"照片："剪辑照片"何以为新闻

图 3-1 在采茶的季节里（1959 年 6 月第 12 期，叶大开摄）

对于"剪辑照片"的概念，在甘险峰的《中国新闻摄影史》一书中有相对明确的定义："剪辑照片又称照片剪贴，是作者根据一定的构思，以多幅照

① 杨小彦：《新中国摄影 60 年（1949—2009）》，河北：河北美术出版社，2009 年，"导言"，第 1 页。

片为素材，各取其部分画面加以拼接而成，类似宣传画或漫画。"① 而在《和摄影爱好者谈谈新闻摄影》② 一书翻译中称之为"摄影宣传画"。在《新闻摄影》（前身为《摄影业务》③）1957 年第 5 期由洪克撰文的《谈报纸图片工作》一文中，也提到了近似概念——"招贴画"图片。从这三个概念提出的语境来看，无疑都是将其归于新闻摄影体裁之中。中国著名摄影艺术家石少华也曾肯定过"剪辑照片"是区别于专题照片和独幅照片之外的一种摄影形式。总之，此类照片（以下统称"剪辑照片"）相当于现代数字摄影后期中的"合成照片"。至于它的运用具体为何时，通过有限的资料基本可以推断是在"大跃进"前期就已存在："利用照片在报纸上作招贴画是近两三年来出现的。工人日报、解放日报、中国青年报等都曾采用过这一形式"，"这种图片形式在国外产生较早，使用也比较普遍，但是在中国报纸上较多地出现，还是 1958 年的事"。④ 1958 年，德意志民主共和国"约翰·哈特菲尔德摄影剪辑艺术展览会"在京举办，这种富有强烈政治含义的照片风格，很快被大家所认识并接受。

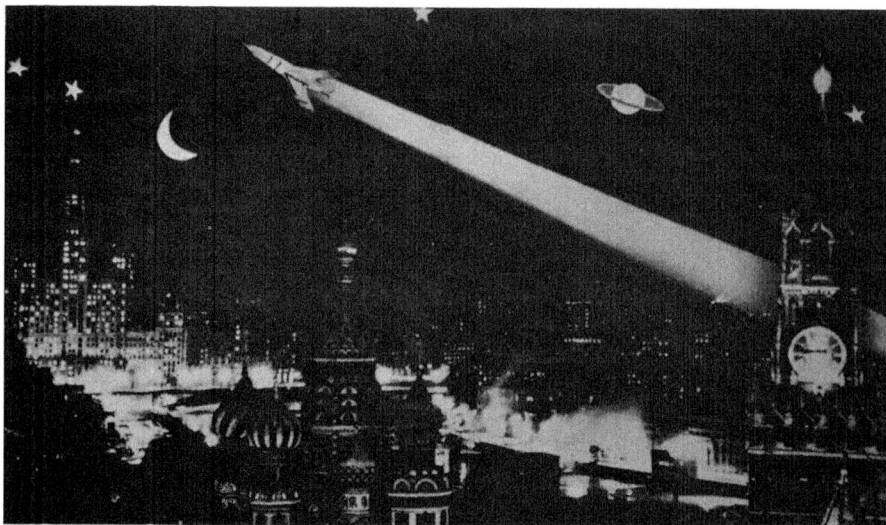

图 3-2 红色行星遨游太空（照片剪贴）

（1959 年 2 月第 8 期，吴松林、彭永祥 作）

---

① 甘险峰：《中国新闻摄影史》，北京：中国摄影出版社，2008 年，第 127 页。

② ［苏］帕·依·具奇科夫：《和摄影爱好者谈谈新闻摄影》，伏夫译，上海：上海人民美术出版社，1962 年，第 14 页。

③ 《摄影业务》是新华社新闻摄影部成立一年后，于 1953 年 5 月 1 日创办的，初为内部刊物。1957 年 1 月，更名为《新闻摄影》（月刊），翌年改为公开发行。直到 1960 年 7 月，因国家面临经济困难而停刊，共出版 433 期。

④ 洪克：《谈报纸图片工作》，《新闻摄影》1957 年第 5 期。

图 3-3 "剪辑照片"种类二：两张纪实的拼贴

（1959 年 12 月第 18 期，丁虹 摄）

　　《福建画报》中包含此类照片的专题达二十多个，其中除了《红色行星遨游太空》（图 3-2）① 在图片标题中明确备注了"照片剪贴"四个字，其他均未注明。这些"剪辑照片"的风格可分为两类：一是照片与插画相结合的剪贴画式的拼贴；二是两张纪实照片的拼贴。前者的"剪辑"特点一目了然，后者因限于当时的制作水平，人物"抠"边较为粗糙，也不难看出其"剪辑"痕迹。对于后者来说，照片的最大特点在于将那个时代的领袖、英雄、平民等具有代表性的人物（多为单个主体）置于画面前方，主体的活动与背景照片里的人物活动一致，并展现出更丰富的人物表情和饱满的情绪状态，但前后人物并非严格按照正常比例放置，如图 3-3，画面主体与背景人物大小比例夸张，主体动作幅度之大及面部表情的紧绷，与身后湍急的水流相呼应。木桨因透视而极具动感，增加了画面的视觉冲击力，加上身后陪体的衬托，且身上光影与主场景基本一致，人物很好地融入于场景之中。总之，整体构图饱满，远近对比强烈、层次丰富、内容完整、鲜明地呈现了在与自然的抵抗中，中国人民坚定信心、勇于抗争的强大力量。"剪辑照片"被大众接受甚至喜欢，更多的是因为可以通过影像叠加来塑造画面，加强宣传鼓动效果，

---

　　① 《福建画报》，1959 年 2 月第 8 期。

迎合那个时代所需的视觉和心理要求，而非单纯是技术或艺术，抑或"真实性"层面的追求。

除了《福建画报》之外，《人民日报》《大众摄影》《中国青年报》等大型全国性刊物也不乏这类图片。可见，相对于现代新闻摄影，合成照片必然会被视为造假行为，然而在特殊时代背景下，此类照片却以其"简单粗暴"的拼贴制作手法，很好地迎合了当时的新闻摄影审美政治化观念，成了新中国成立初期新闻摄影艺术的重要体裁之一，甚至因被认为是新闻摄影真实性与艺术性相结合而独树一帜。那么，"剪辑照片"何以能够成为一种新闻摄影照片形式？

早在中国革命时期，在列宁文艺思想启发下，就提倡"政治第一，艺术第二"的艺术评判标准。新中国成立后的中国新闻摄影尚处于创建阶段，理论基础单薄，对其含义、作用、报道特点以及艺术性和真实性等问题，很大程度上是"仁者见仁，智者见智""新闻摄影"的概念也较为模糊，多数情况下成了"图片宣传"的代名词，和艺术摄影没有明确的区分。[①]1957 年 11 月21 日，苏联举行十月社会主义革命四十周年庆祝典礼。苏联社会主义建设所取得的巨大成就，使得我们更加坚信学习、效仿苏联文艺政策的正确性。当时主要通过文字、图片资料的翻译、教学交流、展览观摩等方式来学习，如书籍方面的《和摄影爱好者谈谈新闻摄影》《苏联摄影选集》《摄影艺术造型技巧》等。1958—1965 年，虽然中苏关系开始恶化，但留苏学生的回国，仍在一定程度上加深了苏联影响。这也间接导致国内新闻摄影形成了两种极端趋向——"政治需要"和"艺术要求"，"剪辑照片"则通过固有的范式形成了具有"中国特色"的现代主义摄影风格，也是对"两结合"的贯彻，符合政治动员的浪漫想象。一方面，在表达现实生活的同时具有较强的宣传、鼓动功能，另一方面，在摄制者的精心剪接、修饰下，以近似完美的"画意"来表现，不得不说是一种"浪漫"的组织和拼接，传递着属于这个时期特有的"革命美学"，形成了"图解政策"式的照片模式。

（二）"程式化"影像：权力场下的美学共识

中国画报工作有史以来便具有"光荣的革命"传统，早在 1929 年毛泽东就提道："军政治部宣传科的艺术股，应该充实起来，出版石印的或油印的画

---

① 蒋齐生：《蒋齐生新闻摄影理论及其它》，北京：中国摄影出版社，1996 年。

报"。① 可见，图像表现为社会变革工具所具有的政治潜力已是不争的事实。《福建画报》作为新政权控制下的摄影出版物，其图像生产既延续了抗战时期的"革命现实主义"，同时在新中国"社会主义现实主义"的最高原则下，内容上有意识地选取那些维护政权合法性的题材进行报道，并通过文字、图像等文化符号，以一种"群体或社会共享的价值"② 实现权力场中的意义生产。在时代的思潮、报社的期待以及个人妥协下，这些隐含的作用力左右着画报摄影记者的视野或观点，"通过形象报道新闻"的规律被抛之脑后，这种认识的缺陷，使得新闻摄影工作者只能从主题出发，并结合一定的构图形式来"创作"（当时还未广泛使用"摄影创作"一词），由此形成"范式"。而那些从影像语言本身来强调提高新闻摄影艺术性而避免公式化、概念化的一切言论，都极易被批判者们定义为"否定新闻摄影政治性"的"资产阶级唯美主义形式主义"③ 思想，这种政治立场层面的划分后果，对于一个新闻工作者的职业生涯来说是致命的，例如1957年新闻界的"戴戈之"事件，波及多人，包括丁聪、苍石、何南、黄修一④ 等人。由此，从一张新闻照片乃至整个画报，在被片面曲解的"文艺为工农兵服务"政治语境中，其影像内容毫不隐讳地以政治观念输出为主要导向，并结合文本，导致最终输出文本意义多具偏见性，精确地"框住"了文本与图像之间相呼应而形成的空间，观众在某种程度上失去了思考的自由。而在当时"新闻照片"和"宣传照片"（图片宣传）两个概念几乎被视为同一个意义的情况下，人们对这种纯粹的政治文化图像产品虽略有不同却又"阵列一致"的解读，又促使了"大跃进"时代影像乏味而又华丽的升华，即具有一定范式的同时，数量又相当庞大。纵观1958—1961年《福建画报》影像，可归纳出以下几种"程式"：

① 蔡尚雄：《进一步提高画报工作的质量》，《摄影艺术论文选集》第一集（中国摄影学会理论研究部编），上海：上海人民美术出版社，1962年，第67页。

② 黄克武：《画中有话：近代中国的视觉表述与文化构图》，台北："中央研究院"近代史研究所，2003年，导论，第5页。

③ 晋永权：《红旗照相馆：1956—1959年中国摄影争辩》，北京：金城出版社，2014年，第199页。

④ 《人民画报》副总编辑丁聪；《人民日报》图片组组长苍石；《辽宁画报》编辑室代理组长何南；《民族画报》编辑室主任黄修一。

1. 人海"战术"的群体模式

图 3-4 专题《惠女锁蛟龙》（1959 年 12 月第 18 期，张水林 摄）

《福建画报》中的水利电力题材是人海"战术"模式的突出代表，就图像表现形式来看，大同小异，多是人山人海、热火朝天的生产画面。较为突出的报道当属《惠女锁蛟龙》①一文，运用九张照片从不同的拍摄角度、人物情绪和动作，不仅表现了"惠女水库"的庞大工程，还呈现了惠安女在生产劳动方面的勇敢和意志。但毕竟图像所能包容的视野有限，画报还通过惊人的数字来体现，例如"二十万"大军在几天内完成"十二万亩"的开荒造林。

图 3-5 学太平、赶太平，全省吹响了向万宝山进军的号角。看！福清全县出动十二万大军，几天工夫就开荒十二万亩，质量完全达到标准。（1960 年 3 月第 21 期，丁虹 摄）

———————
① 《福建画报》，1959 年 12 月第 18 期。

　　此外，随着全省大炼钢运动的展开，一时间"钢铁元帅"乘势而来，掀起遍地"炉战"。1958 年 11 月，在全省第四次钢铁战役中，参与人数达 400 多万人，占全省劳动力的 70% 以上。《福建日报》曾报道过这样的场面："从海防前线的英雄岛屿到正在大规模建设的三钢基地，从九龙江畔的柑橘林到武夷山麓茶树园，到处烈火熊熊，浓烟蔽天。前沿阵地钢铁炉旁机器马达的吼声和隆隆炮声伴奏，学校浓烟炉火熏黑了学生们白皙的脸孔。钢铁运输线上集结了成千部汽车，几十万辆车船，抢运堆积如山的矿石木炭。闽江的江水由于上游洗砂混濯变成了淡黄。"[①] 当时，砍树挖煤、器物回炉、拉风箱、搅沸水等种种举措被纳入"高产经验""事在人为""人定胜天"的中国传统文化思想，将人的主观能动性激发到了极致。

　　2. "又红又专"，"抱团"学习

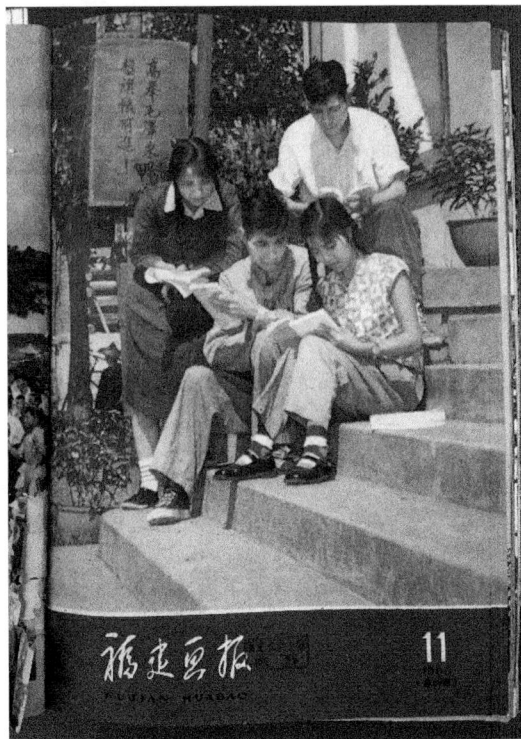

图 3-6　封面（1960 年第 11 期，张水林 摄）

　　随着"三面红旗"插遍全国，"红旗"等与毛主席基本思想、发言提纲的

---

　　①　钟兆云，王盛泽：《一生求真 江一真传》，北京：中共党史出版社，2008 年，第 226 页。

相关刊物，成了工人、公社社员、前线军民，甚至孩子们的重点学习读物，全国上下都在"成簇"地阅读刊物，学习总路线精神。照片中的标语口号、"红旗"二字、毛泽东像等醒目的图像元素，是那个时期典型的政治性镜头。

图 3-7 1960 年 11 月第 29 期，无署名

在教育界，"大跃进"还体现在"大力开展扫盲"和"全民办学运动"中，"学习"或"读书"画面成为当时迎合政治政策的一种新文化潮流，主要体现在三个方面：扫盲运动（教育跃进）、学习语录（政策拥护）、生产讨论（经验传授）。从年仅几岁的红领巾，到五十岁以上的老大娘三代一起学习；从公社创办的干部红专学校，到将件件生产和生活用具写上名称，做到"见物就识字，有空就学习"；从劳动生产，到下地带黑板、田间教学，做到"生产到哪里，学习到哪里"，给"学习模式"带来了更多的图像创作内容。

3.生产模式中的人和物

《福建画报》中关于工农业的画面，与当时流行的"人加物"手法基本一致。农业报道上，是我们司空见惯的"抱一抱，笑一笑"，这种"抱"式又分为"双手抱"和"肩扛式"，通过人与物之间的对比，使农产品的大小一目了然，丰产、高产、质量高等概念自然深入人心。虽然报道形式显得沉闷些，但事实上，如果摄影记者不如此拍摄，也很难被编辑者采用。而且在当时地理位置、交通环境、通讯设备等条件较差的年代，农业报道花费时间较长、精力更多，采用率却相对较低，到农村采访成了一件"吃力不讨好"的事情，并不受新闻记者们的青睐。

这种模式中画面人物总是以"微笑"演绎着一种"幸福"感，在当时"总路线是灯塔"的浪漫情调下，却也是发自内心的笑，自然而淳朴，但也是一种典型的具有政治概念性质的表情。这在1959年由福建人民出版社出版的《跃进中的福州》[①]中也能看到诸多此类模式，甚至是惊人的相似构图。

图3-8 水稻丰收（来自《跃进中的福州》，第59页。也是画报1958年8月第2期的彩色封面，叶大开摄。）

---

① 中共福州市委宣传部编:《跃进中的福州》，福建人民出版社，1959年。该画册通过100张照片呈现了福州解放十周年以来的新面貌，包括福州城乡新建设、机器制造业、工艺美术工业等各种现代工业，以及农业、文教、卫生和科学事业等的发展。

图 3-9 蔬菜（来自《跃进中的福州》，第 55 页。）

图 3-10 摘柑（1959 年 1 月第 7 期，叶大开摄）

图 3–11 柑橘（来自《跃进中的福州》，第 53 页。）

工业报道上则是更为直接的"人加机器"，包括人在机器前的大特写和技术操作、准备工作等生产过程中的人物形象，后者具备更为丰富的拍摄内容及形式，避免了人与机器之间的生硬关系，突出了人作为生产的主体性。

图 3–12 本市制造的柴油机（来自《跃进中的福州》，第 24 页。）

图 3-13 福州玻璃厂（来自《跃进中的福州》，第 43 页。）

这些"程式化"照片背后，涉及着一个重要的议题争辩，即在 1956—1959 年之间，史无前例地发生着的关于"虚构和摆布""组织加工"等新闻摄影理论问题的讨论和研究。这场争论的结果虽然是以一种达成默契却并未根治的效果和方式而结束，但其积极意义在于，在讨论"组织加工"性质的基础上，进而探讨了新闻摄影的真实性原则和意义。而对于《福建画报》工作者来说，在自身对新闻真实性原则与客观规律认识不清的情况下，自然心照不宣地遵循着这样的形式和原则。在为新政权服务的过程中被操控的同时，也操控着人们的视觉"观看"，由此逐渐失去了新闻摄影其应有的真实性，终究伤及自身的发展。[①]

（三）报道失实：虚假报道的泛滥

新中国成立后，除了歌颂总路线、宣扬毛主席精神、赞美社会主义建设等主题外，几乎不见批评性的社会新闻报道。虽然 1957 年整风运动使得一时间民主气氛高涨，批评性新闻照片开始见诸报端，这些照片被认为会"更生动、更尖锐，而且证据确凿，叫人赖也赖不掉"，但也有些人认为："如果被敌人拿去，很容易另外捏造个文字说明，来歪曲我们，使我们遭受不利。"[②]

---

① 参见杨小彦的《看与被看——摄影中国》和晋永权的《红旗照相馆》两本著作。
② 钟信：《介绍一些新闻摄影理论问题》，《新闻摄影》1957 年第 6 期。

而不管人们呼声如何，随着"反右"①运动的到来，政治压力使得干部乃至群众人人自危，"一言堂"、浮夸风、瞎指挥风等现象泛滥成灾，各家报纸为避风险，不敢再刊用批评性新闻照片，此类照片如昙花一现。即使在1960年末三年自然灾难的严峻时刻，那些被定义为"资产阶级摄影"的现实苦难画面也无法作为新闻给予报道。相反，在摆拍和粉饰之下，仍以一种充满希望、生机勃勃的色彩在演绎着。

画报中，我们随处可见浮夸数据所营造的生产之势。例如创刊号以《向水利水电化跃进的永春》为专题，概述了永春县建设水利电站的基本情况：7天内建成80个小型水利站，年内计划建成260个；1958年第2期《守卫在海防前线的解放军》专题中，解放军帮助农民修建"八一水库"的情景，却也仅仅只是"本省的数百处水利过程的一处"。如果说这些数据还有测量的可能性，那么"消灭蚊子一亿多万只，打捞孑孓一万六千多斤，消灭蚊子滋生地三万八千多处，改良沟渠六千七百多条"②，这些数字的由来，不免有些匪夷所思，可见当时浮夸风之严重程度。

图3-14 为了支援农业跃进，粮食大丰产，到处可以看到解放军以战斗的姿态帮助农民抢收抢种，不管日晒雨淋地大修水利。这是驻本省人民解放军部队支援本省的数百处水利工程的一处——"八一水库"动工的场景（1958年8月第2期，陈台辉 摄）。

---

① 新闻界的"右派分子"是指：反对以工农兵为新闻报道的主要题材，而强调拍摄"艺术作品"，其内容就是资产阶级趣味的"风花雪月"，其目的是要取消新闻摄影的政治性和战斗性，并企图把它改变成为资产阶级向无产阶级进行斗争的工具。（出自：陈昌谦：《新闻摄影是阶级斗争的工具》，《新闻摄影》1958年第1期。）

② 《福建画报》，1958年8月第2期。

粮食生产方面，新闻报道也连放"卫星"。当福建升起第一颗"卫星"——海澄县黎明社亩产 2516.9 斤之后，全省各地的"卫星"越放越大，且越多，报道的数据远远超过真实生产产量。1958 年 8 月，画报以《早稻闯过七千关，秋后看谁是好汉》一文，专题报道了莆田哆后社早稻试验田亩产 7651 斤的新纪录。虽然当时省长江一真对该社 4 寸 ×4 寸的株距持怀疑态度，但由于从底层开始作假，即使查了一个多月，最终仍只能信以为真。这些所谓的"丰产田"或"卫星田"，很大部分都是为了实现高指标的"跃进"产量要求，通过一些不切实际的增产措施而标榜，其中以密植措施最为突出，此外，还有倒种春、直播（把谷种直接随意往田里撒，长出密密麻麻的秧苗）、"并丘"（即把许多丘成熟或基本成熟的农作物移栽合并到一丘田里，一百亩地谎报七八十亩，哄抬产量）、"移植"、"掇秧"等。更有甚者在验收产量时，基层干部指使社员把农产品过秤后从仓库前门进，再从后门挑出来反复过秤，于是"入了仓的小麦，亩产成千斤的增长"[①]，形成"卫星"产量。

可以说，见诸《福建画报》中的报道数据，很大程度上只是人们找来作为辅助说明图像之用的事例，以证明当下是在"跃进"，不是"冒进"。而实际上，由此带来的生产隐患正在渐渐显露。虽然表面上粮食净征购越来越高，但实际上由于 1958 年秋季"大炼钢铁"，劳动力大多转移支援工业，严重影响了农作物的管理和秋收。1959 年 5 月至 1962 年 9 月，粮食总产量连年减产，但作为党领导下的政治性刊物《福建画报》仍在勾勒着美好的图景。1958 年的秋收，粮食产量竟虚估至 88.5 亿公斤，比 1957 年翻一番。此时，大批农民已经因粮食紧缺导致营养不良而患了浮肿病，出现非正常死亡，紧接着而来的，便是三年困难时期。[②]

① 甘丽华：《记者职业身份认同的建构与消解——以〈中国青年报〉记者群体为例》，《新闻记者》2014 年第 8 期。
② 何少川：《当代福建简史 1949—1999》，北京：当代中国出版社，2001 年。

图 3-15 20 世纪 50 年代摄影记者采访证。（图片来源：晋永权《红旗照相馆
1956—1959 年中国摄影争辩》第 103 页）

客观来说，大面积严重的新闻失实是特殊时代背景下集体风气使然。20
世纪 50 年代，新闻摄影记者都持有一张记者证，"有了这张纸就可以通行无
阻"，甚至"指挥"领导①。记者证与贵宾证很相似，这也表明了摄影记者获
得了"应有的，也可以不夸张地说、荣誉的地位"②。于是，当记者下乡采访
或下基层调查，那些被定位在"下面"的人看待记者的态度自然也就不同，
记者职业扮演的似乎更多是"党的干部"的角色。但若只用记者个人采访作
风上的原因来解释，追究于个人声音的做法，不免显得有点苛刻。作为党的
新闻工作中扮有重要角色的《福建画报》，在当时不顾客观条件、违背自然规
律和经济规律的唯意志论主导下，在某种程度上也已失去了其独立性。这在
一定程度上也反映了国家、媒体、公众三者的扭曲关系，新闻工作者对其自
身职业身份认同的意识上走向偏颇，认为政治觉悟远比职业标准，技术显得
更为重要，从而导致了新闻实践的异化。

---

① 阮友直，陈佳，袁玉娟：《我镜头里的 3 年解放战争》，《海峡都市报（福州新闻·坊
间）》2007 年 3 月。这张编号为 003 的记者证，是福建画报社首任社长张子固老摄影家 1948 年
的战地记者证。
② [苏联] 雅可夫·吉克著，曾庆祥译：《摄影记者也就是一个新闻记者》，《新闻摄影》
1957 年第 9 期。

四、对中国社会主义新时代主流文化生产与传播的启示

《福建画报》的影像不是简单地作为一种艺术现象进入大众视野，而是一种审美政治化的进程，包含着当时社会政治、经济、思潮及福建摄影队伍的集体"在场"，是编辑者和摄影记者在权力场和社会场中自我调适的产物，由此形成一定的图像范式。在这种程式化的政治叙事进程中，影像实际上缺乏对现实个人情感的关注，同时也是摄影家缺乏独立思考的体现。通过对《福建画报》影像的研究，能够为当今中国社会主义新时代主流文化的生产与传播提供些许启示意义。

（一）"以人民为中心"，崇尚人文关怀

"如同中国特色的社会主义市场经济一样，市场是手段，不是目的；中国文化产业虽要体现市场的逻辑与法则，但更要关注'文化为谁服务''建构什么文化形态'的灵魂问题。"[①] 新闻摄影的基本特性决定了它是为党和人民宣传服务的，不受政治约束的新闻摄影是不存在的，而其纪实性又决定了新闻从业人员必须具备人文关怀的精神，这是基本的专业素养和履职行为，也是对新闻摄影本质更深层次的诉求。在新闻摄影中，对于社会事件，特别是灾难性事件的报道，应先关注当事者在事件中的体验和感受，切不可深陷于为追求轰动效应而过分渲染画面或未经同意肆意曝光，导致对当事人的心理伤害，应当权衡事件报道之后的利弊再做报道，这里的利弊不但是对生命个体而言，也是宏观上对报道取向是否影响人们正确观看和记录社会主流文化的价值判断。要知道影像的力量在于透过本质信息，于无形之中引发受众对事物的关怀与思考。

（二）"形成一种风格"，彰显文化自信

这里的"风格"是指一种长久以来伴随文化生产和生长而形成的一种持续不断、内容相对统一的，具备强烈独特性的文化潮流。新闻摄影拥有最广泛的传播平台和观众对象，自然在弘扬和传承中国精神和中国文化上具有不可推卸的责任和义务。"大众传媒越来越成为文化生产的重要机构，文化生产积极性远远超越了宗教、教育等文化生产机构。他们所生产的大众文化不断

---

① 王乃考：《用中国精神构建我国文化产业思想体系》，《新闻爱好者》2016 年第 2 期。

地制造着世界流行与时尚，产生了空前的影响力。"①党的十八大以来，习近平总书记多次从中国特色社会主义事业全局的高度深刻阐述文化自信，在他的带领下，社会主义文化建设进一步呈现出繁荣发展的生动景象，对文化自信的表达已成为当下新闻摄影内容的一个重要内容取向。

（三）"纪实而后创作"，具备思辨精神

新闻摄影作为反映现实社会问题的重要手段之一，必须实事求是，尊重客观事实，这也是从业者责任感的体现。特别是在这个信息纷繁复杂的时代下，媒介的多样性、易接触性以及"碎片化"阅读习惯，使得受众在接收信息时往往不会加以判断是非对错，更多的是以第一印象来主导自己对当下事件的情感发酵，从而让媒体实现舆论导向成为一件轻而易举的事情，这就对新闻摄影报道的真实性提出了更高的要求。"一定要重视老子的文化生产观，克服资本主义文化生产的矛盾性"，"用过多的修饰、美化，反而不利于真理性文化的传播"②。真实性要求相关从业者需要具备思辨思维，深入挖掘和调研事实并做出理性判断，一方面要求对事件准确还原，具备"求真"态度，另一方面，在记录真实内容的基础上，还应恰当地选取事件的拍摄视角，正确引导观者的心理感受和价值判断。

---

① 王乃考：《发生学视野下文化生产的历史与规律》，《现代传播》2017年第11期（第四辑）。

② 王乃考：《老子文化生产观的理论向度与时代意义》，《中华文化与传播研究》，北京：九州出版社，2018年。

中国网络视频产业结构的文化生产分析
（2004—2018）

肖琳文 *

（西那瓦大学，泰国·巴吞他尼，12160）

摘　要： 从 2004 年到 2018 年，中国网络视频产业从无到有，发展成了一个规模庞大的产业形态，且已成为人们生活中重要的文化消费方式。文章从文化生产、文化消费、文化产品、市场结构等方面对中国网络视频文化生产状况进行了较为系统的分析，得出了一些初步结论。

关键词： 中国；网络视频；文化生产；产业结构；市场集中度

网络视频是指以 WMV、RM、RMVB、FLV 以及 MOV 等内容格式在线传播、通过 Real Player、Windows Media Player、Flash、Quick Time 及 DivX 等主流播放器播放的文化产品形态。随着网络视频技术的提升，中国网络视频的文化生产、文化产品、文化消费等方面日趋引起学者们的关注。

"当文化消费成为了生活的重要组成部分，文化生产也会成为社会生产的重要组成部分；当文化生产越来越有利可图时，就会有越来越多的资本和人才进入文化生产系统，开展文化生产活动。"[1] 因此，本文希望从文化生产的视角进行分析。"文化生产就是创造与加工文化内容的脑力劳动和体力劳动。"[2] 根据这一观点，本文将从文化生产者、文化消费者、文化产品、市场

---

　　* 肖琳文（1992—　　）女，汉族，博士，辽宁大连人，泰国西那瓦大学管理学博士研究生，研究方向：旅游与文化产业管理。

　　① 王乃考：《发生学视野下文化生产的历史与规律》，《现代传播》，《中国传媒大学学报》2017 年第 11 期。

　　② 王乃考：《老子文化生产观的理论向度与时代意义》，《中华文化与传播研究》（第四辑）北京：九州出版社，2018 年。

结构等方面进行考察与分析，进而对中国网络视频文化生产状况做一个初步的认识。

一、网络视频文化生产的集中化

研究文化产业发展状况，"不论是用自由多元主义传播学方法，还是用政治经济学方法，甚至用主流经济学来研究文化，市场集中度问题都是核心问题"[①]。美国经济学家贝恩对市场集中度进行了如表 1.1 的划分，对前四位企业市场占有率（CR4）将集中类型分为六个等级，即极高寡占型（CR4 > 75%），高集中寡占型（65% < CR4 < 75%）中（上）集中寡占型（50% < CR4 < 65%）、中（下）集中寡占型（35% < CR4 < 50%）、低集中寡占型（30% < CR4 < 35%）、竞争型（CR4 < 30%）[②]。

表 1.1 贝恩对市场结构对分类

市场结构类型	市场集中度	
	CR4	CR8
寡占 I 型	85% ≦ CR4	—
寡占 II 型	75% ≦ CR4 < 85%	85% ≦ CR8
寡占 III 型	50% ≦ CR4 < 75%	75% ≦ CR4 < 85%
寡占 IV	35% ≦ CR4 < 50%	45% ≦ CR4 < 75%
寡占 V 型	30% ≦ CR4 < 35%	40% ≦ CR4 < 45%
竞争型	CR4 < 30%	CR8 < 40%

来源：罗建华，谭海彦，李铁宁：《区域性产业市场结构分类方法体系研究》，《商业研究》2009 年第 4 期。

傅依雪在分析中国网络视频行业结构时引用了日本经济学家植草益对产业集中度的划分标准，"将产业市场结构粗分为寡占型（CR8 ≥ 40）和竞争型（CR8<40%）两类。其中，寡占型又细分为极高寡占型（CR8 ≥ 70%）和低集中寡占型（40% ≤ CR8<70%）；竞争型又细分为低集中竞争型（20% ≤

---

① ［英］大卫·赫斯蒙德夫：《文化产业（第三版）》，张菲娜译，北京：中国人民大学出版社，2016 年，第 12 页。

② 罗建华，谭海彦，李铁宁：《区域性产业市场结构分类方法体系研究》，《商业研究》2009 年第 4 期。

CR8<40%）和分散竞争型（CR8<20%）"①。结果认为："中国视频网站的市场集中度正在逐步提高，未来将逐渐形成寡头垄断结构。"②

市场集中度是决定市场结构最基本、最重要的因素，集中体现市场的竞争和垄断程度。一般来说，市场集中度越高，说明大企业的市场支配能力越强，对市场的影响力越大。通过对相关文献的考察，本文用行业集中率（CRn指数）作为市场集中度的计量指标，行业集中率是指该行业的相关市场内前N家最大的企业所占市场份额的总和。一般情况下N取4或8。

对于互联网行业来说，流量是最重要的，视频行业的流量可以从两个方面计算，月活设备数和月有效使用时间。月活设备数是指一个月内使用某APP的设备总数，单个设备重复使用只计算一台。月有效使用时间是指一个月内某APP被用户真正站前台激活使用的实际时间（后台运行的非激活状态不记入）。

由于每台设备可同时登入不同网站，所以本文决定用月有效使用时间来计算视频行业行业集中度。虽然通过单一指标得到的结果不是唯一准确的，但是可以大致反映出中国视频行业的现状，对在线视频行业结构分析有一定的帮助。

表 1.2 目前主要视频网站所占市场份额

时间 排名	2017 年 Q2	2017 年 Q3	2017 年 Q4	2018 年 Q1
1	爱奇艺 33.87%	爱奇艺 35.10%	爱奇艺 33.09%	爱奇艺 32.25%
2	腾讯视频 23.02%	腾讯视频 26.02%	腾讯视频 27.34%	腾讯视频 28.21%
3	优酷 19.92%	优酷 20.47%	优酷 20.89%	优酷 22.33%
4	乐视视频 6.70%	芒果 TV 4.72%	芒果 TV 5.90%	芒果 TV 5.28%
5	芒果 TV 5.10%	乐视视频 3.81%	搜狐视频 3.11%	搜狐视频 2.61%

① 傅依雪：《基于 SCP 范式的中国视频网站市场结构研究》，硕士学位论文，湖南大学，2016 年。

② 傅依雪：《基于 SCP 范式的中国视频网站市场结构研究》，硕士学位论文，湖南大学，2016 年。

6	搜狐视频 3.11%	搜狐视频 3.16%	乐视视频 2.52%	PP 视频 2.39%
7	PP 视频 2.83%	PP 视频 2.25%	PP 视频 2.36%	风行网 2.15%
8	风行网 2.34%	风行网 2.15%	风行网 2.19%	乐视视频 2.14%
CN4	83.51%	86.31%	87.22%	88.07%
CN8	96.89%	97.68%	97.40%	97.36%

来源：艾瑞数据

根据表 1.2 中国视频市场集中度 CR4 从 2017 年第三季度开始突破 85%，根据贝恩的市场划分法，中国视频网站集中度从寡占 II 型上升至寡占 I 型。而 CR8 一直高于 95%，根据日本经济学家植草益对 CR8 的划分标准，中国视频行业的集中度属于极高寡占型。虽然市场集中度用市场占有率前四名的企业作为指标划分，但是从表 1.2 可以看出，其实第四名的企业所占市场份额只有 5% 左右，绝大部分市场是被爱奇艺、腾讯、优酷三家视频公司占据，而这三家公司分别背靠百度、腾讯、阿里巴巴三大互联网巨头。

二、网络视频文化产品的差异化

视频网站行业虽然已经形成了寡头垄断市场的局面，但这并不意味着市场竞争力低。爱奇艺、腾讯视频、优酷虽然稳定在行业前三，但彼此之间差异不大，都在积极竞争行业老大的地位。而第二梯队的芒果 TV、乐视、搜狐也在积极寻求突破，希望能拉近与第一梯队的差距。虽然各个网站发展思路呈现一定程度的同质化，但由于背景不同，视频网站又有各自不同的重点关注领域。

（一）内容生产的差异化

最初的视频网站由于版权管理不够规范，独家影视内容很少，基本上每个视频网站上能看到的内容都是一样的。即使后来国家大力打击盗版，视频网站能买到独家版权，也会因为经营成本过高而采取版权分销的方式来降低投入成本。因此，在很长一段时间里视频网站的内容大同小异，热播内容几乎在每个网站都能看到，这就导致用户黏性低，网站之间的用户重合度高。在这种情况下，哪个平台能够有足够的资金支持，抢到更多的独播权，用户就会向哪个平台倾斜。因此近两年来，视频网站打起了独播争夺战，谁能拥有更多的独播权，谁就能得到更多的用户和会员。

现在视频网站拿到独播权的方式主要有两种，一是高价购买独播版权，二是自制精品内容，并独家播放。虽然第一种方式能给网站带来流量和收入，但是巨额的版权费使网站运营成本过高，这也是国内绝大多数视频网站至今没有实现盈利的主要原因。因此各大视频网站都在积极地发展自制内容。自制内容有三个好处：第一，降低了对专业版权内容的依赖；第二，大大提高了视频网站间差异化竞争的能力；第三，自制内容的广告模式更加灵活。

（二）服务模式的差异化

1. 免费服务模式

这是视频行业最传统的商业模式，免费为用户提供视频资源，然后通过广告获取利益。在早期的视频行业，版权监管不够严格，网站获取内容的成本极低，这种免费提供内容，靠广告获利的方式是可行的。但是现在视频网站上所有的影视作品都是正版的，高额的版权费加上宽带成本费让视频网站不堪重负。而视频网站采用的贴片式广告，又难以达到电视台广告的收入量级，使视频网站的盈利空间变得很小。

2. 会员服务模式

2010 年各大视频网站就开始尝试付费服务，在这个时期各视频网站的包月费用也较高，为 20 元左右。但是由于版权库不够完善，储量较少，电影窗口期长以及网上支付技术不够成熟等原因，会员增长缓慢。此时互联网用户不付费的习惯在一定程度上有所改变，但影响较小。2013、2014 年国家打击盗版的力度不断加大，为视频行业付费会员规模的快速增长营造了良好的环境。此外，窗口期不断缩短，网络大电影的大量发行，为视频网站付费片库的有力补充。与此同时移动支付不断普及使会员付费更加便捷，也是会员规模快速增长的原因之一。2015 年下半年，爱奇艺独家播放网剧《盗墓笔记》，并首创"会员抢先看全集"的付费模式，使视频网站的会员数量爆发式增长。如今会员业务已经成为各视频网站的主要收入来源之一。

3. 版权分销模式

在内容为王的视频网站行业里，独家版权是吸引用户最主要的手段。但是日益高昂的版权费用，使各大网站不堪重负。所以视频网站不得不通过版权分销来摊薄成本，但同时版权分销也必然会引起内容同质化危机。

三、网络视频文化消费的规模化

（一）网络视频文化消费的增长历程

"在 2004 年以前互联网出现的视频类服务都是其他网站附带的功能，直到 2004 年 11 月乐视网成立，才打破了这个局面。"① 乐视网的诞生标志着我国视频网站行业的起点。在这之后的 2005 年国内迅速出现了大量专业视频网站，如土豆网、PPTV、PPS、56 网、激动网等。美国的 YouTube 也是在 2005 年成立，此时还没有大量资本进入市场。当时中国的版权制度还不够规范，视频网站播放的内容大多数没有版权，同时发放视频网站牌照相关的法律法规也还没有制定，所以此时市场准入门槛很低。

2006 年是视频网站行业的一个爆点，这个爆点来自谷歌以 16.5 亿美元收购了 YouTube，这次收购瞬间点燃了国内视频网站行业，大量资本开始进入市场。在 2006 到 2007 年，仅仅两年时间，市场上就出现了大大小小一千多家视频网站，新浪、搜狐等门户网站也纷纷加入视频行业。此时的视频网站模式逐渐多样化，产业链也在不断完善。

2007 年 12 月 29 日，原国家广电总局和原信息产业部联合发布了《互联网视听节目服务管理规定》，确立了视频网站经营的牌照制度。2009 年 1 月，广电总局相关部门发起"整顿互联网低俗之风专项整顿行动"，关闭三百多家违法违规视听节目网站。2009 年 12 月开始，中央外宣办等部门联合发起了打击网络盗版侵权等"剑网行动"。为了让网络视频行业更加规范，国家连续出台的一系列法律法规，使网络视频行业更加规范。同时对盗版的打击，也使网络视频行业的经营成本大量增加，生存的压力让很多网站不堪重负，纷纷倒闭，留下了小部分主流视频网站占据了大部分市场份额。

法律法规的完善和大量资本的进入，使网络视频行业的发展进入成熟期。部分视频网站开始通过各种渠道上市，如优酷视频、乐视视频、酷 6 网等。上市意味着视频网站的资金会更充裕，可以得到更好的发展。

与此同时，行业内的并购潮也在持续。在 2012 到 2013 年，短短两年时间就发生了三次影响行业发展格局的大型并购案：（1）2012 年 8 月 20 日，优酷土豆通过 100% 股权交换的方式合并，成立优酷土豆集团公司。（2）2013 年 5 月 7 日，百度宣布 3.7 亿美元收购 PPS 视频业务，并将 PPS 视频业务与爱奇

① 张逸、贾金玺：《中国视频网站十年进化史》，《编辑之友》，2015 年第 4 期。

艺进行合并。（3）2013 年 10 月 28 日，苏宁宣布向 PPTV 投资 2.5 亿美元，占股 44%，成为第一大股东。经过这一系列重磅并购洗牌后，网络视频市场份额进一步趋于集中，行业整合也暂时告一段落，但是行业的微整还在持续。

2016 年，第四届中国网络视听大会发布了最新的发展研究报告，报告显示爱奇艺、腾讯视频和优酷在整个视频行业所占据的市场份额已经超过 50%，成为视频行业的第一梯队，而处在第二梯队的搜狐视频、乐视视频的市场份额不到 25%，这表明整个视频行业进入了寡头垄断时代。

（二）当前中国网络视频文化消费规模分析

随着经济的发展和生活水平的提高，互联网产业得到了快速的发展。网络视频随着互联网的发展，不断渗透到人们的日常生活当中。尤其是智能手机和 4G 网络的使用，使手机上网没有地域的限制，相较于电脑更加方便，也促进了网络视频的发展。

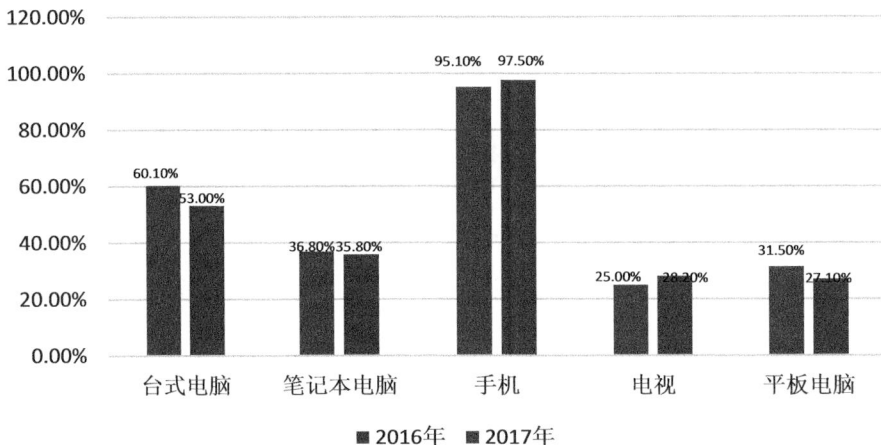

表 2.1　互联网接入设备使用状况

来源：中国互联网信息中心（CNNIC）

中国互联网络信息中心（CNNIC）发布的第 41 次《中国互联网络发展状况统计报告》显示，截止到 2017 年 12 月，我国网民规模达 7.72 亿，全年共计新增网民 4047 万人，互联网普及率为 55.8%，较去 2016 年底提升 2.6 个百分点。手机网民的规模达 7.53 亿，较 2016 年底增加 5734 万人。从表 2.1 可以看出作为互联网络接入设备，台式电脑笔记本电脑和平板电脑的数量都在下降，而手机的使用量在增加，并且已经连续两年使用率在 95% 以上。可以推测使用手机上网的比例会持续攀升。

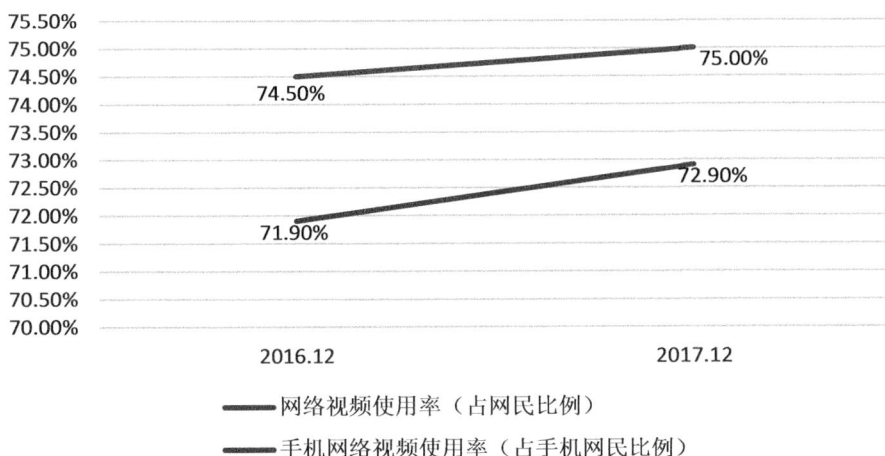

图 2.3 网络视频/手机网络视频使用率

来源：中国互联网信息中心（CNNIC）

在网民规模不断扩大的同时，网络视频用户也不断增加，根据 CNNIC 的统计，截止到 2017 年 12 月，网络视频用户规模达到 5.79 亿，较去年年底增加 3437 万，占网民总体的 75.0%。手机网络视频用户规模达到 5.49 亿，较去年年底增加 4870 万，占手机网民的 72.9%。

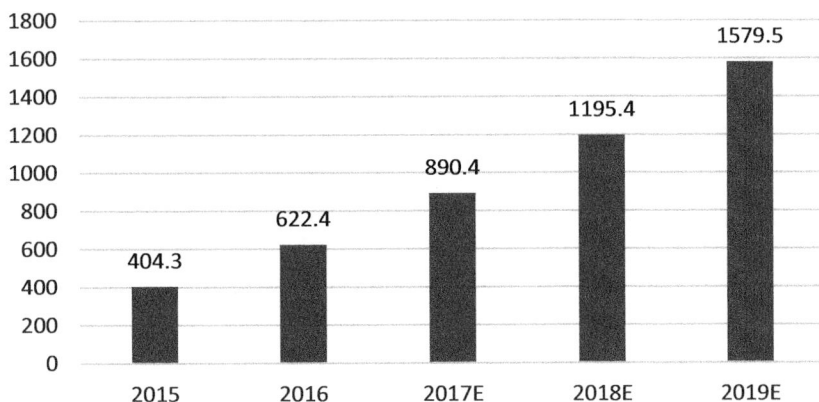

图 2.4 市场规模（亿元）

来源：中国产业信息

根据中国产业信息网的数据显示，2018 年中国在线视频市场规模达到
1195.4 亿元，同比增长 34.3%，随着网络视频行业的发展，在线视频的用户
规模不断扩大，盈利模式逐渐完善，预计 2019 年中国网络视频行业市场规模
将近 1600 亿元。

从表 1.2 可以看出，爱奇艺用户有效使用时间上一直稳居第一位，市场
占有率在 30% 以上，腾讯视频和优酷也一直稳定在第二名和第三名，市场占
有率稳定在 20% 以上。

会员业务方面，根据各视频网站自己公布的数据，爱奇艺截至 2017 年
12 月 31 日，付费会员数 5080 万，是目前公布会员数最多的视频网站。腾讯
视频 2017 年 9 月 28 日宣布其付费会员突破 4300 万；优酷 2016 年天猫双十
一全球狂欢节宣布优酷付费会员突破三千万；乐视视频 2015 年对外宣布的会
员数量已突破两千万。会员业务已经成为视频网站的主要收入来源之一。

四、文化生产视域下中国网络视频市场结构分析

（一）市场壁垒已经形成

在线视频行业已经进入寡头垄断期，行业进入壁垒早已产生，后来者想
进入该行业要面临巨大的挑战。在线视频网站是出了名的烧钱的行业，对新
进入的企业来说，宽带和版权都属于一次性投入，且投入很高，需要达到规
模性的流量才能收回成本。并且在现存的视频网站中都几乎没有真正实现盈
利的情况下，新进入的企业几乎不可能在短时间内收回成本。高昂的资金投
入使很多投资者望而却步。同时，作为互联网行业，视频网站不同于一般实
体企业有很多固定资产，在退出市场的时候可以通过转用或转卖收回部分成
本。视频网站的资产大多数是无形资产，以版权内容为主。在进入视频网站
市场时必然需要在版权上大量投入资本，但在退出市场时可能因为内容过时
等原因，版权内容很难变现，导致企业退出市场壁垒较高。

（二）政府监管又强化了市场壁垒

广电总局早在 2004 年就出台了《互联网等信息网络传播视听节目管理办
法》，规定了其监管对象、监管范围和许可证条件。2007 年 12 月 29 日，广
电总局又公布了《互联网视听节目服务管理规定》（以下简称为《规定》）。该
《规定》由广电总局和信息产业部联合颁布，进一步提高了许可证等获取门

槛，对许可证的若干要求中的第一条就是"具备法人资格，为国有独资或国有控股单位"。但是，在《规定》出台之前依法成立的民营视频网站，并依法运作的，可以提出申请牌照，在《规定》出台之后，一律不再接受任何民营视频网站的申请。

2009 年广电总局发布的《关于加强互联网视听节目内容管理的通知》中规定，从事互联网视听节目服务的单位要完善节目版权保护制度，严格遵守著作权法律、行政法规的规定，所播节目应具有相应版权。要采取版权保护措施，保护著作权人的合法权益。该通知加强了对版权的保护，增加了视频网站的运营成本，提高了进入视频网站行业的资金要求。2014 年 3 月 19 日，广电总局发布了《关于进一步加强网络剧、微电影等网络视听节目管理等通知》，对网络剧、微电影等网络视听节目中经常出现低俗内容、渲染暴力色情等问题进行了引导和规范，加强了网络视听节目内容的审核标准。

随着视频网站用户规模越来越大，进入该行业的企业越来越多，政府对该行业的监管也越来越严格，在行业监管、内容审查等方面都发布了相关规定。这些规定的发布使视频行业越来越规范、健康发展的同时也使视频网站行业的进入壁垒越来越高。

"以文化产业为中心的文化生产体系，并不是也不能自动过渡到文化共享、文化共产状态，相反，倘若不能解决好为谁生产文化、谁来生产文化、生产什么文化的问题，也有可能给未来社会带来灾难。"[①]可见，从长期来看，单纯地依靠监管这一个手段还是不行的，还是应该从文化生产的全过程来服务人民的文化生产、传播及消费的基本需要。

五、结论

2017 年第三季度数据显示，中国视频市场集中度 CR4 从 2017 年第三季度开始突破 85%，根据贝恩的市场划分法此数据意味着：中国视频网站集中度从寡占 II 型上升至寡占 I 型。数据还显示，中国视频市场集中度 CR8 一直高于 95%，根据日本经济学家植草益对 CR8 的划分标准，中国视频行业的集中度属于极高寡占型。

中国视频产业虽然已经形成了寡头垄断市场的局面，但这并不意味着市

---

① 王乃考：《发生学视野下文化生产的历史与规律》，《现代传播》，《中国传媒大学学报》2017 年第 11 期。

场竞争力低。相反，稳居行业第一梯队的爱奇艺、腾讯、优酷依然处于激烈竞争阶段，第二梯队的芒果 TV、乐视、搜狐也在积极寻找方向，希望能追上第一梯队的脚步。虽然中国视频产业呈现一定程度的同质化，但不同的视频企业也在内容生产、盈利模式等方面采取了不同的差异化策略。

中国视频产业规模的发展经历了视频萌芽期（2004 年—2005 年）、高速发展期（2006 年—2007 年）、格局初显期（2008 年—2010 年）、成熟发展期（2011 年—2015 年）、寡头垄断期（2016 年—2018 年），随着互联网逐步成熟，在线视频用户规模扩大，在线视频带来的商业资源不断升值。

中国互联网视频产业的市场壁垒主要有三：政策壁垒；进入市场壁垒；退出市场壁垒。第一，《互联网等信息网络传播视听节目管理办法》（2004）、《互联网视听节目服务管理规定》（2007）、《关于加强互联网视听节目内容管理的通知》（2009）、《关于进一步加强网络剧、微电影等网络视听节目管理等通知》（2014）等国家监管政策的出台，进入视频产业的政策壁垒越来越高。第二，在线视频行业已经进入寡头垄断期，行业进入壁垒早已产生，后来者想进入该行业要面临巨大的挑战。第三，视频网站的资产多是无形资产，以版权内容为主，在退出市场时可能因为内容过时等原因，版权内容很难变现，导致企业退出市场壁垒较高。

八、盐文化传播研究

主持人语：

中国盐文化研究，可以从传播学的多个角度介入。

比如，"盐商"被符号化了。大众将"盐商"符号化为"富甲一方、奢侈靡费"的商人群体。那么，"盐商"是如何被符号化的，值得研究。

此外，从器物传播研究角度亦可进入盐文化世界。我们认为，器物的文化传播指器物与某种文化深度融合，随着这种器物在各地的流转，它所荷载的文化也传播开来。专家认为，器物的文化传播在广度和深度上表现出一系列特征，而叙事是打造器物的文化传播功能的最重要的路径。

本期吴海波教授的论文《两淮盐商的艺术贡献》一文，详细分析了两淮盐商或蓄养家庭戏班，扶持了地方戏曲发展；或资助书画文人，成就了淮扬书画艺术；或建造文化园林，推动了扬州文人雅集；或热衷饮食消费，传播了地方饮馔文化。清代社会中在盐商群体中出现的这种"消费"型欲望表达，促使当代"盐商"被标注成一个刻板"符号"。然而通过冷静分析可以看出，作为一种社会现象，在特定的历史情境下，盐商在推动社会文化艺术事业发展中的作用不容忽视。

张银河博士的论文从三件盐业器物入手，考证了与盐有着重要经济联系的三座城市之间的关系。从媒介角度看，器物既是一种文明也是一种媒介，三件盐业器物虽为一件件静止的器物，但无时无刻不在传递着历史文化信息。通过盐业文献的梳理，它们与我们可以"沟通"并"对话"。另一方面，通过论证，我们可以更加了解盐业发展进程，从而唤起盐业人历史文化的集体记忆。

（《中盐人》副主编、助理研究员 郑明阳）

清代两淮盐商的艺术贡献

吴海波*

（江西中医药大学经济与管理学院，江西南昌，330004）

摘　要：清代两淮盐商富甲天下。拥有雄厚资产的两淮盐商其资本流向是多方面的，艺术领域的投资与消费就是其中之一。他们或蓄养家庭戏班，扶持了地方戏曲发展；或资助书画文人，成就了淮扬书画艺术；或建造文化园林，推动了扬州文人雅集；或热衷饮食消费，传播了地方饮馔文化。

关键词：两淮盐商；戏曲；园林；书画；饮食

基金项目：四川省人文社会科学重点研究基地——中国盐文化研究中心重点项目"清末民初江西盐商研究"（项目编号：YWHZ17—05）的阶段性研究成果。

在清代，凭借垄断特权日渐富裕起来的两淮盐商往往被时人视为"暴发户"。虽资财万贯，但仍居"士、农、工、商"四民之末，被人称之为缺乏文化修养的"盐呆子"。为了改变该局面，融入上层社会，抬高其自身社会地位，两淮盐商便千方百计寻求走"贾而儒"的途径，企图通过蓄养家庭戏班、资助书画文人、建造文化园林、传播饮食文化等方式，广交各方艺仕文友。在此过程中，盐商不知不觉中与艺术结下了不解之缘，为清代地方艺术的发展做出了贡献。

一、扶持地方戏曲发展

清代乾嘉时期，伴随长期处于正统地位的昆曲日渐式微，各种地方戏曲

---

* 吴海波（1972—），男，博士，江西中医药大学经济与管理学院教授。主要从事区域社会经济及盐业史研究。

一步步登上历史舞台，并日渐蓬勃发展。据《扬州画舫录》记载："两淮盐务例蓄花雅两部以备大戏。雅部即昆山腔，花部为京腔、秦腔、弋阳腔、梆子腔、罗罗腔、二簧调，统谓之乱弹。"①此时的花部之所以能够生存、发展，并与雅部昆曲分庭抗礼，除自身广为市场所欢迎外，另一重要原因则正是背后得益于两淮盐商经济上的资助②。也就是说，清代扬州地方戏曲——花部的发展，与两淮盐商的扶持是密不可分的。早在20世纪80年代，朱宗宙老先生就曾指出，两淮盐商（又称扬州盐商）对扬州戏曲、说唱等艺术的繁荣发展起了很大的促进作用。③具体而言，两淮盐商对地方戏曲的扶持主要体现在以下几方面。

第一，蓄养家庭戏班。观演戏曲是古代重要的娱乐方式，无论是京城还是地方，都组建有大量的戏班。组建戏班，往往需要投入大量的资金及人力和物力，非一般人所能承受。因此，古代戏班通常为政府所豢养，民间戏班虽不在少数，但多为股份制组建而成。两淮盐商戏班则不然。凭借雄厚的经济实力，仅依个人力量就蓄养起了或供其自娱自乐，或为其炫耀财富，或招待客商、官员和士绅，或结交文人雅士的家庭戏班。例如侨居扬州以业盐起家的徽州歙人郑景濂及诸孙元嗣、元勋、元化、侠如等人，以园林相竞。在郑侠如的休园中，就置备家乐，经常张灯结彩，开樽演戏。再比如有一张姓盐商，其家也豢养有梨园数部，每到梨园演出时，通常出现"堂上一呼，歌声响应"④的景象。史料记载方面，我们则可从《扬州画舫录》中窥其盛况。该书对当时扬州盐商豢养家班的情况做了详细描述："昆腔之胜，始于商人徐尚志征苏州名优为老徐班；而黄元德、张大安、汪启源、程谦德各有班。洪充实为大洪班，江广达为德音班，复征花部为春台班。自是德音为内江班，春台为外江班。今内江班归洪箴远，外江班隶于罗荣泰。此皆谓之'内班'，所以备演大戏也。"⑤江春、洪箴远、程谦德都是有名的大盐商。道光年间，陶澍改纲为票，扬州盐商遭受极大打击，已衰败不堪，而总商黄潆泰尚有梨园全部，其人数达二三百人之多。⑥除家庭戏班外，盐商还备有家庭乐队。通常在诗文之会以后，盐商会邀请与会者参与家庭聚会，观看家庭乐队表演。

---

① 李斗：《扬州画舫录》，北京：中华书局，2001年，第107页。
② 王伟康：《两淮盐商与扬州文化》，《扬州大学学报》2001年第2期。
③ 朱宗宙：《清代前期扬州盐商与地方文化事业》，《扬州师院学报》1985年第4期。
④ 王瑜，朱正海：《盐商与扬州》，南京：江苏古籍出版社，2001年，第282页。
⑤ 李斗：《扬州画舫录》，北京：中华书局，2001年，第107页。
⑥ 朱宗宙：《清代前期扬州盐商与地方文化事业》，《扬州师院学报》1985年第4期。

家庭乐队的表演，通常分工协作，先由老乐工各奏一曲，然后再由十五六岁的妙男少女奏一曲。①

除自娱自乐、炫耀财富、结交文人雅士或是为了招待客商、官员和士绅外，明光认为，两淮盐商蓄养家班的目的，还"具有夸富和附庸风雅的功用"。清代两淮盐商物质上虽非常富裕，但在"万般皆下品，唯有读书高"的传统社会，在文化艺术领域他们还是难免遭人鄙视。他们在与文人雅士们交往时通常感到自惭形秽，内心深处有强烈的自卑感，"夸富"行动正是其内心深处深藏自卑感的外在表现。掩饰自卑的做法，无过于附庸风雅，借此混进文人士大夫的社交圈子，求得心理平衡和舆论认可。大多数盐商缺乏读书的能力与耐力，自然也学不到文人的满腹文章的风雅；既然喝酒听曲、品赏歌舞也是士大夫的风流，这倒可以模仿。于是办戏班就具有了盐商附庸风雅、结交文人名流的功用。②

第二，聘请名家名角演出。两淮盐商组建家庭戏班，除自娱自乐外，有时还要为盐政衙门承担部分接待任务。为了担当好此角色，同时也是为了提升家庭戏班和家庭乐队的质量，两淮盐商通常会不惜重金聘请一些名家名角充当台柱子，以此博得观演者的欢愉。如乾隆五十一年（1786），两淮总商江春为了迎接乾隆皇帝南巡，特意组建了春台班，同时还花重金聘请当时的名旦郝天秀到扬州来演出。③江春自己也是戏曲鉴赏家，他不仅有较高的戏曲鉴赏品位，而且自己还精通戏曲，对戏曲可谓造诣深厚。他酷爱各种戏曲，不仅经常到扬州各地观赏戏曲表演，同时自己还在家中豢养戏班，其家中经常是"曲剧三四部，同日分亭馆宴客，客至以数百计。"④马曰琯则延致苏州顾以恭入家庭乐队。有的名角虽没有加入家庭戏班，但用重金聘请演出。四川魏长生"投江鹤亭，演戏一旬，赠以千金。"⑤除聘请名角演出外，盐商有时还请文士写剧本供戏班排演。

第三，承担戏曲演出任务。清代戏曲，有南北派之分，扬州为南派戏曲中心之一。其戏曲之盛兴，发生于乾隆年间。据史料记载，清代扬州戏曲的各种演出任务，通常由负责盐政的两淮盐务衙门负责张罗，但承担具体演出

———————

① 李斗：《扬州画舫录》，北京：中华书局，2001年，第180页。
② 明光：《扬州盐商家班研究》，《艺术百家》1990年第4期。
③ 李斗：《扬州画舫录》，北京：中华书局，2001年，第131页。
④ 小横香室主人：《清朝野史大观》，北京：中央编译出版社，2009年，第346页。
⑤ 李斗：《扬州画舫录》，北京：中华书局，2001年，第132页。

任务的戏班为"内班"，"内班"由盐商出资组建。最初的戏班为老徐班，该戏班由盐商徐尚志出资组建。此后盐商黄元禧、张大安、汪启源、程谦德、洪充实、江春等人，也相继组建了自己的戏班。其中，洪充实组建的戏班叫大洪班，江广达组建的戏班叫德音班、春台班。

得益于两淮盐商的上述支持与扶助，扬州地方戏曲获得了极大的发展。为适应城市市民生活的需要，嘉庆十三年（1808），扬州仿效北京建立戏园。大树巷建固乐园为首创，后来又在大东门建有阳春茶社，新城兴教寺建有丰乐园。此后，"闻风兴起，极一时之盛"①。上述情况表明，无论是蓄养家班，聘请名角还是负责戏曲演出，两淮盐商的目的虽然是都为了满足自身需要，但在不知不觉中却对扬州地方戏曲的发展与繁荣起到了很好的推动作用，其贡献不可否认。须知，正是扬州盐商征招的花部春台等班在乾隆五十五年及嘉庆年间相继进京演出，后逐渐合并为三庆、四喜、春台和春四大徽班，才于清季最终融合、演化、发展成了中国的国剧——京剧。②

二、建造文化园林

清代两淮盐商在扬州府及淮安府均建有大量的园林，其中尤以扬州园林闻名天下，享有"甲江南"之美誉。所谓"杭州以湖山胜，苏州以市肆胜，扬州以园亭胜，三者鼎峙，不可轩轾"③，便是对扬州园林"甲江南"的真实写照。清代扬州著名的园林有：江春的净香园和康山别业，黄履暹的趣园，马曰琯、马曰璐的小玲珑山馆，洪征治的大洪园和小洪园，郑侠如的休园，程梦星的筱园，汪玉枢的西园曲水，亢氏的亢园，乔氏的乐园等。有着两千年发展史的扬州园林之所以在清代形成鼎盛局面，王成认为与扬州盐业经济的发展密切相关，即扬州有盐业经济为支柱，有最高盐务衙门驻节，有众多总商寓居此地。④

除扬州府外，淮安府也建有大量的园林，仅《山阳河下园林记》中就记载有六十五座，这其中很多就是盐商所建，其中仅程氏所建就达二十多座。清代两淮盐商所建园林，有的是用于文人"雅集"，也有的是为了戏曲演出。

首先以文人"雅集"场所而言，淮安府所建的曲江楼、绿园（柳衣园）、

①　朱宗宙：《清代前期扬州盐商与地方文化事业》，《扬州师院学报》1985 年第 4 期。
②　王伟康：《两淮盐商与扬州文化》，《扬州大学学报》2001 年第 2 期。
③　李斗：《扬州画舫录》，北京：中华书局，2001 年，第 151 页。
④　王成：《明清时期徽商对扬州文化发展的贡献》，《安庆师范学院学报》1999 年第 5 期。

菰蒲曲、寓园、荻庄等就是当时久负盛名的文化园林。在盐商的积极倡导下，这些园林日渐成为文人开展各种文学聚会活动的理想平台。据《淮安河下志·园林一》载："河下繁盛，旧媲维扬：园亭池沼，相望林立，先哲名流，提倡风雅，他乡贤士，翕然景从，诗社文坛盖极一时之盛。"① 盐商借助该平台，在清代文学活动中发挥着特殊的影响。他们中有些确实只是为了附庸风雅，如黄钧宰所称："其黠者颇与文人相结纳，假借声誉，居然为风雅中人。"② 但其中也有不少有着优秀的文学素养、并乐于参与地方文化建设的盐商，他们对于淮安文学活动的繁荣做出过不可磨灭的贡献。③

扬州府马氏兄弟所建小玲珑山馆、程梦星所属筱园及郑侠如所筑休园等，也是当时有名的文化园林④。如小玲珑山馆"因获太湖玲珑块磊，不加雕琢，备透、皱、瘦三字之奇"，是马曰琯、马曰璐兄弟接待来自两淮周边的士人及开展各种诗文研讨活动的重要场所，"所与游皆当世名家"⑤；山馆中经常举办各种诗文酒会，每每盛况空前、座无虚席。再比如筱园原本是翰林程梦星康熙五十五年告归后购置所得，乾隆五年冬 (1740) ，程梦星在筱园中又筑"小漪南"别墅，成为当时著名的诗酒文会之所。

除用于文人雅集外，供戏曲演出也是园林又一功效。不少园林都建有戏台 (歌台)。扬州洪征治倚虹园内筑有妙远堂、饮虹阁、宣石房、致佳楼、桂花书屋、水厅、领芳轩等厅堂馆所，在领芳轩后"筑歌台十余楹，台旁松、柏、杉、槠，郁然浓阴"，沿着水湾，又筑看楼二十余楹，可以临水听曲，借水扩音。乾隆亲临题诗二首："园倚虹桥偶问津，闹处笙歌宜远听。花木正佳二月景，人家疑住武陵溪。笙歌隔水翻嫌闹，池馆藏筠致可题。"⑥

三、资助书画艺术

清代扬州绘画非常发达。据汪均金乾隆六十年 (1795) 统计，仅画家前后就有近五百多人在扬州活动过。最有名的是石涛和"扬州八怪"。扬州画坛的兴盛与两淮盐商的贡献密不可分。他们或以雄厚的资财给予画家在经济上的资助，或亲身参与绘画艺术，乐此不疲。具体而言，两淮盐商对于扬州画坛

① 王光伯等：《淮安河下志》，北京：方志出版社，2006 年，第 163 页。
② 黄钧宰：《黄钧宰集》，西安：陕西人民出版社，2011 年，第 84 页。
③ 袁丁：《清代淮安府盐商与文学活动研究》，《淮阴师范学院学报》2014 第 3 期。
④ 明光：《扬州盐商家班研究》，《艺术百家》，1990 年第 4 期。
⑤ 李斗：《扬州画舫录》，北京：中华书局，2001 年，第 68 页。
⑥ 李斗：《扬州画舫录》，北京：中华书局，2001 年，第 219 页。

的贡献，主要体现在两个方面。

一是收藏书法字画。两淮盐商投资收藏书法字画，对于推动扬州书画市场的繁荣起到了积极作用。当时的书画领域商业文化气息十分浓厚，书画被当作商品买卖，许多人以此为生计，两淮盐商以其殷实的财力和精于赏鉴或擅长书画的文化素养，大量收购古玩字画。这在客观上就刺激了书画的创作，从而也促进了当时书画古玩市场的发展兴隆。如盐商马曰琯家有"马氏丛书楼"，藏画有宋代李成的《寒林鸦集图》、苏轼的《文竹屏风》、赵子固的《墨兰图》，元代黄公望的《天地石壁图》，明代赵原的《杨铁崖吹笛图》、文徵明的《煮茶图》及清代王鉴、徐枋、何焯等人的作品。其家"每逢午日，堂斋轩室皆悬钟馗，无一同者，其画手亦皆明以前人，无本朝手笔，可谓巨观"①。"扬州八怪"之一郑板桥罢官之后，在扬州靠卖画为生。一些盐商富贾为求购郑板桥的名人字画，往往不惜一切代价。再比如两淮盐商程梦星收集的书画也很多，他还特别请鉴古家张鉴（方谷）为他鉴赏书画；两淮总商鲍志道藏古今书画名迹亦多，工四体书；江春在"秋声馆"与诸名流经常品题书画，仅据《扬州画舫录》统计，江春兄弟子侄中至少有十余人或精于金石考订，或擅长诗文书画。

二是资助书画艺人。清代许多书画艺人依赖盐商寄居扬州，其中尤以扬州八怪最为典型。如扬州八怪中的陈撰、黄慎、金农、高翔、边寿民等人，都曾在两淮盐商江春、贺君召、马曰琯等人家中下榻和寓居过，有的乃至一住多年。在两淮盐商的资助下，他们得以在两淮盐商提供的优雅舒适环境中潜心作画，专心致志提高自己的艺术才能。此外，盐商还出资为扬州八怪刊印著作。汪士慎的《巢林集》即由马氏玲珑山馆刻印；金农的《画竹题记》也由江春镂版行世。

此外，两淮盐商有时还会出资提供画家们旅行游览的机会，让其开阔视野，增加创作灵感；或邀约画家到其私家园林聚会、切磋、唱和，使画家从中得以提高自己的技艺。

四、传播饮食文化

在清代，上至帝王，下至臣民，无不对扬州的菜肴赞赏有加。扬州饮食之所以闻名天下，很大程度上与两淮盐商的贡献是分不开的。两淮盐商注重

---

① 李家池：《论扬州盐商与扬州八怪的依存关系》，《扬州教育学院学报》2000 年第 1 期。

饮食的精致和大气，原本是出于行乐、交际、商务应酬或是露富的需要，但不知不觉中，却成就了淮扬菜系的声名和品质。

长期以来，两淮盐商大贾历来以毫无节制地进行着令人瞠目结舌的奢侈性饮食消费而闻名天下。无论是置办家宴，还是招待宾客，其饮食场面都十分宏大。为此，《扬州画舫录》进行了深刻生动的描绘："初，扬州盐务，竞尚奢丽，一婚嫁丧葬，堂室饮食，衣服舆马，动辄费数十万。有某姓者，每食，庖人备席十数类，临食时，夫妇并坐堂上，侍者抬席置于前，自茶、面、荤、素等色，凡不食者摇其颐，侍者审色则更易其他类。"[①] 可见，这对盐商夫妇每次用餐都要预先准备十多桌宴席供其选用，其排场之大，实与王侯无异。另有的盐商洪某，同治七年（1868）在自家苑圃中举办消夏会，宴请宾客："每客侍以宴童二，一执壶浆，一司供馔。馔则客各一器。常供之雪燕、永参之外，驼峰、鹿脔、熊蹯、象白，珍错毕陈。"酒宴上的水果"榴、荔、梨、枣、苹婆果、哈密瓜，半非时物。"[②] 在日常饮食方面，两淮盐商同样也斗奇斗新[③]。据《清稗类钞》记载，两淮总商黄志筠晨起饵燕窝、进海参，更食鸡蛋二枚。每枚鸡蛋值纹银一两，何以如此之贵，缘在产此蛋之鸡每日所食皆为参、术、枣等贵物[④]。

穷奢极欲的盐商饮食消费造就了闻名遐迩的"家庖"。"家庖"即"家厨"。在清代，几乎每个大盐商家都有一位手艺高超的家庖。如"吴一山炒豆腐，田雁门走炸鸡，江郑堂十样猪头，汪南溪拌鲟鳇，施胖子梨丝炒肉，张四回子全羊，汪银山没骨羊，……风味皆臻绝胜。"[⑤] 而不少盐商由于耳濡目染，自己日渐也成为美食行家，还有的竟然出版了美食专著。如盐商童岳荐的《童氏食规》（又名《北砚食单》《调鼎集》），手抄了当时扬州肆上美食近2000 种，同时还记录了调味品、宴席款式，各种原料的烹制方法和菜、酒等，内容极为丰富。

因长期沉迷于豪奢饮食消费，盐商中也逐渐产生了不少精于烹饪的美食家。如盐商吴楷（字一山），此人好宾客，精于烹饪。著名的扬州蟫螯（"蟫螯"是蛤蜊的一种，属海鲜）糊涂饼，就是由其遗法也。风味绝胜的吴一山

① 李斗：《扬州画舫录》，北京：中华书局，2001 年，第 148—150 页。
② 王瑜，朱正海：《盐商与扬州》，南京：江苏古籍出版社，2001 年，第 159 页。
③ 李慧，刘慧芬：《浅论扬州盐商饮食之风》，《四川烹饪高等专科学校学报》2011 年第6 期。
④ 徐珂：《清稗类钞》，北京：中华书局，1986 年，第 126 页。
⑤ 李斗：《扬州画舫录》，北京：中华书局，2001 年，第 253 页。

炒豆腐，广陵名菜"肉笑靥""玉练槌"，也是出自其手。[①] 僧文思的甜浆粥和文思豆腐也颇具盛名，后者还载入了扬州行宫御膳房的菜谱。

在两淮盐商的大力提倡和"开拓"之下，清代扬州的烹饪日渐精湛。兼收鲁（京）、粤、徽、川等名菜之经验，逐渐形成了以菜、肴、面点、菜点、糕点的维扬菜肴为主体，以街头巷尾的零担小吃为补充，以菜坊酒肆、庵观寺院经营饮食为陪衬的多层次食品结构，形成了在国内有口碑，在国际上素享盛名的"维扬风味。"[②]

由此可见，正是因为清代两淮盐商崇尚豪华奢侈的饮食消费推动了扬州饮食文化的形成与发展。如果没有清代两淮盐商对饮食文化的培养，声名远播的扬州美食名肴不可能应运而生。清代两淮盐商对扬州饮食文化的贡献值得肯定。

五、余论

清代两淮盐商出于实现其自身某种目的的需要，在戏曲、绘画、园林、饮食等方面进行了一些在今天看来颇有意义和值得称道的投资或消费。尽管其初衷并非以扶持或促进艺术发展为目的，但在潜移默化或者不知不觉中却对清代扬州地方艺术的发展起到了很好的推动和帮扶作用。其贡献虽不足以名垂青史、万古流芳，但两淮盐商对清代扬州戏曲、绘画、园林、饮食的影响不可忽略。从某种意义上讲，如果没有两淮盐商在上述领域的竞尚奢丽和奢侈消费，扬州在戏曲、绘画、园林、饮食方面的发展也很难取得曾经的辉煌成就。总之，两淮盐商与扬州地方艺术的发展，可谓表里相依、关系密切。

---

① 王瑜，朱正海：《盐商与扬州》，南京：江苏古籍出版社，2001 年，第 279 页。
② 梅丛兰，孙海宁：《明清徽商与扬州文化》，《唐山学院学报》2008 年第 1 期。

从三件清代盐业器具看武昌
与扬州暨盐城的历史关系

张银河[*]

（河南省盐业协会，河南郑州，450003）

摘　要： 笔者在湖南长沙古玩市场，淘得三件清代光绪年间盐业器具，两件刻有"武昌盐政"字样，另一件刻有"扬州盐号"字样。武昌在湖北，扬州在江苏，两个城市的盐业历史器具在同一个地方出现，究竟存在什么关系？笔者经过研究，探索出了其中渊源。

关键词： 盐业器具；武昌；盐城；扬州

2018 年 12 月 5 日，笔者在湖南长沙参加中国盐业协会工作会议期间，到"长沙简牍博物馆"及附近的古玩市场参观，不料在一位姓肖的古玩店内，偶然发现三件清代光绪年间盐业器具。一件是 2.16 米长的称杆，大头胸围 6 厘米，锈迹斑斑的铁皮上面书写着"武昌府鹽政局專用，光緒十年仲春月造"，称杆全身依次镶钦着五排不同等距的计量铜色星标；另一件是根 1.34 长的扁担，上书"武昌府鹽政局公用，光緒三十年仲春月"，扁担两头分别用阴刻双线文字刻有"遠為官府分勞，近為鄉里作福"字样；第三件是一个普通的白色棉布盛盐背袋，上书"扬州聖德鹽號"。据店主肖老板介绍，这三件文物是同时收购的，他不忍拆开售出，必须一起出货，由于报价特高，所以许多人过问，却很少有人接受。

武昌在湖北，扬州在江苏。两个城市的盐业历史器具在同一个地方出现，

---

* 张银河（1964—），河南南召人，博士，现任河南省盐业协会秘书长。研究方向：中国盐业文化。

究竟存在什么关系？为了研究其中渊源，笔者把三件盐业器具同时采购了下来。现根据清代光绪年间三件盐业器具线索，查阅历史文献，考述如下。

一、历史上的武昌府与湖北盐业

据《清史稿·地理志》载："隶盐法武昌道。元至正二十四年二月乙卯（1364 年 3 月 24 日）朱元璋改武昌路为武昌府，仍定为湖广省省会。"明末领七县：江夏、咸宁、嘉鱼、蒲圻、崇阳、通城、武昌；州一：兴国（领大冶、通山二县）。康熙三年为湖北布政司治。湖广总督及湖北巡抚、布政使、按察使、督粮道驻。领州一县九。光绪中期，武昌沿江岸建纺纱、织布、缫丝、制麻、盐政各局。西南淦水，自咸宁来，汇为斧头湖，北至金口入江。有金口镇巡司。南面南湖，通大江，为军屯重地。西南鲇鱼套、南山坡二巡司。东北浒黄洲废司。西长江关。有将台、东湖、山坡、土桥四驿。

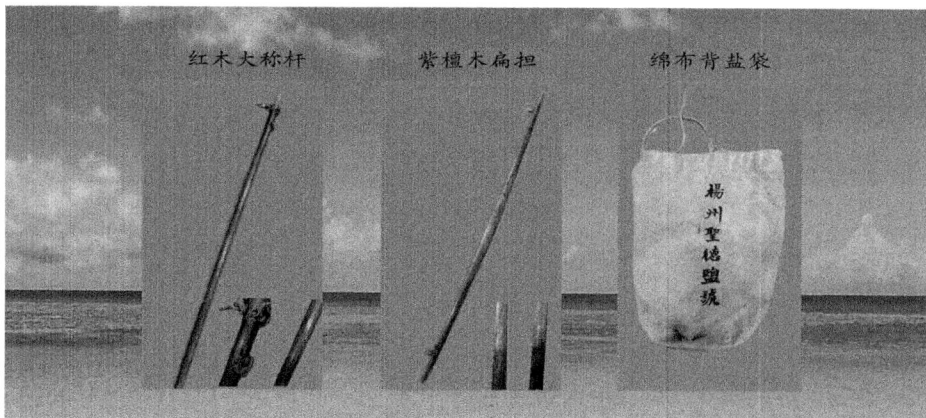

图 1　三件盐业器具

据《湖北通志·食货》载：唐宋时，境内巴东、秭归、长阳等地产盐。巴东有永昌盐井，井在县北 80 里，元时置盐课司。秭归有青林盐井、永济井。长阳有汉流、飞鱼 2 盐井，宋元丰五年 (1082) 废。据《宋史·食货志》载："归州、峡州共有三十二井，岁额二千八百二十石。"但生产时有兴衰。清初，因川、淮盐竞销，两淮盐商为防止川盐混入，奏请户部封井停产。

根据光绪《四川盐法志·转运·济楚》载，由于省内产盐很少，用盐主要依靠调入。"历史上或专销淮盐，或以淮盐为主。清初除鄂西、宜昌所属 8 州县食用川盐外，其余均销淮盐。川盐引额共 5874 票，其中水引 996 票，陆引 4878 票（约合 69312 担）；淮南纲盐为 559610 引（约合 2238440 担）。顺治

二年 (1645) 定淮盐 1410360 引，顺治八年定川盐票为 4940 张。"并规定川淮盐不得互相侵销。乾隆二年 (1738)，淮巴东、归州、兴山、长阳 4 县在淮盐不济时，可零星购食川盐，但不得过 10 斤以上，亦不得转相买卖。咸丰初，太平军占领长江中下游，淮盐、运输受阻，湖广总督张亮基以"蜀盐质良，且近楚，较潞盐为宜"奏准以川盐济销鄂岸。入鄂川盐初为官运，因运量不足，引起盐价暴涨，由每斤 90 文涨至 200 余文，私盐泛滥。

根据《清盐法志·两淮·适销门》载，咸丰三年 (1853) 五月户部议准："川粤盐斤入楚，无论商民，均许自行贩鬻，不必由官借运，惟择楚省堵私隘口，专驻道府大员，设关抽税。一税之后，给照放行。"这一规定打破了引岸界限，川盐顺江而下，以至占领整个湖北食盐市场，并大大促进了四川盐业特别是自贡盐业的发展和四川盐课额的增加。太平天国失败后，两江总督曾国藩以"淮纲之兴替，全视楚岸之畅滞"为由，筹划"收复鄂岸"。曾多次上疏请求归复引地，都遭湖广总督李瀚章和四川总督吴棠的反对。同治十年 (1872) 曾国藩再次奏请"扶淮抑川，并请将淮厘多拨数成归鄂"。在高利诱惑下，湖北始酌堵川盐，但当时川盐年销量仍达 20 余万引，为淮盐销量的 3 倍。同治十一年 (1873) 曾国藩、李瀚章、吴棠议定分界行销，并规定川盐不准侵入淮盐专岸，淮商则可在川盐销区设子店拨售零引。清末，武昌、汉阳、黄州、德安 4 府的 28 县为淮盐专岸，安陆、襄阳、郧阳、荆州、宜昌、荆门 5 府 1 州的 30 县为川淮盐并销区，应城、京山、天门 3 县为应盐销区，湖北计岸 8 州县为川盐专销区域。销区划分理应以距离产区远近及运输条件为依据，但巴东、归州等县逼近四川，却规定食淮盐，康熙以后，大小臣僚多次奏请改食川盐，均未解决。盐税是清政府的重要财政来源之一，1892—1907 年间全省每年消费盐约 240 余万担，征收盐税及各种附加税共 42 种，年收入约白银 370 余万两；其中仅盐厘即达 140 万—200 万两。1895 年盐厘实际收入占全省主要税收的四分之一。

二、历史上的江苏扬州与盐城

江苏盐业历史悠久，有文字记载的已有 2000 多年。《史记·货殖列传》记载："彭城以东，东海、吴、广陵……有海盐三盐之饶。"西汉吴王濞立国广陵，招致流民煮海水为盐，开邗沟，自扬州通海陵仓及如皋溪，可见当时盐的产运都已有相当规模。汉时，全国置盐官 30 多处，朐县是其中之一。产盐采用煎法，"雇民自给费，因官器作煮盐，官与牢盆"。所产之盐尽归官府，按人发给工本费，由官府统一销售。

根据《江苏省志·盐业志》记载：江苏盐业盛于隋唐。唐宝应元年 (762)，刘晏受任盐铁使，在淮北设监，涟水设海口场，扩大煮盐事业，并在扬州、白沙设立巡院，以缉私护盐。宝应元年江淮地区盐税约 75 万缗，占全国盐利的 12%；大历末江淮盐利上升至 230 万缗，占全国盐利的 32%。

宋代两淮、两浙之盐，统称东南盐。所谓"东南盐利，视天下为最厚"。岁课之多，过于解池。而两淮产盐又甲于两浙。淮南的楚州盐城监年产盐 48.9 万余担，泰州海陵监，如皋仓山海场年产盐 65.6 万余担，淮北的板浦、惠泽、洛要 3 场年产盐 47.7 万余担。南宋绍熙五年 (1194)，黄河夺淮入海。由于泥沙骤增，滩涂日扩，淮北盐场井灶东移。到元代，随着新滩涂的不断出现，盐区先后扩建了板浦、临洪两场，废除了洛要、惠泽。其时，两淮计有 29 个盐场。明承元制，设两淮盐运司，下设通、泰、海 3 分司，辖吕四、余东、余中等 30 个盐场。

扬州，隶属于江苏省，是《禹贡》中所描述的九州之一。扬州范围相当于淮河以南、长江流域、珠江流域。扬州随着淮盐产、运、销的发展。两淮出现了一批大盐商，并促成了两淮"京都"古扬州的畸形繁荣。扬州盐商中最大的是山西和徽州的富商，其中资本雄厚、政治势力强的有汪、程、江、洪、潘、郑、许等八大家，居八大家之首是徽商江春。江春担任两淮总商 40 多年中，乾隆皇帝 6 次南巡，都由他张罗操办，并 3 次入京荣觐。清代盐商报效时间，主要在乾、嘉两朝，以两淮盐区为最，报效总数达 5400 万两。到嘉庆、光绪年间，逐渐衰败，其原因，除穷奢极欲、挥霍浪费外，向朝廷报效频繁，盐商负担加重，也是一个重要因素。同时海势东迁，盐政腐败，淮南盐产不断减少，扬州盐商极盛的历史逐渐结束。江苏盐城，地处中国东部沿海中部，江苏省中东部，位于长江三角洲北翼。盐城东临黄海，南与南通接壤，西南与扬州、泰州为邻，西北与淮安相连，北隔灌河和连云港市相望。同样是一个以盐而兴的城市。

三、清朝武昌府盐业运销的变迁

清朝之前湖北就有井盐（又称泉盐）生产，也是盐的转运中枢。唐宋时，境内巴东、秭归、长阳等地已有产盐记载。唐安史之乱后，河运东南北上转运梗阻，盐铁租赋转改由长江溯汉水自商山达于长安，鄂州（州治在今武汉市武昌）遂成为转运的枢纽。明代中叶，淮盐成为汉口市场上畅销的大宗货物。淮南盐（以淮河为界，淮河南为淮南盐）销往湖北、湖南、江西、安徽（称为扬子四岸）。淮盐由江苏仪征沿长江船运至武昌金沙洲（约在今武昌白沙洲）停集，因江水冲刷，洲岸常塌，难泊大船。万历四十七年（1619）后，因为汉水沿汉正街一带的码头便于停靠大型盐船，故盐船多停泊于此，再分销各口岸。淮盐经销逐年兴旺，汉口盐行由此兴起。淮盐巷园地处汉正街中段，又靠近汉水的各大码头，成为淮盐贸易中心。

清代户部规定，淮盐以汉口为"盐岸"。"汉口是淮盐的集散地每年大批淮盐运来汉口，然后再供两湖、江西、四川、河南等省之食。当时汉口有'商''咸数十处'"。（《简明清史》第1册第365页）负责淮盐机构"淮盐督销总局"建在淮盐巷近旁的武圣庙。汉口淮盐商人组织"淮盐公所"也在此。

道光十年（1830），湖广总督卢坤在汉口建盐仓存食盐，便于转运分销。在盐船停泊较多的塘角（今武昌塘角前后街及三层楼一带，时有小河通江），设立总卡，稽查私盐，阻止私销，维持盐价。道光十一年，运到武汉分销湖北、湖南两省的淮盐约4亿斤，"盐务一事，亦足甲天下，十五省中未有可与匹者"（《武汉市志·商业志》第1页）。汉口漕粮交兑和盐业的繁荣，促进了武汉市场发展。道光二十九年底（1850年1月），武昌新河街一带入港避风盐船失火，因绳缆相系不易解脱，被烧盐船近千艘，死伤2000多人，损失白银30余万两。汉口一度被取消分销淮盐的资格，盐业自此一蹶不振。同治年间汉口再度为淮盐集散地，然湖北全省所销淮盐不及以前汉阳一府。随着外国商人进入，汉口盐运业逐渐走向衰落。

咸丰初，太平军占领长江中下游，淮盐运输受阻，时任湖广总督张亮基以"蜀盐质良。且近楚，较潞盐为宜"奏准以川盐济销鄂岸。从此鄂岸成为淮盐、川盐争销之地，并有少量芦盐、潞盐、青盐等销鄂。咸丰三年（1853年）十月，张亮基派员勘验并下令熬制应城矿盐（又称膏盐、岩盐）。应盐自此发轫，并行销邻近地区。

四、武昌与扬州盐城盐业的交错

武昌府属湖北省，但食盐属淮南纲盐销地，与江苏扬州、盐城同属淮南食岸。

淮南食岸有：江宁、扬州二府、通州一州及淮安府之阜宁、盐城二县。而江、甘、高、宝，名为江甘四岸。通、如、泰、东、兴、阜、盐，谓之附场七州县。凡商人运盐，例分纲引食引。食则附近盐场，斤重而课轻。纲则远于场，斤轻而课重。

按淮南食岸旧额行江苏省江宁府七县及扬州府三县一州，又通州泰兴一县，共 121890 引，清末为 652760 引。鄂、湘、西三岸俱以 500 引为一票，皖岸以 120 引为一票，余详各条。

淮南纲岸有四：一曰鄂岸：行销武昌、汉阳、黄州、德安、襄阳五府。一曰湘岸：行销长沙、岳州、常德、衡州四府澧州一州。一曰西岸：行销南昌、饶州、南康、九江、建昌、抚州、临江、吉安、瑞州、袁州十府。一曰皖岸：行销安庆、池州、太平、宁国四府和州一州。淮安府所属桐城，则销淮北盐。

按淮南纲岸：行湖北省九府一州 559610 引；湖南省九府一厅二州 22316 引；江西省三府 94897 引；共 1283969 引。至同治二年，改办票盐。湖北定运 160000 引；湖南 80000 引；江西 100000 引；安徽 72000 引。以 600 斤成引，自是以后，递有增减，至清末为 652760 引。鄂、湘、西三岸，俱以 500 引为一票。皖岸，以 120 引为一票。

盐之为物，旺产在天时，疏销在人事，而利运则在地理。淮盐以三洲之产，馈食偏六省。榷课甲天下者，以有长江、淮河转输地利之便。淮南各盐场水运道路：

十二圩扬子总栈，距杨河南搜盐厅水道 63 里；六闸巡护卡，距南搜盐厅水道 40 里；仙镇巡护卡，距六闸巡护卡水道 18 里；泰州南门制验卡，距仙镇水道 90 里；吕四场，距泰南制验卡水道 457 里；余中场，距泰南制验卡水道 397 里；丰掘场，距泰南制验卡水道 295 里；并角场，距泰南制验卡水道 201 里；泰州北门泰霸监制属，距仙镇水道 90 里；阜宁关，距泰霸水道 309 里；庙湾场、鲍家墩，距阜宁关 250 里；海道桥卡，距泰霸水道 120 里；新兴场，距海道桥卡水道 220 里；上新兴，距海道桥卡水道 205 里；伍佑场，距海道桥卡水道 130 里；草堰场，距海道桥卡水道 75 里；丁预场，距海道桥卡水道 68 里；东何场，距海道桥卡水道 3 里；孙家庄卡，距泰霸水道 90 里；安丰场，距孙家庄卡水道 40 里。

由十二圩装载民船分运销湘、鄂、西、皖四岸。湘岸到下关制验局距圩水道 135 里；芜湖距圩水道 360 里；大通距圩水道 540 里；安庆距圩水道 720 里；九江距圩水道 1080 里；武穴距圩水道 1170 里；荆州距圩水道 1260 里；黄石港距圩水道 1350 里；黄州距圩水道 1450 里；鄂岸距圩水道 1530 里；汉口距圩水道 1620 里；京口距圩水道 1680 里；牌州距圩水道 1800 里；

新碪距圩水道 1960 里；岳州分局距圩水道 2110 里；长沙榷运局距圩水道 2470 里。

五、"武昌盐政局"的诞生

如前所述，秤杆上书"武昌府盐政局专用"；扁担上书"武昌府盐政局公用"。那么，"武昌府盐政局"机构的产生，有什么历史原因？

自古盐业就属官管，从有国家政权开始，就有盐业管理的章法和组织机构。比较有系统的两淮盐业管理机构的建立，也有两千多年的历史。约公元前 150 年，西汉期间就建立了盐的管理机构，重点在淮南。在广陵设均输官、监卖盐官、司盐校尉、盐监都尉、总监，隶属国家大农令（相当于今财政部部长）、司盐都尉管理，主要职责是管理盐业生产和运销。唐、宋、元期间，两淮先后设有转运院、盐监司节、巡院、两淮榷监院、两淮转运使司等机构，隶属朝廷户部管理，职责是掌握场灶，缉私盐，榷办盐务事宜。明、清时期，两淮设盐运司、巡盐御史院、都转运盐使司，掌握缉私盐和督榷盐课。清道光至光绪年间，两淮盐政由两江总督兼理和专管，强化对两淮盐的管理。

清代，掌管一省盐政设置的官名叫转盐运使。转运使是中国唐代以后各王朝主管运输事务的中央或地方官职，首见于唐。唐玄宗开元二年（714），置水陆转运使，掌洛阳、长安间食粮运输事务；唐玄宗十八年（730），置江淮转运使，掌东南各道水陆转运。肃宗乾元元年（758），又置诸道转运使，掌全国谷物财货转输与出纳。代宗后，常由宰相兼领，有时与盐铁使并为一职，称盐铁转运使，并于诸道分置巡院，五代废巡院。宋初为集中财权，置诸路转运使掌一路财赋，并监察地方官吏，官高秩重者为都转运使，简称漕，实为府、州以上行政长官。辽代国财赋官，亦有都转运使与转运使，掌赋税钱谷仓库出纳与度量衡制度，各路置转运使。元、明有都转运盐使，清有都转盐运使，专管盐务，与唐、宋、辽、金转运使职责不同。

清代，淮南总局（淮）设总办委员一员，帮办会办委员三员，总理文案委员一员。凡通泰二十场垣盐，分别真梁、正梁、顶梁和盐碱片各名色，按堆按年，派单给重。鄂、湘、西、皖四岸暨各食岸运商，纳课缴捐，给咨发照。并收放前后五成盐价诸务悉隶为。每有大政由司交局核议，驻扬州。另置有淮南盐制同知职，系淮南盐制旧系通判改置。掌验制淮南引盐之政令，准权衡，割余斤，分拆引目，稽督报运。凡商盐抵所，掣挈秤盘，引目切角订封，核注桅封给商赴口岸运销驻扬子县。

清光绪三年（1877），四川总督丁宝桢创办四川盐务官运，在泸州设官运盐务总局总理官运事务。总局之下，于各厂设分局，负责购盐、分运；各岸设岸局，负责发商销售。此外，还设有子局分卡，"或任盘验，或管船务，或司提拨，或填换盐票"。南方各地纷纷效尤，相继成立类似盐政管理机构。笔者推测，"武昌府盐政局"就是此时应运而生的产物。

结束语

湖北武昌是中国历史名城，自古是长江中游的水运要道，清代之前一个时期，不仅承载着鄂地食盐运输重任，并承载着豫、湘、皖的部分食盐运输任务。江苏扬州和盐城，不仅生产运输食盐，同时也是中国历史上有名因盐而兴的城市。

而今，三件清代盐业器具同时出现在一起，是偶然也是必然。由于受到时间及资料所限，"扬州圣德号盐店"在扬州盐业历史上究竟是什么状况？只能留给其他学者去继续研究。

九、贤文化与组织传播研究

主持人语：

修身、齐家、治国、平天下，这是历代圣贤孜孜不倦的追求，是仁人志士为之奋斗的目标。古圣先贤把这种理想和追求付诸生活实践并传播开来。修身立德，孝亲爱国，服务乡邻，奉献社会，这种贤德薪火相传，构成中华民族独具特色的文化形态——贤文化。贤文化的形成、传播与发展，为文明中华的建设注入源源不断的生机，为美好世界的形成奉献民族精神的活力。《礼记·大学》指出："古之欲明明德于天下者，先治其国；欲治其国者，先齐其家；欲齐其家者，先修其身；欲修其身者，先正其心；欲正其心者，先诚其意；欲诚其意者，先致其知，致知在格物。物格而后知至，知至而后意诚，意诚而后心正，心正而后身修，身修而后家齐，家齐而后国治，国治而后天下平。"作为中华优秀传统文化的核心，贤文化的传播与发展，对于人们修身自律，提升素养，净化民风，维护社会和谐，促进共同发展发挥着潜移默化的作用。历史和现实事例都充分证明了贤文化是中华民族极为深厚的软实力。

王荣亮博士的论文《贤文化在社会治理中的现实意义研究——以山东省为例》，结合具体案例论述了贤文化在社会治理中的意义和作用。该文指出，山东省在基层治理中发挥贤文化的作用，弘扬贤文化以推进国家治理现代化，实现优秀传统文化的创造性转化与创新性发展，将贤文化建设与社会主义核心价值观的培育结合起来，以产业化推动优秀传统文化的开发和应用，这一系列举措产生了较好的效果。该文通过案例分析得出结论：贤文化是社会治理的重要资源，弘扬贤文化有利于打造社会治理的美好格局，贤文化是中国传统文化中内涵最深、包容最广、绵延最长、最有渗透力的文化体系。该文还指出，山东省秉承"千里之行，始于足下"的实干精神，在法治中国背景下利用贤文化打造基层社会治理新模式，为建设人民向往的美好生活提供了较为成功的案例，在创新社会治理模式方面走在了全国前列，为其他地区提供了可以借鉴的经验。这篇论文切中时代脉搏，从具体案例入手，提供了具有参考价值的研究成果和符合时代主旋律的见解。

　　祝涛博士的研究论文《范仲淹"圣贤"品格的哲学启示与传播价值》，从理论分析及历史事件入手，探究了范仲淹"圣贤"品格的传播价值及其哲学启示，指出范仲淹深得历代好评的原因在于他继承了古圣贤德，通过勤奋的修身实践使其圣贤人格得以发扬光大，修身立德以成圣贤的传统激发出范仲淹的"圣贤"追求；道德修养的实践方略涵养其先忧后乐的"圣贤"品格，社会认同及道德楷模的传播效果巩固了范仲淹的"圣贤"地位。该文对范仲淹"圣贤"品格哲学启示与传播意义的探究，其理论价值及现实意义留待读者在阅读中去体会。

　　本栏目的两篇文章集中于论述贤文化在修身、齐家、治国、平天下中的积极作用，虽各有侧重，但对于贤文化传播的历史意义及时代价值持有不约而同的观点。

（中国盐文化研究中心访问学者、《贤文化》副主编　孙鹏）

贤文化在社会治理中的现实意义研究

——以山东省为例

王荣亮 *

（内蒙古大学历史文化学院，呼和浩特，010020）

摘　要：贤文化是中国传统文化中内涵最深、包容最广、绵延最长、最有渗透力的文化体系。建设平安中国和法治中国需要创新社会治理方式，维护社会和谐稳定，以确保国家长治久安和人民安居乐业。社会治理良好是美好生活的重要组成部分，在习近平新时代中国特色社会主义思想的指引下，按照党的十九大部署，新时代中国社会治理现代化将稳步向前推进，社会治理体系将进一步完善。山东秉承"千里之行，始于足下"的实干精神，在加强和创新社会治理方面走在了全国前列，经过探索和实践，逐渐摸索出一条成熟的基层社会治理道路，为其他地区提供了可借鉴经验。本文以山东的基层社会治理为例，指出了在法治中国背景下利用贤文化打造基层社会治理新模式的有效对策。

关键词：贤文化；社会治理；现实意义

贤文化是以经世致用为特征的中华文化的重要组成部分。家和万事兴，百善孝为先，忠孝是中华民族的传统美德。几千年来，忠君爱国、孝敬父母是社会的基本道德观念，也是历代统治者所推崇的道德规范。西周时，统治者就把"敬天、孝祖、敬德、保民"作为其政治主张，要求人们孝敬父母、尊老敬老、尽忠国家、报效天子，形成了贤文化的雏形。春秋时期，儒家创立了完善的贤文化体系，贤文化成为儒家文化的重要内容。自汉武大帝刘彻

---

* 王荣亮（1982—），男，山东潍坊人，内蒙古大学博士，主要研究领域：中国传统文化。

秉承"罢黜百家，独尊儒术"治国理念开始，儒家文化为历代封建统治者所推崇，对巩固封建帝王统治地位与社会和谐稳定起到了十分重要的作用。党的十九大报告指出：强调坚定道路自信、理论自信、制度自信、文化自信；明确全面深化改革总目标是完善和发展中国特色社会主义制度、推进国家治理体系和治理能力现代化。习近平指出，一个国家选择什么样的治理体系，是由这个国家的历史传承、文化传统、经济社会发展水平决定的。我国今天的国家治理体系，是在历史传承、文化传统、经济社会发展水平的基础上，长期发展、渐进改进、内生性演化的结果。①国家治理的本质在于通过其属性及职能的发挥，协调和缓解社会冲突与矛盾，以维持特定的秩序。贤文化包含着丰富的优秀成分，经过转化提升可以成为推动国家治理现代化的重要资源。"言必行、行必果""民无信无以立"的诚信原则，昭示人们要坚守承诺、言行一致，共同营造现代国家治理所需的良好社会秩序。这些都是贤文化的精髓之所在。在新时代传承与弘扬贤文化，是实现"两个一百年目标"，走向繁荣富强的应有之义和必要之路，对推进国家治理体系现代化具有重要的支撑作用。

一、新时期社会治理出现的新特征

党的十九大提出打造共建共治共享的社会治理格局，以期形成有效的社会治理、良好的社会秩序。在新的社会转型期，现代社会治理强调"共建、共治、共享"，人民群众广泛民主参与是关键环节。推进国家治理体系和治理能力的现代化，就要求我们必须认真践行习近平新时代中国特色社会主义思想，深入改革治理体制、丰富完善治理体系、提高治理能力，确立人民群众在社会治理中的主体地位，形成党委领导、政府负责、社会协同、公众参与、法治保障的社会管理体制，让人民群众更幸福。社会治理是国家治理的重要方面，良好的社会治理是社会和谐稳定、人民安居乐业的前提和保障。近年来，山东在社会治理方面进行了许多有益探索，充分挖掘当地"贤文化"丰富的人文内涵，立足家庭广泛开展"好家训好家风"培育活动，通过典型示范引领推动形成"敬贤、学贤、齐贤"的文明风尚，弘扬传统美德、凝聚社会正能量，在实践中探索出一条落细落小落实社会主义核心价值观的有效途径，积累了独特的经验。

---

① 习近平：《习近平谈治国理政》，北京：人民出版社，2017年版，第178页。

（一）弘扬贤文化以推进国家治理现代化

贤文化兴，则家道兴，企业旺，社会富，国家强，世界和。从行为上说，贤文化包含了诸如文明礼貌、尊敬父母、赡养老人、友爱兄弟、家庭和睦等内涵。从内容上来说，贤文化包括了孝、悌、敬、诚、善、恭、礼、谦、宽等传统美德范畴。

1. 实现贤文化的创造性转化与创新性发展

习近平总书记指出，弘扬中华优秀传统文化，要处理好继承和创造性发展的关系，重点做好创造性转化和创新性发展。[①]山东潍坊市树立"以人为本、有机融合、先进取向"的贤文化理念，坚持贤文化的本源在于人，载体在于人，最终落脚点也是为了广大人民群众。所谓有机融合，就是将贤文化的开发巧妙地蕴含于社区治理、民主法治建设、公共精神培育、反腐倡廉、权利保护、民生改善等具体的治理过程。先进取向就是以先进文化的标准对待贤文化，对那些体现中华文明特质、有助于促进国家富强、民族振兴、社会和谐的有积极作用的贤文化加以吸收并有效运用。从实践来看，深入挖掘和系统阐发贤文化，对传统文化进行创造性转化，首先需要处理好传承与创新的关系。传承是基础、是前提，创新是方向、是生命，两者不可偏废。其次要寻找合适的路径，比如将贤文化融入学校教育，发挥学校教育在文化创造性转化中的基础性作用；着眼于满足人民群众的文化需求，通过文化体制改革和公共文化服务体系建设，不断创新弘扬贤文化的方式方法和形式载体。

2. 将贤文化融入社会主义核心价值观的培育过程

社会主义核心价值观是在继承人类文明进步成果的基础上，集中反映中国特色社会主义理想信念，并融汇于现代国家治理实践中的价值追求。对于社会主义核心价值观而言，优秀贤文化是其赖以成长发展的土壤。因此，要在培育和践行社会主义核心价值观中传承贤文化，如发挥传统文化中的修身思想，以引导人们加强自我修养；积极倡导现代仁爱精神，加强舆论宣传和国民教育，让人们以更加理性的方式融入社会主义建设，共同推动国家的繁荣富强。山东将"贤文化"作为践行社会主义核心价值观的文化土壤，在"贤文化"滋养下的山东百姓自立、诚信、友善、和睦、勤俭、孝老、爱亲，凝聚成一种独特的地方文化基因。山东省委、省政府因势利导，高度重视地方文化建设，不断赋予"贤文化"新的时代内涵，形成了以儒家文化为代表的

---

① 习近平：《习近平谈治国理政》，北京：外文出版社，2017年，第214页。

"贤文化"体系，成为培育和践行社会主义核心价值观的丰厚土壤。

3. 以产业化推动优秀传统文化的开发应用

贤文化产业化在国家治理现代化中具有重要地位，从近年来一些地方的探索实践看，以产业化的眼光来审视优秀传统文化是值得探索的。因而，需要转变思维，以产业化的眼光来对待传统文化资源，通过做实做强文化平台，构建"传统文化＋现代科技""传统文化＋时代创意"的文化产业链条。通过增值传统文化收益，变无形的传统文化为外在的物质效益，同时通过产业发展带动相关经济发展，提高人们保护、继承传统文化的意识和积极性，以进一步激发中华民族传统文化的自豪感。对传统文化的传承是一项复杂的系统工程，必须建设相应的传承体系。传承体系的构建重在领域拓展和策略优化。因而，要努力打造好家庭、学校、社会三个主要阵地，让传统文化在这三大领域齐头并进、百花齐放；努力实现传统文化的生活化、社会化、网络化，让传统文化的浸润作用真正做到潜移默化、润物无声；做好优秀传统文化与现代制度的协同共进，将优秀传统文化与现代国家治理的新要求新形势紧密结合起来。

（二）社会治理的体制机制需要更加完善

党的十九大报告提出，形成有效的社会治理、良好的社会秩序，使人民获得感、幸福感、安全感更加充实。在推进国家治理体系和治理能力现代化的改革总纲下，我们需要运用法治思维和法治方式倡导多元共治。基层治理是社会治理探索的重点，社会组织和村民自治对于基层来说很重要，村民自治组织涉及农村社会方方面面的问题。村民自治的关键在于处理好农村村民自治组织和党支部、经济组织的关系。经验表明：农村治理不仅是选举问题，很多地方都出现了村民委员会、党支部和经济组织并存的问题，这三者关系错综复杂。

1. 在社会治理中需要强化党的领导

党的十九大提出：完善党委领导、政府负责、社会协同、公众参与、法治保障的社会治理体制。在社会治理中，党的领导要确保正确的政治方向，保证社会治理在正确的政治轨道上运行。把加强和创新社会治理纳入各级党委和政府重要议事日程，纳入地方党政领导班子和领导干部政绩考核指标体系。坚持和强化党的领导，调动和依靠其他主体积极参与社会治理，形成"一核多元"的治理格局。山东围绕建立健全党委领导、政府负责、社会协同、公众参与、法治保障的现代乡村治理体制，加强农村基层党建，构建自治、法治、德治相结合的乡村治理体系。山东潍坊市各级党校、行政学院发挥理论和培训阵地优势，围绕培育和践行社会主义核心价值观，将家庭美德纳入干部选拔参考标准，把孝敬父母、教育子女、夫妻恩爱作为干部选拔的硬约束，将干部考察触角延伸到社区生活中的品德表现，推动社会公德、家庭美德、个人品德同步提升，在干部群众中引起广泛反响。

2.共享与开放共治进一步加强

习近平指出，社会治理要更加注重联动融合、开放共治。联动融合是指体制内不同主体间权责更加清晰、衔接更加顺畅、运转更加高效；开放共治是指体制内力量与体制外力量协调配合、共同治理。梳理和规范党政各部门社会治理职能，加强顶层设计，建立健全社会治理领域权力清单制度和责任追究制度，形成权责明晰的社会治理责任链条。党的十九大提出，深化机构和行政体制改革，统筹考虑各类机构设置，科学配置党政部门及内设机构权力、明确职责，转变政府职能，深化简政放权，这将为社会治理的共享、开放共治创造有利条件。

3.基层治理是社会治理的重点

十九大报告指出：加强社区治理体系建设，推动社会治理重心向基层下移，发挥社会组织作用，实现政府治理和社会调节、居民自治良性互动。社区组织的原则要考虑社会效益最大化和居民自身利益最大化的有机统一，坚持以人为本、互助互利、民主自治、安居乐业。基层建设和基层治理，就是要努力建设人民生活的共同体，让居民对社区形成归属感、认同感。山东潍坊市探索农村基层治理创新，通过建立村民理事会等让乡村治理融入法治、德治、智治力量。基层党组织已成为乡村振兴和脱贫攻坚中凝聚各方力量的坚强堡垒。山东的基层党组织建设、公共服务、村民自治和农村土地资源、涉农财政资金、涉农服务平台工作经验正被国家运用到基层治理。[①]

（二）公平正义成为社会治理的核心要义

党的十九大提出，打造共建共治共享的社会治理格局。共享是目的，共建和共治是手段；共建是重点和前提，共治是关键和保障；共建共治共享是

---

① 魏礼群：《社会治理新思想、新实践、新境界》，北京：中国言实出版社，2017年，第157页。

以人民为中心思想的具体要求。坚持人民主体地位，坚持立党为公、执政为民，践行全心全意为人民服务的根本宗旨，把党的群众路线贯彻到治国理政全部活动之中。习近平多次强调共产党人的初心与使命担当，坚持以人民为中心就要抓住人民最关心的利益问题，包括教育、就业、收入分配、社会保障等。化解矛盾协调利益时，首先应从大多数人的角度把握尺度，维护公平正义。习近平指出，随着中国经济发展水平和人民生活水平不断提高，人民群众的公平意识、民主意识、权利意识不断增强，对社会不公问题反应越来越强烈。通过制度创新安排，保证人民平等参与、平等发展权利，实现规则公平、机会公平和权利公平。

（三）城乡社区网格成为社会治理重心

党的十八大以来，党中央不断强化互联网治理的顶层设计，成立专门的管理机构、制定专门的政策法律，依法实施网络治理，促进网络社会健康有序发展。习近平指出：社会治理的重心必须落到城乡社区，社区服务和管理能力强了，社会治理的基础就实了。要深入调研治理体制问题，深化拓展网格化管理，尽可能把资源、服务、管理放到基层，使基层有职有权有物，更好为群众提供精准有效的服务和管理。城乡社区处于党同群众连接的关键节点，要把加强基层党的建设、巩固党的执政基础作为贯穿社会治理和基层建设的一条红线，深入拓展区域化党建。为全面提升城乡社区治理法治化，促进城乡社区治理体系和治理能力现代化，2017 年 6 月，中共中央国务院颁布了《关于加强和完善城乡社区治理的意见》。党的十九大提出，加强社区治理体系建设，推动社会治理重心向基层下移，城乡社区网格成为社会治理重心。

二、新时代社会治理面临的新挑战

十九大报告指出，中国特色社会主义进入新时代，我国社会主要矛盾的变化是关系全局的历史性变化，对党和国家工作提出了许多新要求，使我国社会治理面临一系列新问题、新挑战。随着市场化、工业化、城市化、信息化及全球化的深入发展，城乡基层经济、社会结构以及人们的思想观念、行为方式正发生改变，对基层治理提出挑战。

（一）社会变革对社会治理提出新要求

改革开放以来，我国社会阶层结构和利益格局复杂化，财富和收入差距拉大；社区社会化、家庭小型化，家庭的教化功能有所弱化等。这些社会变化对社会治理体系和治理能力提出新挑战。山东流动人口众多，多种思想交汇，经济活动频繁——这些特点决定了山东社会治理经验的重要价值。党的十九大以来，山东正完善共建共治共享社会治理格局。中共中央、国务院发出《关于开展扫黑除恶专项斗争的通知》后，省委书记刘家义强调要坚决打赢扫黑除恶专项斗争攻坚仗，努力把山东建设成为全国法治环境最好的地区。

（二）社会需求对社会治理提出新要求

当前，人们的民主意识、法治意识、权利意识、社会参与意识都在增强，这也对社会治理提出新挑战。互联网的发展在给人们生活带来无数方便的同时也带来新的社会治理问题和挑战。自媒体话语权使网络社会与现实社会高度互动。这使社会舆论、社会情绪甚至社会行为以新的机制形成，传统的社会管理已难以奏效。网络社会治理成为考验社会治理体系和治理能力的难点问题。当前，食品、医疗和生态环境安全对社会治理提出新问题。独立性、自主性、流动性是现代城市治理中最需要破解的治理难题。山东今后将扩大提供公共服务和便利的范围并提高服务标准，推进实现基本公共服务均等化。目前，山东正进行城市户口迁移政策差别化调整，放开建制镇和小城市落户限制，有序放开部分地级市落户限制，调整部分城市入户政策。[①]

（三）公共安全在社会治理中占有重要地位

社会治理包括风险治理和应急处置两种类型。公共安全是社会治理的重要内容，涉及自然灾害、生产安全事故、公共卫生事件、社会安全事件等。地震、地质灾害、洪涝、干旱、极端天气、火灾等重特大自然灾害分布地域广、救灾难度大。2017 年，全年各类自然灾害共造成全国近 1.9 亿人次受灾，1432 人因灾死亡，274 人失踪，直接经济损失 5033 亿元。[②]随着网络新媒体快速发展，突发事件快速传播加大了处置难度。同时，在推进全面建成小康社会进程中，公众对政府及时处置突发事件、保障公共安全提出了更高要求，政府应对能力与严峻复杂的公共安全形势还不相适应。因此，防灾减灾救灾、安全生产管理、食药安全治理以及紧急医学救援，与社会矛盾化解、社会安

---

① 魏礼群：《社会治理新思想、新实践、新境界》，北京：中国言实出版社，2017 年，第146 页。

② 洪毅：《中国应急管理报告 2017》，北京：国家行政学院出版社，2017 年，第 12 页。

全事件处理一样成为社会治理的重要任务。

三、在弘扬贤文化背景下山东打造社会治理格局的对策

十九大报告提出要打造共建共治共享的社会治理格局，到 2035 年现代社会治理格局基本形成，社会充满活力又和谐有序。因此，党的十九大报告清晰指明了社会治理现代化的目标、方向和实现路径，为新时代加强和创新社会治理提供了纲领性指引，共建、共治和共享是新时代社会治理格局的三个关键。山东在营造共建共治共享社会治理格局上走在全国前列，并强调要形成有效的社会治理、良好的社会秩序，促进社会公平正义，让人民群众获得感、幸福感、安全感更加充实。

（一）中华贤文化是社会治理的重要资源

家风、家教历来是中华民族文明传承的重要方式，也是传统美德传承的重要资源。山东省各级党委和政府在推进文化建设实践中发现，培育好家训好家风契合社会主义核心价值观要求、契合"贤文化"的弘扬和传承、契合家庭文明建设和农村精神文明建设工作需求。"家训家风"是"贤文化"在治家育人方面的具体表现，为落细落实落小社会主义核心价值观提供了深厚的历史渊源和思想基础。维护社会和谐稳定，需要构建一种自尊自信、理性平和、诚实守信、宽容务实的社会文化。在这方面可以借助中华优秀传统文化涵养品行，发挥优秀传统文化在社会治理中的积极作用。以社会主义核心价值观引领高尚道德，引导人们做出适当行为，为社会治理开辟更广阔的空间。山东以"贤人贤事"、身边好人、道德模范、平安英雄等系列活动为抓手，丰富活动载体、创新宣传手段，深入挖掘和宣传具有鲜明时代特征和广泛社会影响力的典型人物，各行业涌现出一批"贤人"。同时从社会影响力强的党员领导干部、社会公众人物、成年人抓起，通过成年人带动未成年人，让这些群体真心践行社会主义核心价值观，让社会公众乐于接受和效仿，在全社会蔚然成风。

（二）社会治理的共治需要以多元创新为依托

在共建共治共享思想的指引下，2018 年以来，山东立体化社会治安防控体系加快建立，安全防护网给广大群众提供了全方位安全防护。党的十九大报告提出的加强社区治理体系建设和推动社会治理重心向基层下移，为打造

以社区为依托的基层共治格局提供了新方向。从山东社会治理实践来看，法治思维的引领成为各地共识。用法治思维进行社会治理，首先要明确国家和社会、党和社会之间的边界，再用法律法规将其固定下来。因为社会组织发达，山东以社区为基本单元，探索营造共建共治共享社会治理格局，通过把社区成员参与社区建设和治理的积极性调动起来，拓展包括外来人口在内的所有居民融入社区的途径和方式。山东潍坊市将践行社会主义核心价值观纳入文明创建整体框架，将大主题转化为小故事，让身边人讲身边事，让凡人善举直达心灵，实现典型引领常态化、过程化，使"贤人、贤风"交相辉映，使典型效应发展成为"群体效应"和"社会效应"。

（三）社会治理的共享需要以公平正义为保障

共建共治共享的社会治理格局，最终落脚点是一切为了人民，一切依靠人民，为了一切人民，为了人民一切以及一切由人民检验。惩治腐败是中国社会治理体系和治理能力现代化的重要制度与组织保障，是最大的社会治理，是确保社会长治久安的根本之举。社会治理的核心是法治的基础是否稳固的问题，是人民群众对法治的认同问题。社会治理需要在人民群众生动的生产生活实践中，融入法律面前人人平等的法治理念。社会公平正义需要人民的人身权、财产权、人格权都能得到保护。好家训好家风活动一开始，山东潍坊市就突出群众参与性，强调"从群众中来，到群众中去"的工作理念，认真做好"全民参与、全员践行"顶层设计，在实际工作中按照试点示范、面上发动、全面推进三大步骤，抓好征集评选、展示推广、成果转化三个环节，抓住责任落实、载体搭建、活动推进三大重点，积极引导广大市民写家训、议家训、谈家训、践家训，扎实推进工作全面开展。多层面开展传承好家训、培育好家风、弘扬"贤文化"、共筑"中国梦"活动，实现资源互联共享，形成了家家户户写家训、晒家训、议家训的浓厚氛围。

党的十九大报告立足于中国特色社会主义的伟大实践，对社会治理做出了更全面更系统的阐释，并对新时代社会治理创新提出了战略方向。在决胜高水平全面建成小康社会的新阶段，在习近平新时代中国特色社会主义思想指引下，山东将基于弘扬贤文化努力打造符合经济社会发展水平共建共治共享的现代社会治理格局。

范仲淹"圣贤"品格的哲学启示与传播价值

祝　涛　傅小凡 *

（厦门大学哲学系，福建厦门，361005
厦门大学，管理学院 MBA 中心福建厦门，361009）

摘　要：范仲淹深得历代好评，主要原因在于他继承了古圣先贤的道德品质，使人格理想因修身实践得以发扬光大。从内在来看，修身立德以成圣贤的哲学传统，激发出范仲淹志于良医、良相等"圣贤"追求；而正心修身通贤达圣的实践方略，砥砺出范仲淹先忧后乐等"圣贤"品格。从外在来看，由于社会历史认同与大众传播的交互机制，不断巩固了范仲淹"一世之师"的"圣贤"地位，因而王安石、朱元璋、印光大师、毛泽东等人都对其非常推崇。基于此，本文认为探究范仲淹"圣贤"品格的哲学启示与传播意义，具有明显的理论价值与现实意义。

关键词：范仲淹；修身；圣贤；传播

基金项目：中盐金坛盐化有限公司横向课题"贤文化与组织传播研究"（2019）

中国文化历来倡导人们修身立德、学至圣贤，在正心修身、立德成圣的过程中，身处宋代文化融汇大潮的范仲淹，扬弃继承了儒、释、道等家的道德理念，并通过德行实践逐步砥砺成先忧后乐等"圣贤"品格。从此，其圣贤形象与道德行迹不断引发历代好评。王安石认为范仲淹是"一世之师……名节无疵"①。苏轼曾赞曰："出为名相，处为名贤。"②朱熹曾评价道："天地间

---

* 祝涛（1987—），男，陕西安康人，厦门大学博士研究生，研究方向：中国哲学、宗教学；傅小凡（1957—），男，辽宁人，厦门大学管理学院教授，博士生导师，研究方向：管理哲学，美学。

① （宋）王安石：《王文公文集》卷 81，上海：上海人民出版社，1974 年，第 873 页。
② （宋）苏轼著；穆成，穆传标点：《苏轼全集》，上海：上海古籍出版社，2000 年，第 379 页。

气,第一流人物。"①印光大师曾指出:"世守先德,永久勿替者,唯苏州范家,为古今第一。"②毛泽东主席认为:"宋韩范并称,清曾左并称。然韩左办事之人也,范曾办事而兼传教之人也……"③

文化传统之所以能给人们带来先贤圣哲的教益,是因为"文化传统涵载着丰富的范畴和概念知识,同时也充溢着先贤圣哲的人生事迹④。"修身对个人来说是立身之本,对一个社会来说是为政之本。"⑤自修身立德的文化传统激发了范仲淹的"圣贤"追求后,中国哲学的各派理论启发了他的修身实践,促成其"圣贤"品格。而且,大众传播与社会认同的交互机制,不断巩固了范仲淹的"圣贤"地位。可以说,范仲淹"圣贤"品格的生成模式与其"圣贤"地位的巩固机制,蕴含丰富的哲学启示与传播价值。它能使社会民众认识到,人生只要积极立德修身,就有望养成贤良品行、引发世人好评、逐渐传出千古美名,这对促成世风改善与社会和谐裨益良多。

一、修身立德的哲学传统激发其"圣贤"追求

范仲淹的"圣贤"品格,首先得益于中国哲学的修身传统。"修身,是指通过学习、锻炼,提高和完善人格的全过程。"⑥"有志于修身者,皆可以通过努力成为君子,甚至朝向圣贤的神圣境界。"⑦中国哲学各派提倡修身立德,主要有两方面的原因。一方面,因为人性存在许多缺陷,所以人们必须正心修身;另一方面,由于人是万物之灵长,因此人们应该志于通贤达圣。由于身处文化融汇大潮中的范仲淹,对中华文明的各家各派都曾博学深思过,因而修身成圣的文化传统,激发他自幼就对"圣贤"品格心生追求。

---

① (宋)范仲淹撰、李勇先、王蓉贵校点:《范仲淹全集》,成都:四川大学出版社,2007年,第1353页。

② 释印光著述、张景岗点校:《增广印光法师文钞》,北京:九州出版社,2012年,第208页。

③ 孙宝义、刘春增、郭桂兰:《毛泽东的读书人生》,北京:中央文献出版社,2001年,第111页。

④ 陆建猷:《文化传统的多重价值》,《西安交通大学学报》(社会科学版)2004年第1期,第63页。

⑤ 丁然:《传统文化论修身》,《社会科学战线》2017年第10期。

⑥ 栾贵川:《孔子的修齐治平之道》,北京:社会科学文献出版社,2016年。

⑦ 顾炯:《儒家视域中的修身之道》,博士学位论文,华东师范大学哲学系,2011年,第114页。

（一）人性存在论视域中的修身缘由

中国文化极其强调"修身"，并且极富"修身"的思想和实践资源。[①]早在先秦时期，《墨子·非儒下》曾说到"远用偏施，近以修身……"[②]（《老子·五十四章》）认为："修之于身，其德乃真。"[③]孔子曾提倡："修己以安人"[④]（《论语·宪问》），《大学》更是强调"修身为本"[⑤]。中国哲学的各家各派都重视修身的直接原因是，他们普遍认识到，人性存在缺陷。从人性存在论的角度来看，"人生在世，受各种物欲引诱，本来的善性在一天天变恶"[⑥]，于是正心修身很有必要。

如果一个人的人心充满动物性的私欲，其人性的良善良知便会泯灭，从而堕落为恶人，逐渐招致天怒人怨。正因为"人心惟危，道心惟微"[⑦]，所以《易经》主张"以恐惧修省……弥自修身。"[⑧]周易认为："言行，君子之所以动天地，可不慎乎。"[⑨]与之类似，《中庸》也倡导"君子戒慎乎其所不睹。"[⑩]这也正如康德的看法——"有两样东西，我们愈经常持久地加以思索，它们就愈使心灵充满日新月异、有加无已的敬畏：在我之上的星空和居我心中的道德法则。"[⑪]可以说，正因人性存在缺陷，所以古今中外的哲人，都倡导正心修身。

对于人性的弱点，人心的缺陷，佛教曾指出"心之可畏，甚于毒蛇……当急挫之。"[⑫]与之类似，道家也认为人心的私欲，会引发罪行和祸患。《道德经》指出："祸莫大于不知足，咎莫大于欲得。"[⑬]（《老子·第四十六章》）因为形体易受外界物欲影响，故而不得不修身。[⑭]对此，范仲淹也曾说道："惧而

① 张再林：《中国古代哲学中的身心一体论》，《中州学刊》2011年第5期。
② 吴毓江撰、孙启治点校：《墨子校注》，北京：中华书局，2008年，第431页。
③ 饶尚宽译注：《老子》，北京：中华书局，2009年，第130页。
④ 杨伯峻译注：《论语译注》，北京：中华书局，2012年，第156页。
⑤ 王文锦译注：《大学中庸译注》，北京：中华书局，2008年，第2页。
⑥ 韩星：《论儒家的身体观及其修身之道》，《哲学研究》2013年第3期。
⑦ 陈襄民、葛培岭等注译：《五经四书全译·尚书》，郑州：中州古籍出版社，2000年，第311页。
⑧ 黄寿祺、张善文：《周易译注：最新增订版》，北京：中华书局，2016年，第378页。
⑨ 黄寿祺、张善文：《周易译注：最新增订版》，北京：中华书局，2016年，第378页。
⑩ 王文锦译注：《大学中庸译注》，北京：中华书局，2008年，第14页。
⑪ （德）康德著、韩水法译：《实践理性批判》，北京：商务印书馆，1999年，第177页。
⑫ （姚秦）鸠摩罗什译：《佛垂般涅槃略说教诫经》，《大正藏》，第12册，经号0389。
⑬ 饶尚宽译注：《老子》，北京：中华书局，2009年，第113页。
⑭ 周叶君：《老子贵身论及其历史影响的解读》，《社会科学战线》2012年第8期。

修德","圣之心也,盖惕惕而无灾"①。在他看来,既然生而为人这种复杂的动物,必须时刻心存恐惧、保持警惕,通过省察克制等方法,存养人性中的良善,修身立德以近圣贤。

(二)天道本体论视域中的修身依据

修身传统还关系到中国哲学的重要特色:天人合一的整体性思维模式。关于为何要修身立德,中华先民认为,天地养育万物,由于人是万物中最具灵性的存在,因而人们在生命历程中,应努力合于天道、参赞化育,做一个仰俯不愧于天地、言行无愧于心性的有德之人。对此,孔子曾说道:"天生德于予,恒魋其如予何?"②孟子曾指出:君子有三乐,而王天下不与存焉……仰不愧于天,二乐也……"(《孟子·尽心章句上》)③它认为无愧于天地的人生,才是富有乐趣的生存状态。

在儒学看来,立德修身不仅可使人与禽兽区别开来,而且能帮人领悟天道。孟子指出,身为天地间有别于禽兽的万物之灵,人应该自强不息地扩充恻隐心、羞恶心、恭敬心、是非心这些德性的四端,真切践行仁、义、礼、智的精神理念,如此便能知悉人性乃至天道的奥妙,是谓尽心知性以知天。这正如《周易·系辞》所言:"天地之大德曰生,圣人之大宝曰位。何以守位?曰仁。"④

可以说,天道的奥妙就在于天生地载、生生不息,与之相应,人道的奥秘也在于仁民爱物、厚德利生。为了达到此境,实现参赞化育、无愧天地的状态,儒家提倡尽心知性、存心养性的修身实践,佛教鼓励自利利人、福慧俱修的慈悲做法,道学发展出性命双修、与道相契的理论体系。对于中国哲学这种修身养性、安心立命之道,冯友兰曾予以经典评析:"在中国哲学中……最高成就是:个人和宇宙合而为一。"⑤可见,人生在世,有必要努力修身,以便达到"与天地合其德"⑥的境界。

---

① (宋)范仲淹撰、李勇先、王蓉贵校点:《范仲淹全集》,成都:四川大学出版社,2007年,第2页。

② 杨伯峻译注:《论语译注》,北京:中华书局,2012年,第71页。桓魋(音 tuí),春秋时期宋国司马。

③ 杨伯峻译注:《孟子译注》,北京:中华书局,2013年,第285页。

④ 黄寿祺、张善文:《周易译注:最新增订版》,北京:中华书局,2016年,第508页。

⑤ 冯友兰:《中国哲学简史》,北京:中华书局,2017年,第6页。

⑥ 黄寿祺、张善文:《周易译注:最新增订版》,北京:中华书局,2016年,第19页。

（三）范仲淹对各家内圣思想的整合

可见，从消极的方面来说，由于人性存在缺陷，因此人们必须夕惕若厉地正心修身。从积极的方面来看，由于人是万物之灵长，天道将生生不息的仁德赋予了人类，因而人们应该自强不息地修身立德。从人性与天道的视角，考察范仲淹的修身思想及实践可以发现，范仲淹的修身之道，不仅是夕惕若厉、恐惧修省、居安思危等忧患意识的直接体现，而且也是尽心知性、自强不息、厚德载物、参赞化育等奋进理念的鲜明反映。

一方面，范仲淹认识到，人唯有每天保持警惕的态度，坚持反省、修身才能远离祸患避凶趋吉。对此，他曾明确说道："君子之惧于心也……则百志弗违于道；惧于身也……百行弗罹于祸。"[1] 另一方面，范仲淹认为正心修身、厚德载物进而博施济众、利益世人，是符合天道的做法。对此他明确指出："修德以及民……合于天意。"[2] 在范仲淹看来，克制私心私欲，进而利于天下民众，是人契合天意、参赞天地化育的重要方式。

由于范仲淹身处三教融汇之世，因而他曾将儒、释、道文化中的修身动机予以汇通，并把儒、释、道文化的内圣理路做过整合。在其修身动机里，志于良医、良相的范仲淹既赞誉佛教："诸佛菩萨施广大慈悲力……使群魔三恶，不起于心"[3]，又认同道家"惟信道养性，浩然大同，斯为得矣"[4]。在其内圣理论中，不仅有"以百姓心为心"[5] 的道家济世理念和"不以物喜，不以己悲"[6] 的佛法无我精神，而且还蕴含有"德泽浃于民庶，仁声播于雅颂"[7] 的儒家仁德思想。

---

① （宋）范仲淹撰、李勇先、王蓉贵校点：《范仲淹全集》，成都：四川大学出版社，2007年，第150页。

② （宋）范仲淹撰、李勇先、王蓉贵校点：《范仲淹全集》，成都：四川大学出版社，2007年，第21页。

③ （宋）范仲淹撰、李勇先、王蓉贵校点：《范仲淹全集》，成都：四川大学出版社，2007年，第506页。

④ （宋）范仲淹撰、李勇先、王蓉贵校点：《范仲淹全集》，成都：四川大学出版社，2007年，第699—700页。

⑤ 饶尚宽译注：《老子》，北京：中华书局，2009年，第119页。

⑥ （宋）范仲淹撰、李勇先、王蓉贵校点：《范仲淹全集》，成都：四川大学出版社，2007年，第491页。

⑦ （宋）范仲淹撰、李勇先、王蓉贵校点：《范仲淹全集》，成都：四川大学出版社，2007年，第21页。

二、道德修养的实践范式涵养其"圣贤"品格

儒家认为修身的最终归宿是成就圣贤人格，所以修身的核心问题是如何学为圣贤之道。① 由于范仲淹坚信"圣贤可至也"②，因而他在修身以成圣贤的活动中，探究过诸多方略。首先，他根据易学的乾健精神，整合了儒、释、道文化中的相关思想，致力于慎防私欲、自强不息。其次，在正心修身的过程中，范仲淹注重涵养坤厚品德。再次，由于实现立德、立功等理想需要有健康的身心，因而他强调形神兼修。正是这套修身范式，令范仲淹逐渐砥砺成先忧后乐等"圣贤"品格。

（一）效法乾健精神

在修身过程中，范仲淹重视从古代经典中学取经验，尤其是对于易经，他具有很高的造诣。《宋史·范仲淹传》曾记载："仲淹泛通《六经》，长于《易》。"③ 可以说，正因为对易经非常精通，所以范仲淹修身立德的首要方法是：效仿发奋好学、自立自强的乾健之德。

1. 修志好学 自强不息

考察范仲淹的经历可知，在早年他曾树立过"不为良相，便为良医"的远大志向。他曾慷慨语其友曰："吾读书学道，要为宰辅，得时行道，可以活天下之命。时不我与，则当读黄帝书，深究医家奥旨，是亦可以活人也。"④ 可以说，范仲淹树立远大志向、坚持刻苦求学的做法，高度契合易经乾卦所倡的自强不息精神。儒学认为"修身首在于立志，有了崇高的理想和志愿，才能催人奋进，奋发向上。"⑤ 由于"志"在《论语》《孟子》《易传》等经典中出现过多次，范仲淹因此深受启发，于是虽然他早年贫苦，但却心生鸿鹄之志。

从佛学的观点来看，这种以良相、良医为志的乾健精神，契合佛教的菩提心、慈悲愿。佛学还认为："有愿力而无智慧，则成愚行。"⑥ 范仲淹本人也

① 韩星：《论儒家的身体观及其修身之道》，《哲学研究》2013 年第 3 期。

② （宋）范公偁撰、张耒校点：《过庭录》新 1 版，北京：中华书局，1985 年，第 5 页。

③ （元）脱脱等撰：《宋史》，北京：中华书局，1977 年，第 10267 页。

④ （宋）范仲淹撰，李勇先，王蓉贵校点：《范仲淹全集》，成都：四川大学出版社，2007 年，第 1429 页。

⑤ 涂健：《孔子"修身"思想探讨》，硕士学位论文，武汉理工大学哲学系，2008 年，第 24 页。

⑥ 释星云：《星云大师讲演集》第 4 集，《人间佛教的基本思想》，高雄：佛光文化，1996 年，第 31 页。

深知，为相为医利泽生民的心愿，不能仅托之空言，更需要以渊博的学识和辛勤的实践为依托。于是，为了实现为相为医的乾健志向，范仲淹早年严格要求自己，坚持为学致知，不断提高自身修养，丰富自己的学识智慧。

中国文化认为学习乃修身立德之始，周易第一卦乾卦强调："君子学以聚之，问以辩之。"① 它认为君子通过学习积累知识，通过发问辨别疑难，可使修身活动更有成效。《论语》开篇也是提倡为学，而且道教和佛教的一些宗派，也鼓励人们博学多识，闻、思、修、证。出身官宦世家的范仲淹，深知为学致知对于修身养性的重要价值。为了励志求学专心读书，他于青少年时期，曾寄居继父家乡附近的长白山醴泉寺苦读，以断齑② 划粥的清苦生活，磨炼出刻苦奋斗的品格，积淀起日渐渊博的学问。

2. 夕惕若厉 慎防私欲

范仲淹立德修身过程所蕴含的乾健之德，不仅体现在发心修志、好学致知的自强实践中，还彰显于潜心修学、夕惕若厉、慎防私欲的修养里。在范仲淹修学致知以实现远大志向的过程中，他曾远离家人到睢阳应天府南都学舍发愤苦读。于睢阳的五年苦修期间，范仲淹秉承夕惕若厉、慎独慎微等理念，以精进修学、攻苦食淡、防心离过、对治私欲等经历，充分彰显出他修身正心、自强不息的贤良品格。史载：

"留守有子居学，见公食粥及不出观驾，归告其父，以公厨食馈公……公谢曰'非不感厚意。盖食粥安之已久，今遽享盛撰，后日岂能复啖此粥乎？'"③

可见，早年贫寒的范仲淹深知人心缺陷：放纵心中欲望必会导致贪图享乐，于是他长期攻苦食淡，集中心思修学致知。为此，他谨记"终日乾乾，夕惕若，厉无咎"④ 的修身理念，努力保持俭朴习惯，谨防欲望膨胀。当获赠精美食物后，他毫不动心置之不理，这说明，夕惕若厉、自强不息的范仲淹，融汇了慎独、折伏自心、抱朴寡欲等理念，致力于精进不辍的修身立德。

（二）涵养坤厚德性

在修身实践中，范仲淹还指出："诚而明之，中而和之，揖让乎圣贤……

---

① 黄寿祺，张善文著：《周易译注：最新增订版》，北京：中华书局，2016 年，第 17 页。
② 断齑（音 jī），细碎的腌菜。
③ （宋）范仲淹撰，李勇先，王蓉贵校点：《范仲淹全集》，成都：四川大学出版社，2007 年，第 868 页。
④ 黄寿祺，张善文著：《周易译注：最新增订版》，北京：中华书局，2016 年，第 3 页。

必大成于心。"① 可见，其立德修身的圣贤品格，不光蕴含有修志好学、夕惕若厉的乾健精神，还体现出见利思义、大成于心的坤厚美德。可以说，"内守朴忠，外修景行。进退惟道遵圣贤"② 的为官经历，充分彰显其见利思义心存厚道，日省三身谦虚低调的贤良风范。方健曾赞道："生活方式等方面，均体现了其儒学正宗的深厚积淀，又有融儒释道于一体的丰富多彩……迥出流辈不同凡响的高雅情操和洁身自好。"③

1. 公而忘私 仁厚朴实

自入仕为官以来，虽然范仲淹的生活条件获得改善，但他坚守朴素、持续修身、公正廉洁、勤政爱民。其为官生涯始终基于"公罪不可无，私罪不可有"④ 的原则行事，即使面对皇亲国戚，他也坚守刚正不阿、公而忘私的风格。就算是宦海风波中三起三落，跌落最深低谷时，他也未曾放弃："先天下之忧而忧，后天下之乐而乐"⑤ 的理念。而且在晚年，范仲淹曾教诫子孙，要他们谨记朴实仁厚、见利思患等道理。为此，他常以言传身教，提醒子孙要在修身过程中，心存朴实仁厚，常怀道义之乐。

"人苟有道义之乐，形骸可外，况居室哉……吾之所患，在位高而艰退，不患退而无居也。"⑥ 可见，范仲淹高度推崇道义之乐，不追求自私狭隘的物质享受。《论语》曾指出："君子食无求饱……就有道而正焉。"⑦（《论语·学而》）儒家哲学认为，人生在生活方面，可以像大地那样低调朴实，在精神方面，要注重内在德性的修养。心怀道义之乐的范仲淹对此非常认同，他通过努力减少私心物欲，涵养朴实低调的坤厚品德。

2. 尊德乐义 谦恭自省

范仲淹的坤厚德性，还体现在无论穷达都尊德乐义、谦恭自省的生活习惯里。梳理范仲淹的生活经历可知，其厚道品德，早在青少年时期就已养成。

---

① （宋）范仲淹撰、李勇先、王蓉贵校点：《范仲淹全集》，成都：四川大学出版社，2007年，第176页。

② （宋）范仲淹撰、李勇先、王蓉贵校点：《范仲淹全集》，成都：四川大学出版社，2007年，第388—389页。

③ 方健：《范仲淹评传》，南京：南京大学出版社，2001年，第102页。

④ （宋）晁说之撰：《晁氏客语》长沙：岳麓书社，2005年，第153页。

⑤ （宋）范仲淹撰、李勇先、王蓉贵校点：《范仲淹全集》，成都：四川大学出版社，2007年，第492页。

⑥ （宋）范仲淹撰、李勇先、王蓉贵校点：《范仲淹全集》，成都：四川大学出版社，2007年，第1424页。

⑦ 杨伯峻译注：《论语译注》，北京：中华书局，2012年，第9页。

在贫苦的求学生涯中，他曾多次面对意外之财，但他并没有起贪念。可以说，其修身功夫在早年就已达到穷不失义的高尚境界，明显的例证就是"窖金捐寺"、"退银还方"等事迹。而且其见利思义的修身功夫与尊德乐义的仁厚品质还表现在其他很多方面。例如，每当别人请他撰写序文、碑铭时，他不取分文酬劳。

"公为人作铭文，未尝受遗。后作范忠献铭，其子欲以金帛谢，拒之。乃献以所蓄书画，公悉不收，独留《道德经》而还。"① 这证明范仲淹非常厚道，具有常人难以企及的高尚品格。孟子提倡："尊德乐义……穷不失义"（《孟子·尽心章句上》）② 结合范仲淹的修身经历来看，他正是用拒斥不义之富等标准指导自己的修身实践。在涵养坤厚品德的修身实践中，尤其值得一提的是，范仲淹不仅借鉴过易学的谨慎、内敛、谦逊等精神，而且重视践行儒学日省三身的理念。史载："公过夜就寝，即自计一日食饮奉养之费及所为之事……"③ 可见，在正心修身的过程中，范仲淹深知自省、厚德等理念的重要性。

（三）注重形神兼修

范仲淹旨在学为圣贤的修身范式，不光强调涵养心神，还兼顾调理色身。由于"形者神之质，神者形之用"④；因而志于良相、良医的范仲淹，深知立德、立功要有健康的身心。于是，他不光通过参禅、访道、行善、立诚等手段涵养心性品德，还借助操缦抚琴、气功导引等方法提高生命质量。正因综合运用多种修身方法，所以其通贤达圣的修身活动获得形神兼顾、内外齐修的显著成效。

1. 积善成德 修身养性

在修身活动中，范仲淹非常重视对善心的涵养，因为他发觉儒、释、易、道各家，都倡导人们保持善良品性。孔子曾说："见善如不及，见不善如探汤。"⑤（《论语·季氏》）即使是坚称人性本恶的荀子，也认为："积善成德，而

---

① （宋）范仲淹撰，李勇先，王蓉贵校点：《范仲淹全集》，成都：四川大学出版社，2007年，第1563页。

② 杨伯峻译注：《孟子译注》，北京：中华书局，2013年，第281页。

③ （宋）范仲淹撰，李勇先，王蓉贵校点：《范仲淹全集》，成都：四川大学出版社，2007年，第1563页。

④ 王国轩编著：《范缜》，北京：中华书局，1984年，第216页。

⑤ 杨伯峻译注：《论语译注》，北京：中华书局，2012年，第175页。

神明自得，圣心备焉。"①（《荀子·劝学》）此外，道家与佛学，也倡导人们以善修心。《老子》认为："善者，吾善之；不善者，吾亦善之。德善。"②佛教主张"诸恶不做，众善奉行。"

在中国哲学崇善思想的熏陶中，范仲淹的一生是不断以善念滋养心性的一生。一方面，于求学过程中，他继承孔孟思想，坚信保持善心的人，必定有美好前途，如其所言："清名善最即前途。"③另一方面，在日常生活里，他经常与儒、释、道各界的有德之士过从甚密。可以说，在以善修心的过程中，范仲淹不仅通过博学、慎思等环节来涵养善心，而且结合访贤、参禅、问道等活动来护持长养善念。

除了涵养善心外，范仲淹还践履善行。因为他深知光有善心还不足以确保修身有成，还必须将善心付诸在行善实践中，使内在德性转化为外在德行。由于他坚信"君子之为善也，必享其吉"④，因而在日常生活中，范仲淹努力行善积德，多次扶危济困。可以说，范仲淹在修身实践中，不光经由博学明辨涵养善心，还结合访贤问道护持善念，并通过布施积德实践善行，以致形成高尚品行，受到古今称誉。

2. 借琴养生 学道养命

在调养身心的实践中，值得注意的是，范仲淹还喜欢通过操缦抚琴的方式，实现正心修身、养生悦神的功效。从其年谱可知，早在他 16 岁的景德元年（1004 年），经由继父朱文翰的引荐，范仲淹曾拜著名琴师崔遵度为古琴蒙师，此后，范仲淹对古琴越来越喜爱。因为在他看来，操缦抚琴不仅可以养德悦心，而且能养生悦神。⑤关于学琴的经历以及对琴道功能的理解，范仲淹曾说道："琴之道，大乎哉……清厉而弗静，其失也躁；和润而弗远，其失也佞。弗躁弗佞，然后君子，其中和之道欤！"⑥可见，范仲淹认为古琴蕴含有大道，适宜君子用作修养身心的工具。孔子曾指出："立于礼，成于乐"。正如谢清果教授所分析的："礼乐协同运作……达到对人的教化，塑造一个

---

① 北京大学《荀子》注释组注：《荀子新注》，北京：中华书局，1979 年，第 5 页。
② 饶尚宽译注：《老子》，北京：中华书局，2009 年，第 119 页。
③ （宋）范仲淹撰，李勇先、王蓉贵校点：《范仲淹全集》，成都：四川大学出版社，2007 年，第 176 页。
④ （宋）范仲淹撰，李勇先、王蓉贵校点：《范仲淹全集》，成都：四川大学出版社，2007 年，第 176 页。
⑤ 祝涛：《古琴的养生哲学及其传播之道刍议》，《中华文化与传播研究》2018 年第 1 期。
⑥ （宋）范仲淹撰，李勇先、王蓉贵校点：《范仲淹全集》，成都：四川大学出版社，2007 年，第 176 页。

具有德性的人格。"① "乐可以改变人的性情和品行,从而促使个体从心灵深处培养其道德修养。"② 他坚信蕴含儒家中和理念的琴乐,可以发挥出调心修身、怡情安神等养生功用。重视养生的范仲淹,除了借助琴道正心修身外,他还对道家的医学和导引术颇厚兴趣。他曾感慨:"看《素问》一遍,则知人之生可贵也,气须甚平也,和自养也。"③ 在研究医学祛病修身的过程中,其医术不断进步,经常指导家人调养身体。

三、道德楷模的传播机制促成其"圣贤"地位

"由于生命的短暂、无常、脆弱,人们有一种追求永恒的精神需要。"④ 因为身处文化融汇大潮、学贯易儒道释的范仲淹,综合运用各种修身之道而砥砺成"圣贤"品格,所以,他不光体悟到孔子、颜回等人圣贤境界的大乐,还成为引发社会反响、广受民众传扬的贤良榜样。而社会认同与大众传播的交互作用,又使范仲淹的"圣贤"地位日益获得巩固。

（一）体悟圣贤大乐

儒学认为努力修身立德,每个人都可成长为圣贤。由于范仲淹"信古人之书,师古人之行"⑤,因此他高度重视正心修身,并逐渐体悟到孔子、颜回等圣贤境界的内圣之乐。早在少年时期,范仲淹的行为气象就与儒家圣贤"孔颜之乐"的内圣境界相当契合。由于早年家境困窘,他为了励志求学,曾寄居长白山醴泉寺专心读书,并以清苦的生活磨炼意志。对此《东轩笔录》曾有记叙:

"公与刘某同在长白山醴泉寺僧舍读书,日作粥一器,分为四块,早暮取二块,断齑数茎,入少盐以啖之,如此者三年。"⑥ 范仲淹这段经历,与颜回

① 谢清果、林凯:《礼乐协同:华夏文明传播的范式及其功能展演》,《新闻与传播评论》2018 年第 6 期。
② 余泳芳:《儒家"以乐修身"思想探微——解读《礼记·乐记》,《船山学刊》2011 年第 3 期。
③ （宋）范仲淹撰,李勇先,王蓉贵校点:《范仲淹全集》,成都:四川大学出版社,2007 年,第 176 页。
④ 傅小凡:《重建家族与鬼神信仰——论朱熹的"理学鬼神观"及其实践意义》,《朱子学刊》2016 年第 2 期。
⑤ （宋）范仲淹撰,李勇先,王蓉贵校点:《范仲淹全集》,成都:四川大学出版社,2007 年,第 176 页。
⑥ （宋）范仲淹撰,李勇先,王蓉贵校点:《范仲淹全集》,成都:四川大学出版社,2007 年,第 870 页。

箪食瓢饮、怡然自得的境况非常相近。由于他深受儒学影响，并对"孔颜之乐"有切实的体悟，因而即使过着"断齑划粥"的清寒生活，他也毫不觉苦反而乐在其中。随后，范仲淹对内圣之乐的体悟逐渐深入，特别是于睢阳苦修期间，他在"瓢思颜子心还乐"①的诗文中，对颜回朴素的生活作风，表达出高度的欣赏。正因为对"孔颜之乐"有着深入的理解与真切的效仿，所以他能够以之为精神支柱，在艰苦环境中不断积累学问，并获得科举的成功。

（二）赢得千古贤名

在精勤修身的过程中，范仲淹不仅逐步体悟到孔颜内圣大乐，而且日渐成长为德行兼备的贤良榜样，这使他在生前收获大量的赞誉，在身后更是赢得流芳百世的美名。考察范仲淹的修身过程可以发现，他之所以能赢得千古美名，内在原因是：志于修身立德、济世利民的范仲淹，非常重视对声誉、名望的保护，并呼吁世人关注名节。在他看来，只有鼓励世人重视声名，才能引导世人正心修身，才能促进社会道德的提升。为了倡导世人修身，以获得贤名，其《近名论》说道："我先王以名为教，使天下自劝……是圣贤之流无不涉乎名也…是圣人敦奖名教，以激劝天下。如取道家之言，不使近名，则岂复有忠臣烈士为国家之用哉！"②《近名论》认为：如果一个人不爱惜名望声誉，那么他很可能会顺从自身的私心私欲，疏于修身立德，以致无所顾忌地做出危害社会的行为。考察历史可知，范仲淹的《近名论》在宋代引发巨大的社会反响，而且他修身立德的成就，也使他成为当时的道德榜样。可以说，由于范仲淹以身作则，努力修身立德，逐渐带动社会风气的改观，因而社会舆论的认同，使他获得"圣贤"地位，大众传播的效果更使他的"圣贤"地位得到不断的巩固。

结语

综上可知，由于范仲淹在整合易、释、道、儒等家修身思想后形成高明的理论指导，因而他的修身实践卓有成效。对乾健理念、坤厚品德的领悟，

---

① （宋）范仲淹撰，李勇先，王蓉贵校点：《范仲淹全集》，成都：四川大学出版社，2007年，第66页。

② （宋）范仲淹撰，李勇先，王蓉贵校点：《范仲淹全集》，成都：四川大学出版社，2007年，第155页。

令他成功以自强不息、厚德载物的精神担当了天地所要求的大任。① 其形神兼顾的修养范式，更为世人修身立德的实践提供了优秀的示范。对于范仲淹，王安石赞其为"一世之师……名节无疵"②。毛泽东曾高度褒扬他为少有的"办事兼传教之人"③，可见范仲淹的修身成就极为殊胜，以致很多人将其评为难得的楷模式人物。身为享誉千古的历史名人，范仲淹可谓后人修身的榜样，特别是在当今时代，他的思想事迹对人们正心修身的实践，具有极大的指导作用。

由于在伦理社会中，道德修养具有比法律更根本、更重要的作用，是社会稳定和谐的基础。④ 因而可以肯定的是，中国"修身"文化哲学，在改善现代人的生存境遇，提升现代人的境界方面具有积极作用。⑤ 近年来，"以习近平同志为核心的党中央十分重视修身，把修身看作党员个人修养和治国理政的根本，为此决定在县处级以上领导干部中开展'三严三实'专题教育……首先是'严以修身'"⑥。很显然，在当前探究范仲淹修身之道的哲学启示，传播范仲淹"圣贤"品格的示范意义，不仅便于人们效法古圣先贤的内圣理念和道德行迹，而且有助于加速当前社会的道德文明建设。正如陆建猷先生所言："人类先辈所创造的文化之对后辈而言是传统文化，而人类后辈是在浸润先辈所创既有文化过程中实现自我教养的……理性地选择和发扬传统文化，克服自我时代局限而少留未来历史遗憾，才是现代人的真正高明之处。"⑦

---

① 汤一介：《儒学的现代意义》，《江汉论坛》2007 年第 1 期。

② （宋）王安石：《王文公文集》卷 81，上海：上海人民出版社，1974 年，第 873 页。

③ 孙宝义、刘春增、郭桂兰：《毛泽东的读书人生》，中央文献出版社，2001，第 111 页。

④ 勾利军：《略论中国古代知识阶层的"修身"》，《河南师范大学学报》（哲学社会科学版）1998 年第 6 期。

⑤ 牟丽平：《中国修身文化哲学的当代论域》，《求索》2013 年第 10 期。

⑥ 丁然：《传统文化论修身》，《社会科学战线》2017 年第 10 期。

⑦ 陆建猷：《中华经典对现代人人文理性培养的教益价值》，《西安交通大学学报》（社会科学版）2006 年第 6 期。

十、国学新知

主持人语：

中华传统文化几千年走来，生生不息，对人类文明做出了重要贡献，深深影响海内外，并为世界越来越多的人所认可，所汲取，造福于世界和平事业。

钱耕森先生的《方东美广大和谐的生命哲学》指出，方东美认为，宇宙与一切生命，生生不息，生命之间的关系是"共同享受和平与福祉"。方东美对中西文化进行了比较研究，指出了西方"二分法"的困境，其根本问题是"和谐"的重要性要不就被忽略，要不就被无望的曲解了。方东美深入研究中国传统文化，旁征博引儒道墨经典，提出广大和谐的生命精神就是中华民族最可贵的精神，主张"和平之福"是人类共同追求的伟大理想，人类要为实现这一理想发挥重大作用。

王婕、谢清果的《行贤不自贤》一文探讨了《庄子》的贤人观的内在矛盾张力。作者采用文本分析法，深入剖析了"贤"观念在《庄子》文本中的确切含义，把握住了《庄子》作为道家著作所体现出的道家式贤人观，即融通自然是贤人的独特生活方式，在社会治理中贯彻的是"行贤而去自贤"的崇高境界。进而，作者还进一步阐述了《庄子》的贤人功能观，即在个体层面上讲究贤圣合一，又在社会层面上采取了既能包容选贤任能、尊贤尚贤的观念，又能以"无用圣贤"为治理的最高理想，从而为实现社会自然和谐创造条件。

周逢年的《朱舜水教育理念、方法与实践特征》深入研究了朱舜水的教育思想，阐述了朱舜水的教育理念、教育方法和读书学习的意义与方法。朱舜水先生把儒家思想传播到日本，在日本讲学22年，堪称日本教育史上的大家，形成了他系统的教育思想，其教育理念有：教学为先，兴道致治；庠序学校，国之命脉；发愤读书，报主隆恩；道德教育，孝悌为本；进学向善，明礼达义；教育教学，中外一体等。其教育方法有：教人之道，因人而定；学习之道，贵在诚心等。关于读书学习，朱舜水提出了学者当志学能学好学，读书要竭力要咀嚼，性昏贪婪会荒废学业等思想。朱舜水的教育思想在当今也具有一定的借鉴意义。

（南京大学历史系中国思想史专业博士 陆元祥）

方东美广大和谐的生命哲学

——为纪念大哲方东美先生诞辰 120 周年而写

钱耕森 *

（安徽大学哲学系，安徽合肥，230039）

摘　要： 方东美是我国现代的一位大哲学家。他的哲学体系博大精深，其中一个主要内容是提出了"广大和谐的生命哲学"。他主张宇宙与一切生命体都是生生不息的，并认为，所有生命之间具有"共同享受和平与福祉"的美好关系，又特别肯定了人类视缔造这宏伟的"和平之福"为共同追求的伟大理想，并对缔造这宏伟的"和平之福"发挥了重大的作用，做出了贡献。

关键词： 方东美；广大和谐；机体主义；生命哲学

大哲方东美先生（1899—1977）于 1937 年 4 月提出了"广大和谐的生命哲学"。他认为，宇宙是生生不息的，一切生命又是生生不息的；宇宙与一切生命都是生生不息的。

方先生并认为，这生生不息的宇宙与一切生命之间并非是无关的，更非是对抗的，而是"共同享受和平与福祉"[1]。

方先生又特别肯定了人类对缔造这宏伟的"和平之福"应该并且能够起到"参赞化育"直至"止于至善"的重大作用，做出贡献。

方先生还认为，这是中国哲学家所称许的真正的人——真人、至人、完人、圣人所共同追求的理想。他说："他们共同追求的，正是要摄取宇宙的生

---

* 钱耕森（1933—）男，安徽巢湖人，安徽大学哲学系资深教授，安徽大学方东美研究所所长，创建"大道和生学"，2017 年度汤用彤学术奖获得者。

① 方东美：《中国人生哲学》，台北：黎明文化事业股份有限公司，2006 年，第 130 页。

命来充实自我的生命，更而推广其自我的生命活力，去增进宇宙的生命，在这样的生命之流中，宇宙与人生才能交相和谐、共同创进，然后直指无穷、止于至善！这就是中国民族最可贵的生命精神！"①

一、广大和谐的生命精神

方先生为了证明他高度赞许的"这就是中国民族最可贵的生命精神"，在其《中国人生哲学》一书中专门撰写了《广大和谐的生命精神》一章，不惮烦地从《易经》、《礼记》、《孟子》、《墨子》、《荀子》、《管子》、《老子》、《庄子》、董仲舒的《春秋繁露》、张载的《西铭》、朱熹的《四书章句集注》、《二程全书》、《陆象山文集》、《阳明集要》、《戴震集》等原典中引证了 28 条证据。

其第一条引自《易经·文言传》："夫大人者，与天地合其德，与日月合其明，与四时合其序，与鬼神合其吉凶。先天而天弗违，后天而奉天时。天且弗违，而况于人乎！况于鬼神乎！"②这是乾卦九五爻辞。这是说"大人"品德的特征是其崇高广大同天地一样，其普照的明亮度同日月一样，其政令的有条不紊同四季交替一样，其判断吉凶的准确性同鬼神一样。其做没有先例的事，天都不会违反；其做有先例的事，又能因时制宜。天都不会违反，更何况人呢！更何况鬼神呢！显然，这是赞美"大人"的道德与行为符合自然与社会发展规律，实现了主客观的高度和谐一致。把天道与人道、自然与人为相通和统一。把"天人合一"看作人生理想的境界。中国哲学史上重要的"天人合一"思想的源头即在此处。

其第二十八条引自戴震《原善上》："《易》曰：'一阴一阳之谓道，继之者善也，成之者性也。'一阴一阳，盖言天地之化不已也，道也。一阴一阳，其生生而条理乎！以是见天地之顺，故曰一阴一阳之谓道。生生，仁也，未有生生而不条理者，条理之秩序，礼之至著也；条理之截然，义之至著也，以是见天地之常。三者咸得，天下之懿德也，人物之常也，故曰继之者善也。言乎人物之生，其善则与天地继承不隔者也。……明乎天地之顺者可与语道；察乎天地之常者可与语善；通乎天地之德者可与语性。''天地之德可以一言尽也，仁而已矣！人之心其亦可以一言尽也，仁而已矣！'"③

---

① 方东美：《中国人生哲学》，台北：黎明文化事业股份有限公司，2006 年，第 250 页。
② 方东美：《中国人生哲学》，台北：黎明文化事业股份有限公司，2006 年，第 237 页。
③ 方东美：《中国人生哲学》，台北：黎明文化事业股份有限公司，2006 年，第 241 页。

方先生说，上面引述了许多的原典，足以证明中国哲学家的心目中，人与宇宙处处融通一致，形成一个广大和谐的系统。上面所指的和谐关系正是传统中所说的"天人合一"。方先生在这里把二者联系起来，予以统一。

在整个中国哲学的发展中，天人和谐的关系一般可分成六类，其中一半属于早期儒、道、墨三家伟大的系统，另一半则是汉代以后所次第完成，仍以儒家为主，而涵摄其他各种和而不同的思想。

方先生以一系列的图例来说明这些关系。（1）原始儒家：人类参赞化育，浃化宇宙生命，共同创进不已。（2）道家：环绕道枢，促使自然平衡，各适所适，冥同大道而臻和谐。（3）墨子：人与宇宙在兼爱之下和谐无间。（4）汉儒：天人合一，或人与自然合一的缩型说。（5）宋儒：人与宇宙对"天理"的一致认同。（6）清儒：在自然力量相反相成、协然中律下的和谐。（恕图例一律从略）

方先生认为，虽然天人合一的学说在中国哲学史上有极重要的结果，这些影响是好是坏，难以定论，"但如果从道德生命的立场来看，是极好的"，[①]并且认为，这学说的优点若对照西方思想便更易看出。于是，他把中国天人和谐、天人合一的学说与古希腊人和近代欧洲人的有关学说进行了比较研究。

方先生再三提及西方哲学的二分法困境，亦即由希腊时代的逻辑采用主述语句，因而陷入实体与属性的二元对立，导致知识上的分而不合，人生中的理想与现实亦无法协调。这种困境要到 20 世纪初期的怀德海，起而批判"简单定位"之说，并且主张万物相互摄授，才出现转变的契机。但是，比怀德海早了一千多年，华严宗已经充分发挥万物之中的"一与一切"为相互涵摄的道理。儒家和道家也主张天地与人不可分，"天人合一"。[②]

方先生指出，"西方人，尤其是欧洲人，向具这种'二分法'的本能"，所有事物都"二分"，此"二"往往彼此敌对。具体表现为三：

首先，把"整全的人格"划出"身"与"心"之分，"便很难再贯通，像近代知识论的理论即然"。

第二，把"完整的国家也被分化成'统治者'与'被统治者'，仿佛两者永远在对立与互斗，试看西方近代史即知。"

第三，"全体宇宙又被割裂成表象与实体、现象与本体，或者自然与超

---

① 方东美：《中国人生哲学》，台北：黎明文化事业股份有限公司，2006 年，第 247 页。
② 参看方东美：《中国人生哲学》，台北：黎明文化事业股份有限公司，2006 年，第 23—24 页。

自然。"

不论名目如何，"二分"后，此"二"便很难再和谐沟通；"这种思想，一旦执而不化，便会使西方人与自然格格不入。"① 西方思想不论那一学派，往往都充满"恶性二分法"，把很多事物放在水火不容的两极对立中，因此整个宇宙仿佛一个战场，纷争不已：因为恶魔与神明在互争，所以人心中的魔念与天良也一直在交战；因为自然与人格格不入，所以人的萎缩自我也与超越自我背道而驰；……这种正反对立的关系真是不胜枚举，"一言以蔽之，'和谐'的重要性要不就被忽略，要不就被无望的曲解了"②。

但典型的中国哲学是极其不同的，数千年以来，我们中国人一直是以广大和谐之道来旁通统贯生命问题，视"自然"是普遍生命流行的境界，具有无穷无尽的生机，其饱满生意充满一切，它不被任何事物所局限，既没有什么"超自然"驾凌其上，也不和上帝的神力冲突，因为在它之中正含有一切神奇的创造力。至于人和"自然"之间也没任何隔阂，因为人类生命与宇宙生命乃是融贯互通，浃化并进的。

方先生发现"二分法"根本不合道地的中国精神。他认为：任何一套典型的中国思想理论都摒斥截然二分法为方法，更否认硬性二元论为真理。所以，他是坚决反对"二分法"的。他说："在中国哲学家看来，人与宇宙的观念，却是充满圆融和谐的。人的小我生命一旦融入宇宙的大我生命，两者同情交感一体具化，便浑然同体浩然同流，绝无敌对矛盾，这种广大的同情很难言传，所以我愿以一首情词来进行比喻，这首情词是元代才女管仲姬送给她丈夫名画家赵孟頫的：

　　尔侬，我侬，忒煞情多，情多处热似火，
　　把一块泥，捻一个你，塑一个我，将咱们两个一齐打破，
　　用水调和，再捻一个你，再塑一个我，
　　我泥中有你，你泥中有我，
　　生同一个衾，死同一个椁。

试看上面所说的情侣，是何等浓情蜜意，如漆似胶！在中国哲学家看来，

---

① 参看方东美：《中国人生哲学》，台北：黎明文化事业股份有限公司，2006年，第236页。
② 参看方东美：《中国人生哲学》，台北：黎明文化事业股份有限公司，2006年，第148页。

人和宇宙的关系，也正是如此浓郁亲密，毫无隔阂，诸位在中国哲学几乎处处可看到这种想法。"①

方先生又指出：

古希腊人虽然也体认出某种天人和谐说，但他们认为，人只是宇宙的一小部分，而宇宙又被二分成理想界与现实界，后者且因为是物质境界而一直被看低；人寄生宇宙中，便自不能浃万化而生善行，所以希腊人要想趋向至善之境，非脱离现实的物质世界不行，特别苏格拉底以降的超绝思想更是如此。

再就近代欧洲人而论，在惯常的二分法之下，天与人抗衡，无有已时，天的势力大时，便要压制人类，使之屈辱，人的地位高时，便要征服天行，求为人用，这种天人对敌的形势，几乎支配着整个西方近代思想，引起许多严重的后果，单就道德一层来看，这些效果已证明对人生伤害极大。②

方先生进一步指出西方人将天人对立的原因："在于天人交战，难得和谐，天之美德，人不能共有，人之善行，天不能同情；于是人生于天地之间，其善不能与天地继承不绝，所以西洋人的道德，只靠个人主观的特立独行，不能在宇宙间有根深蒂固的客观基础。况且，天人对敌的思想习惯一旦养成，很容易转到人生上来，而引起许多无谓抗衡，滋生纷争，破坏同情。其中必然的后果之一，便是引起许多'霸权'的道德观，近代历史已经证明'欧洲人'（当然也有例外）往往好行不义，强以为仁。这种'道德'算是什么道德？"③

然而中国哲学的看法却不同（例如：《易传》："《乾卦·象》曰：天行健，君子以自强不息。""《坤卦·象》曰：地势坤，君子以厚德载物。"）在中国哲学家看来，"宇宙乃是普遍生命流行的境界，天为大生，万物资始，地为广生，万物咸亨，合此天地生生之大德，遂成宇宙，其中生气盎然充满，旁通统贯，毫无窒碍，我们立足宇宙之中，与天地广大和谐，与人人同情感应，与物物均调浃合，所以无一处不能顺此普遍生命，而与之全体同流。"④

我们所安身的宇宙，就如前面再三所说，乃是生生不已、新新相续的创

---

① 方东美：《中国人生哲学》，台北：黎明文化事业股份有限公司，2006年，第236—237页。
② 方东美：《中国人生哲学》，台北：黎明文化事业股份有限公司，2006年，第247—248页。
③ 方东美：《中国人生哲学》，台北：黎明文化事业股份有限公司，2006年，第248页。
④ 方东美：《中国人生哲学》，台北：黎明文化事业股份有限公司，2006年，第248—249页。

造领域，所以我们有充分的理由相信：任何生命的冲动，都无挫败的危险；任何生命的希望，都有满足的可能；任何生命的理想，更有实现的必要。所谓"保合大和，各正性命"，才是我们宇宙全体应有的生命气象。

正因中华民族慧命寄托在此伟大而美满的宇宙，所以才能效法宇宙的伟大美满，顶天立地，奋进不已。而趋于至善，纵然民族生命间或遭受外来的胁迫，险象环生，但我们更能取法天地万物之心，而化险为夷，转危为安，所谓危机，危中有机，正是天地生物之心的最佳写照。

要之，拿我们的学说来和古希腊及近代欧洲来比较，我们可以确切地肯定：我们所了解的宇宙，是可能的宇宙中最好的一个，我们所体会的生命，是一直上进向善的生命，没有任何宗教思想可以使我们看低宇宙的价值——即使是其现实部分亦然，也没有任何科学推论可以使我们否定人生的意义。我们自觉已经充分把握住宇宙人生之美与伟大，所以在宇宙中，我们脚根站立得非常稳定，而我们人生哲学的基础，也确立得非常坚实。

二、机体主义

方东美先生于 1937 年 4 月提出"广大和谐的生命哲学"的同时，又提出了"机体主义"的哲学。他的"机体主义"的哲学"认为，中国各派的哲学家均能努力去建立"体用一如""变常不二""即现象即本体""即刹那即永恒"之形而上学体系，借以了悟一切事理均相待而有、交融互摄，终乃成为旁通统贯的整体。

方先生综合表示大易哲学之机体主义意蕴，兼有黑格尔与怀德海之风："就形而上学而言，《大易》哲学乃是一套动态本体论，基于时间生生不已之创造历程；同时亦是一部价值学总论，从整体圆融广大和谐之观点，阐明'至善概念'之起源及其发展。是故，'旁通之理'同时兼亦肯定生命之大化流行，弥贯天地，参与时间本身之创造化育历程，而生生不已，终止于至善之境。自机体主义之立场观之，任何一套形上体系，其中所诠表之基本原理系统皆不得割裂、打碎，强塞纳入某具密不透风之区间，而暌隔不通。是故，'旁通之理'，适又成为'化育之理'之前奏或序曲，而'化育之理'，复又进为'创造生命即价值实现历程'之理而提供其基调焉。"[1]

---

[1] 引自方东美：《中国哲学精神及其发展》（上册），台北：黎明文化事业股份有限公司，2006 年，第 44—45 页。

　　方先生将这"旁通统贯的整体"，称之为"机体主义"和"广大和谐系统"。什么是"机体主义"？

　　方先生从积极和消积两方面做了回答。他先从消极方面作答：（1）否认可将人物对峙，视为绝对孤立系统；（2）否认可将宇宙大千世界化为意蕴贫乏之机械秩序，视为纯由诸种基本元素所辐辏而成者；（3）否认可将变动不居之宇宙本身，压缩成为一套紧密之封闭系统，视为毫无再可发展之余地，亦无创进不息、生生不已之可能。

　　方先生又从积极方面作答。他说："自其积极方面而言之，机体主义旨在：统摄万有，包举万象，而一以贯之。当其观照万物也，无不自其丰富性与充实性之全貌着眼，故能'统之有宗，会之有元'，而不落于抽象与空疏。宇宙万象，赜然纷呈，然尅就吾人体验所得，发现处处皆有机体统一之迹象可寻，诸如本体之统一、存在之统一、生命之统一，乃至价值之统一……"方先生还进一步说："进而言之，此类披纷杂陈之统一体系，抑又感应交织，重重无尽，如光之相网，如水之浸润，相与洽而俱化，形成一在本质上彼是相因、交融互摄、旁通统贯之广大和谐系统。"①

　　同时，方先生又论述了中国形而上学发展史。他认为可分为 4 段。其第一阶段为"自远古至纪元前十二世纪，中国形而上学之基调表现为神话、宗教、诗歌之三重奏大合唱。"

　　其第二阶段为"自兹而降，以迄纪元前二四六年，其间九百余年，是为中国哲学上创造力最旺盛时期。"其最初阶段为"原始儒家、原始道家、原始墨家，一时争鸣，竞为显学。"

　　其第三阶段为"紧接着是一段漫长的酝酿、吸收与再创期（纪元前二四六——纪元九六〇年）；势之所趋，终乃形成具有高度创发性之玄想系统于中国大乘佛学。"

　　其第四阶段为"自纪元九六〇以迄今日，吾人先后在新儒学（性、理、心、命之学）的形式中，复苏了中国固有的形上学方面的原创力，而且新儒学多少染上了一层道家及佛家色彩。在此一段再生期之中，最突出而值得注意者，是产生了三大派形上学思潮：（a）唯实主义形态之新儒学；（b）唯心主

---

　　①　以上均引自方东美：《生生之德》，台北：黎明文化事业股份有限公司，1979 年，第349 页。

义形态之新儒学；（c）自然主义形态之新儒学。"①

若干年前方东美曾用所谓的"机体主义"概念，解说中国哲学之主流与特色，视其为一切思想形态之核心。此思想形态，就其发挥为旁通统贯之整体，或表现为完整立体之结构统一而言，恒深蕴于中国各派第一流哲人之胸中，可谓千圣一脉，久远传承。它摒弃了单纯二分法，更否认二分法为真理，同时更进而否认：（1）可将人物相互对峙起来，视为绝对孤立系统；（2）误把刚健活跃之人性与宇宙之全体，化作停滞不前而又意蕴贫乏之封闭系统。机体主义旨在融贯万有、囊括一切，举凡有关实有、存在、生命、价值之丰富性与充实性，相与浃而俱化，悉统摄于一在本质上彼是相因、交融互摄、价值交流之广大和谐系统，而一以贯之。

此种机体主义之哲学观，早期中国思想家恒视为哲学推理之结论，然却成为王阳明（1472—1529）思想所凭借之重要起点，由于身、心、意、知、物"只是一件"——浑然一体，不可分割——机体主义遂表现为一极复杂之概念，容有种种不同角度、不同层次之解释。诸如实有之统一、存在之统一、生命之统一、价值之统一等等，均需藉种种本体论、宇宙论、哲学人类学等理论系统，始能一一阐释妥当。②

美国"哲学名人"南伊利诺大学德裔韩路易教授（Professor Lewis E.Hahn）在"方东美哲学首届国际研讨会"致"开幕词"中高度评价：方先生"他笃信机体主义通观有一重大价值"。"他发展了一派独到的机体主义，蔚然显学。"在其大著《哲学三慧》《中国人生观——广大和谐哲学》《中国哲学精神及其发展》"表现得十分明显"。他的"机体主义乃是以大易历程传统为中心取向的"。

为什么"机体主义"对方东美先生特别具有吸引力？

韩路易认为其原因有两：其一，"部分由于机体主义通观承认不止一种一套——而是多种多面的——哲学观点或看法，其中一一各有其独到的贡献可为"；其二，"机体主义之大有功于东美先生者，更在于其处处是以价值为中心枢纽的。"同时，韩路易更以为方先生会欣赏杜威以黑格尔式的机体主义终

---

① 以上均引自方东美：《生生之德》，台北：黎明文化事业股份有限公司，1979年，第349—350页。

② 方东美：《生生之德》，台北：黎明文化事业股份有限公司，1979年，第443页。

于摆脱了不少硬性而僵化的"二元论"的思想。"因为他本人的观点也摒斥了'隔绝'、'不相连贯'(两橛二分);并否认'可将人物二界相互峙起来,视为绝对孤立之系统'。又反对'可将其有丰富性、充实性的本体真相化为意蕴贫乏的机械秩序,视为无非一团辐辏并列而已,更将刚健活泼之宇宙压缩成为一套密不通风之封闭系统,视为既无可发展之余地,亦无创造不息、生生不已之可能。'"①

北京大学著名哲学家贺麟高度评价时,首先就强调方东美先生的哲学"特别注重生命的情调"。"方先生博学深思,似乎受尼采的影响较深"。他的《科学哲学与人生》一书"注重活泼的生命,情理谐和的人生和科学与哲学的调协。他说:'宇宙人生是某种和谐的人的集团,分割不得。科学不能违情以言理,犹之哲学不能灭理以陈情。科哲合作,情理交得。然后人类思想与文化乃臻上乘。否则理张而情乖,或情盛而理屈,都觉轻重失衡,二者有其一,则思想破绽立显,文化之危急必至,人类活泼之生命精神,将支离灭裂枯萎断绝了。'关于生命,他多少采取一些文学家的看法,认为含有悲剧的情调。……他的思想、他的文字和他所用的名词,似乎都含有诗意。"又说:方东美先生"在中国哲学会第三届年会所宣读的论文,他发表了,题目叫作《哲学三慧》,系指中国、印度、希腊三大支的哲学智慧而言。他比较三方面的哲学,揭示出各自的特质和优胜处,使人用同情了解的态度去分别欣赏体会,既不陷于东西哲学优劣的窠臼,亦不说有先后层次过渡的阶段。于讨论东西哲学文化,可以说是提供了一个虚怀欣赏的正当态度。"②

可见,方先生的"机体主义"和他的"广大和谐系统",是互通互补的。

方东美先生对大乘佛学其中的三论宗、天台宗、唯识宗与华严宗,特别是华严宗兴趣最大,其思想也受到华严宗的影响。

大乘是对梵文 Mahayana 的意译,音译"摩轲衍那"。一世纪左右形成的佛教派别,亦名大乘佛教。大是对小而言,乘指运载工具。谓能运载无量众生,从生死之此岸,到达菩提涅槃之彼岸,成就佛果,故自称"大乘"。而将主张自我解脱的教派,贬称为"小乘"。大乘佛教主要经典有《华严经》《般若经》《维摩经》《法华经》《大般涅槃经》《无量寿经》等。在理论上主张否定人我、法我的实在性。倡导以"六度"(即布施、持戒、忍辱、精进、禅

---

①　方东美:《中国哲学精神及其发展》(上册),台北:黎明文化事业股份有限公司,2006年,第38—39页。

②　贺麟:《五十年来的中国哲学》,沈阳:辽宁教育出版社,1989年,第47—48页。

定、智慧［般若］）为内容的菩萨行，强调一切众生皆可成佛，一切修行应自利、利他并重。

华严宗又称"贤首宗"或"法界宗"。因华严宗以《华严经》为主要经典，故名"华严宗"。又因华严宗的实际创始人法藏被武则天赐号贤首国师，故又称"贤首宗"。又因以"法界缘起"思想立宗，故也称"法界宗"。主要学说为"法界缘起"论，内容有"四法界""六相圆融""十玄门"等。把"一真法界"（真如佛性）视为一切现象的本源，用理、事关系解说教义，把"圆融无碍"作为认识的最高境界，认为一切现象之间都处于互相依持、相即相入、重重无尽的联系中，由此提出一多、总别、性相、相即相入等一系列概念。其"理为性""事为相"的观点，对宋明理学的形成有一定的影响。

方先生针对西方想了解有关"中国的东西"，却又很少触及"中国心灵"的人，提出要了解"中国心灵"，就必须了解"中国的心态"。"所谓中国的心态，扼要说来，就是深体广大和谐之道，因而了悟世上所有人类与一切生命都能浩然同流，共同享受和平与福祉。其根本要旨便是体会到不论是人或宇宙，都足以生生不息，创进不已，方东美的《中国人生哲学》一书即在阐扬此中心思想，这种思想足以从根本处杜绝灾祸。唯有在这样的境界，一切生命与万有都戒惕谨慎，谨防邪恶势力，人类才不会沉沦堕落，陷入分裂。我常提到，唯有如此，所有矛盾的偏见，所有割裂的昏念，所有杀戮的狂态，所有死亡的悲慨，乃至于所有顽劣的破坏，都将被一一克服，而融入一体和平的欢乐大合唱。"①

"和平发展"，是当今社会发展的趋势。我们对内正努力构建"和谐社会"；对外正积极构建"和谐世界"。"和平发展"成了联合国发展前进的光明方向，所以，"和平发展"，成了我们伟大的时代精神。我们正在积极而具体践行共建"一带一路"的倡议，又明确提出构建"人类命运共同体"的崇高理想。方东美先生的"广大和谐的生命哲学"及其"机体主义"的哲学和大乘佛学的精神，对于我们体悟时代精神不无裨益。

---

① 方东美:《中国人生哲学》，台北：黎明文化事业股份有限公司，2006年，第130—132页。

行贤不自贤——《庄子》的贤人观研究

王　婕　　谢清果*

（厦门大学新闻传播学院，福建厦门，361005）

摘　要： 本文以《庄子》原文为文本，通过文本分析，勾勒出《庄子》中融通自然的贤人形象，进而描绘出贤人"行贤而去自贤"的精神追求。文本分析发现，孔子是《庄子》中出场最多的人物，庄子对"贤"的论述是基于儒家贤文化观念的基础而展开的。结合儒家"贤"的内涵对比分析庄子对贤人的态度，发现庄子既有"尚贤尊贤""举贤授能"等对贤人的赞同之处，也有对贤人"贼天下"批判和反思。庄子既肯定贤人的社会功能和价值追求，又批判贤能给人带来的名利枷锁以及催生的欺世盗名行为。庄子给出的解决方案是圣贤相一、无用圣贤，即圣贤治世，却不自以为圣贤，不劳累自我，不刻意"尚"贤以免百姓争名，天下无为而达治之至。

关键词： 庄子；贤文化；贤人

基金项目： 中盐金坛盐化有限责任公司科研项目"贤文化与组织传播研究"的阶段性成果。

一、贤文化的起源及内涵

贤，繁体字写作"賢"，其偏旁部首为"贝"，中国古代使用贝壳作为流通货币，因而"贝"代表着财富，"贤"代表着财富多的人。《庄子·徐无鬼》

---

*　王婕（1997—），女，山西长治人，厦门大学新闻传播学院2019级研究生，研究方向为华夏传播研究；谢清果（1975—），男，福建莆田人，哲学博士，厦门大学新闻传播学院教授，博士生导师，从事华夏文明传播与媒介学研究。

言："以财分人谓之贤"。"贤"的字源演变历史如图一所示：①

钟鼎文	钟鼎文	楚系简帛	秦系简牍	传抄古文字	繁体字	简体字
西周中期	战国晚期	先秦	秦代	汉代以后	（楷书）	（楷书）

图一："贤"的字源演变历史

说文解字将"贤"解释为："多才也。从贝臤声。胡田切"②，贤本意为多财，后来被引申为"多"的含义。清代段玉裁注："贤本多财之称。引伸之凡多皆曰贤。人称贤能、因习其引伸之义而废其本义矣。传曰。贤、劳也。谓事多而劳也。"如《诗·小雅·北山》中"大夫不均，我从事独贤"，即为事务劳烦、劳苦之意。再如《孟子》"我独贤劳也"、《虞初新志·姜贞毅先生传》中"明年，巡抚南直隶朱公大典疏表公贤劳"均为此意。"贤"还有尊重赏识之意，③ 如《礼记·礼运》"以贤勇智，以功为己"。

"贤"在中国具有特殊的意蕴，占据着重要的社会和政治地位，贤文化的发展贯穿整部中国史。新华字典将"贤"定义为"有道德的，有才能的"④，比如贤明、贤德、贤能、贤良、贤惠、贤淑、贤哲、圣贤等。此外，"贤"还可以表示一种敬称。在《三国演义》中，刘表临死时将儿子托孤给刘备，并说："我子无才，恐不能承父业。我死之后，贤弟可自领荆州。"刘备泣拜曰："备当竭力以辅贤侄"。使用"贤"来表示敬称时，多指行辈较低的人。如《三国演义》吕布投刘备，称刘备为"贤弟"，非但未能使刘备感到被尊重，反而激怒张飞与其约架。

"贤"在中国古代政治中具有特殊的政治含义，与国家的兴旺发达息息相关。如诸葛亮《出师表》言："亲贤臣，远小人，此先汉所以兴隆也；亲小人，

---

① 钟鼎文，亦称銘文或金文，铸刻于青铜器上的文字。初始于商朝中期，盛于西周；楚系简帛，是迄今所见最早成体系的毛笔书迹，简帛指竹简与帛书，古代中国人书写所用的主要材料，直到六朝时期才完全被纸代替；秦系简牍指古代书写有文字的竹片或木片。竹制的叫竹简，木制的叫木牍，合称简牍；传抄古文字指汉以后历代辗转抄写的先秦文字。

② 《说文解字》，http://www.shuowen.org/view/3927?pinyin=xian，2019 年 6 月 19 日。

③ 《古汉语常用字字典》，北京：商务印书馆，2012 年，第 414 页。

④ 在线新华字典，http://xh.5156edu.com/html3/10521.html，2019 年 6 月 19 日。

远贤臣,此后汉所以倾颓也。"" 贤"也常常与"圣"连用,表示一种理想人格,与中国古代"修身齐家治国平天下"的人生理想相契合。

圣贤治世,贤良安邦,乡贤则是基层管理的基本方案,选贤任能是维护社会公平、保障民生和阶层流通的重要手段,以经世致用为特征的贤文化则是中华文化的根基之一,早已内化为中国人的潜在性格,在全中国形成了"敬老尊贤""敬贤礼士"的社会风气;"君圣臣贤""贤妻良母""孝子贤孙"的理想人格;"成贤作圣"的价值理念;"求贤若渴""礼贤下士""招贤纳士""推贤让能""任人唯贤""任贤使能"的政治追求以及"贤良方正"等传统美德。

二、贤人尚志:《庄子》中的贤人形象

说起"贤文化",人们首先会想到"见贤思齐焉,见不贤而内自省也"(《论语·里仁》)的孔子及其儒家,很少会有人想到主张"清静无为"的道家,尤其是主张"绝圣弃智"的庄子。但事实上,儒道并非背道而驰。儒家的很多观念在《庄子》中也可以找到痕迹。先秦时代百家争鸣,儒、道、墨等各家同扎根于华夏文化,从各自的角度衍生其学说,互补互生。贤圣的修养目标虽由儒家提出,但在历史的发展中得到了儒道两家的认同,成为中华文化价值观的主流。

(一)融通自然:贤人的存在方式

《庄子》中是否包含"贤文化"?如果包含的话,庄子又对其抱以何种态度?庄子如何看待贤人?要想回答这些问题,首先要深入《庄子》文本。在《庄子》一书中,"贤"字共出现了39次,包括"尚贤""尊贤""称贤"等多种行为及"贤者""贤人"等概念。庄子对于"贤人"显然是有明确认知的。

本文采用文本分析法,以《庄子》原文为研究文本,以"贤"为关键字,提取相关语句共计39处,整理《庄子》中有关"贤"的论述按先后顺序整理如表一所示:①

表一:《庄子》中有关"贤"的论述汇总

	文本内容	关键词	篇目	人物
1	且苟为悦贤而恶不肖,恶用而求有以异?	悦贤	内·人间世	仲尼
2	久与贤人处,则无过。	贤人	内·德充符	申徒嘉

---

① 本表整理自《庄子》原文。

续表

3	死生存亡，穷达贫富，贤与不肖，毁誉、饥渴、寒暑，是事之变，命之行也。	贤	内·德充符	仲尼
4	天时，非贤也；	贤	内·大宗师	原文
5	同则无好也，化则无常也。而果其贤乎！	贤	内·大宗师	仲尼
6	今遂至使民延颈举踵曰"某所有贤者"，赢粮而趣之……则是上好知之过也。	贤者	外·胠箧	原文
7	故贤者伏处大山嵁岩之下，而万乘之君忧栗乎庙堂之上。	贤者	外·在宥	原文
8	至德之世，不尚贤，不使能；	尚贤	外·天地	赤张满稽
9	宗庙尚亲，朝廷尚尊，乡党尚齿，行事尚贤，大道之序也。	尚贤	外·天道	原文
10	赏罚已明而愚知处宜，贵贱履位，仁贤不肖袭情，必分其能，必由其名。	仁贤	外·天道	原文
11	吾闻子北方之贤者也，子亦得道乎？	贤者	外·天运	老聃
12	廉士重名，贤人尚志，圣人贵精。	贤人	外·刻意	庄子
13	贤则谋，不肖则欺。	贤	外·山木	庄子
14	吾敬鬼尊贤，亲而行之，无须臾离居，然不免于患。	尊贤	外·山木	鲁侯
15	君子不为盗，贤人不为窃。	贤人	外·山木	仲尼
16 17	行贤而去自贤之行，安往而不爱哉？	行贤	外·山木	阳子
18	今以畏垒之细民而窃窃欲俎豆予于贤人之闲，我其杓之人邪？	贤人	杂·庚桑楚	庚桑子
19	尊贤授能，先善与利，自古尧舜以然。	尊贤授能	杂·庚桑楚	庚桑子弟子
20	举贤则民相轧，任知则民相盗。	举贤	杂·庚桑楚	庚桑子
21 22 23	以德分人谓之圣，以财分人谓之贤。以贤临人，未有得人者也；以贤下人，未有得人者也。	贤	杂·徐无鬼	管仲
24	狗不以善吠为良，人不以善言为贤。	贤	杂·徐无鬼	仲尼
25 26	夫尧知贤人之利天下也，而不知其贼天下也，夫唯外乎贤者知之矣。	贤人	杂·徐无鬼	许由
27	尧闻舜之贤，举之童土之地，曰冀得其来之泽。	贤	杂·徐无鬼	原文

续表

28 29	贤人所以骇世，圣人未尝过而问焉；君子所以骇国，贤人未尝过而问焉。	贤人	杂·外物	庄子
30	世之所谓贤士，伯夷、叔齐辞孤竹之君，而饿死于首阳之山，骨肉不葬。	贤士	杂·盗跖	盗跖
31 32	穷美究执，至人之所不得逮，贤人之所不能及，侠人之勇力而不为威强，秉人之知谋以为明察，因人之德以为贤良，非享国而严若君父。	贤人	杂·盗跖	无足
33	此皆就其利，辞其害，而天下称贤焉，则可以有之，彼非以兴名誉也。	称贤	杂·盗跖	知和
34	诸侯之剑，以知勇士为锋，以清廉士为锷，以贤良士为脊，以忠圣士为镡。	贤良士	杂·说剑	庄子
35	遇长不敬，失礼也；见贤不尊，不仁也。	尊贤	杂·渔父	孔子
36	天下大乱，贤圣不明，道德不一，天下多得一察焉以自好。	贤圣	杂·天下	原文
37	謑髁无任，而笑天下之尚贤也	尚贤	杂·天下	原文
38	无用贤圣，夫块不失道。	贤圣	杂·天下	原文
39	然惠施之口谈，自以为最贤。	贤	杂·天下	原文

为规避断章取义之嫌，此处39处文本并不做深入解释，而是将之放入《庄子》上下文语境之中，进而归类于贤人的功能分析（具体见第三章）中。比如庚桑楚的弟子言："尊贤授能，先善与利，自古尧舜以然"（《庄子·庚桑楚》），此处虽然提出了"尊贤授能"，但结合原文可知，其弟子是作为反面人物出现的，康桑楚（代表庄子）在此处并不认同这一做法。因而这一块内容既可以佐证天下存在"尊贤授能"的传统和风气，同时又是庄子反对"尊贤授能"的例证。

由表可知，"贤"在《庄子》中共出现了39次，其中原文论述10处，引用他人之言29处，其中直接引孔子语6次；引庄子5次；引管仲3次；引庚桑子及其弟子3次；引阳子、许由、无足各2次；引知和、申徒嘉、赤张满稽、老聃、鲁侯、盗跖各1次。综上可知，孔子被引用的次数最多。

由此可见，贤文化与儒家的渊源颇深。孔子出生于春秋末期，庄子生于战国时代，他们对古老的华夏文明都有所继承和发扬，郭金艳在前辈庄学研究的基础上，通过对《庄子》一书中的孔子形象进行分析，指出孔子的儒家学说深受庄子及道家思想的影响。①鲁迅也认为儒家文化从道家中汲取了很多养分。南怀瑾则指出儒释道三家本相通。

"同则无好也，化则无常也。而果其贤乎！"（《庄子·大宗师》）这是孔子对颜回的评价。颜回达到了"堕肢体，黜聪明，离形去知，同于大通"（《庄子·大宗师》）的"坐忘"境地，孔子对此十分惊喜：与万物混同一体就没有偏爱，与万物一起变化就没有偏执，你果真成为贤人了！南怀瑾认为《大宗师》篇的主旨即为以出世心做入世之事，即内圣外王之旨。②"坐忘"与"吾丧我""心斋"相似，都是庄子主张的忘怀自我的内圣之道。颜回通过坐忘同自然融为一体，被孔子称赞为贤人，庄子也对坐忘成贤加以记录和肯定，可见，庄子眼中的贤人即为融通自然之人。

融通自然并不仅仅等于顺应天时。"故乐通物，非圣人也；有亲，非仁也；天时，非贤也；利害不通，非君子也；行名失己，非士也；亡身不真，非役人也。"（《庄子·大宗师》）有心和外界交往就不是圣人；有亲疏之分就不是仁人；揣度天时，就不是贤人。"圣人""贤""君子""士"，这一系列的否定显然是针对儒家观念而言的。子思言"上律天时"，孟子言"得天时"，都讲求顺应五行阴阳而行事。但揣度天时本身就是一种计较，谋求超越天地甚至主宰天地，心智被外物所诱，再加天时流转本身就存在潜在的变数危险，就不能顺其自然地与天地间万事万物共同生长，便算不上贤者。反向观之，则可证明庄子眼中的贤人即为融通自然之人。

由此可见，庄子对贤文化的论述是基于儒家贤文化观念的基础而展开的，其中既有肯定和采纳之处，也有批判和反思之处。就如同"大盗窃国，圣人之法并窃之"一般，庄子既肯定贤人的社会功能和价值追求，又批判贤能给人带来的名利枷锁以及催生的欺世盗名行为。因而主张圣人不自以为圣、知智谋而不智谋，而贤人也不自以为贤。自以为贤则不是真贤。

（二）行贤而去自贤：贤人的精神追求

庄子眼中的贤人有着怎样的精神追求？又以怎样的社会地位而存在呢？

在行为层面上，"君子不为盗，贤人不为窃"（《庄子·山木》）。贪财盗物必自弃，纵欲放情必自毁，假仁盗信必自欺，欺世盗名必自害。盗窃不仅仅

---

① 郭金艳：《〈庄子〉中的孔子及其弟子形象研究》，博士学位论文，安徽大学，2014年。

② 南怀瑾：《庄子諵譁》（下），北京：东方出版社，2017年，第96页。

指偷抢财物，还包括名声。孔子认为人很难以拒绝来自别人的利益引诱，而贤人能够保持头脑清醒，明白利禄并非自己所固有，而不过是机遇的附赠罢了。因而不谋求外物之利。

人类的生活总是离不开物质基础，"有心"的偷盗容易被发现，但对客观世界的物质取用则是"不假思索"的"无心"之为。"鸟莫知于鹢鸸，目之所不宜处，不给视，虽落其实，弃之而走。其畏人也，而袭诸人间，社稷存焉尔。"（《庄子·山木》）燕子经过不宜停留的地方，即便嘴中的食物掉落了，也会扔下飞走。① 它对人保持警惕却又将鸟巢建在人的房梁上，这就是"袭诸人间"。贤人也是如此，面对世俗的"人益"，既要坚持自己的骨性和本性，又要入世存乎社稷。由此阐明"无受天损易，无受人益难"的现实矛盾，这既是孔子的儒家思想，也符合道家及庄派的观点，可见儒道的互补相通性。

庄子以尧、舜、善卷、许由为"贤人"代表，论述了贤的真正内涵在于不求贤。"尧、舜为帝而雍，非仁天下也，不以美害生也；善卷、许由得帝而不受，非虚辞让也，不以事害己。此皆就其利，辞其害，而天下称贤焉，则可以有之，彼非以兴名誉也。"（《庄子·盗跖》）尧与舜在称帝之前一再推让帝位，并非是故意作秀，而是不希望帝位伤害自己的本性；善卷和许由弃帝位而不受，并非虚假推辞，而是不想让政务劳累自己的身心。他们趋利避害，却被天下所"称贤"。贤人之名，他们当之无愧，但他们并非为了得到贤名才那样做。

在庄子看来，真正的贤者不仅不求贤名，而且对他们而言，"贤"本身就是一个不该被区分的概念，有了区分就会产生偏执，进而引发欺世盗名的行为。"死生存亡，穷达贫富，贤与不肖，毁誉、饥渴、寒暑，是事之变，命之行也。"（《庄子·德充符》）贤人的一举一动自然符合大道，而不自以为贤，不将之命名为贤，只看作自然的本性。

贤与不肖，不过是人们头脑中的偏见。人们固然期待实现圣贤的理想人格，期待形成尚贤、称贤、尊贤的社会风气，但不能因此而将人归类，给人贴上"贤与不肖"的标签，带着有色眼镜去看待人。因果相随，每个人的行为背后都暗藏着来自其天性、习惯和生存环境的影响，看似随机的、主动的选择却可能是无意识的、身不由己的行为。因而，对外物的了解，需要深入其本质，而不是划分类别，盲目崇拜和歧视。

---

① 孙通海：《庄子》，北京：中华书局，2014年，第231页。

　　贤人不自以为贤，放下偏执与万物通融，达到贤人境界，自然而然就会散发人格魅力，进而产生被人尊敬的功效。民心复归淳朴而不觉，一切水到渠成，而无需刻意地尊贤。"弟子记之！行贤而去自贤之行，安往而不爱哉？"（《庄子·山木》）品德美好而能忘掉自己美好品德的人，走到哪里不会受到人们的敬爱呢！这与《韩非子》中"行贤而去自贤之心，焉往而不美？"的观点颇为相近，做贤德之事却不自以为贤，还有什么事情办不好呢？

　　"才全而德不形"的哀骀它就是贤人的典型代表。《南华通》言："才，自其贱于天者而言；德，自其成于己者而言。浑朴不斫曰全。深藏不露曰不形。"哀骀它"恶骇天下"，相貌丑陋地让天下人震惊。但凡是与他接触的人，无一不受其感化，卫君甚至主动将国家交付于他。这正是因为哀骀它的才智完美无缺，道德不显露在外，这也正是贤人内涵的表现。

　　劝谏文化在《庄子》中占据着重要地位，贤人概念与中国古代政治生活息息相关。与"恶人"哀骀它以"才全而德不形"感化天下相对比的是，颜回"端虚勉一""内直外曲""成而上比"的劝谏方案；孔子"心斋""听之以气""虚而待物""知其不可奈何而安之若命"的修养方案。

　　总而言之，贤人之贤正在于其忘怀自我，行贤而不自贤。"众人重利，廉士重名，贤人尚志，圣人贵精。"（《庄子·刻意》）贤人崇尚志向：身处尘世而精神不亏不损，没有什么杂念能够混入心中。纯粹而素朴，则无往而不利，《说剑》篇就是庄子在实现贤人理想人格状态下，将劝谏技巧加以实践的案例。

三、贤人的功能分析

　　通过剖析庄子对贤人的认识和态度，进而可以得出庄子对"贤"的认知和态度。《庄子》一书中孔子（仲尼）之名共出现146次，是出场次数最多的人物。孔子是"知其无可奈何而安之若命"的典型代表，明知天下无道，却还是挺身而出，庄子对孔子实际上抱着一种悲叹的欣赏态度。深入剖析《庄子》一文中"贤"的具体内涵，可知庄子眼中的"贤"与孔儒之"贤"内涵有相同之处，都赞同尊贤尚贤是净化社会风气的良策。但庄子对"贤人"抱着审慎批判的态度。既肯定贤人对社会发展的重要性，也警示世人避免"大盗窃国，仁义之法并窃之"的悲剧，告诫人们应当细察"贤人"的本质，"行贤而不自贤"，进而实现贤圣相一（个体层面）、无用圣贤（社会层面）的大同状态。

（一）尊贤尚贤：社会风气教化方案

大道之行有其本身存在的秩序，遵循自然之道的秩序就能够得道。圣人对天下的治理就是对天地、四时秩序的象法。"宗庙尚亲，朝廷尚尊，乡党尚齿，行事尚贤，大道之序也。"（《庄子·天道》）宗庙尊重血缘关系近的，朝廷尊重爵位高的，乡村尊重年龄大的，做事情尊重有才能的人，这些都是自然之道的秩序。而"行事尚贤"就是提倡尊重贤人的社会风气。

尊贤是个人修养的基本内容。"夫遇长不敬，失礼也；见贤不尊，不仁也。"（《庄子·渔父》）遇到长者不恭敬是失礼。遇到贤者不尊重是不仁义。孔子对渔父的尊重引发了弟子的不满，弟子仲由认为捕鱼之人不值得如此尊重，而在孔子眼中，渔父对于大道心有所得，如果不是道德完美的至人，如何能使人谦下呢？他对渔父的尊重并非源于其职业，而是因为渔父是一名贤者。而渔父就是庄子眼中知智谋而不智谋、尚贤而不张扬、求圣而不自我标榜的圣贤人物。

社会养成尊贤尚贤的风气，那么人民就会受到感化。"久与贤人处，则无过。"（《庄子·德充符》）这里的贤人是指"知不可奈何而安之若命"的伯昏无人，长期与贤人相处，个人也会发现并改正自己的错误，这是贤人的社会功效。

庄子还引用了彭蒙、田骈、慎到的例子，回应世人对圣贤的诘难："謑髁无任，而笑天下之尚贤也，纵脱无行而非天下之大圣。椎拍輐断，与物宛转，舍是与非，苟可以免。不师知虑，不知前后，魏然而已矣。"（《庄子·天下》）慎到、田骈、彭蒙懈怠随缘，不任职事，反而嘲笑人间世"尚贤"的文化氛围；他们放纵洒脱，不修德行，却非难天下的圣人。他们虽然达到了混同是非、明哲保身的避祸境地，却完全消极避世而无所担当。在庄子看来，他们并非得道之人。可见，庄子本身是肯定"尚贤"风气给社会所带来的教化功能的。

（二）举贤授能：古代政府治理手段

中国自古以来就有圣贤治世的传统。"且夫尊贤授能，先善与利，自古尧、舜以然。"（《庄子·庚桑楚》）尊重贤人，重用能人，赏善施利，自古尧、舜就是这样。在中央层面上，君主圣明、贤良安邦是政府治理的理想状态。在乡村层面上，乡贤文化在中国古代小农经济背景下的社会基层治理中发挥着主导作用，是乡土中国的重要组成部分。

"赏罚已明而愚知处宜，贵贱履位，仁贤不肖袭情，必分其能，必由其名。"（《庄子·天道》）古代明白大道的人，首先要明白自然规律，其次是道德，其次是仁义，其次是职分官守，其次是事物的形体名称，再其次是因材任使，再其次是推究考迁，再其次是分是非，最后才是赏罚。赏罚分明，愚笨的、聪明的、尊贵的、卑贱的、仁义贤能的、不成才的人物都能根据其本性各得其所，各尽其用。如此，按照自然本性侍奉君主、养育百姓、治理国家，就能无为而天下太平了。无论是贤人还是不肖之人，关键在于顺其性而为，最终目的在于实现天下太平。

贤文化的最终目的指向大同社会的构建。彼得斯将希望寄于以商业化资本为命脉的大众传播媒介，希望通过撒播的大众传播媒介建立一套富有活力的社会关系，完成建立共同世界的一系列历史政治任务。[1] 而中国则将政治治理的具体路径落在了选贤任能上。姚锦云指出："无论是作为思想的孔子——荀子'正名'说，还是作为制度的礼乐，以及作为文化的服饰、建筑，都承载着'符号建构政治和伦理秩序'这样的功能。"[2]

比如孔子对颜回的劝说"且苟为悦贤而恶不肖，恶用而求有以异？"（《庄子·人间世》）颜回想要劝谏暴虐昏庸的卫君，孔子劝说：如果卫君真的亲近贤士，疏远厌恶不肖之人，又何必你去说服呢？这从反面验证了"悦贤"的价值取向和贤能对国家治理的政治功能。

国家的兴旺在于是否得贤人辅佐。"以德分人谓之圣，以财分人谓之贤。以贤临人，未有得人者也；以贤下人，未有得人者也。"（《庄子·徐无鬼》）管仲病危，齐桓公问政：应该把国家托付给谁？作为道家的代表人物，管仲答：隰朋还可以。他对上能忘怀权位（能不顾虑权位为君主思考），对下不区分尊卑贵贱，用道德感化人，称得上圣；以钱财分给人，称得上贤。用贤良的态度礼待他人，则能获得人心。如此，贤人得到任用，国家则可安定。由此可见，庄子也肯定贤人在国家事务中的重要作用和举贤授能给国家带来的好处。

---

① 彼得斯：《对空言说——传播的观念史》，上海：上海译文出版社，2016年，第174页。
② 姚锦云：《用"问题意识"观照"内在理路"——评谢清果〈华夏文明与传播学本土化研究〉》，载谢清果主编：《华夏传播研究》（第一辑），北京：中国传媒大学出版社，2018年，第270页。

（三）贤圣相一：感化天下的帝王术

"天下大乱，贤圣不明，道德不一，天下多得一察焉以自好。"（《庄子·天下》）三皇时期人心淳朴，天下太平，从三黄五帝时代开始，君王以仁义礼法治国，埋下了天下大乱的祸根。春秋战国时代，天下大乱，圣贤的学说不再显明于世，道德标准也出现分歧。诸子百家各执己见，虽然各有所适用，却都割裂了天地的和美，离析了万物的常理。"贤圣不明"既是指君主昏昧臣子机巧，也是对世风日下，人心不古的感慨。这直接导致了"内圣外王之道，阍而不明，郁而不发"，古人的道术被世人所割毁。

"内圣外王"是儒家思想的核心，是个人修养和兼济天下的最高追求，但它实际上最先由庄子在《天下》篇提出。在秦汉之前，儒、道所论述的"道"是同一个大道，儒道本相通。庄子并非主张避世归隐，从他对田蒙、慎到的批评可见一般。

圣与贤常常连用，合称圣贤，指品德高尚、才智超凡之人，也可看作是圣君贤臣的合称。韩愈《进学解》："方今圣贤相逢，治具毕张。"龚炜《巢林笔谈续编》卷上："圣贤相遭，君臣契合，足令千载下感激欲涕也。"这里的圣贤就是圣君贤臣相合之意，君圣臣贤，则天下可安。

庄子对"贤"的论述，既包括尊贤尚贤的社会风尚，也包括对贤人产生的社会弊端的揭露和批判，进而阐发出圣贤相一的思想。圣贤相一，包括两层含义。

第一，圣贤相配共治天下则国家可安。"诸侯之剑，以知勇士为锋，以清廉士为锷，以贤良士为脊，以忠圣士为镡，以豪杰士为夹。"（《庄子·说剑》）用智勇之士作为剑锋，用清廉之士作为剑刃，用贤良之士作为剑背，用忠诚之士作为剑环，用豪杰之士作为剑把，就能够顺和民意而安定四方。这就是能使四海之内顺服于君主命令的诸侯之剑。

第二，圣贤指一种理想人格。"吾闻子北方之贤者也，子亦得道乎？"（《庄子·天运》）老子称孔子为北方贤者，然而虽为贤者，孔子仍没能领悟大道。在道家看来，孔子是贤者的代表。孔子从制度、礼数、阴阳角度寻求大道而未果，说明大道不可传受。仅仅靠"贤"，是无法领悟大道的。怨恨、恩惠、获取、施与、净谏、教化、生养、杀戮是端正百姓的八种工具，但只有能够遵循自然变化规律而无所滞塞的贤人，才能运用它。"无用贤圣，夫块不失道。"（《庄子·天下》）这里将贤圣同论，指代同一种理想人格。圣贤相一，却不自我标榜，像天地一般育化万物，才能感化天下。

（四）无用圣贤：治之至的实现路径

"吾敬鬼尊贤，亲而行之，无须臾离居，然不免于患，吾是以忧。"（《庄子·山木》）鲁国之君学习先王的道德，继承大业，敬奉鬼神，尊重贤人，却还是不免于灾祸，并为此而忧愁。尊贤尚贤却还是不免于患，其出路何在呢？市南子给出的解决办法是"虚己以游世"。也可以将之引申为无用圣贤的无为之治。

"夫尧知贤人之利天下也，而不知其贼天下也。"（《庄子·徐无鬼》）无用圣贤的思想看起来与尚贤、尊贤、举贤的主张背道而驰，实则不然。无用圣贤是庄子对儒式"圣贤"的辩证批判和深入思考，其根本目的在于通达大道，以阐明内圣外王之学。

庄子对贤的反思可以体现在个人和社会两个层面上。在个人层面上，贤对人的伤害主要有两点：

第一，帝王作为治理天下的圣贤，需要牺牲自我的自由和身体。"尧闻舜之贤，举之童土之地，曰冀得其来之泽。"（《庄子·徐无鬼》）舜为了治理天下，腰弯背驼，劳苦疲惫。

第二，贤名迷惑人心，使人偏离自然的本性，重名轻死。《朱子家训》言："读书志在圣贤，非徒科第；为官心存君国，岂计身家？"在中国历史上，不乏舍生取义、死谏之士。他们的骨气固然值得敬佩，但为名而死就是迷失自我本性了。"世之所谓贤士，伯夷、叔齐，伯夷、叔齐辞孤竹之君，而饿死于首阳之山，骨肉不葬。鲍焦饰行非世，抱木而死。申徒狄谏而不听，负石自投于河，为鱼鳖所食。介子推至忠也，自割其股以食文公，文公后背之，子推怒而去，抱木而燔死。尾生与女子期于梁下，女子不来，水至不去，抱梁柱而死。此六子者，无异于磔犬、流豕、操瓢而乞者，皆离名轻死，不念本养寿命者也。"（《庄子·盗跖》）庄子借盗跖之言对儒家孔子的圣贤观念发起批判：伯夷、叔齐、鲍焦、申徒狄、介子推、尾生这六个人都是重名轻死，不顾生命根本的人。他们的死亡完全是可以避免的，但为了贤名，他们固执地选择了死亡。

总而言之，庄子具有浓厚的人文关怀，主张先保养自我的生命，内圣而后再为国出力。这与儒家的"位卑未敢忘忧国"显然是矛盾的，也是儒道"贤文化"观念的分歧所在。

如同庄子主张"绝圣弃智"一般，庄子对贤人的批判同样集中在贤人对社会的反面引导上，贤人给社会带来的负面影响可以总结为两个方面：

一是欺世盗名者风生水起，大盗窃国，仁义之法并窃之。而真正的贤者被隐没，甚至被暗算。"合则离，成则毁，廉则挫，尊则议，有为则亏，贤则谋，不肖则欺，胡可得而必乎哉？"（《庄子·山木》）庄子感慨：有团圆就有分离，有成功就有毁坏，清廉则被压制，尊贵则被非议，有作为则被压损，有贤能则被暗算，没出息则被欺侮。要想免于荣辱祸福的悲喜，则要进入清静无为的大道境界。"故贤者伏处大山嵁岩之下，而万乘之君忧栗乎庙堂之上。"（《庄子·在宥》）世道混乱，满目囚犯，贤者隐遁在高山深岩之下，而君主忧虑于朝廷之上。"夫尧知贤人之利天下也，而不知其贼天下也，夫唯外乎贤者知之矣。"（《庄子·徐无鬼》）啮缺询问许由逃避尧的原因。许由说：真正仁义的人并不多，但利用仁义投机取巧、钻营获利的人却很多。如此，（假仁假义）仁义不仅本身没有诚意，还被贪婪如禽兽的人借为诈骗作恶的工具。尧知道贤人对天下的好处，却不知贤人也会祸害天下，只有忘怀贤圣的人才能够明白这个道理。

二是崇尚智巧，使万民竞争，天下大乱。"今遂至使民延颈举踵曰'某所有贤者'，赢粮而趣之，则内弃其亲而外去其主之事，足迹接乎诸侯之境，车轨结乎千里之外，则是上好知之过也。"（《庄子·胠箧》）当人们听闻某处有贤人之时，对内遗弃双亲，对外抛弃君主，蜂拥着前去投奔贤人，这是君主喜好智巧的过错。天下昏乱，罪过就在于崇尚智巧。"举贤则民相轧，任知则民相盗。"（《庄子·庚桑楚》）推举贤能之人，就会使百姓相互倾轧；任用智能之人，就会使百姓相互欺诈。这些方法，使百姓不再淳厚，转而谋求私利，这才诱发了弑父弑君、抢劫偷盗之事。

从后世的角度出发，笔者以为圣贤思想同样带来了社会教育与价值取向问题。圣贤思想深深扎根于中国的仕宦群体，读书的目标直接导向做官，"立功立德立言"三不朽成为配套的评价标准，在全社会形成了"万般皆下品，唯有读书高"的社会氛围。而秦汉之后的儒士主要的谋生手段就是幕僚及做官。读书直接导向升官的风气影响了中国千年来的文化教育，也滋生了八股文、升官发财的教育导向等一系列社会问题。

面对贤人给个人和社会带来的问题，庄子得出的结论是"至德之世，不尚贤，不使能。"（《庄子·天地》）"不尚贤"针对的是"尚"而非"贤"。在个人层面上，"行贤而去自贤"；在社会层面上，"推贤"而不"尚贤"，方能使百姓行为端正却不知何为道义，相亲相爱却不知何为仁爱，诚实无欺却不自以为忠信，互帮互助出于习性而不觉其为恩惠。就如同知智谋而不智谋一般，无用圣贤意在无为而自圣贤，圣贤而不自以为圣贤，不自我标榜而使百姓争竞，这就是无用圣贤的真正内涵。

四、结语：中华文化的未来可能

贤文化是建构政治和伦理秩序的符号之一。"要理解中国人的社会互动，就必须理解中国人经常调用的传统思想资源。"通过对庄子"贤"观念的梳理，可以发现儒道相汇相异之处，也可以帮助我们结合历史经验，谋求当代的政治出路，推动社会文化和秩序的完善和发展。

世界四大文明古国中，中国文明是唯一未曾中断过的文明，中华大一统文明是高度可持续文明的典范。[①] 而中国的力量正在于融合，而维系融合的力量正在于儒道传统的文化逻辑。贤文化的理念和实践正是维系中国自先秦两千余年来历史发展的精神纽带之一。而古老的东方文化将给世界带来"政治统一与和平的命运"的希望。[②] 在当代，中国的肩上担负着时代的历史使命：人类命运共同体的建构将为世界的和平可持续发展带来曙光。而这样的政治实践背后离不开"大一统""礼""贤"等文化逻辑支撑，这也是我们研究传统文化的意义所在。

---

① 毛峰：《诞生与绵延的奥秘——中华文明的传播内核与传播特质》，谢清果主编：《华夏传播研究》，北京：中国传媒大学出版社，2018 年，第一辑，第 17—18 页。

② 汤因比：《东西文化议论集》上册，北京：经济日报出版社，1997 年，第 276—285 页。

朱舜水教育理念、方法与实践特征

周逢年 *

(中国计量大学艺术与传播学院，浙江杭州，310018)

摘　要：朱舜水的教育思想在继承儒家思想的基础上，更强调教育理论与教育实践的结合。朱舜水对教育内容、教育方法和教育基础建设等方面进行了系统而详细的研究，对读书学习的重要意义和方法及师生关系也做了充分的论述。朱舜水的教育思想对日本国民的思想和明治维新产生了深远影响。

关键词：朱舜水；教育理念；教育方法；读书学习

基金项目：浙江省社科规划课题"朱舜水思想在日传播研究"（课题编号：16NDJC284YB）的阶段性成果和浙江省哲学社会科学重点研究基地课题项目的研究成果（课题编号：15ZDDYZS04YB）。

朱舜水，原名朱之瑜，浙江余姚人。生于明万历二十八年（公元 1600 年）十一月，明朝遗民。著名的思想家、教育家、史学家和儒学传播者，被称为日本的孔夫子。

朱舜水对教育有着系统而深入的研究和思考，从教育理念到教育实践，从教育方法到教育基础建设到读书学习的意义与方法都有系统的论述。朱舜水在《劝兴》中说："敬教劝学，建国之大本；兴贤育才，为政之先务。宁有舍此而遑他事者乎？舍此而营他事，则僻邪诞慢之说，竞进而杂糅之矣。欲求政教休明，风俗淳美，何可得哉！"[①]并在《书〈读书乐〉卷后》一文中也谈道："读书之道，理乎心性，通乎神明；不独元士、庶士日于此孜孜焉，而

---

　　* 周逢年（1976—），男，安徽合肥人，中国计量大学艺术与传播学院副教授；浙江大学博士，研究方向：跨文化传播、设计传播学。

　　① （明）朱舜水：《朱舜水集》，朱谦之整理，北京：中华书局，1981 年，第 501 页。

天子、卿大夫，有治国、平天下之责者，于此为尤亟矣。"① 朱舜水十分重视教育，认为教育是万年圣政，恩惠子孙，永载史册之事。教育成功与否直接关乎国家的兴亡。在《答安东守约书》说道："近者，中国之所以亡，亡于圣教之隳废。圣教隳废。则奔竞功利之路开，而礼义廉耻之风息。欲不亡得乎？知中国之所以亡，则知圣教之所以兴矣。"②

一、教育理念

教学为先，兴道致治。朱舜水提出，教育的目的是振兴道德，移风易俗，使国家安定清平，应做到德足以为世仪，言足以为世法。他在《答木下贞干书六首》文中说："建国君民，教学为先，非欲其文辞遒畅，黼黻皇猷而已，诚欲兴道致治，移风而易俗也。自非然者，经纶草昧之初，日给不遑，何贤圣之君必以学校为先务哉？礼曰：'学则善人多，而不善人少。'夫善人多所以兴道，不善人少所以致治。"③ 在朱舜水看来，建国君民，教学为先，并指出国家兴衰，关键在人才培育。固兴教倡学，使国人知礼节，明仁义，民风淳茂而国运长久。在给加藤明友书信时说："建学立师乃所以习长幼上下之礼，申孝弟之义，忠君爱国而移风易俗也。"④ 他同时还倡导圣人之学，此是重要的典范，也是国家民族的福祉。"若果士大夫专意兴圣人之学，此诚天下国家莫大之福，莫重之典，莫良之务！惟台台共相敦勉焉。"⑤

发愤读书，报主隆恩。朱舜水认为，发奋图强是为了报主隆恩，读书应为帝王而读书。他对弟子下川三省说："人之一生，十五六岁之时有几年？一年之中，有几个两春光？贵国主如天之恩，有几次遭际？汝不思于此千载难遇之时，发愤以报主恩。乃志得意满，骄矜乡里，悠悠泄泄，汝尚复有人心耶？"⑥ 正如马克斯·韦伯所说的"卡理斯玛"支配型的政治思想。这种思想是中国几千年来正统的政治统治思想，是忠君思想的代表性言论，正所谓"贵当天子，富有天下"。自由主义者胡适接到被废的宣统皇帝电话，受宠若惊地忙忙应答"皇上"之语。以至于后来反对冯玉祥发动驱逐溥仪离开皇宫的"北京政变"。可想而知，事主帝王的教育思想深入人心的程度。当然，这种思想

---

① （明）朱舜水：《朱舜水集》，朱谦之整理，北京：中华书局，1981 年，第 513 页。
② （明）朱舜水：《朱舜水集》，朱谦之整理，北京：中华书局，1981 年，第 183 页。
③ （明）朱舜水：《朱舜水集》，朱谦之整理，北京：中华书局，1981 年，第 201—202 页。
④ （明）朱舜水：《朱舜水集》，朱谦之整理，北京：中华书局，1981 年，第 74 页。
⑤ （明）朱舜水：《朱舜水集》，朱谦之整理，北京：中华书局，1981 年，第 311—312 页。
⑥ （明）朱舜水：《朱舜水集》，朱谦之整理，北京：中华书局，1981 年，第 324 页。

观念如今看来值得批判。

进学向善，明礼达义。朱舜水认为，教育能使人辨善恶、知礼义。他说："学之则为善人，为信人；又进而学之，则为君子；又进而学之不已，则为圣人。……既能学，自能人欲之非，自不受其弊；既能学，自知王者圣贤之道之为美，自知老佛之徒之邪之伪，不待辨而自明矣。"①正如《尚书》有言："惟圣人无念于善则为狂人，惟狂人能念于善则为圣人。言桀纣非实狂愚，以不念善，故灭亡。"还认为，读书学习要知礼仪："家有母，学为孝；家有弟，学为友；家有妇，学为和；出而有君上，为学忠慎；有朋友，学为信：无往而非学矣。其不得其意者，时取古人之书，以印之证之，扩之充之，即其是学矣。"②反之，则不知礼仪、不知善恶而岸然自高，枵（xiāo）然自是。朱舜水在给安东守约书信时说道："不学则执非礼以为礼，袭不义以充义，虽上智容有过差，况其下焉者哉？其为弊有三端：岸然自高、枵然自是，而耻于下人，一也；在日本者不自安其分，在中国者尝欲求其疵，斗捷于口颊，二也；愚蔽于他端，而希必不然之获，老死而不悔，三也。三者横于中，其何以进于学哉！"③

道德教育，孝悌为本。朱舜水认为："圣贤千言万语，无非教人以孝而已。夫岂无他道以言哉？盖以孝之道，大而能周，约而能博，微而能著，积厚而生生不息，足以与天地而无敝也。譬诸树木之有根本，黍稷之有嘉种，枝干饰节叶华实，无不具备于此。……故曰：'君子务本，本立而道生。孝悌也者，其为仁之本钦。'岂为仁哉？人心之德，尽于仁义礼乐智信。仁之实为事亲；义之实为从兄，而智为知斯二者，礼为节文斯二者，乐为乐似二者。又曰：'事亲弗悦，弗信乎朋友。'然则千变万化，皆所以发明此孝悌，而悌又以广其孝也。若舍亲亲而侈言仁民爱物，是之为悖德，是之谓不知务，况敢言仁哉？然则孝者止于事其亲而已乎？曾子曰：'居处不庄非孝，事君不忠非孝也；莅官不敬非孝也；朋友不笃非孝也；战陈无勇非孝也。五者不遂，灾及其亲，敢不敬乎！'故'孝始于事亲，中于事君，终于立身，'诚以'立身行道，扬名于后世，以显父母。'足以为孝之终也。……孝之为道大也！孝之为道，治平天下之极则，非止于独善其身而已，君子可不知所务乎？"④弟子

---

① （明）朱舜水：《朱舜水集》，朱谦之整理，北京：中华书局，1981年，第378页。
② （明）朱舜水：《朱舜水集》，朱谦之整理，北京：中华书局，1981年，第298页。
③ （明）朱舜水：《朱舜水集》，朱谦之整理，北京：中华书局，1981年，第169—170页。
④ （明）朱舜水：《朱舜水集》，朱谦之整理，北京：中华书局，1981年，第438—439页。

安积觉在《朱舜水先生文集后序》中说道："其教人，未尝高谈性命，凭虚骛究，惟以孝悌忠信，诱掖奖励。其所雅言，不离乎民生日用彝伦之间。本乎诚而主乎敬，发于言而征于行。涵育熏陶，孜孜不倦，务欲成就人才，以为邦家之用。"①

教育教学，中外一体。上海大学教授陈增辉研究朱舜水的教育教学时认为："朱舜水在教学中的一大特点是视中外为一体。"②理由是朱舜水所说的"仆之视贵国同为一体""中夏四国，本来一体为亲""与中国世世通好，若汉赵交""动关中国、日本千年之好"，这体现出朱舜水的世界观和价值观不是局限在"小我"的民族国家主义的视野中，而是超越了民族国家范畴，是将世界大同的思想植入教育教学之中。

庠序学校，国之命脉。认为学校兴则教育兴，学校是国家命脉。朱舜水在《学校议》一文中开头便指出："庠序学校诚为天下国家之命脉，不可一日废也。非庠序之足重，庠序立而庠序之教兴焉，斯足重尔。虞、夏、商、周以至于今，未之有改也。"③国家兴旺发达，是学校及学校教育发挥着重要作用。一是因为教育可以兴道治世、君相贤明。二是学校教育会条理清晰分明，焕发鲜明。于是，社会上"人材辈出，民风淳茂，而运祚亦以灵长；至若衰世末俗，不念经国大猷，事事废弛，以致贤才抑湮，民风偷薄，弱肉强食，奸宄沸腾，而国运亦以随之矣。"④

朱舜水把学校建设和圣庙建设置于同等地位看待。所谓圣庙是古时祭祀孔子的庙，无论是官方还是民间对孔子都十分敬重和敬仰，祭祀活动络绎不绝，规模不断提升，认为是为学之祖。朱舜水在回答小宅生顺关于建圣庙的问题，回答说："古者建学必于国都，大事于此焉出，其后饮至策动，行至太庙，而献馘献囚，必于泮宫，所以圣庙与学校不宜相去也。……历世磨钝之大者，莫过于学宫。……国籍成德达材之用，而家裕温恭孝弟之规，法至善也。所以圣庙不宜与学校悬隔也。"⑤虽然朱舜水所谈的是圣庙建设的必要性以及圣庙为江山社稷所起的作用。实际上，更是在谈学校建设的重要性。

朱舜水还把学校设置为六个等级，第一等级是孔子故里曲阜即孔庙；第

---

① （明）朱舜水：《朱舜水集》，朱谦之整理，北京：中华书局，1981年，第786页。

② 陈增辉：《朱舜水教育思想简论》，《朱舜水与日本文化》，北京：人民出版社，2003年，第197页。

③ （明）朱舜水：《朱舜水集》，朱谦之整理，北京：中华书局，1981年，第462页。

④ （明）朱舜水：《朱舜水集》，朱谦之整理，北京：中华书局，1981年，第462页。

⑤ （明）朱舜水：《朱舜水集》，朱谦之整理，北京：中华书局，1981年，第322页。

二等级是两京的天子辟雍即应天府学和顺天府学；第三等级是省会城市所建的学校；第四等级是为府州所建的学校；第五等级是类似于绍兴府学和松江政学的学校；第六等级是学校位于荒僻、地广人稀之地。可知，朱舜水对学校层次建设有明确的划分。

二、教育方法

教人之道，因人而定。在朱舜水看来，教无定法，教育方法应该因人而定。"教人之道，有一定不易者，有因人而施者，俗儒执一不通，其误人也多矣。"① 奥村庸礼是德川幕府时期的高官，由于其身份和地位的特殊性，朱舜水对其教育的方法与其他弟子相比有所区别。时常是以江山社稷或辅助君王之言告诫奥村庸礼，应以古代的大臣、贤臣、豪杰为学习典范。对内示范家人和国人，对外作为国家义理的标准，要勤勤恳恳，清正廉洁，一刻也不能松懈地去侍奉君主。朱舜水说道："惟期贤契以古大臣、古豪杰，内为家范，外为国仪。此心勤勤，未尝一刻稍弛。"② 朱舜水还为奥村庸礼特意撰文《司马温公像赞》，盛赞司马光辅助治国有方，廉洁爱民，深受人民爱戴，勉励奥村庸礼向司马光诸贤学习，远小人近贤臣。文中说道："元祐之治，至今称美……然妇人女子，皆知其为司马君实；及丧归洛阳，巷哭以过车，生荣死哀，岂人力所能掩饰耶？使天下有平治之福，则先生有期颐之寿，其治理之所至，宁止于是而已哉！……吾之所以肯肯言之者，盖以著君子小人治乱之效，为万世人君亲贤臣远佞人之戒。"③ 要求奥村庸礼求真求善，扬长避短。"贤契惟取其真而弃其短，斯为择执之善者矣。"④ 还要盛德虚心，虚怀若谷。治国安邦即便粗茶淡饭也不后悔，简衣陋室也不可耻。并举安东守约为事例说明何为尚德之道。他说："省庵虽一介寒士，然其高才卓识，盛德虚心，则有不可及者矣。亲疏戚友之间，摇之者万方而终不惑，蔽衣陋室而不耻，粝饭瓢饮而不悔，使大邦能振兴圣贤之道，则若人诚君子而尚德者矣。使贤之志意能如省庵，则不佞又何有世俗之虑哉？"⑤ 朱舜水希望奥村庸礼能向安东守约学习，那么，对其也无顾虑之心了，这反映出朱舜水对奥村庸礼的器重

① （明）朱舜水：《朱舜水集》，朱谦之整理，北京：中华书局，1981年，第332页。
② （明）朱舜水：《朱舜水集》，朱谦之整理，北京：中华书局，1981年，第267页。
③ （明）朱舜水：《朱舜水集》，朱谦之整理，北京：中华书局，1981年，第267页。
④ （明）朱舜水：《朱舜水集》，朱谦之整理，北京：中华书局，1981年，第267页。
⑤ （明）朱舜水：《朱舜水集》，朱谦之整理，北京：中华书局，1981年，第268页。

程度和殷切的期望。弟子服部其衷，自幼聪慧，但好动贪玩，年幼无知，时常装病不学。朱舜水对其行为"不理不睬"、不急不火，也不落其"圈套"。后来，服部其衷无计可施，只好认真学习，则成绩猛进。朱舜水在《答奥村庸礼书》书信中说道："服部其衷前者诈病，意图遣归。不佞既不急促，亦不落渠彀中。今计穷而后读书，已将一月矣。尽能记诵，音声亦不异唐人之子，甚清亮。近日学语，譬如雏鹰，亦间关可听。但要贤弟不为姑恤，则不俊之严厉可施。彼若稍有退步，便不思进步矣。向日不佞以贤弟宽和，且又远去，此子来，故不肯受。不然何以至此？今幸稍有一线之路，其所以立身者，年幼且生蓬中，未可知也。"[①] 这段话表明，在教育教学过程中，朱舜水善于察言观色，能够掌握学生心理活动和动态，并严格要求学生，对所学内容要能够记忆和背诵。而且，强调的是学习知识的实用性，要活学活用。另外，朱舜水还要求学生监护人要给予积极配合，保持与老师联系，严格监管学生，督促鞭策学生要勤奋学习。

朱舜水在给弟子及友人作"记"时，根据其不同特点作不同的"记"，体现其因材而笃的理念。如为加藤明友作《勿斋记》，希翼其追求圣人之道，要做到"非礼勿视，非礼勿听，非礼勿言，非礼勿动"（《论语·颜渊》）的行为；为白井伊信作《子中记》，希翼其灵活把握权衡之计，切不可"执中无权，犹执一也"；在为奥村庸礼作《德始堂记》时，希翼其树立德行；在为古市务本作《典学斋记》时，希翼其多多学习古圣贤之道；在为辻达作《端亭记》时，希翼其修炼内心，规范言行，如《周易·系辞》所言："敬以直内，义以方外。"希翼古市主计"存心贵实，善性欲灵"等等。

学习之道，贵在诚心。俗话说，师傅引进门，修行在个人，师傅将知识、技能、方法已传授给学生，效果如何或者起到多大作用就靠自己的修为和用功程度，就看能不能按照师傅的指导长期坚持下去，就看学生的内心修为和毅力。如孔子所言："父在，观其志；父没，观其行；三年无改于父之道，可谓孝矣。"（《论语·学而》），孔子这里所说的是尽孝要有诚心，要有持之以恒的毅力。学习也要这样要有诚心，要持之以恒。朱舜水认为，对学生和子女的教育，重在他们能一如既往地用心学习，能坚持按师傅指导的不断努力，至于教导言语多寡对教育的效果起不到关键性作用。朱舜水对下川三省说："望其子为圣为贤者父之道，肖与不肖者，一任其子之心；爱汝教汝者师之

---

① （明）朱舜水：《朱舜水集》，朱谦之整理，北京：中华书局，1981年，第273页。

道，率教与不率教者，一任乎汝之心。若教之有益耶，前者之言，非不足也；教之无益耶，今日虽更益千万言，有何益哉？我于汝费多少委曲，多少苦心，汝非木石，宁有不知之者！在汝自为之。"①

三、读书学习

朱舜水强调了读书的重要意义。认为："是欲为大将名将，必当读书。"世间最大益人智慧莫过于读书，如古人所言："世间何物最益人神智？曰：无如读书。"②当然，读书不可邯郸学步，亦不可为加封爵位而读书。"读书则理明，理明则不期智而自智。理明则无左右瞻顾。担当自力，则不期勇而勇。"③读书可以修身养性、端正品行、正本清源、激励世俗，增强人的聪明才智等等。反之，则高傲自大、空虚无聊、黑白颠倒、不通事理等。朱舜水对那种认为读书无用论或者"读书则风气柔弱"之言论给予了批判，认为其是"倒行逆施"之谬论，并严厉批评道："张睢阳过目成诵，至于罗雀掘鼠，犹然眦裂齿缺，是可谓之柔靡乎？彼不读书而言勇，不过粗暴而已，何能至于刚大也？"④对于"尚武，何必读书"的论调，朱舜水进行了利弊分析。朱舜水说："谓贵国'尚武，何必读书'，是未知古来名将读书者之多也。为将而不读书，则恃勇力而干礼义；能读书，则广才智而善功名：彼恶知之？"⑤尤其作为栋梁之材如君主的属臣，定要读书万卷，方可成为治国安邦之才。并举孙权重臣吕蒙折节读书一事，孙权对他说：卿今当途掌事，须当读书。而吕蒙以军中事务繁忙为由拒绝读书。孙权回答说：你的事务和我相比，谁更多？我一有空暇便读书，自知开卷有益。我并不是要求你成为学富五车而去应试举人之人，但凡不学习而处理公务，恐怕犹如面墙，义理违错，如何决断？于是吕蒙便去读书。后来鲁肃见之，大为惊讶，似乎认不出吕蒙来。并说道："士君子三日不见，便当刮目相待，君何见之晚也！"⑥其后吕蒙成为吴国大帅。朱舜水以中国的历史典故告诫学生读书的重要性。

朱舜水劝诫弟子多读书，多向古人学习。"因以循古先圣贤之道而为之，

---

①　（明）朱舜水：《朱舜水集》，朱谦之整理，北京：中华书局，1981 年，第 325 页。
②　（明）朱舜水：《朱舜水集》，朱谦之整理，北京：中华书局，1981 年，第 256 页。
③　（明）朱舜水：《朱舜水集》，朱谦之整理，北京：中华书局，1981 年，第 504 页。
④　（明）朱舜水：《朱舜水集》，朱谦之整理，北京：中华书局，1981 年，第 502 页。
⑤　（明）朱舜水：《朱舜水集》，朱谦之整理，北京：中华书局，1981 年，第 312 页。
⑥　（明）朱舜水：《朱舜水集》，朱谦之整理，北京：中华书局，1981 年，第 256 页。

斯为学"。① 师古圣贤之道，可以明事理，为人处事，待人接物不流于世俗，也不会愧疚古人。"夫人之处世也，出入不立异于时俗，而行己不负愧于古人，斯可矣。欲不负愧于古人，非读书明道无由也。"② 多多读书学习，做真正明辨事理的英雄豪杰。因而，无论时事如何，都要刻苦读书。否则，则为时俗凡庸之人。"足下今将有为人父之责，若失今不学，不过一时俗庸人已耳。……其能有出类之望乎？惟在足下勉之矣。"③ 这样，多读书，熟读书，自然文思滔滔，"笔机过纵而难收"（清·李渔，《闲情偶寄·种植·草本》）。朱舜水对安东守约说："书读得多，读得熟，自然笔机纯熟。不见夫蚕乎？功候既足，丝绪抽之不穷，自然之理也。"④ 朱舜水还举苏轼之例说明书读到如何程度才算是功夫纯熟。朱舜水说："苏子瞻聪明绝世，读书每百过，或数百过，今人聪明不及子瞻十分之一，乃欲以涉猎游戏，读书如何得工夫纯熟？工夫纯熟，则古人精意皆在心口中、笔头上，挥洒立就。"⑤ 读书还可以亲近古人，远离匪人，可以修身养性，提高修养。减少浪费，消弭祸患。在《答古市务本书七首》卷中有详细记载读书的益处："足下公余之暇，惟在读书。一则日亲古人，一则日源损友。古人日益亲，则路境日益熟；匪人日益污，斯善之善者也。"⑥ 因此，朱舜水认为，要多读书，多向古圣贤学习。

读书要勤奋竭力，咀嚼其中的意味，领会其中的真实，知其大者。朱舜水在同奥村德辉书信中说道："孔子常言，不愤者不启，不悱者不发矣，慨焉激励者，其愤悱者也。慨然者，志也；激励而竭力者，气也。志气感奋，其学有不成者乎！竭力二字，受用无穷。竭力以事君必忠，竭力以事亲必孝，竭力以读书修己，则必为贤为圣。人之所以不肖者，皆不能竭其力者也；或竭其力于无用之地耳。"⑦ 对弟子古市务本说："贤者讲贯情文，修明礼教，知其大者，则其小者举而措之耳，不足深嗟也。"⑧ "读书励行"尽是为学之事。朱舜水告诫弟子："呫哗非他，呫哗而咀其味，得其真，则皆励行之资也。"⑨ 如果不能咀其味，不能得其真，则只是空泛的条文而已，那么读书有何用呢？

---

① （明）朱舜水：《朱舜水集》，朱谦之整理，北京：中华书局，1981年，第487—488页。
② （明）朱舜水：《朱舜水集》，朱谦之整理，北京：中华书局，1981年，第281页。
③ （明）朱舜水：《朱舜水集》，朱谦之整理，北京：中华书局，1981年，第281页。
④ （明）朱舜水：《朱舜水集》，朱谦之整理，北京：中华书局，1981年，第401页。
⑤ （明）朱舜水：《朱舜水集》，朱谦之整理，北京：中华书局，1981年，第401页。
⑥ （明）朱舜水：《朱舜水集》，朱谦之整理，北京：中华书局，1981年，第334页。
⑦ （明）朱舜水：《朱舜水集》，朱谦之整理，北京：中华书局，1981年，第280页。
⑧ （明）朱舜水：《朱舜水集》，朱谦之整理，北京：中华书局，1981年，第335页。
⑨ （明）朱舜水：《朱舜水集》，朱谦之整理，北京：中华书局，1981年，第284页。

所以要勤学,学而不厌,勤学使人智慧、使人有立锥之地。不学,则如失去航向的远帆。朱舜水说:"勤学则不患资质钝,勤学则不患无立。两目如灯光水晶,焉用彼相?将乘长风破万里巨浪,岂虞无舵!若夫今不学,则涉大川而无楫楫,罔水而行舟,何所依而定乎?"① 在《谕五十川刚伯规》中明确说道:"读书全要精勤,懒惰游戏作辍,必无有成之理。"② 那么,"读书有三到,曰心到、口到、眼到"③。

朱舜水认为,读书学习要持之以恒,终身学习,毅力坚定,方可成才。"夫学者,所以学为人而。子臣弟友,皆为学之地;忠孝谨信,皆为学之方;出入定省,皆为学之时;读书执礼,皆为学之具。终身处于学之中。"④ 朱舜水在《答矢野保庵书》时说:"为学非难,立志为难。志既坚定,则寒暑晦明,贫富夷险,升沈通塞,均不足以夺之矣。如此而学有不成者乎?"⑤ 还说:"一息尚存,此志不容少懈,终之于典学也。终始典于学,而学有不成者乎?"⑥ 学习要珍惜分分秒秒的时间,万不可一曝十寒,也不可急于求成。朱舜水在《题安积觉逐日功课自实簿》中亲笔题词明确指出:"学者用功须是渐进而已,日计则不足,岁计则有余,若一暴十寒,进锐速退皆非学也。子夏曰:'日知其所,六月无忘,其所能是亦可乎。骐骥一日千里,驽马十驾,则亦及之。倘自矜捷足而弗驰弗驱,则驽马先之矣。'今为尔严立课程,自非疾病及不得已礼际应酬之外,须逐日登记,朔望则温习前书,为令成诵,若其中无故旷废亦于朔望之次日稽考答责,名曰逐日功课自实簿。每晚送簿填注,毋违毋忘。"⑦ 所以,学习应如子夏所说:"日知其所亡,月无忘其所能。"

朱舜水认为,学者当志学能学好学。学者立志当如山,求师当如海。以此毅力学习,则可水滴石穿,没有学不好的;多向不同有识之士拜师求艺,获取更多知识,增加知识面。做能学之人,做忙里偷闲学习之人。"能学,则稠人群聚之时,必有我师;事务纷错之际,皆有其学。人人所能而我不能,则不劣而不得不学;人所不能而我独能,能则不广而益奋于为学,则无地不

① (明)朱舜水:《朱舜水集》,朱谦之整理,北京:中华书局,1981年,第335页。
② (明)朱舜水:《朱舜水集》,朱谦之整理,北京:中华书局,1981年,第579页。
③ (明)朱舜水:《朱舜水集》,朱谦之整理,北京:中华书局,1981年,第626页。
④ (明)朱舜水:《朱舜水集》,朱谦之整理,北京:中华书局,1981年,第488页。
⑤ (明)朱舜水:《朱舜水集》,朱谦之整理,北京:中华书局,1981年,第86页。
⑥ (明)朱舜水:《朱舜水集》,朱谦之整理,北京:中华书局,1981年,第488页。
⑦ 李甦平:《朱之瑜评传》,南京:南京大学出版社,2011年,第203页。

学也。"①学习，不分贫富贵贱，也不分有无时间，关键是看要不要学习。朱舜水认为："古来为学，不问其贫富贵贱，不问其事冗事简，惟问其好不好耳。好则最烦最不足者，偏有余力余功。不好则千金之子，贵介之胄，只以嗜酒渔色，求田问舍，何复有一念及于学问！且学问者亦何必废时慌业，负笈千里，而后为学哉？"②

朱舜水认为，性昏贪婪则会学业荒废。荒废学业大致有五种情况："废学之端有五，而性昏不与焉。一曰耽嗜曲乐，恒舞酣歌，二曰娇童艳妾，驰骋渔猎。三曰志存乾没，贪得无厌。四曰营营官图，苟求尊贤，攀附奥援，趋骛容悦。五曰朋比匪人，巧中所欲，诱入慌迷，流连丧志。五者皆害学者也。"③如此长此以往，则性昏不与，终生废弃。假使日日读书，终身学习，孜孜以求于知识，则性自开明，明晰洞察，自然能得心应手，也将会成为国家栋梁之材。假如无恒心，又不断变换学业导致一事无成而放弃，即便聪明高材，也会昏朽不能，无济于事。因而，朱舜水告诫弟子读书需持之以恒，久而久之，则会学业有成。否则，"光阴若流，不读书行己，则事业必无所就，此即慨然之意已。"④

当然，读书不能唯书，不能持教条主义态度，不能刻舟求剑。如孟子所说的，尽信书不如无书。朱舜水认为："书如人之杖，老者、力不足者倚此而行，若两足不能步履，而竟以杖行，此必无之理也。"⑤还举出一实例，说明唯书是瞻会对读书人的误导。据陶氏《辍耕录》记载："蒙古入中国，中国方有木棉。"而实际上，木棉早在元以前中国就有了。杜诗有云："布衾多年冷如铁，娇儿恶卧踏里裂。"这里的"布衾"指的是木棉。如果信于陶氏所撰的《辍耕录》，那对木棉的了解就有失偏颇了。因此，多读书，读好书，使人有独立思考和辨别是非的能力，有明镜在悬之感，有容纳百川之雅量。因读书而毁坏人的心志，扰乱认识事物的方法和途径，岂不是笑话。"先贤谓《战国策》不可读，读之坏人心术。不佞谓此为初学及下愚言之耳。若真能学者，如明镜在悬，凡物之来，妍媸立辨，岂为彼物所移，何能坏我心术？不见夫海乎？河、汉、江、淮，无一不内，潢污行潦，并无去取，所以能为百谷

① （明）朱舜水：《朱舜水集》，朱谦之整理，北京：中华书局，1981年，第283页。
② （明）朱舜水：《朱舜水集》，朱谦之整理，北京：中华书局，1981年，第298页。
③ （明）朱舜水：《朱舜水集》，朱谦之整理，北京：中华书局，1981年，第276页。
④ （明）朱舜水：《朱舜水集》，朱谦之整理，北京：中华书局，1981年，第280页。
⑤ （明）朱舜水：《朱舜水集》，朱谦之整理，北京：中华书局，1981年，第360页。

王也。"①

朱舜水告诫弟子，要努力实现学习目标。钱财、房屋、玩偶等物都是身外之物，不可多得。延年益寿、顺意安泰是为天意，也不可强求。控制并追求自己的人生志向和理想，三军之师不可夺其志，才更为重要。如孟子言，求则得之，舍则失之。是求有益于得也，求在我者也。求之有道，得之有命，是求无益于得也，求在外者也。朱舜水告诫弟子："勤学敬修，志立道成，是所望于吾子者也；旧习不脱，屡志难保，非所望于吾子者也。禄位福泽，宫室土田，玩好珍奇，诸凡大小之物，明明现前者，亦不可必得，何也？属之人者。名寿壮健，通达康宁，顺适亨泰不可必得，何也？属之天者也。若夫志与道、欲立则立，欲成则成。三军之帅不能夺吾之志，孟贲、乌获之勇，不能败吾之道，何也？属之我者也。"②还告诫弟子读书学习不能心浮气躁。说道："学者志不可杂，顷言专心致志者此也。若今日欲学何事，明日又欲学何事，其人到老不能精一艺。何也？以其志泛而心浮，且欲速也。孔子曰：'欲速则不达'。"③

朱舜水还讨论对"注脚"的看法。读书学习在于领会书本的自然含义，既要有注脚也不能依靠注脚理解文章。注脚类似于拐杖，需要时便可拿来帮助对经文的理解，反之，注脚可有无，反倒经文为我注脚。朱舜水在回答安东守约提问时说："书理只在本文、涵泳深思、自然有会。脚注离他不得、靠他不得。…所谓博学而详说之、将以反说约也。若义理融会贯通，真有活泼泼地之妙，此时六经皆我脚注，何脚注之有？"④

对于师生关系，朱舜水认为，既要周详，也要谨慎对待。一旦确定师生关系，就无变化可能，则不可草草了之。朱舜水在《谕五十川刚伯规》中说："师弟子事重，不可草草。五伦之中，惟父子兄弟为天亲，而君臣夫妇朋友皆人合。故国君进贤，如不得已，而婚姻之始，各择德焉。朋友则志同道合，然后定交，然朋友尚可徐徐而契合；至于师弟子，今日一拜之后，更无迁变。故须审察明白，然后择吉行礼，万万不可苟且造次。"⑤否则，会闹出笑话和口舌，从而影响国家向学的气氛而危害巨大。他说："盖师弟子之间最宜详慎，

① （明）朱舜水：《朱舜水集》，朱谦之整理，北京：中华书局，1981年，第369页。
② （明）朱舜水：《朱舜水集》，朱谦之整理，北京：中华书局，1981年，第332页。
③ （明）朱舜水：《朱舜水集》，朱谦之整理，北京：中华书局，1981年，第421页。
④ （明）朱舜水：《朱舜水集》，朱谦之整理，北京：中华书局，1981年，第369页。
⑤ （明）朱舜水：《朱舜水集》，朱谦之整理，北京：中华书局，1981年，第578—579页。

万一不妥，事不能终，则腾旁人之笑口，而阻塞贵国向学之机关，为害盛大矣。"① 不能不说朱舜水看问题的独到及深刻。

师生关系需和气涵养，老师无须像严父对待子女一般，也无须遵从古人做法——"服勤之死，心丧三年"。师生关系不矫饰，不虚伪便可。"日相与有成，或者酌量古今之宜，而处其中可耳。……不必过于简点，即成礼之后，师徒相与之际，亦宜以和气涵育熏陶，循循善诱，非能如严父之于子也。"②

结 论

朱舜水是日本教育史上著名的教育家，培养了诸多著名学者，可称为桃李满天下。如培养了日本古学派山鹿素行、伊藤仁斋、狄生徂徕，日本水户学派德川光国、安积觉、小宅生顺，日本朱子学派安东守约、木下顺庵等学者。朱舜水教育思想不仅对日本学者及国民的思想意识产生重大影响，而且对日本的《大日本史》的编纂以及后来的明治维新也产生深远影响。李甦平教授高度评价朱舜水在日本的讲学："朱舜水在日本收徒讲学，历经二十二个春秋，堪为日本教育史上的一位大教育家。他以自己毕生的心血哺育了满园桃李，被日本人民尊称为日本的孔夫子。在日本，朱门弟子，英才辈出。"③梁容若先生认为："德川时代初，朱子之学，传于日本，空言心性，无补实际。舜水矫其空虚。……其重礼尚实，蒸为风尚，有益于日本国民性者，亦至大。及门人弟子，英俊辈出……"④覃启勋教授赞许道："朱舜水寓居扶桑的22年期间，不仅在长崎和水户取得过潜心授业的非凡业绩，而且在加贺地区创造过矢志育人的不朽功勋。"⑤

朱舜水的教育思想是建立在中华优秀儒家文化的基础上，重在倡导教育理论践行于生活实践之中，诚信守礼，师古勤奋，保持教育理论与教育实践的一致性。

---

① （明）朱舜水：《朱舜水集》，朱谦之整理，北京：中华书局，1981年，第271页。
② （明）朱舜水：《朱舜水集》，朱谦之整理，北京：中华书局，1981年，第394页。
③ 李甦平：《殷殷慈心，东瀛朱子》，《朱舜水》，台北：台湾东大图书公司，1993年，第161—162页。
④ 梁容若：《中日文化交流史论》，北京：商务印书馆，1985年，第214页。
⑤ 覃启勋：《朱舜水与前田纲纪关系初探》，《江汉论坛》，1999年第2期。

《中华文化与传播研究》

稿约

　　1993 年，厦门大学新闻传播学系庆祝建系 10 周年时，见证并为之倾注巨大心血的余也鲁先生提议举办了首届"海峡两岸中国传统文化中传的探索座谈会"，会后出版了《从零开始》的论文集。此后，厦门大学成立传播研究所作为推动两岸暨香港华夏传播研究的基地，并顺利地出版《华夏传播研究丛书》和《华夏传播论》，成为传播学中国化进程中的一个标志性成果。2013 年，厦门大学新闻传播学院迎来了 30 周年庆典，厦门大学的华夏传播研究在黄星民教授等前辈学者的苦心经营下，已然成为我院教学科研的一大亮点。薪火相传是我们的使命，为将华夏传播研究事业不断发扬光大，我们在广大热爱中华文化、关注中华文化研究与传播的众多学者和社会贤达的大力支持下，将以"厦门大学传播研究所"这一校级机构为平台，以传播学系为依托，以广大中华文化研究学者和新闻传播研究学者作为我们的强大后盾，创办《中华文化与传播研究》论丛，搭建文史哲与新闻传播对话交流的平台，以更大惠及学林。2017 年 1 月 25 日，中共中央办公厅、国务院办公厅印发了《关于实施中华优秀传统文化传承发展工程的意见》，《意见》指出："文化是民族的血脉，是人民的精神家园。文化自信是更基本、更深层、更持久的力量。中华文化独一无二的理念、智慧、气度、神韵，增添了中国人民和中华民族内心深处的自信和自豪。"可见，传承与发展中华优秀传统文化是时代的使命，也是学者的责任。

　　为了发掘中华文化中的传播智慧，提炼中华传播理论，推动传播学"中华学派"的早日形成，我们希望以本论丛为平台，继续集聚海内外有志于传播华夏文明，展现中华博大精深的沟通智慧的各方人士，彼此分享研究成果，提供学术动态，推进中华文化的社会传播与国际传播，同时兼及新闻学与传播学各领域的新成果。本论丛栏目主要方向有：（1）基础理论，研究中华文化的传播思想、传播制度与传播方法等；（2）历史发展，研究不同时代传播观念与传播技术等方面的变迁；（3）新闻理论与新闻业务；（4）传播理论，含组织传播、健康传播、公共传播、政治传播、科技传播、跨文化传播、情感传播、新媒体传播等各领域，（5）古今融通，注重中外传播智慧的比较研究和中国传播观念的古今传承；（6）新书评论，介绍中华文化与传播研究领域中的新作；（7）经典发微，注重挖掘中华文化经典作品中的传播智慧；（8）学术动态，介绍海内外学者对华夏传播研究的新成果，发表相关的学术会议综述和研究著作的书评；（9）传播实践，着重推介那些致力于国学运用的新观点和新做法，推进中华文化传承与发展的实践经验；（10）国学新知，国学领域有创见的论文，等等。

本论丛前 5 期为国际刊号出版，可从"白云深处人家"网站下载。从 2017 年起，本论丛与中盐金坛盐化有限责任公司合作，联合编辑出版，半年一辑，力邀海内外学者担任专栏主持人，兼行盲审制，以当前国际流行的开本印刷。本论丛注重学术性、知识性兼顾普及性，力求雅俗共赏。

欢迎专家学者赐稿，中英文均可，来稿一经录用，即赠样书两本，并酌付稿费。本论丛所有文章均为作者研究成果，文责自负，不代表编辑部观点。

《中华文化与传播研究》关于引文注释的规定

为了体现国际化传播与本土化发展的双重考量，本论丛从 2019 年 1 月 1 日起启用新的规定。

本规定是在《中国社会科学》注释要求的基础上修订而来，请投稿者严格按照规范投稿！

投稿邮箱：cccs2013a@126.com。来稿论文字数控制在 10000 字以内为宜。同时，请注明作者信息，包括：作者姓名（出生年—），性别，籍贯，工作单位、学术职称（学历）、研究方向和联系方式（地址，手机号码 / 邮箱，以方便联系）。基金资助：基金来源，课题名称（项目号）。

《中华文化与传播研究》编辑部

2019 年 1 月 1 日

一、注释体例及标注位置

文献引证一律采用脚注，用①，②，③……标识，每页单独排序。

二、具体注释规范与示例

（一）中文注释

1. 著作

标注顺序：责任者与责任方式 / 文献题名 / 出版地点 / 出版者 / 出版时间 / 页码。

示例：

赵景深：《文坛忆旧》，上海：北新书局，1948 年，第 43 页。

实藤惠秀：《中国人留学日本史》，谭汝谦、林启彦译，香港：中文大学出版社，1982 年，第 11—12 页。

2. 析出著作文献

标注顺序：责任者／析出文献题名／文集责任者与责任方式／文集题名／出版地点／出版者／出版时间／页码。

示例：

杜威·佛克马：《走向新世界主义》，王宁、薛晓源编：《全球化与后殖民批评》，北京：中央编译出版社，1999年，第247—266页。

鲁迅：《中国小说的历史的变迁》，《鲁迅全集》第9册，北京：人民文学出版社，1981年，第325页。

3. 著作序言、引论、前言、后记

示例：

李鹏程：《当代文化哲学沉思》，北京：人民出版社，1994年，"序言"，第1页。

楼适夷：《读家书，想傅雷（代序）》，傅敏编：《傅雷家书》（增补本），北京：三联书店，1988年，第2页。

4. 古籍刻本、影印本

标注顺序：责任者与责任方式／文献题名／卷次、篇名、部类（选项）／出版地点／出版者／出版时间／（影印）页码。

示例：

《太平御览》卷690《服章部七》引《魏台访议》，北京：中华书局，1985年影印本，第3册，第3080页下栏。

管志道：《答屠仪部赤水丈书》，《续问辨牍》卷2，《四库全书存目丛书》，济南：齐鲁书社，1997年影印本，子部，第88册，第73页。

5. 期刊

标注顺序：责任者／文献题名／期刊名／年期（或卷期，出版年月）。

示例：

叶明勇：《英国议会圈地及其影响》，《武汉大学学报》（人文科学版）2001年第2期。

6. 报纸

标注顺序：责任者／篇名／报纸名称／出版年月日／版次。

示例：

李眉：《李劼人轶事》，《四川工人日报》1986年8月22日，第2版。

《上海各路商界总联合会致外交部电》，《民国日报》（上海）1925年8月

14 日，第 4 版。

7. 学位论文、会议论文

标注顺序：责任者／文献标题／论文性质／地点或学校／文献形成时间／页码。

示例：

方明东：《罗隆基政治思想研究（1913—1949）》，博士学位论文，北京师范大学历史系，2000 年，第 67 页。

任东来：《对国际体制和国际制度的理解和翻译》，全球化与亚太区域化国际研讨会论文，天津，2000 年 6 月，第 9 页。

8. 转引文献

无法直接引用的文献，转引自他人著作时，须标明。

示例：

章太炎：《在长沙晨光学校演说》，1925 年 10 月，转引自汤志钧：《章太炎年谱长编》下册，北京：中华书局，1979 年，第 823 页。

9. 电子网络文献

标注项目与顺序：责任者／电子文献题名／更新或修改日期／获取和访问路径／引用日期。

示例：

王明亮：《关于中国学术期刊标准化数据库系统工程的进展》，1998 年 8 月 16 日，http：//www.cajcd.cn/pub/wml.txt/980810-2.html，1998 年 10 月 4 日。

（二）英文注释

1. 专著

标注顺序：责任者与责任方式／文献题名（用斜体）／出版地点／出版者／出版时间／页码。

示例：

Peter Brooks，*Troubling Confessions*：*Speaking Guilt in Law and Literature*，Chicago：University of Chicago Press，2000，pp.48-49.

2. 期刊析出文献

标注顺序：责任者／析出文献题名／期刊名（用斜体）／卷册及出版时间／页码。

示例：

Heath B. Chamberlain, On the Search for Civil Society in China，*Modern China*，vol. 19，no. 2（April 1993），pp.199-215.

（三）其他说明

1. 再次引证，项目简化

同一文献再次引证时只需标注责任者、题名、页码，出版信息可省略。

示例：

赵景深：《文坛忆旧》，第 24 页。

2. 引用先秦诸子等常用经典古籍，可在文中夹注（夹注应使用不同于正文的字体）。

示例：

这也就是所谓"天聪明自我民聪明，天明畏自我民明畏"（《尚书·皋陶谟》），"民之所欲，天必从之"（《尚书·泰誓》）。